Buenos padres,
mejores hijos

Buenos padres, mejores hijos

Cómo proteger y fortalecer los diez pilares de la esencia interior de los niños

Dr. Ron Taffel con Melinda Blau

Traducción

Ana del Corral

GRUPO
EDITORIAL
norma

Barcelona, Bogotá, Buenos Aires, Caracas, Guatemala,
Lima, México, Miami, Panamá, Quito, San José, San Juan,
Santiago de Chile, Santo Domingo

Edición original en inglés:
Nurturing Good Children Now
10 Basic Skills to Protect and Strengthen
Your Child's Core Self
de Ron Taffel con Melinda Blau.
Publicada por St. Martin's Press, LLC.
Copyright © 1999 por Ron Taffel, Ph D., con Melinda Blau.

Diseño de cubierta, Daniel Camacho
Diagramación, María Inés de Celis

Este libro se compuso en caracteres Minister Light.

ISBN 958-04-5489-2

A Stacey, quien cultiva la luz.

—RT

A Jennifer y a Jeremy, quienes tienen alma y corazón.

—MB

CONTENIDO

RECUPEREMOS A NUESTROS HIJOS

*Cada persona alberga algo único que pide ser vivido
y que ya está presente antes de que pueda ser vivido.*
—James Hillman, *The Soul's Code*

Su hijo y la segunda familia

"¿Cómo puedo proteger la inocencia de mi hijo de cinco años en un mundo como éste?", preguntaba una madre en uno de mis talleres. Su pregunta sencilla captó de inmediato la atención de todo el auditorio. Fue un momento de tensión en el que se compartieron temores y percepciones. Entre los trescientos o más padres que había en el recinto, algunos aclaraban la garganta y miraban nerviosos a su alrededor; otros asentían. Podía sentir el latido colectivo de los corazones y la respiración profunda de ansiedad. Entonces, uno por uno, madres y padres hablaron, y todos expresaron preocupaciones semejantes: Dados los mensajes conflictivos de nuestro tiempo y las exigencias de éste, ¿cómo podemos asegurarnos de que nuestros hijos se conviertan en niños sanos, lo suficientemente fuertes para sobrevivir y prosperar en el mundo?

Este tema se ha repetido en casi todos los talleres para padres que he dictado. Incluso los padres de niños muy pequeños cada vez temen más que sus habilidades y su autoridad sean puestos a prueba por influencias culturales externas a la familia. Se acostumbraba antes que las madres y los padres buscaran exclusivamente la "mejor" técnica de crianza. Hoy en día, con frecuencia formulan una pregunta que refleja su preocupación adicional: "¿Cómo puedo mantener y apoyar la inocencia de mi hijo de cara a lo que está sucediendo en el mundo exterior?"

Los padres tienen derecho a preocuparse por fortalecer su efectividad personal al igual que por desarrollar autoridad real. Estamos viviendo en un mundo incierto y, dada la condición vulnerable de la vida familiar moderna, la crianza de los hijos se encuentra más afectada que nunca por influencias sociales. Debido a la proliferación de los medios de comunicación y al fácil acceso a las computadoras y a Internet, los niños se encuentran instantáneamente relacionados entre sí y con la cultura consumista. No todos los efectos son malos: en muchos niños de hoy percibo una mayor habilidad para adaptarse. Sin embargo, desde el momento en que los niños aprenden a moverse, estas influencias forman poco a poco su carácter y su relación con nosotros. Les he dado un nombre a estas fuerzas: "la segunda familia". Es una especie de aire contaminado, una fusión casi invisible y sin embargo poderosa de cultura y de influencia de los compañeros que entra en nuestras casas de manera incontrolable.

La segunda familia no debe confundirse con la familia extensa, con parientes, amigos y adultos de la comunidad bien intencionados y deseosos de ayudar, que les aportan cosas valiosas a nuestros niños y a quienes sentimos como parientes. Sin embargo, utilizo el término "segunda familia" debido a su poder colectivo de rodear a nuestros hijos y de ejercer influencia sobre ellos. Veo y oigo evidencias de ésta todos los días:

- La madre de un niño de tres años, recursivo y hábil a la hora de la negociación, se pregunta dónde aprendió su hijo la expresión, "Los padres no son justos".
- Un niño de cinco años exclama enojado, "¡Cállate!", cuando su padre le dice que es hora de dejar el parque de juegos. Papá no puede menos que recordar su propia infancia cuando no se le habría ocurrido utilizar esas palabras ni ese tono hacia su padre.

- Un niño en primer grado de escuela le grita con frustración, "Simplemente no entiendes", a su confundida madre, quien no esperaba ese tipo de quejas sino hasta la adolescencia.
- Una niña de siete años está obsesionada por ser "popular" en su clase de segundo año y teme que los demás piensen que ella está "fuera de onda".
- Una niña de ocho años ostenta un ademán de aburrimiento cuando está con adultos; prefiere estar con sus amigos o en su habitación, "enchufada" a la televisión o a un estimulante juego de computador.

A medida que los niños crecen, imágenes como las anteriores son cada vez más frecuentes en el álbum fotográfico de familia que llevan los padres en la mente. Éstos, percibiendo las limitaciones de su propio poder, se dan cuenta del creciente impacto de la segunda familia sobre los valores de sus hijos. Se sienten abrumados por los personajes de la televisión y por los famosos de quienes hablan sus hijos y a quienes imitan, por la ropa que usan, las letras de las canciones que repiten y las frases ingeniosas de los medios que adoptan como propias.

Debo hacer énfasis en que no se trata de un fenómeno de la adolescencia. Desde el jardín infantil se empieza a hacer palpable el poder que la segunda familia tiene sobre el emergente carácter de su hijo. Incluso desde el momento en que su pequeño empieza a ver televisión y a jugar en la arenera con otros niños, la segunda familia está tratando de competir por lo que yo llamo su "esencia", la semilla de su ser que contiene su fortaleza y potencial innatos. En la adolescencia ya es tarde para empezar a preocuparse; las dificultades de esa época no se desarrollan de la noche a la mañana. Debemos anticiparnos al efecto de la segunda familia y empezar a fortalecer a nuestros hijos desde que están pequeños.

En su bestseller *Qué pasa con las niñas de hoy,* Mary Pipher identificó esta contaminación cultural trabajando en particular con niñas adolescentes. En su libro posterior, *The Shelter of Each Other* (El refugio mutuo), Pipher sugiere, como lo hago yo, que el problema afecta por igual a ambos géneros. En el presente libro hago énfasis en que incluso los niños más pequeños están en riesgo y cómo, desde la más temprana edad, la segunda familia amenaza con devaluar y ahogar la esencia interior de su hijo.

Algunos padres perciben este fenómeno pero no saben exactamente qué hacer. Puede que se culpen a sí mismos o a sus hijos. Tal vez la vida familiar no es todo lo que debiera ser: horarios apretados, largas horas de trabajo y disciplina algo menos que consistente. Pero no muchos padres se dan cuenta hasta qué punto ciertos factores externos influyen sobre sus hijos y afectan las interacciones que tienen con ellos. Muchas mamás y papás que sí identifican el problema se sienten demasiado confundidos o impotentes para combatir a la segunda familia. Se sienten solos tratando de aferrarse a sus hijos en medio de una sociedad contradictoria que los arrastra y los aleja. En palabras de una llorosa madre en uno de los talleres, "Es como si estuviera sola contra toda la cultura".

En la actualidad, con mayor frecuencia, terapeutas acostumbrados a trabajar con la primera familia en el hogar cuando un niño tiene problemas, están empezando a ayudarles a los padres a tener mayor conciencia del impacto de la segunda familia. De hecho, el artículo de mi autoría en que presentaba este concepto y que apareció en el *Family Therapy Networker* ("The Second Family", Mayo—Junio 1996) suscitó más atención por parte de terapeutas, consejeros, profesores y clérigos que ningún otro artículo que yo haya escrito para auditorios profesionales. El artículo tocaba un punto crítico porque muchos de mis colegas en el campo de la salud mental estaban empezando a darse cuenta que las intervenciones acostumbradas ya no funcionaban. También ellos estaban buscando respuestas.

¿Qué pueden hacer los padres? De hecho, ¿qué puede hacer una sociedad? ¿Cómo podemos interceder efectivamente y pronto? ¿Cómo podemos educar hijos estables, que se sientan apegados a nosotros y que tengan un firme sentido de su yo que les permita no sucumbir ante esa segunda familia? Las respuestas tienen que ver con un cambio radical en la manera de enfocar los asuntos de nuestros hijos y de apoyarlos a medida que penetran en nuestro mundo incierto y a menudo difícil. Más importante aún, debemos reconocer que en el interior de cada niño existe una esencia fundamental, su "centro", que debe ser protegido y fortalecido desde el nacimiento del niño.

Cómo descubrir la esencia interior del niño

La clave para formar un niño sano hoy en día está en ayudarle a reconocer, cultivar y proteger su esencia interior. Algunos padres temen que esto no sea posible debido a las afirmaciones que aparecieron en la última publicación de Judith Rich Harris, *The Nurture Assumption*. Estoy de acuerdo con la afirmación de Harris según la cual no podemos "hacer que nuestros hijos se vuelvan como nosotros queremos que sean". Pero definitivamente no estoy de acuerdo en suponer que la crianza algún día será obsoleta o irrelevante. Como padre y profesional me parece que esta hipótesis va un poco lejos. Debemos y, como lo demostraré más adelante, podemos ayudarles a nuestros hijos a convertirse en niños "sanos" — niños con una moral, que se sientan satisfechos consigo mismos y que puedan sacar lo mejor de sí a pesar de las influencias de la segunda familia.

Conozco esta necesidad porque he trabajado con miles de niños en mi práctica profesional y con muchos otros miles en colegios, a lo largo y ancho del país. También conozco el tema a raíz de un reciente estudio que llevé a cabo, un muestreo multicultural de ciento cincuenta niños en la escuela pública, desde prekinder hasta el nivel sexto. Les hice a estos jóvenes una serie de preguntas sobre qué clase de padres quisieran tener en cuanto a ratos familiares, reglas, disciplina, rituales religiosos y otros tópicos. Surgieron dos temas importantes: Quieren que sus padres los vean y los respeten por lo que son y quieren que los padres los protejan.

La noción de protección es quizás la más evidente. Cuando le pedí a una de las niñas una definición de qué era un "buen" padre, me contestó, "alguien que me cuida". Aunque los niños no siempre pueden articular sus temores, están conscientes de las presiones que los acosan. Esto se hace dramáticamente evidente cuando hablamos sobre la necesidad de reglas. Los niños quieren que los adultos les proporcionen una estructura segura, confiable y consistente. Quieren que los padres hagan oír sus voces por encima del desorden de la cultura y quieren ser guiados por los valores de los padres.

Lo que es menos evidente, no obstante, es que un niño necesita (y tendrá más éxito en la vida si los tiene) padres que protejan su individualidad. Cada niño llega a este mundo con un esencia única. No es algo que pueda verse en una prueba o que podamos buscar con la ayuda de un microscopio, pero sí, en su sentido más fiel, define quién es ese niño. Para describir la esencia interior, el centro, el psicólogo James Hillman utiliza el término "imagen innata" . Dentro de la esencia interior de un niño, dice él, reside la razón por la cual ese niño está acá, su "llamado". Pero si no somos cuidadosos, puede ser asfixiada o pasada por alto; puede extinguirse. Y esa semilla única quizás nunca alcance la plenitud de su potencial.

Para entender mejor en qué consiste una esencia interior sana, imagínese a su hijo cuando pequeño, precisamente en el punto en que despertó a la vida y a usted. Recuerde cuán curioso y fascinado estaba con todo. Ese espíritu inquisitivo emanaba de su esencia. Ahora, imagínese a su hijo un poco mayor, tal vez entre los dos y los cinco años, expresando la clase de ternura que podría derretirle el corazón; o recuerde cómo, en una frase, su hijo que acababa de aprender a hablar se expresaba más vívidamente de lo que lo hacemos nosotros en párrafos. Esos dones también venían de su esencia. Cierre los ojos e imagine la cara serena y concentrada de un preadolescente en el acto de dominar una tarea por primera vez. Ahora, imagínese la inesperada actitud amistosa de la que hace gala un joven adolescente, incluso de cara a los límites impuestos a sus ires y venires. Por último, observe el maravilloso talante que despliega su adolescente cuando se siente a gusto con su cuerpo, al bailar con sus amigos o al correr por el campo de fútbol. Éstos son apenas algunos de los atributos de una esencia interior sana que se deleita en la exploración, en el aprendizaje, en crecer y en tomar el lugar que le corresponde en el mundo.

El papel de usted como padre es el de descubrir la esencia interior de sus hijos, cultivarla y protegerla del caos de la vida diaria y de las distracciones culturales que pueden afectar su crecimiento. En estas páginas, le ofrezco estrategias específicas que no solamente le ayudarán a entender los diez aspectos claves de la esencia interior de sus hijos, sino también lo que la amenaza. También exploraré los caminos que hacen que nuestros hijos se alejen de nosotros; y explicaré cómo las influencias culturales opacan la voz de los padres en el momento en que los niños más necesitan oírla. No pueden deshacerse de la segunda familia, es un hecho de la vida, pero si saben a qué se están enfrentando, pueden fortalecer la esencia interior de sus hijos de manera que no sucumban ante ella y puedan incluso sacarle el mejor provecho.

Cuál ha sido nuestro papel como padres... hasta ahora

Escribí *Buenos padres, mejores hijos* porque creo que estamos en medio de un cambio en el paradigma de cómo ser padres. Estamos a punto de dejar atrás décadas de teorías que reflejaban las épocas en las cuales fueron populares. Ninguna está a la altura de las realidades de hoy. Mirando hacia atrás se puede ver claramente por qué.

A la vuelta del siglo pasado, los victorianos opinaban que los niños debían verse pero no oírse y esta teoría se mantuvo firme hasta la década de los años treinta y comienzos de los cuarenta. Las madres eran instruidas para alimentar a sus bebés según horarios estrictos, no tenerlos demasiado en brazos y no prestarles demasiada atención para que no fueran a "malcriarse". Dado este modelo, un niño era a duras penas una persona y mucho menos alguien con una esencia.

El nacimiento de los primeros niños de la explosión demográfica de la postguerra en Estados Unidos dio paso a un enfoque de la paternidad más permisivo y psicológicamente orientado. Un bebé era percibido como una masa de humanidad maleable que debía ser acogida y formada por las manos de la madre. A mamá se le echaba la culpa de todo lo que salía mal. Este período continuó hasta los años sesenta, marcado por un enfoque relativamente más claro, pero aún simple y rígido, del papel de los padres.

La "etapa terapéutica" de la crianza durante los años setenta, ochenta e incluso entrando en los noventa, continuó haciendo gala de este modelo que intenta educar a todos los niños bajo un solo parámetro, pero la investigación sobre el desarrollo infantil llegaba cada vez más a los manuales de crianza. Se exponían puntos claves del crecimiento físico y emocional de manera que madres y padres pudieran confrontar a sus hijos frente a la "norma". Al mismo tiempo, se hacía énfasis en los valores que fomentaban la salud emocional del niño, tales como el amor propio, la seguridad y la creatividad.

En los últimos años, y sobre todo en respuesta a lo que se percibe como demasiadas décadas de "permisividad", el péndulo viene de regreso. Los moralistas, queriendo regresar a los "buenos viejos tiempos", cuando los padres reinaban supremos, sugieren que debemos inculcar valores. Diseñan programas para ayudarles a los jóvenes a desarrollar la ética y el buen criterio. Los conductistas recomiendan que "entrenemos" a los niños utilizando sistemas que los premien por ser buenos. Dadas las travesuras de algunos niños hoy en día, ¿quién podría estar en desacuerdo con cualquiera de los dos enfoques?

En sí mismos, los viejos esquemas de crianza son extremadamente valiosos. Entre otros beneficios, les han ayudado a los padres a entender mejor la mente y el comportamiento de los niños. Sin embargo, cada uno de éstos se concentra únicamente en una pequeña parte del rompecabezas, mente o cuerpo, alma o corazón. Ninguno refleja verdaderamente el concepto de la esencia interior que incorpora todo lo que el niño es.

El nuevo paradigma

Durante años, cada vez que los periodistas me llaman para preguntarme por un problema específico de crianza, siempre digo lo mismo: "Cuéntenme un poco sobre el niño, su temperamento, la manera como se expresa, cómo maneja sus estados de ánimo". El hecho es que los enfoques que intentan educar a todos los niños bajo un mismo parámetro, desembocan con frecuencia en fracaso y frustración. ¿Por qué? Porque cada niño tiene una esencia interior única que busca expresarse y las estrategias de crianza deben estar hechas a la medida de ese niño en particular.

A mi modo de ver, y según lo han corroborado las últimas investigaciones en desarrollo infantil, los niños se meten en problemas debido a que necesitan conectarse con su esencia, pero no saben cómo hacerlo. Los padres de niños más pequeños acuden a mí preocupados por pataletas, desobediencia, lejanía, dificultades en el aprendizaje o malas relaciones. Preadolescentes y adolescentes llegan a mi consultorio con signos de trastornos alimenticios, problemas de drogas, robos menores o sexualidad precoz. Todos éstos son asuntos muy conocidos por los textos teóricos y de divulgación. Pero, según mi experiencia, el problema definitivo es que a estos niños les falta sustancia (esencia). No se sienten conectados con un yo interior fuerte y, en ausencia de una conexión resistente y sólida con su esencia interior, se expresan, en ocasiones de manera peligrosa, llenando el vacío con relaciones inapropiadas o perdiéndose a sí mismos en la cultura.

A diferencia de los enfoques que van de extremo a extremo y que abogan por el control o la indulgencia, mi modelo de crianza integra y equilibra ambas propuestas. Lo que sugiero es que establezcan con claridad sus expectativas de cómo quieren que sus hijos se comporten y que utilicen a la vez técnicas de formación que se adapten a la esencia interior de sus hijos. Por ende, las habilidades que propongo a lo largo de *Buenos padres, mejores hijos* reflejan la noción de que cada niño debe ser tratado como un individuo, que tiene características propias. Como nos lo recuerda James Hillman: "Hay más en la vida humana de lo que cabe en nuestras teorías. Tarde o temprano algo parece llamarnos a un camino en particular". Tal vez recuerden ese "algo" como un momento señalado de la infancia en el cual un ansia sin origen aparente, una fascinación, un peculiar desarrollo de los acontecimientos nos hizo impacto como una anunciación. "Esto es lo que tengo que hacer, esto es lo que tengo que tener. Es esto lo que yo soy".

De hecho, las investigaciones demuestran que incluso los bebés más pequeños dan señas indudables de tener personalidades y estilos diferentes. Los niños no son masas sin forma que simplemente esperan nuestras contribuciones. Estas investigaciones a la vez reflejan y confirman el despertar de una nueva época que define un estilo personal y específico de ser padres. En lugar de tratar de hacer que se adapte a un molde preconcebido, este enfoque tiene en cuenta quién es su hijo. Hace énfasis en que tenemos que ver las cosas de esa forma desde cuando nuestros hijos son bebés, no solamente porque cada niño es diferente, sino también porque queremos que cada uno de ellos crezca sabiendo cuál es su esencia interior y consciente de su derecho y su responsabilidad de cultivarla y protegerla.

Los niños necesitan ser vistos por lo que son, individuos únicos. Si requiere alguna prueba, mire a su alrededor y tome nota de la gran cantidad de adultos hoy en día que buscan respuestas sobre sí mismos. Hillman opina (y yo estoy de acuerdo) que "hemos sido despojados de nuestra verdadera biografía... y asistimos a terapias para recuperarla". No es accidental que tantos adultos hoy en día estén también buscando respuestas espirituales a sus problemas. Buscan desesperadamente ponerse en contacto con su esencia interior.

Sobre las nuevas habilidades de los padres

El principal objetivo de *Buenos padres, mejores hijos* es brindarle habilidades que le permitan fortalecer la esencia interior de sus hijos desde pequeños. Un segundo objetivo, igualmente importante, es hacerlo consciente de los aspectos negativos de la segunda familia y darle las herramientas para combatirlos. Usted sí puede descubrir y proteger la esencia interior de sus hijos y, por lo tanto, equiparse a sí mismo y a sus hijos para enfrentar este reto cultural.

Con ese fin he aislado diez constructores de esencia, que se aplican tanto a niños pequeños como a adolescentes, es decir, diez características que los niños necesitan para tener éxito al relacionarse consigo mismos, con sus padres y con el mundo. Cada constructor se dirige directamente a la esencia interior de su hijo y tiene una correspondiente "habilidad básica" que le servirá de guía:

Dominio del estado de ánimo	*Habilidad básica # 1:* Enséñeles a sus hijos a tranquilizarse de manera sana y acorde con su temperamento.
Respeto	*Habilidad básica # 2:* Anime a sus hijos a escuchar a los adultos responsables y a sentirse a gusto con ellos.
Expresividad	*Habilidad básica # 3:* Promueva el estilo único de sus hijos de hablar de lo que realmente importa.
Pasión	*Habilidad básica # 4:* Proteja en sus hijos el entusiasmo y el amor por la vida.
Talento en las relaciones	*Habilidad básica # 5:* Oriente a sus hijos en sus relaciones con amigos y compañeros de juego.
Concentración	*Habilidad básica # 6:* Ayúdeles a sus hijos a prestar atención y a que les entusiasme aprender.
Comodidad con el cuerpo	*Habilidad básica # 7:* Ayúdeles a sus hijos a aceptar su apariencia física y a sentirse cómodos con su cuerpo.
Cautela	*Habilidad básica # 8:* Anime a sus hijos a pensar antes de actuar y a sopesar el impacto de sus actuaciones sobre sí mismos y sobre los demás.
Inteligencia de equipo	*Habilidad básica # 9:* Inspire a sus hijos a desarrollar su capacidad de formar parte de un equipo sin perder la individualidad.
Gratitud	*Habilidad básica # 10:* Espere que sus hijos sean agradecidos y, de esa forma, cultive su fe y su espiritualidad.

Las investigaciones que respaldan el concepto de las habilidades

Cada capítulo de este libro está basado en uno de los anteriores constructores de esencia. A medida que vaya leyendo estas páginas, verá que con frecuencia tomo información de investigaciones y trabajos clínicos inspirados en programas de intervención temprana que están dirigidos a niños con problemas serios. Reconozco que la gran mayoría de los niños no han sido diagnosticados ni tratados clínicamente, ni deberían serlo. Sin embargo, en nuestra cultura todos los niños están en peligro. Permítame ofrecer algunos ejemplos de lo que quiero decir:

- Relativamente pocos niños tienen síndrome de falta de atención pero, dada la gran variedad de medios de comunicación en competencia y de otras distracciones, muchos tienen dificultades para concentrarse.
- Un número muy reducido de niños sufre de depresión clínica pero, debido a que a menudo los niños están demasiado programados, muchos tienen dificultades para desarrollar intereses significativos que los sostengan y los hagan felices.
- Una minoría de niños son verdaderamente hiperactivos pero en nuestra cultura frenética y sobrecargada muchos pueden ser impulsivos, a veces hasta niveles peligrosos.
- Muy pocos niños padecen de un verdadero trastorno de ansiedad pero, en la medida en que la cultura enaltece la apariencia, muchos tienen una malsana preocupación por el cuerpo. .
- La mayoría de los niños no tiene dificultades de aprendizaje pero, por estar expuestos desde edades tempranas a la televisión y a los vídeos, su imaginación pierde brillo y muchos encuentran dificultades para expresarse verbalmente o en el papel.

Debido a que las dificultades de la infancia se ven con frecuencia reforzadas culturalmente, y por lo tanto son generalizadas, y debido a que los padres se encuentran en la misma situación, es fácil aceptar como normales ciertos problemas. Por lo tanto, ¿y qué si Pedrito no puede sentarse quieto el tiempo suficiente para armar un rompecabezas, o está excesivamente agitado tras demasiados juegos de vídeo? Muchos de los niños de su clase son iguales. ¿Y qué si Juanita pasa de una actividad a otra, o es indecisa en cuanto a qué ropa ponerse y está obsesionada con verse bien? Es igual a sus amigas. Con frecuencia, cuando vemos a un niño luchando con sus deberes escolares o sufriendo por situaciones que se le presentan con sus compañeros, racionalizamos el comportamiento como normal y decidimos simplemente esperar a que pase. O, cuando se desarrollan problemas más serios, corremos a llevar nuestro hijo a donde el especialista. La buena nueva es que entre los dos extremos hay acciones efectivas que se pueden emprender.

La intervención adecuada —pasos que se pueden dar antes de que se presente la dificultad— se basa en investigaciones con las llamadas "poblaciones problema" y ha sido tomada de programas diseñados para ayudar a dichos niños. He adaptado lo mejor de lo que hay allí, traduciéndolo en habilidades cotidianas y en técnicas que cualquier padre puede usar. Debo agregar que solamente he tomado de lo que ha sido puesto a prueba con resultados positivos. Cualquier estrategia que propongo tiene un prolongado historial de éxito que ha sido medido con técnicas de investigación, uso clínico o experiencias con familias comunes.

También he recogido incontables historias de mi propio trabajo con miles de padres y niños con los que me encuentro en consultas y a través de varios proyectos de investigación propios. Estoy especialmente entusiasmado con mi reciente estudio, un muestreo de ciento cincuenta niños entre los cuatro y los doce años, que representan todos los niveles socioeconómicos y una amplia gama de grupos étnicos. He dicho a menudo que los padres son los verdaderos "expertos", pero tengo que agregar que los niños son muy elocuentes cuando se trata de evaluar lo que los padres hacen y lo que no hacen. Escucho, tomo muy en serio sus opiniones y, dada semejante atención, los niños hablan con frecuencia desde su esencia.

Cómo usar este libro

Se puede, desde luego, leer *Buenos padres, mejores hijos* de principio a fin. Sin embargo, conociéndome como padre y después de haber hablado con muchos padres, pienso que eso es poco probable. Nosotros los padres a duras penas tenemos tiempo para leer un artículo de revista, ¡mucho menos vamos a poder sentarnos acogedoramente con un libro de trescientas páginas sobre cómo ser buenos padres! Además, hay mucho en estas páginas: ideas, investigaciones, estrategias, demasiado para absorber de una vez. Sugiero en cambio que empiece directamente en el capítulo que hace énfasis en el constructor de esencia que parece adaptarse mejor a las necesidades inmediatas de su hijo. Todos son singularmente importantes, pero con el tiempo verá que todos están interconectados y se refuerzan entre sí.

Cada capítulo lo invita a implementar el enfoque que mejor se adapte al estilo y a la personalidad de su hijo. Consecuentemente, cada capítulo ofrece:

—Una comprensión más profunda de la habilidad básica, su importancia en relación con la esencia interior y cómo esa habilidad protege a los niños contra el influjo de la segunda familia.
—Una mirada sobre las "amenazas" esenciales o las maneras como la segunda familia mina cada uno de los constructores de esencia.
—Habilidades concretas de los padres que fomentan el desarrollo del atributo constructor de esencia.
—Habilidades específicas que los niños pueden dominar (con la ayuda de los padres) y que refuerzan la característica constructora de esencia.

También he enriquecido el libro con recordatorios apropiadamente escogidos, por ejemplo, en el capítulo sobre la cautela propongo uno para los niños llamado "pare", en el capítulo sobre la inteligencia de equipo los insto a hacer "relevos" y en el capítulo sobre la gratitud les recordaremos "agradecer". Las técnicas para padres pueden ser difíciles de recordar en la agitación diaria de nuestras congestionadas vidas. Los recordatorios están allí para ayudar a desencadenar las estrategias que se necesitan en determinado momento cuando, desde luego, más se necesita el consejo pero se tienen menos probabilidades de ir a consultar un libro.

Finalmente, quiero hacer énfasis en que aunque este libro está lleno de información sólida, espero que también encuentre que le proporciona inspiración. La noción de que podemos de hecho proteger a nuestros hijos, que podemos hacerle honor a lo que ellos son y fomentarlo, es una noción esperanzadora. Espero que estas nuevas habilidades motiven a los padres a sacar lo mejor de sí mismos y lo mejor de sus hijos.

CAPÍTULO 1

DOMINIO DEL ESTADO DE ÁNIMO

Habilidad básica # 1: *Enséñeles a sus hijos
a tranquilizarse de manera sana y acorde con su temperamento.*

Niños que quizá ustedes conozcan

En todos los tiempos, los padres han entendido que cada niño llega a este mundo con una personalidad única. Independientemente de las modas en asuntos de crianza, que alternan el énfasis en lo innato con el énfasis en lo que se enseña y les adjudican a los padres variados niveles de "culpa", en el fondo cada uno de nosotros sabe la verdad: La identidad fundamental de un niño no está en función de lo que hacemos o dejamos de hacer. Su naturaleza innata no es el resultado de "buenas" prácticas educativas, así como sus dificultades innatas no son el resultado de "malas" prácticas. Especialmente los que tenemos hijos un poco mayores podemos mirar en retrospectiva sus primeras semanas y ver ahora ciertos patrones de comportamiento que han sido constantes desde el primer día.

Miremos a cuatro niños que sirven de ejemplo. Uno de ellos, estoy seguro, le recordará al suyo:

- Silvia, de tres años y medio, es grande en todo sentido, alta para su edad y muy intensa en lo que respecta a prácticamente todo lo que quiere o hace. Cuando Silvia come fresas, se come toda la caja. Quiere todos los juguetes que ve. Y Silvia juega con tal frenesí que a los minutos de haber entrado a una habitación, parece como si allí no hubiera estado un niño sino tres. Silvia es amistosa y tiene buena disposición, pero su modo fuerte y directo tiende a alejar a sus compañeros. También los aleja el hecho de que estalla cuando no logra lo que quiere.

• Mateo es un niño feliz de cinco años y cumplió exactamente con los momentos señalados para caminar, hablar y entablar relaciones sociales. Puesto que es tan simpático, hace amigos con facilidad. Sin embargo, Mateo es a la vez hipersensible a estímulos: ruidos, luces, la manera como cierta ropa lo hace sentir. Para evitar sentirse bombardeado por estos factores irritantes, se retira (sale de la habitación, por ejemplo, si el volumen de la música es demasiado alto) o se rebela (se arranca la camisa quejándose de que "le pica").

• David, de cuatro años, a menudo se encierra en sí mismo. Cuando no consigue lo que quiere gime mucho, hace mala cara y se encoge de hombros o se vuelve insolente. Encuentra difícil socializar, especialmente con niños a quienes no conoce bien. Era de esperar que durante su primera semana de guardería estuviera pegado todo el tiempo de las faldas de su madre y llorara amargamente cuando ella intentó marcharse.

• Juliana, ahora de seis años, empezó a dormir toda la noche sin interrupción a los dos meses. Comía con gusto y era una niña encantadora; su "buena disposición", como la describían todos, la acompaña aún. Claro, Juliana tiene algunos temores y sensibilidades, pero son moderados. Aunque a veces se encuentra malhumorada, es casi siempre una niña equilibrada. Su madre dice que ha sido "fácil" desde el día en que nació.

Después de veinticinco años de trabajo clínico, sin mencionar la crianza de mis dos hijos, Leah y Sam, he visto que, aunque el viejo modelo de desarrollo infantil ha sido de enorme utilidad, tiene mucho que mejorar. Lo digo por dos razones. Una, porque gran parte de la personalidad ya está en su lugar antes de que el niño nazca. Dos, porque las soluciones de molde no funcionan.

Los estudios recientes sobre desarrollo infantil dejan en claro que la crianza exitosa no es, como lo creímos alguna vez, cuestión de hacer encajar a los niños en una técnica que intenta educarlos a todos bajo un solo parámetro; es más bien cuestión de adaptar prácticas precisas a las personalidades muy específicas e innatas de nuestros hijos. Antes, los profesionales sólo podíamos describir la personalidad; ahora, haciendo uso de las últimas investigaciones, también podemos recetar ciertas habilidades y comportamientos paternos que sirvan para manejar la personalidad básica de un niño. Con estas herramientas se le puede enseñar al niño a administrar su temperamento y a interactuar de manera positiva con su entorno. A este proceso lo llamo dominio del estado de ánimo y es la habilidad sobre la cual se sostienen todos los otros factores que ayudan a fortalecer la esencia interior del niño.

Por qué es importante el dominio del estado de ánimo

El reto primordial de los padres de hoy es el de enseñarles a sus hijos a dominar el estado de ánimo, es decir, el de formar en ellos la capacidad de identificar y apaciguar sus propias emociones y ansiedades. Es una habilidad fundamental que capacita al niño para vivir en el mundo, en sintonía y en control de sí mismo cuando está con otros. Y lo principal es que enseñar el dominio del estado de ánimo implica encontrar un enfoque para serenarse, diseñado a la medida del temperamento del niño.

Desde fines de la década de los cincuenta, los investigadores en el campo de la personalidad han llamado "temperamento" a los atributos fisiológicos, psicológicos y emocionales. Jerome Kagan, investigador del desarrollo infantil, define el temperamento como esas "reacciones emocionales y de comportamiento estables que aparecen en edad temprana y que están influenciadas en parte por la constitución genética". A menudo, los padres pensamos que se trata sencillamente de la personalidad de nuestros hijos. Es la materia fundamental de la cual está compuesta su esencia interior.

Realmente no necesitamos una definición formal porque, incluso con nuestro recién nacido, intuitivamente percibimos su constitución básica, percibimos la naturaleza de su esencia. Casi de inmediato empezamos a pensar en ese pequeño envoltorio como "un tigre", "una delicada flor" o "un terremoto". Armamos un cuadro sobre lo que es el bebé con base en sus hábitos de sueño y comida, si llora mucho o parece satisfecho la mayor parte del tiempo, si es aguantador o sensible. Hacemos inconscientemente una nota mental de cuán extrovertido o introvertido es, si reacciona a las cosas leve o intensamente, o si es capaz de dejarse llevar. Nos volvemos especialmente ilustrados en cuanto al temperamento el día en que nace nuestro segundo hijo. Recuerdo haber pensado cuando nació Sammy, el hermano menor de Leah, "¿Cómo pueden ser tan diferentes mis dos hijos?" Era como si mi esposa Stacey y yo tuviéramos que aprender a ser padres de nuevo.

A medida que nuestros hijos crecen, nos sorprende ver cuán consistente es la naturaleza de sus personalidades. En realidad todos los padres sabemos intuitivamente: ¡Lo que ves es lo que tienes! Y en los últimos años, investigaciones sorprendentes y esperanzadoras llevadas a cabo, entre otros, por Stanley Greenspan en la fundación Zero to Three (De cero a tres), en Washington, D.C., Jerome Kagan en Yale y William Carrey en el Children's Hospital (Hospital infantil) de Filadelfia, finalmente tienden a comprobar lo que siempre hemos sabido: el temperamento hace que cada niño reaccione de manera diferente frente a su entorno, hacia la gente e incluso hacia sus propios estados internos.

¿Recuerdan a David, el niño de cuatro años? Es muy sensible y reacciona con llanto ante las sensaciones físicas intensas, como el hambre y la fatiga. En contraste, Silvia, quien tiene una agresiva fuerza de voluntad, maneja su incomodidad exigiendo atención o haciendo una pataleta.

¿Qué esperan ayudarles a lograr a sus hijos los padres de niños tan fundamentalmente diferentes? Los psicólogos lo llaman autorregulación, la capacidad de manejar la propia disposición temperamental. Los padres de David y de Silvia a lo mejor no utilicen el término, pero saben que quieren conectarse con sus hijos y lograr que cese el comportamiento negativo. Quieren enseñar estrategias más efectivas que les ayuden a calmar y a suavizar la perturbación en el momento en que está ocurriendo. Y quieren construir confianza, la confianza de sus hijos en ellos y, en última instancia, la confianza de cada niño en su capacidad de autorregularse.

Ahora bien, he aquí el punto crítico: un niño sensible, con tendencia a ser retraído, como David, requiere un enfoque diferente del que necesita una niña agresiva como Silvia. En otras palabras, David necesita que le hablen con suavidad y que se le marquen con gentileza límites firmes, mientras que Silvia necesita que se le cambie de tema o que se le hable de una manera perentoria y cortante, que no permita absolutamente ningún margen para las luchas de poder. Con el tiempo, a medida que los padres utilizan enfoques hechos a la medida, David y Silvia empezarán a autorregularse y, en el proceso, desarrollarán el dominio del estado de ánimo.

El dominio del estado de ánimo es el pilar de una identidad esencial sólida. Nuevamente, las investigaciones son irrefutables: los padres podemos hacer que los caminos de nuestros hijos sean mucho más fáciles y podemos

---

ES UN HECHO: EL DOMINIO
DEL ESTADO DE ÁNIMO ES UN SEGURO

Desde 1990 el Instituto Johnson en Minneapolis ha estado estudiando patrones de drogadicción a través de sus encuestas nacionales. Entre otras sugerencias para prevenir la drogadicción, citan el "sostenimiento del estado de ánimo" como el fundamento del amor propio, "Las personas más propensas a enamorarse de la intoxicación son las que viven en el rango alto de intensidad de sentimientos —ansiedad, ira, frustración— o en el rango bajo —aburrimiento, depresión", dice Bud Remboldt, presidente del Instituto. "Debemos enseñarles a los niños a vivir en la zona intermedia, tranquilos pero entusiasmados con la vida".

aumentar sus posibilidades de tener éxito si sencillamente adaptamos lo que ellos son, en lugar de combatirlo. David, Silvia y cualquier niño que logra el dominio del estado de ánimo se sentirá más en control y, no por casualidad, se sentirá también mejor consigo mismo.

Un niño que ha aprendido a dominar sus estados de ánimo puede:

expresar sus necesidades

moderar sus emociones

mejorar sus relaciones con los demás.

El dominio del estado de ánimo incrementa en el niño la sensación de bienestar y fortalece su sentido de sí mismo como un individúo único en el mundo. En lugar de preguntarse quién es o, peor aún, de sentirse mal consigo mismo, su niño pensará:

"Estoy bien así como soy".

"Puedo lograr que el mundo me entienda y me ayude".

"Quiero a mis padres porque ellos entienden quién soy yo".

"Me siento cómodo y orgulloso de ser quien soy".

¿Qué mejores sentimientos podrían tener sus hijos acerca de sí mismos? Por ende, nuestra primera habilidad básica:

Habilidad básica # 1: Enséñeles a sus hijos a tranquilizarse
de manera sana y acorde con su temperamento.

Como se infiere de esta descripción, el dominio del estado de ánimo empieza con un entendimiento de quién es su hijo. Más adelante en el capítulo, cuando describa los cuatro tipos de temperamentos, le ayudaré a identificar características específicas de las cuales debe estar consciente. Sin embargo, el dominio del estado de ánimo, al igual que las otras nueve habilidades básicas que presento en este libro, no es exclusivamente un asunto entre sus hijos y usted.

Amenazas esenciales: qué va en contra del dominio del estado de ánimo

Por cada constructor de esencia que cito hay ciertos factores contraproducentes, algunos dentro de la familia y algunos que surgen de los compañeros o de la cultura, es decir del poder colectivo de la segunda familia. Como expliqué en la introducción, esta fuerza combinada de la cultura y de los compañeros puede tener un profundo efecto. Independientemente de lo que quiera enseñar, y de las estrategias de educación que utilice como padre, la segunda familia puede empezar a afectar las expectativas de sus hijos, sus creencias y sus experiencias, incluso desde antes de que éstos aprendan a hablar.

Permítame decir con franqueza que cuando advierto sobre la influencia de la segunda familia, no estoy moralizando sobre los males de la televisión o del consumismo, y ciertamente no estoy abogando por darle marcha atrás al reloj cultural. De hecho, como lo anotaba antes, los medios y los computadores acercan a nuestros hogares y a las vidas de nuestros hijos todo un mundo de información valiosa. No obstante, si miramos lo que se requiere para fortalecer y proteger la esencia interior de los niños, queda claro que la segunda familia también opera de maneras concretas y sutiles contra cada una de las diez habilidades básicas.

Aunque se ha hablado mucho del impacto negativo de la televisión y los medios sobre los niños, pocos críticos estudian lo que yo creo que es su más grave amenaza: los mensajes de los medios y de la cultura masiva combaten la autorregulación. De hecho, la segunda familia con frecuencia fomenta atributos que son precisamente lo contrario de lo que los niños necesitan para aprender el dominio del estado de ánimo.

Agresión e impulsividad. La televisión, los computadores y los juegos de vídeo son las principales arterias por las cuales los medios y la cultura masiva, la segunda familia, se trasladan a nuestra familia. El problema es que en muchos hogares la televisión, y cada vez más los juegos de computador, funcionan como niñeras: dependemos demasiado de ellos. En mi práctica clínica, por ejemplo, no es extraordinario oír de niños que pasan hasta diez horas al día en el fin de semana, y de cuatro a seis horas entre semana, viendo televisión o jugando con el computador. Las cifras nacionales, según la American Academy of Pediatrics [Academia norteamericana de pediatría], la American Psychological Association [Asociación norteamericana de psicología] y el Center for Science in the Public Interest [Centro para la ciencia en el interés público], no varían mucho (ver recuadro).

Si la televisión se da en dosis limitadas y cuidadosamente seleccionadas, puede educar e incluso tranquilizar a los niños, pero las cifras anteriores colindan con lo que la mayoría de los estudios definen como demasiada televisión, es decir, más de tres horas al día. Obviamente, ciertos tipos de niños son más vulnerables y tendrán diferentes reacciones basadas en su temperamento: a lo mejor a Silvia la exalta el mismo programa de miedo que asusta a David. Pero independientemente de la respuesta individual, demasiada televisión ni los calma ni los induce al dominio del estado de ánimo. De hecho, con frecuencia exacerba precisamente los aspectos de autorregulación con los cuales el niño tiene mayores dificultades.

Adicionalmente, más de mil estudios diferentes atestiguan el hecho de que la exposición a altas dosis de televisión aumenta la probabilidad de que se presenten comportamientos agresivos. Al analizar las investigaciones, el Center for Media Education [Centro para la educación en los medios de comunicación] en Washington D.C. concluye que los niños que ven cuatro o más horas de televisión al día tienen menos probabilidades de ser activos físicamente, tendrán la tendencia a favorecer el uso de la agresión física para resolver los conflictos y tienen mayores probabilidades de exhibir un comportamiento impulsivo. Claramente, ninguno de estos desenlaces promueve el dominio del estado de ánimo.

Los juegos de vídeo, bastiones de la segunda familia, sabotean el dominio del estado de ánimo de manera semejante. Un creciente cúmulo de investigaciones, en las que los psicólogos están estudiando cómo estos juegos afectan a

REALIDADES SOBRE LA TV

- El hogar promedio tiene 2.24 televisores; el 99% tiene por lo menos uno.
- Más del 50% de los niños en edades entre los seis y los diecisiete años tiene televisor en el dormitorio.
- El joven promedio pasa novecientas horas al año en el colegio y mil quinientas viendo televisión.
- Los sábados en la mañana constituyen solamente el 10% de las horas en que los niños ven televisión; el resto se da en las noches y en las tardes de los días hábiles, cuando los niños tienen la mayor probabilidad de ver programas para adultos, plenos de acción, sexo y violencia.
- Para cuando un niño promedio termina la escuela elemental, ha sido testigo de ocho mil asesinatos en televisión y a los dieciocho años ha visto doscientos mil actos de violencia.

varias clases de niños, ya señala las razones por las cuales los niños los encuentran tan absorbentes. Los diferentes elementos que definen el juego computarizado (es interactivo, estimulante y el nivel de dificultad puede ser controlado por el jugador), nos ayudan a entender por qué los niños pasan tantas horas en esa actividad. Aunque es cierto que esas características también los convierten en poderosas herramientas de aprendizaje, sólo un pequeño porcentaje de niños usa realmente los juegos de computador para aprender. Esa cifra disminuye drásticamente a medida que los niños crecen; entre los niños de cuatro años, por ejemplo, solamente el 18% de las niñas y el 3% de los niños utiliza juegos didácticos; cuando están en el nivel octavo de escolaridad, solamente lo hacen el 6% de las niñas y el 0.5% de los niños.

Tenga presente que, a pesar de sus buenas intenciones cuando adquirió esos costosos CD—ROM didácticos, el 50% de los niños de ambos géneros, consistentemente en todos los niveles escolares, prefiere lo que las investigadoras Debra Buchman y Jeanne Funk denominan juegos de "fantasía y violencia humana". Estos programas de acción intensa están planteados sobre la base de que la "habilidad" premiada es la agresión impulsiva. Los descubrimientos más recientes indican que estos juegos excitan a los niños hasta un punto tal que atentan contra el dominio del estado de ánimo. Las emociones no son procesadas; los problemas no son resueltos analíticamente. El ganador es el que es capaz de atacar rápidamente al otro y defenderse con temeridad de los invasores. Estos valores, repetidamente afianzados, no benefician la autorregulación.

Los "dame". Cuando el primer aviso de televisión flota por encima de su bebé (aunque su mensaje esté más allá de su comprensión) o cuando, acostado en su cuna, mira los protectores acolchados de "Aventuras en pañales" o abraza su frazada de los "Muppet Babies", ya a su hijo le están llegando los mensajes de los medios. Y cuando empieza a asistir al parque de juegos y ve a los otros niños desfilar con diversos artefactos de la cultura masiva, entra a una cultura que valora altamente lo material, especialmente la mercancía relacionada con la última moda en los medios. Los anuncios difunden la idea de que la satisfacción y el alivio deben venir de afuera e incluso nuestros niños más pequeños a veces empiezan a competir entre ellos por sus "cosas". El problema es que queremos enseñarles a nuestros niños que uno debe tranquilizarse y autorregularse desde adentro, pero uno sabe que la batalla es contra la corriente cuando se da cuenta de que el niño promedio ve más de veinte mil propagandas al año, espacios de treinta segundos astutamente elaborados que con seguridad harán que sus "dame" estén en excelente forma.

Gratificación instantánea. En la vida del niño promedio los comerciales de televisión habrán ocupado más de un año y medio de su vida, y cada comercial lleva mensajes contrarios al dominio del estado de ánimo:

"¡Hazlo!"
"¡Diviértete!"

"¡Hazlo ya!"

"¡No te contentes con menos!"

"¡Obedece a tu sed!"

"¡Simplemente hazlo!"

La capacidad de soportar la frustación y de aplazar la gratificación, dos aspectos integrales del dominio del estado de ánimo, son nociones pasadas de moda para la segunda familia dependiente de los medios. Cuando se tienen en cuenta además los computadores, los juegos de vídeo, los vídeos de MTV y muchas de las películas dirigidas a nuestros hijos, es fácil ver cómo los niños han llegado a esperar, o a exigir, soluciones instantáneas y satisfacción inmediata. Los juegos de vídeo son, de hecho, una personificación ritualizada, en dos dimensiones, del mensaje de "sencillamente, hazlo". No hay necesidad de esperar, ni de medir las palabras, los pensamientos o las acciones, "simplemente empiecen a mover ese control".

Si bien es cierto que la revolución tecnológica ofrece valiosos recursos, educación e información, los anteriores aspectos de la segunda familia bombardean a nuestros niños y socavan las bases del dominio del estado de ánimo. Pero existe una amenaza adicional que se origina dentro de la familia, y que a lo mejor los sorprenda.

La negación de los padres. Durante años, mis colegas y yo hemos tratado de analizar la negación que hacen los padres del temperamento innato de sus hijos. Algunos padres hacen caso omiso de la constitución innata de sus hijos; otros la combaten o sencillamente desean que sea diferente. E incluso cuando los padres ven a sus hijos con claridad, con frecuencia no creen en lo que ven. Existen causas complejas y de hondas raíces que explican por qué los padres no confían en sus percepciones. Puede ser temor ("¿Será que es igual a mí?" "¿Cometerá los mismos errores?") o culpabilidad ("Yo lo volví inseguro, su comportamiento es culpa mía"). Y casi siempre es por amor. La mayoría de los corazones de las madres y de los padres está donde debe estar: realmente quieren ser buenos padres. Sin embargo, por razones que describiré más adelante, sus estrategias no logran estar en sintonía con el temperamento. Se generan entonces batallas y los padres se sienten genuinamente decepcionados de sí mismos y de sus hijos. Y eso, de hecho, empeora aún más la situación.

Digamos que la mamá y el papá de David, de seis años de edad, secretamente desearían que fuera diferente: más decidido y menos susceptible frente a cualquier pequeñez. Con la idea de fortalecerlo, lo tratan más bruscamente que a los otros niños. Herido y confundido, sintiendo que sus padres no lo "captan", David se vuelve cada vez más sensible y nervioso. Por el contrario, si sus padres dejan de anhelar que sea diferente y en lugar de ello aceptan y protegen su temperamento básico y le ayudan con el dominio del estado de ánimo, David se sentirá más comprendido. Tal vez siga siendo un niño cauteloso y reflexivo, su esencia fundamental no habrá cambiado, pero la manera como se comporta y como se siente consigo mismo será muy diferente de la que resulta si sus padres continúan luchando contra lo que él es.

De manera semejante, si el temperamento de Silvia no es aceptado y manejado con claridad, si sus padres continúan esperando que su naturaleza agresiva y categórica desaparezca un día por arte de magia (¿y quién de nosotros no ha abrigado la esperanzas de un milagro semejante?), podría fácilmente convertirse en una niña retadora y obstinada. Pero si los padres de Silvia aceptan lo que ella es, esas características negativas pueden ser transformadas en seguridad y decisión. Un día esa niña obstinada que se comía todas las fresas, ¡podría ser cabeza de una compañía multinacional!

Claramente, sin embargo, la aceptación es una habilidad que los padres adquirimos con dificultad. Como lo admitía un padre con espíritu de culpa, "Todavía me despierto todos los días con la ilusión de que mi hijo sea un poco más rudo y menos sensible. Y todos los días me siento defraudado. Pienso que estoy injustamente enojado con él simplemente por ser el mismo niño". Puede ser una respuesta humana muy comprensible la de seguir guardando la esperanza de que ese niño sea similar a los otros. Pero recuerde, esa esperanza hace más difícil ver a su hijo con claridad. La buena nueva en cuanto a la negación es que uno la puede superar. La clave es ser consciente del propio prejuicio y de los tipos de influencias de la segunda familia que van contra la autorregulación. Habiendo dicho esto, hay una serie de pasos concretos que se pueden dar y que le permitirán mirar a su hijo con ojos de mayor discernimiento y realismo para ayudarle a desarrollar el dominio del estado de ánimo.

Habilidades de los padres: cómo fomentar el dominio del estado de ánimo

Como lo expliqué antes en este capítulo, las investigaciones sobre el temperamento son bastante claras: uno no puede cambiar el temperamento fundamental de sus hijos, es innato. Pero uno sí puede adaptar su propia respuesta y puede ayudarles a reconocer y a regular su temperamento.

Por lo tanto, enseñar el constructor de esencia primordial, el dominio del estado de ánimo, involucra tres principios claves:

1. Reconocer y aceptar el temperamento del niño.
2. Modificar el enfoque hacia la enseñanza del dominio del estado de ánimo para que se adapte concretamente al temperamento de su hijo.
3. Premiar a su hijo cuando demuestra un comportamiento constructivo y autorregulatorio; crear y mantener unas consecuencias consistentes cuando exhibe deficiencias en su autocontrol.

Consecuentemente, he dividido las habilidades de los padres en tres secciones: la primera le ayudará a entender mejor el asunto del temperamento, concretamente, las cuatro clases de temperamentos que se observan en los niños. La segunda le ayudará, si por alguna razón tiene los ojos vendados, capacitándolo para percibir más claramente a su hijo y adaptar su manejo a las necesidades específicas de éste. Y la tercera ofrece una serie de habilidades concretas que le ayudarán a fomentar y a mantener el dominio del estado de ánimo.

Cómo reconocer el temperamento de su hijo

Apenas nace el niño, la mayoría de los padres empiezan instintivamente a fomentar el dominio del estado de ánimo mediante respuestas de empatía. Este proceso, conocido como armonización, fue descrito originalmente por el investigador y psicólogo infantil Daniel Stern. Mediante la filmación de la comunicación madre-bebé, Stern demostró vívidamente que la armonización empieza cuando una madre percibe claramente el estado emocional y psicológico de su bebé y actúa para tranquilizarlo o entretenerlo.

Otros investigadores ahora sugieren que esa armonización es importante a lo largo de la relación entre padres e hijos, independientemente de la edad del niño. En otras palabras, constantemente reflejamos e influimos en los estados emocionales del otro. Por ende, son igualmente importantes las reacciones de los hijos ante los retos del desarrollo y las de los padres ante los hijos en proceso de superar esos retos.

Por ejemplo, Tatiana, una madre joven, está armonizando cuando, al sentir la incomodidad de Juana, su bebé, la arrulla con ademán de empatía y a continuación le cambia el pañal, acciones que inmediatamente la hacen sentir más cómoda. Luis, el padre de Martín, un niño en edad preescolar, entiende que la pataleta de su hijo necesita espacio, nada más, así que se mantiene pacientemente disponible en los alrededores. Igualmente, Beatriz, la madre de Jerónimo, quien está en la escuela primaria, sabe, mediante la observación de los ademanes de su hijo y de su expresión confundida, que necesita hacerle preguntas sobre los sucesos del día. En cada caso, mamá o papá responden a una necesidad específica y, al hacerlo, permiten que el niño se sienta visto y oído.

Sin embargo, esos padres no solamente son capaces de medir las necesidades de su hijo porque son conscientes de lo que está pasando en ese momento. También son conscientes de un asunto de mayor envergadura, el temperamento específico de cada niño. Tatiana ya ha observado que Juana es muy sensible a la incomodidad física y no tolera un pañal húmedo. Desde que nació su hijo Martín, Luis ha sido testigo de sus agudos episodios de llanto y pataleta;

aprendió que siempre es más efectivo no hablarle cuando está tan molesto. Y Beatriz ha vivido durante años los problemas de Jerónimo con las separaciones; ha visto que hacerle preguntas le proporciona un importante sentido de conexión.

Para fomentar el dominio del estado de ánimo es importante mirar el panorama amplio, no simplemente un evento o un momento, y recordarse a sí mismo cuál es el temperamento de su hijo. Aunque los investigadores han producido muchas clasificaciones y múltiples descripciones, he aprendido de los padres que más poco y más práctico, igual más efectivo. A continuación presento las cuatro clases de temperamentos que he encontrado con mayor frecuencia en mi trabajo clínico y en la consulta escolar. Los niños que presenté al inicio de este capítulo reaparecen como ejemplos. Puede que sus hijos exhiban variaciones menores o mayores pero, muy probablemente, uno de estos estilos temperamentales y emocionales será predominante.

Intenso-agresivo. Los niños como Silvia tienen un nivel de actividad alto. Puede que sean agresivos o simplemente extrovertidos o que al parecer "estén en todo". Tienen tendencia a la pataleta, con frecuencia no toleran la frustración ni las demoras y les cuesta mucho trabajo contenerse. Nos fatigan. Si usted tiene un hijo de este perfil, seguramente habrá dicho o pensado lo siguiente muchas veces:

"Es trabajo de tiempo completo".
"Es como tener tres hijos en uno".
"Es una líder innata, simplemente toma las riendas a donde llega".
"No sé si la energía que tengo dará abasto para ella".

Intenso-sensible. Niños como Mateo tienen una dosis adicional de sensibilidad. Al igual que los niños intensos-agresivos, ellos también pueden dar trabajo de tiempo completo. Estos niños tienden a ser más reactivos y las transiciones, o lo que perciben como crítica, con frecuencia los desubican. La respuesta probable de Mateo al menor indicio de desaprobación verbal por parte de un adulto es gritar algo, como, "¿Por qué me estás gritando?" Las frases que utilizamos para describir al niño intenso-sensible son:

"Es un merengue".

"Es una princesa".

"Todo tiene que hacerse como él diga".

"Hay que tratarlo con guante de seda".

"Este niño exige mantenimiento intensivo".

Reservado-dependiente. Este término lo adapté de Alan Sroufe y June Fleeson, investigadores del desarrollo infantil en la Universidad de Minnesota, quienes han estudiado muchos niños como David. Estos niños son irritables, temerosos, frágiles y cautelosos. Lloran con facilidad. Tienen dificultad para hacer amigos, temen separarse de sus seres amados y buscan evitar situaciones nuevas. Éste es el tipo de niño que se esconde detrás de papá y mamá durante los primeros minutos de la visita, incluso en casa de la abuela. Es posible que entre en ambiente, pero con tiempo y esfuerzo. Los padres frecuentemente lo describen así:

"Casi nunca lo puedo dejar".

"Todo es un drama".

"Es un pozo sin fondo de necesidades".

"¿Por qué es tan dependiente?"

"Nunca va a aprender a ser él mismo".

Tranquilo-equilibrado. Los niños como Juliana son la personificación de lo que todos los padres sueñan. Comen y duermen bien; son sociables, con emociones y comportamiento moderados. Como su nombre lo implica, los niños tranquilos-equilibrados se mantienen típicamente en un nivel estable. Sin embargo, ningún niño es perfecto. Así que, a veces, estos niños ponen en evidencia algunas características de las tres otras clases, pero generalmente en menor grado. En una palabra, nada es excesivo ni extremo. Otros padres miran a los de un niño tranquilo-equilibrado con una mezcla de admiración y envidia. Los padres de estos niños típicamente dicen:

"Es un niño de bajo mantenimiento".

"Somos realmente afortunados".

"No sé cuándo cambiará, pero hasta ahora...".

"Podría tener diez hijos como ella".

Probablemente ya reconocieron a sus hijos en las anteriores descripciones. Los padres casi siempre tienen razón cuando dicen, "Así es mi hijo". El problema surge cuando no confían en sus percepciones o están haciendo una negación de éstas.

Cómo descorrer el velo

Necesita confiar en lo que percibe y en lo que muestran las investigaciones: el temperamento innato existe y cada niño es único. Para entender cómo adaptar sus estrategias de padre a esa esencia, debe primero reconocer y aceptar esas verdades.

Por ejemplo, desde que Oscar, un niño intenso-sensible, tenía dos años, su madre, Margarita, ha estado diciendo: "¿Cuál es el problema de mi hijo? ¿Por qué es tan variable y tan sensible con los extraños? ¿Por qué se cansa tan rápidamente y no parece seguirles el paso a los otros niños?"

Durante los últimos ocho años, aunque las percepciones de Margarita permanecían iguales, continuaba vacilando respecto a actuar en consecuencia. Algunos días sentía que era alarmista, una opinión que su esposo compartía: "Hagámosle frente —decía Pedro— el comportamiento de Oscar no es tan diferente del de otros niños, ni del mío, si a eso vamos". Otros días, Margarita se culpaba a sí misma; seguramente algo había hecho ella para "volver" así a Oscar. ¿Serían los genes de ella? Al fin y al cabo, su madre siempre había amenazado: "Algún día vas a ver cómo es tener un hijo como tú". El pediatra de Oscar lo tomaba con calma: "Déle tiempo —decía—. He visto esta semana a cien niños como él". A pesar de todas las explicaciones diferentes y plausibles, sin mencionar la esporádica tranquilidad de Oscar, la preocupación de su madre persistía.

La dificultad de Margarita en aceptar que su hijo no era el niño fácil con el que ella había soñado es, como lo anotaba anteriormente, un fenómeno común. Los siguientes puntos tal vez le ayuden a dilucidar los factores que estén influyendo sobre usted.

Los temperamentos vienen de familia. Tenemos la tendencia a hacer caso omiso de lo que es conocido. Sin embargo, cuando nos damos cuenta de un comportamiento en particular en el niño, digamos agresividad, la historia familiar quizás nos lleve a pensar que no hay nada qué hacer al respecto. Sandra, por ejemplo, se había resignado a que Pablo, su hijo, fuera un niño intenso-agresivo. Al fin de cuentas, los hombres de la familia eran unos tercos. Nadie prestaba mucha atención cuando Pablo golpeaba a otros niños o cuando se enojaba si alguien le ponía límites. Así, sencillamente, eran los hombres de la familia Serrano.

Nos ciega nuestro propio temperamento. Quizás uno de los padres de ustedes era como mi madre. Frustrada por mis selectivos hábitos de comida cuando era niño, me advertía reiteradamente: "Algún día, Ronnie, será tu turno. Entonces entenderás lo duro que es ser padre". Mi fama de difícil con la comida era tan sólida que cuando nació Luisa, nuestra hija, la primera pregunta que hicieron sus emocionados tíos fue: "¿También come poco?".

Creemos que estamos condenados a repetir la historia. Se sienten como Margarita: "Mamá tenía razón. Sencillamente tengo que esperar que pase, como ella hizo conmigo". En algún lugar en el fondo de su mente, Margarita creía en la retribución: estaba destinada a sufrir las mismas decepciones y dificultades a las que ella había sometido a su madre.

Queremos que nuestro hijo sea un niño "modelo". Es apenas humano comparar a sus hijos con otros, desear que sean tan sociables, tan rápidos para aprender, tan aplicados, tan populares. Nos sentimos mal cuando pensamos que nuestros hijos de cierta forma no son lo que anhelábamos. Esos anhelos, y desde luego la culpa que los acompaña, nos pueden cegar ante la esencia de nuestros hijos. Tratamos de acomodarlos al molde que nos gustaría en lugar de ayudarles a sentirse cómodos en el molde en el que ya han sido armados.

La buena noticia es que no tiene que quedarse encerrado en la negación del temperamento de su hijo. Ni tampoco tiene que cambiar lo que usted cree que son "malas" características. Una y otra vez los padres me han buscado angustiados por el comportamiento de un hijo. En realidad, la única razón por la cual tienen tantas dificultades para "controlar" a su hijo o a su hija es su propia determinación de cambiar el temperamento básico del pequeño en lugar de amoldarse a él. Una vez que entienden esto y aceptan a su hijo por lo que es, los padres pueden actuar concretamente para maximizar las fortalezas y minimizar las dificultades. Descorrer el velo requiere de tres pasos importantes.

Actúe como un detective familiar. Busque vertientes en el temperamento que le ayuden a explicar la dotación genética y biológica de su hijo. Los temperamentos sí se dan por familias. Inicie una misión de investigación y hable con parientes mayores. Pregúnteles no solamente cómo era usted cuando pequeño, sino cómo eran sus padres, abuelos, tías, tíos. Trate de centrarse en preguntas concretas. En lugar de un "¿cómo era?" general, pregunte por estados de ánimo, primeros días en el colegio, hábitos de sueño y comida, patrones

---

TÓCALO DE NUEVO, MAMÁ O PAPÁ

Sabrá que tiene un disco viejo sonando en la cabeza si:

- Las interacciones con su hijo suenan muy familiares.
- Cree que no hay nada que pueda mejorar la situación.
- Rápidamente le pone un rótulo a su hijo. No importa cuál sea el rótulo, terco, quisquilloso, llorón, el rótulo se pega.
- Usted dice que el temperamento de su hijo es "idéntico" al suyo. El rótulo que le aplica a él es un rótulo que usaban con usted.

de socialización, popularidad, obediencia, diligencia, etcétera. A lo mejor el abuelo era el legítimo "profesor distraído" y con razón a menudo su hijo y su nieto parecen no darse cuenta de lo que pasa a su alrededor. Recuerde que las descripciones coloquiales esconden con frecuencia asuntos reales de temperamento, así que escuche atentamente para ver si hay expresiones o frases que ocultan significados más profundos, como "ordenado", "tranquilo", "encerrado en sí mismo", "atrevida", "siempre está en algo", "una polvorita".

Arme un mapa del estado de ánimo. Entre los Serrano el estado intenso-agresivo era obvio, y una vez que Sandra le dio una mirada cuidadosa a la familia, percibió los patrones inmediatamente. Pero estos no siempre son tan evidentes; quizá necesite ayuda. Por lo tanto, sugiero que haga un mapa familiar del estado de ánimo, llamado un genograma, que siempre le ofrecerá un panorama efectivo. Esto es lo que hacen muchas veces los costosos terapeutas familiares para identificar patrones de comportamiento generacionales.

A continuación hay un genograma de muestra que representa a la familia Torrado. Les ayudó a Gabriel y a Carolina Torrado a entender por qué Alejandro, su hijo, tenía problemas con las transiciones y lloraba con tanta facilidad cuando cambiaban de planes en el último momento. Ninguno de los padres sabía mucho acerca de sus abuelos, pero con el simple acto de darles una mirada a las tres generaciones, el patrón se hizo evidente. La abuela paterna de Alejandro tenía fama de ser "tensa", su abuela materna era siempre percibida como "voluble", y Carolina reconoció que a ella siempre le habían dicho que era "susceptible". Esa instantánea generacional explica en parte por qué Alejandro es del tipo intenso-sensible, y por qué su hermana es tranquila-equilibrada.

Seguir los tres pasos simples que presentamos a continuación le permitirá trazar el genograma de su familia. Mire la generación de su hijo, la suya y la de los abuelos por ambos lados. Casi con seguridad, empezará a ver que su hijo no es el único con un perfil temperamental particular.

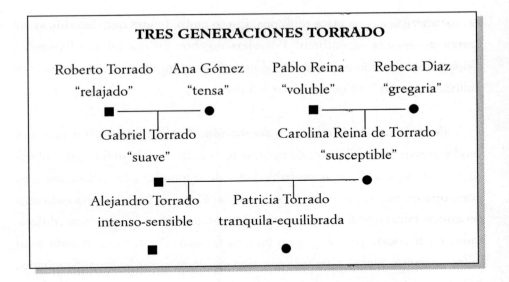

TRES GENERACIONES TORRADO

Roberto Torrado   Ana Gómez   Pablo Reina   Rebeca Diaz

"relajado"   "tensa"   "voluble"   "gregaria"

Gabriel Torrado   Carolina Reina de Torrado

"suave"   "susceptible"

Alejandro Torrado   Patricia Torrado

intenso-sensible   tranquila-equilibrada

1. Haga una lista de los miembros de cada generación en ambos lados de la familia: padres, tías y tíos; usted y su esposo o esposa y sus respectivos hermanos.

2. Haga un cuadro de su familia extensa en un trozo grande de papel, y represente a los hombres con un cuadrado y a las mujeres con un círculo. Utilice como guía el modelo anterior.

3. Procure asignarle a cada miembro de la familia una de las cuatro categorías básicas: agresivo, sensible, dependiente, tranquilo. Puede que también descubra patrones de peculiaridades. como el mal comer, la desorganización, los problemas de aprendizaje, las dificultades de atención.

Recuerde que los estándares de comportamiento de los niños varían de una generación a otra. Por ejemplo, en la época en que los niños eran educados para "ser vistos pero no oídos", ser "obedientes" era importante. Tenga en cuenta que inclusive un niño moderadamente animoso era quizá considerado "desobediente".

Además, puede ser que las generaciones anteriores hayan calificado ciertas características con otros términos. Por lo tanto, tendrá que decodificar las frases de épocas específicas. Por ejemplo, hoy en día tal vez llamemos "hiperactivo" al niño agresivo. Hace una generación, estos niños tal vez eran calificados como "salvajes" o "mala semilla".

Pase de la conciencia a la aceptación. Al identificar ciertos patrones tendrá menos probabilidades de negar el temperamento de su hijo o de culparse a sí mismo o a él y más probabilidades de responder adecuadamente a su comportamiento. Lo vi en mi propia familia. Como si Leah hubiera oído esas preguntas familiares al nacer, pronto empezó a dar señas de las mismas dificultades en el comer por las que yo era tan famoso. Por fortuna, debido a mi entrenamiento, Stacey y yo hicimos el mapa de nuestras historias familiares. Mi madre, calificada de "palillo", había sido la de peor apetito en el vecindario, hasta cuando llegué yo. Después, el genograma reveló exactamente el mismo problema con dos de mis primos por el lado paterno.

El genograma me mostró de una manera muy concreta que el remilgo al comer simplemente venía de familia. Leah no se estaba portando mal ni ensañándose contra nosotros, como tampoco lo había hecho yo con mi madre. Tampoco éramos "defectuosos". Tanto mis primos como yo habíamos pasado la infancia sin contraer ninguna enfermedad grave; simplemente éramos flacos. A lo mejor un día los especialistas en hacer mapas de los genes encontrarán el gen del remilgo con la comida; si existe, nosotros definitivamente lo tenemos. En lugar de luchar con Leah por el último sorbo en el tetero, o de enojarme conmigo mismo, fui literalmente capaz de decir: "Así es ella y no tiene ningún sentido convertirla en una niña de buen apetito".

Pero acá debo agregar un punto importante: no espere interpretar correctamente a sus hijos siempre, es imposible, y ni siquiera es necesario. Jerome Kegan cita investigaciones hechas por la psicóloga Doreen Arcus en las cuales sugiere que lo que los niños necesitan no es tener padres "perfectos"; necesitan tener padres que acierten la mayor parte del tiempo.

Cómo fomentar el dominio del estado de ánimo

Cuando acepte el temperamento básico del niño podrá lograr cambios dramáticos, incluso con niños mayores. Las investigaciones actuales prueban lo que Haim Ginott y las generaciones anteriores de especialistas en el tema de los niños sugerían: a los niños se les puede enseñar a encontrar sus propias soluciones a los problemas cotidianos y a los retos emocionales. Si (con la guía de los padres), a los niños se les permite trabajar con tenacidad en los momentos corrientes que ponen a prueba su comportamiento, desarrollarán el dominio del estado de ánimo y, en el proceso, aumentarán la confianza para encarar y resolver esos problemas por sí mismos.

Las siguientes estrategias y habilidades no son complicadas. Algunas pueden incluso parecer obvias, pero, créame, tendrán un profundo impacto sobre la habilidad de su hijo para autorregular su comportamiento y su predisposición temperamental

Responda, no combata. Con demasiada frecuencia, nuestra incapacidad para aceptar el temperamento de un niño nos lleva a presionarlo, a veces incluso bruscamente, para que cambie. Esto casi nunca funciona. Paula combatía la timidez natural de su hijo Iván programándole montones de actividades que, ella esperaba, lo "sacarían del caparazón". Al cabo de varios años de frustración, Paula comenzó finalmente a adaptarse al temperamento reservado-dependiente de Iván; dejó de desear que se convirtiera de repente en un niño extrovertido. Una vez que Paula aceptó el verdadero temperamento de su hijo, la estrategia concreta fue simple y obvia: programarle menos actividades.

Dos semanas después Iván era un niño diferente, más relajado y más imaginativo en el juego. Experimentaba con difíciles modelos de ensamblar, primero en casa con sus padres y luego con sus compañeros en el jardín infantil. Paula estaba profundamente entusiasmada. Al percibir la timidez de Iván como cautela, pudo dejar de expresar desaprobación o irritación. En cambio, fue capaz de acogerlo como era. Esto fortaleció su relación y los acercó.

Cuando hablo de no combatir quiero decir enfáticamente: no emprenda el camino de la gritería crónica. A cualquier niño lo desgasta el grito habitual.

- A un niño intenso-agresivo como Pablo, recibir gritos sencillamente le aumenta la necesidad de lograr lo que quiere. Por ejemplo, cuando Pablo y su madre van de compras, exige groseramente que Sandra le compre un nuevo juguete. Ella responde diciendo con brusquedad, "¡No! ¿Cuántas veces tengo que decirte que no puedes tener todo lo que ves?" Pablo grita desafiante, "¡Lo quiero!" y mamá, sin querer, aumenta el reto y responde gritando. No se da cuenta de que su hijo ya va lejos y que él, sintiéndose más enojado y frustrado, acaba empujando a un niño que está dos góndolas más allá y que tiene el juguete que él quiere. En esta clase de escenarios, alzar la voz atiza una hoguera que calienta todo el ambiente. Su "polvorita" se convierte en "explosión" y usted acaba sintiéndose un ogro a quien su hijo ha vencido. De cualquier manera, ambos están perdidos.

- Un niño intenso-sensible oye y siente todo más intensamente. Si una entonación de enojo es percibida como un "grito", imagínese cómo le sonará una frase dicha en tono alto. Mi hijo Sam se encuentra en este grupo, y he llegado a darme cuenta de que él de hecho me oye de una manera diferente a como lo hace mi hija. Si yo pronuncio una llamada de atención corta pero seca, no le entra ni una sola palabra porque está abrumado por mi intensidad. Para evitar este estímulo abrasivo, un niño intenso-sensible como Sam responde retirándose o llorando. En otras palabras, una vez que uno empieza a gritar el significado de las palabras se pierde y el niño sufre sin entender lo que está sucediendo. Es una situación donde ambos pierden.

- El niño reservado-dependiente se vuelve más retraído o dependiente si uno le grita. De cualquier forma, no existe manera de llegar hasta él una vez que ha levantado el muro a su alrededor, y cada vez que le griten se volverá más impenetrable. Sonia, por ejemplo, estaba exasperada e incluso un poco avergonzada, porque todas las mañanas Cristina, su hija de tres años, era la última en dejarla salir de la guardería. La frustración de Sonia hizo crisis porque el comportamiento de su hija la hacía llegar tarde al trabajo todos los días. Más de una vez le gritó; "No lo soporto. Vas a tener que portarte como una niña grande", y la dejaba llorando. La niña cada vez se separaba con más dificultad. Peor aún, las batallas aumentaron, incluyendo la hora de dormir, cuando Cristina decía llorando, "¡No me dejes, mami! Si me duermo, pronto será la hora de ir al colegio".

Cuando Sonia vino a verme, le sugerí que antes que nada necesitaba gritarle menos a su hija, puesto que sencillamente el temperamento de Cristina no se le podía sacar a la fuerza. Dos semanas más tarde, Sonia me contó que cuando dejó de presionar, Cristina empezó a hablar. Es increíble, pero una buena conversación las liberó a ambas de su patrón destructivo.

• Puesto que el niño tranquilo-equilibrado puede con frecuencia adoptar cualquiera de los estilos para manejar las experiencias que mencionamos anteriormente, tal vez reaccione gritando y exaltándose, desentendiéndose o retirándose. En cualquier caso, gritar sólo sirve para exacerbar el comportamiento.

Actúe antes de que su hijo se descontrole emocionalmente. Al observar niños pequeños jugando, los investigadores han documentado el impulso de autoestímulo hacia la agresión. Un niño como Pablo, por ejemplo, se desboca con frecuencia. Su padre, Roberto, me describió el patrón relatándo-

---

CUANDO GRITAR SÍ ES EFECTIVO

• En situaciones peligrosas, cuando existe la necesidad de que le obedezcan de inmediato.

• Cuando el grito no se ha convertido en un patrón repetitivo puede tener para su hijo un significado preciso y efectivo.

• Cuando está relacionado con la preocupación, los niños logran a veces oír un grito como una expresión de amor.

• Cuando su hijo va camino a una pataleta, su voz puede ser firme, cortante, incluso más fuerte, sin gritar descontroladamente.

me un incidente típico: Pablo estaba en el jardín jugando con sus hermanos y con algunos de los niños del barrio. De pronto, todos se excitaron y la brusquedad aumentó; entonces fue como si a Pablo le acabaran de mover el interruptor: se descontroló por completo y empezó a dar golpes, a gritar, a agarrar los juguetes y a tumbar a los niños del columpio.

Cada vez que Roberto era testigo de una escena semejante se sentía terrible porque, de hecho, se había dado cuenta de lo que vendría; el juego brusco de su hijo inevitablemente se convertía en agresión franca. Y después de cada incidente, Pablo se sentía terrible consigo mismo. Sabía que todo el mundo estaba pensando: "Pablo, el problemático". Lo sabía él mismo; lo sabía Roberto; lo sabían los otros niños y sus padres.

¿Cuántas veces no se ha dicho usted mismo "lo veía venir", o "sabía que acabaría furioso", y, sin embargo, no hizo nada para prevenir lo inevitable? Incontables veces, estoy seguro. Todos tenemos esos momentos; a veces nos damos golpes de pecho después preguntándonos por qué no hicimos algo. Las siguientes son las claves que le ayudarán a recordar que debe intervenir antes de que su hijo se salga de cauce.

Las claves son:

Anticípese a la reacción típica de su hijo e intervenga antes de que sea demasiado tarde.

Cálmense, usted y su hijo.

Enséñele a su hijo a manejar la situación de otra manera.

Éstas también le pueden servir para dejar de desear que las reacciones y estados de ánimo de su hijo sean diferentes y para que empiece, en cambio, a facilitar el proceso. Si interviene pronto, le sorprenderá con cuánta facilidad se le ocurren ideas productivas que minimizan las dificultades. Miremos cada uno de los componentes.

Anticípese a la reacción típica de su hijo e intervenga antes de que sea demasiado tarde. Los investigadores encuentran que casi la mitad de los niños que tienen temperamentos difíciles o negativos al comienzo, no desarrollan problemas emocionales más adelante en la vida. Por lo tanto, debemos estar haciendo algo bien por el simple hecho de utilizar nuestra intuición, lo cual incluye anticiparnos. Escúchese a sí mismo, a sus "corazonadas". Al volverse más hábil para manejar las respuestas típicas de su hijo, le estará ayudando a aprender a reconocerse y a controlarse por sí mismo.

En el caso de Roberto, por ejemplo, le pregunté: "Si pudiera aceptar que, dado el temperamento básico de Pablo, siempre acabará perdiendo el control cuando hay un exceso de estímulo, ¿qué haría diferente para ayudarle a mantener el control?" Pensó un momento y dijo: "Bien, primero, dejar de esperar a que pase o a que él cambie. Supongo que estaría atento a la primera señal e intervendría de inmediato". Sugerí que ensayara precisamente eso cuando tuviera la corazonada de que el problema estaba a punto de empezar. Con el tiempo, la madre y el padre de Pablo mejoraron su capacidad de anticiparse al ciclo típico de sucesos y pudieron intervenir antes de que su hijo perdiera el control.

Igualmente, cuando Tomás y María empezaron a anticipar y a aceptar el temperamento intenso-agresivo de Silvia, en lugar de tratar de cambiarla para convertirla en una niña de modales delicados, se prepararon ellos y la prepararon a ella de maneras simples. ¡Por un lado, mamá dejó de colocar grandes cajas de fresas al frente de Silvia! Y, conociendo la tendencia de Silvia de agarrarlo todo para ella cuando las amigas la visitaban, mamá y papá se aseguraban siempre de que hubiera suficientes juguetes para la niña y sus compañeros de juego.

Cálmense, usted y su hijo. Intervenir significa interrumpir la situación en cuestión. Pero ni siquiera trate de hablar hasta que tanto usted como su hijo hayan recobrado la compostura. Investigadores en asuntos de relaciones, como John Gottman, de la Universidad de Washington, autor de *Why Marriages Succeed and Fail* (Por qué los matrimonios tienen éxito y fracasan), han demostrado que cuando tratamos de comunicarnos durante un momento intenso, disminuimos las posibilidades de encontrar soluciones y de enseñar autocontrol. Si usted está demasiado agitado para hablar, haga una pausa; ni siquiera trate de manejar el problema. Y si su hijo ya está descontrolado, cálmelo a él primero;

más adelante describo técnicas concretas de relajación, pero algunos niños simplemente necesitan tiempo y espacio para tranquilizarse solos. Silvia era así; una vez que arrancaba, sus padres tenían que esperar a que se le pasara la pataleta. Por eso, insté a María a esperar a que hubiera un rato tranquilo para hablar con Silvia de una manera positiva y serena sobre cómo controlarse:

MARÍA: ¿Crees que te va a costar trabajo compartir con Estefanía cuando ella venga esta tarde?

SILVIA: Sí.

MARÍA: ¿Qué podríamos hacer?

SILVIA: Esconder todos mis juguetes.

MARÍA: Bien, y entonces, ¿con qué jugarían?

SILVIA: Quiero esconder mis muñecas especiales.

MARÍA: ¿Cuántas?

SILVIA: ¡Todas!

MARÍA: ¿Qué tal tres? ¿Quieres esconderlas ya?

SILVIA: Pitufita no. Quiero jugar con ella.

MARÍA: Está bien, ¿cuáles tres guardamos, entonces?

Enséñele a su hijo a manejar la situación de manera diferente. En la anterior conversación, María empezó a mostrarle a Silvia un enfoque nuevo hacia circunstancias que en el pasado eran problemáticas para su hija. Una vez que Paula y Jorge, los padres del tímido Iván, empezaron a usar estas claves, también le ayudaron a su hijo a aprender que es posible un nuevo comportamiento. Desarrollaron señales para recordarle a Iván que estaba hablando como bebé (lo cuál hacía cuando no podía dominar la ansiedad) o pareciendo grosero al no contestar a las preguntas de alguien. Mamá y papá actuaban como entrenadores, tocándose la naríz en señal de tono de bebé o rascándose la cabeza cuando veían a Iván esquivar la mirada.

Además de enseñarle estas señales, Paula preparó a Iván específicamente para la visita de la tía Sara, la cariñosa parienta que siempre expresaba afecto pellizcando la mejilla con ahínco. "A veces la tía Sara se emociona tanto que pellizca demasiado duro —le dijo Paula a Iván—. A mí tampoco me gustaría. A lo mejor si tú tomas la iniciativa, por ejemplo de abrazarla, ella también te abrazará y no podrá pellizcarte la mejilla". Su papá agregó, "Y yo voy a estar a tu lado para asegurarme de que funcione". Sintiéndose preparado y protegido por sus padres, en la siguiente reunión familiar Iván no se amilanó ante la tía Sara. Empezó a buscar refugio en su madre sólo al final de la tarde, cuando ya estaba cansado. Después de algunos éxitos, Iván empezó a decir, "Me fue bien hoy sin necesidad de hablar como bebé, ¿cierto, mami?" Estaba desarrollando la auto-conciencia y el orgullo que van de la mano del dominio del estado de ánimo.

Esta secuencia simple, anticiparse, calmar y enseñar, casi siempre funciona. En el caso de Pablo, después de algunos meses empezó a darse cuenta cómo se sentía cuando estaba demasiado agitado y entraba a la casa a decirle a Sandra, "Mamá, no quiero ponerme furioso ahora". También él estaba empezando a lograr el dominio del estado de ánimo. "Me doy cuenta que desde que se controla más, también está mucho más contento consigo mismo", me decían sus padres. Puesto que Pablo había experimentado crecientes beneficios, cada vez estaba más motivado a cambiar su comportamiento; era más popular con otros niños y lo incluían en sus juegos con entusiasmo; la relación con sus padres se hizo más fácil y todos sintieron el alivio de ver que las viejas tensiones se desvanecían. Esto no es inusual. Cuando los viejos patrones empiezan a cambiar, el dominio del estado de ánimo crea su propio movimiento.

Distraiga sin pasar por alto. Una parte esencial de la autorregulación de los niños es ayudarles a aprender a distraerse solos. Sin embargo, se debe procurar a la vez que el niño se sienta oído. Ensaye esta estrategia de dos pasos:

1. Déjele saber al niño que conoce sus sentimientos. Antes de que su hijo pueda pasar a otra cosa es importante que usted primero le haga saber que entiende sus sentimientos ("Sé que estás asustado"), y después ofrecerle formas de salir de ese espacio emocional.

2. Diseñe una distracción o un plan alterno. Eso no significa decirle al niño que "lo olvide", sino ayudarle a dar el paso siguiente ofreciéndole una alternativa sobre la cual enfocarse.

Paula, por ejemplo, sabe que cuando dice "basta" o "no más" en un tono firme, produce invariablemente en su hija de cuatro años una reacción dramática. Al igual que muchos otros niños intensos-sensibles, Rebeca percibe el tono de una manera exagerada y reacciona consecuentemente. Se queja de que "me gritan" y todos los intentos frontales por convencerla o explicarle resultan infructuosos.

Después de pasar varias sesiones con Paula explicándole la inutilidad de su enfoque, finalmente probó otro sistema. Una noche, cuando la familia regresaba en auto de una visita a la abuela, Paula y Jaime estaban jugando con su hija, que iba en el asiento de atrás, un juego de contar. Cada vez que Rebeca contaba hasta tres, su padre encendía la luz interior. Encantado al principio por las risas de su hija de cuatro años, Jaime empezó a encontrar difícil conducir con el efecto de luz intermitente. Le decía, "Rebeca, es la última vez", pero con cada intento de terminar el juego, Rebeca se enojaba más y más.

Finalmente Paula intervino. En lugar del temido "basta", dijo: "Sé que te estás divirtiendo, Rebeca", y continuó rápidamente con una distracción, "pero creo que se fundirá la luz si continuamos con este juego. Entonces cuando vayamos la semana entrante a la fiesta de cumpleaños de la abuela, no podremos jugar con la luz. ¿Qué crees que debemos preparar para la fiesta, una torta de chocolate o un bizcocho de ángel?" De repente, Rebeca fue capaz de cambiar de interés. Su mamá dio a entender que conocía los sentimientos de Rebeca (que quería jugar) y luego, sin embarcarse en una confrontación, le propuso otro asunto de interés en el cual enfocarse.

Utilice los cuentos (indirectos) para calmar a su hijo. La distracción tal vez no surta efecto en niños intensos-agresivos, pero contar historias generalmente funciona. Esto no es sorprendente. Prácticamente todos los grandes sanadores de la historia han sido brillantes narradores y la tradición continúa. Sin calificarlo como tal, un psiquiatra que conduce a su paciente en un ejercicio de imaginería guiada o un chamán nativo que trata de apaciguar una herida colectiva en su pueblo, utilizan historias para enseñar el dominio del estado de ánimo. Los oyentes aprenden a buscar en su interior la manera de tranquilizarse a sí mismos. Infortunadamente, nosotros los padres con frecuencia confundimos contar historias con sermonear. El mensaje es: "Quiero que cambies". En contraste, la narración indirecta de historias ofrece un mensaje que no aumenta la resistencia de su hijo sino que le propone otra manera de pensar en el asunto.

Tranquilice a su hijo, no lo "arregle". Cuando un niño está herido emocionalmente, con frecuencia nos apresuramos a ofrecerle soluciones. Pero "arreglar" las cosas no incrementa el dominio del estado de ánimo. Los niños crecen emocionalmente cuando encuentran una manera propia. He acá cómo funcionó esta estrategia con una niña pequeña: Un niño mayor en la guardería se metió de un empujón en la fila delante de Magdalena, de tres años, cuando la profesora estaba repartiendo calcomanías de premio a la buena participación en clase de gimnasia. Magdalena no quería hablar del tema. Pero su silencio camino a casa era elocuente para Saúl, su papá, quien se daba cuenta de que algo tenía molesta a la niña. Puesto que Saúl conocía la naturaleza intensa-sensible de su hija, pudo adivinar que lo que había sucedido le había lastimado el ego. En lugar de tratar de arreglar sus sentimientos o de preguntarle directamente, "¿Qué pasa?", permaneció en silencio hasta cuando llegaron a casa. Entonces Saúl tomó el muñeco de peluche preferido de Magdalena. Lo abrazó y dijo "está enojado por algo. Siéntalo en tu regazo para que se pueda tranquilizar. A lo mejor podemos hablarle para hacerlo sentir mejor".

No se salga del cuento. Si trata de enseñar una lección o dejar algo en claro directamente, no funcionará. Por lo tanto, cuando Saúl empezó a hablarle al muñeco, no miraba a Magdalena, ni dirigía la narración directamente hacia ella. Le daba palmaditas al animal de peluche en sus rodillas, lo miraba a los ojos y decía, "Tienes cara de que necesitas un buen cuento. Bien, había una vez una niña pequeña que detestaba que los niños la empujaran. La asustaba y quería llorar, pero tenía miedo de que los otros niños se rieran de ella. Así que mantenía sus sentimientos en secreto. Entonces, un día, vio a un pequeño que lloraba en una esquina del gimnasio, '¿Qué te pasa?', le preguntó. Y para su sorpresa, el niño le dijo que también lo asustaba que lo empujaran. 'Pero ahora me siento mejor porque le conté a alguien lo que me pasaba', respondió".

Permítale a su hijo resolver el dilema. El padre de Magdalena hizo una pausa de un segundo, con la esperanza de que Magdalena interviniera entusiasmada, como lo haría la mayoría de los niños, y así sucedió. "¡Papá! —exclamó— ese niño necesita un amigo. A lo mejor está triste porque él también necesita un amigo". Aunque la historia tenía de por medio varios personajes que lo distanciaban de su propia situación, sirvió para tranquilizar a Magdalena quien, después de varios minutos, empezó a hablar sobre sí misma. La historia destinada a tranquilizarla hizo posible que trajera a la superficie sus temores y que los manejara.

Con niños en edad escolar las historias pueden ser un poco más personales. Por ejemplo cuando Laura, de seis años, mostraba dificultad en separarse la primera vez que fue a dormir a otra casa, mamá le contó una historia sobre su primera noche fuera de casa e hizo énfasis en los sentimientos de entonces y de ahora.

A los niños más pequeños les gusta identificarse con sus padres; los hace sentir más seguros. Con niños mayores estos paralelos son menos efectivos porque están tratando de desarrollar su propia identidad. Se rebelan por reflejo contra parecerse a sus padres y se resienten si se señala el parecido. Por lo tanto, hay que ser un poco menos orientador. Cuente su historia a través de un personaje ficticio o de una persona que ambos conozcan. Una madre que se estaba divorciando utilizó la película *Rich Kids* (Niños ricos) para que sus hijos hablaran de sus sentimientos; uno de ellos era un niño tranquilo-equilibrado, el otro intenso-sensible, así que cada uno tenía reacciones diferentes frente a la reorganización de la familia. Sin embargo, la película, que sigue las reacciones de dos preadolescentes cuyos padres están en proceso de divorcio, sirvió de trampolín para conversar con los dos niños.

Utilice premios sin chantajear. Los resultados son inequívocos: tanto los investigadores como los clínicos que trabajan con niños intensos, bien sean intensamente sensibles o agresivos, encuentran que es imposible prescindir de los premios. La mayoría de los pasos constructivos hacia la autorregulación tienen que recibir un reconocimiento, así sea mínimo. Y nada motiva tanto como el elogio sincero y realista. Por ejemplo, después de la victoria de Iván durante la cena de Acción de Gracias, cuando era obvio para Paula que había dado pasos concretos para sobreponerse a su timidez, manifestó lo orgullosa que estaba de él. Lo elogió honestamente y le proporcionó así un premio simple y muy importante que significaba mucho para Iván. Cada pequeña victoria fue enfrentada de la misma manera y lentamente Iván pasó de la decepción hacia un sentimiento de bienestar consigo mismo y hacia el fortalecimiento de su esencia interior.

Imaginemos a Mateo, nuestro niño intenso-sensible, batallando ahora para controlar sus emociones en el parque de juegos cuando uno de los niños mayores le quita su gorra de béisbol y le dice "debilucho". Debido al entrenamiento de papá en casa, se oyó a Mateo decir muy quedo, "Quiero ser valiente". En lugar de ponerse a llorar, se acercó a una profesora y le contó lo que estaba sucediendo. Cuando esa noche le contó el incidente a su padre, papá dijo, "Bien hecho, Mateo. Estás empezando a defenderte más".

Papá también le sugirió a Mateo que fueran a comprar la pelota de béisbol que el niño había estado pidiendo. Aunque no era todavía su cumpleaños, su padre sabía que sería buena idea asociar ese regalo con su triunfo en el parque de juegos. Le serviría como recordatorio de su importante paso hacia el dominio del estado de ánimo. Puede que el niño grande vuelva a provocarlo, pero Mateo está fortaleciendo su esencia interior cada vez que logra de alguna forma sencilla hacerse sentir.

Inyecte humor para enseñar resistencia. Siempre hemos sabido que a los niños les encanta el humor. Pero en los dos últimos años los investigadores han descubierto que está clasificado entre las cualidades que más valoran los

CÓMO USAR EFECTIVAMENTE LOS RELATOS

1. Hable en un tono de voz tranquilizante, pero consistente con el estado de ánimo de su hijo.

   Si está enojado, que tenga una ligera fuerza.

   Si está triste, utilice una voz más suave.

   Si está retraído, una voz neutral.

2. Sitúe los problemas "fuera" de su hijo, de manera que tenga una distancia emocional de éstos: otra persona está enojada; un títere está enojado; otras personas se sienten así.

3. Utilice un objeto, como un muñeco de peluche, con el cual su hijo se identifique de manera positiva.

4. Cíñase al relato. No interrumpa el ambiente con variaciones como "¿Ves?", "¿Entiendes lo que trato de decir?"

5. Ayúdele a su hijo a resolver el dilema preguntándole cómo podría el muñeco de peluche ayudarse a sentirse mejor. Ofrezca una selección múltiple de técnicas para tranquilizarse uno mismo: "¿Cantó una canción?, ¿Habló con sus padres?"

6. No interprete la historia. Cuando se termine, simplemente déjela acabar. No le pregunte al niño si entendió, ni le repita la moraleja para asegurarse de que la asimiló.

niños en sus padres. Según me reportaba en 1996 un representante del Yankelovich Youth Monitor, "Hemos encontrado que el humor en los adultos es una de las características que los niños más admiran". Y en cientos de entrevistas que he hecho con niños el humor ha sido mencionado repetidamente.

Es necesario aprender a adaptar el humor al temperamento de su hijo. Algunos niños, especialmente los sensibles, experimentan el humor como irrespeto. Al igual que con otras disposiciones temperamentales, combatir la sensibilidad del niño servirá únicamente para hacerlo sentir peor. No espere cambiar los gustos de su hijo en cuanto a humor; utilice cualquier cosa que sí funcione. Y continúe usándolo mientras obtenga respuestas positivas.

Una noche, Daniel, de cinco años, un niño intenso-sensible, estaba armando un problema por el olor del champú que su padre, Carlos, usaba para lavarle el pelo. Ninguno de los chistes o apuntes de Carlos daban en el blanco. Entonces, recordando que a Daniel le encantaban las bromas, Carlos se metió a la bañera con toda la ropa. Daniel estalló en carcajadas estruendosas y continuó riéndose durante la segunda lavada y enjuague.

No hay necesidad de llegar a tales extremos, simplemente sigan la tendencia de la disposición natural del niño. Cuando los niños Restrepo, Antonio, de cuatro años, y Manuela, de diez, se enojaron porque sus padres apagaron el televisor antes de que se terminara un programa, un comentario entre gracioso y sarcástico logró maravillas con la hija tranquila-equilibrada, pero sólo logró que el niño hiciera mala cara. Los Restrepo son lo suficientemente experimentados para saber que no deben luchar contra esta diferencia básica en gustos. Así que mientras mamá intercambiaba apuntes graciosos con Manuela, papá le ayudó a Antonio a calmarse haciendo que se caía de nalgas.

Infortunadamente, rara vez oigo a los padres modernos hablar sobre el humor como una manera de enseñar autorregulación. Tendemos a tomarnos demasiado en serio la crianza de los hijos. Pero el humor que se adapta al temperamento de sus hijos puede ayudarles a autorregularse y a sobreponerse a los momentos difíciles. Y, lo mejor de todo, los niños eventualmente también aprenden ellos mismos el humor.

Hagan compromisos de juego "inteligentes". Los padres reconocen que la presión de los compañeros empieza temprano. Todos, nos hemos pillado susurrándole al esposo o a la esposa, "No me gusta cuando Santiago juega con Bernardo. Ese niño es mala influencia". Descontando el chovinismo de los padres, las investigaciones han demostrado que tenemos la razón: los niños sí se afectan mutuamente en su capacidad de dominar el estado de ánimo.

Incluso los niños más pequeños regresan de jugar con sus amigos habiendo absorbido el sistema de autorregulación que predomina en esa otra familia. Por ejemplo, cuando Laura, de cuatro años, una niña tranquila-equilibrada, regresaba de jugar, sus padres siempre podían identificar la amiga con la cual había estado. Si había sido Raquel, con su temperamento exigente y apasionado, Laura regresaba lista para quejarse o expresar descontento. Si, por el contrario, había pasado la tarde con su buena amiga Amanda, quien tenía un modo de ser más parejo, Laura regresaba a casa sosegada y con una nueva reserva de paciencia. Sus padres observaban el mismo fenómeno con Antonio, el hermano menor, a quien lo hacían enojar con facilidad los ruidos y la conmoción. Cuando jugaba con Gustavo, un niño intenso-sensible como él, no había problema. Pero después de una mañana con Julián, quien era intenso-agresivo y un poco tirano, Antonio regresaba a menudo a casa hecho un mar de lágrimas.

Es crucial empezar a monitorear desde temprano las relaciones con los compañeros, cuando, de hecho, usted todavía las puede gobernar. Si le hace compromisos "inteligentes" a su hijo en preescolar y, más adelante, le ayuda a escoger amigos que se compenetran mejor con su naturaleza, el niño tendrá mayores probabilidades de escoger bien por sí mismo y tendrá mayores proba-

COMEDIA EN VIVO PARA UNA AUDIENCIA DIFÍCIL: PAUTAS PARA EDUCAR CON GRACIA

- No pelee contra el temperamento de su hijo.
- No haga chistes cuando el niño está de mal humor.
- No tome de manera personal su falta inicial de respuesta, ni le haga comentarios como: "No tienes sentido del humor", "Eres demasiado sensible".
- Cuando se trata de dos o más niños, haga lo que funciona para cada uno de ellos.

bilidades de desarrollar el dominio del estado de ánimo (ver más acerca de las amistades de los niños en el capítulo 5, "Talento en las relaciones").

Cuando se coordinen compromisos para jugar, considere el temperamento del otro niño tan detenidamente como el de su hijo. Con frecuencia las madres ahogan sus instintos y esperan contra toda esperanza que dos niños intensos-agresivos no pasen un mal rato, o que jueguen en armonía sin supervisión. Me decía Estela, madre de Alvaro, de tres años, "Yo sé que cuando Alvaro y Félix se juntan, alguno de los dos acaba generalmente con la nariz ensangrentada. Lo máximo a que aspiramos es a que la casa no quede como si le hubiera caído una bomba".

El control cuidadoso es importante cuando es posible. Recuerde que la hija de su mejor amiga tal vez no resulte ser la mejor amiga de su hija o, peor aún, las dos podrían resultar ser como el agua y el aceite. Pocas combinaciones de temperamento presentan un reto insuperable, es cierto, pero si se tienen en cuenta ambos niños se puede tratar de asegurar que conserven el control de sí mismos y del rato que están compartiendo.

Establezca límites al consumo de medios. En los últimos años se han escrito con justificada razón libros enteros sobre la manera sensata de ver televisión. Como lo indicaba en la sección de este capítulo titulada "Amenazas esenciales", la televisión y los juegos de vídeo pueden contrarrestar los esfuerzos por ayudarle al niño a desarrollar el dominio del estado de ánimo. No obstante, la televisión no tiene que ser el enemigo. Pero sí hay que usarla en pequeñas dosis. Como lo mencioné, la mayoría de los expertos están de acuerdo en que más de tres horas al día de exposición a los medios es "un exceso". A nosotros los padres aparentemente nos cuesta trabajo limitar la televisión, sin embargo, o bien claudicamos por completo o nos convertimos en líderes totalitarios que tratan de erradicar la televisión por completo. Mi sugerencia es que mire qué clase de niño tiene y luego se invente un límite razonable basado en las reacciones de su hijo. Los niños intensos-agresivos corren el mayor riesgo, pero lo que es tal vez menos obvio es que demasiada televisión puede hacer

UNA GUÍA PARA EL CONTROL
DE LAS REUNIONES DE JUEGO

Dos niños intensos-agresivos: Planeen una cita más corta y estructurada, quizás supervisada por más de un adulto. Estarán ambos dándose contra las paredes si no lo hacen así.

Un niño intenso-agresivo con un niño tranquilo o reservado-dependiente: intervenga a la menor señal de tensión estableciendo amablemente límites firmes, de manera que uno de los niños no se sienta dominado.

Dos niños reservados-dependientes: Recuerde, no son asociales, simplemente están incómodos. Cree puentes, juegos y actividades adecuados desde el punto de vista del desarrollo.

Dos niños sensibles: Piense primero en maneras de fomentar la integración; actúe como "intérprete" de manera que ninguno de los dos niños tome las cosas a mal.

Intenso-agresivo con intenso-sensible: No es una combinación fácil ni constructiva; trate de evitarla.

sentir temeroso a su hijo intenso-sensible y al niño reservado-dependiente más aislado y, en última instancia, más dependiente.

Con cualquier clase de niño, sin embargo, es buena idea estar pendiente del contenido. Más de mil encuestas y estudios separados dan testimonio de que la exposición a altas dosis de violencia en la televisión aumenta la probabilidad de que se presente un comportamiento agresivo. Esto es más evidente con los niños intensos-agresivos, que se aceleran bajo el influjo de la acción que presenta la televisión, pero la violencia también tiene un impacto sobre las otras tres clases de temperamento, especialmente en los niños intensos-sensibles. De hecho, una serie de estudios indica que la televisión excesiva se correlaciona con la convicción del niño de que será víctima de un crimen.

Sirva de modelo para el dominio del estado de ánimo en sus propios asuntos diarios. Las investigaciones son muy claras: los niños aprenden cómo apaciguar emociones incómodas, en parte a partir del comportamiento de sus padres. Hace unos años, Salvador Minuchin, uno de los grandes pioneros de la terapia familiar, demostró ese principio en un estudio con niños diabéticos y sus padres. El doctor Minuchin les pidió a los niños que se sentaran detrás de un espejo polarizado y que desde allí observaran a sus padres con un terapeuta que los instigaba deliberadamente a pelear. Antes y después de la discusión, los investigadores midieron los indicadores fisiológicos de los niños en busca de estrés y enojo. Presentaron evidencias claras y documentadas de que las emociones atravesaban el espejo.

Dejando de lado las investigaciones, las peleas de los padres obviamente tienen un impacto sobre los niños. Y el impacto sobre los niños varía considerablemente si los padres son capaces de hacer una pausa en lugar de lanzarse a la batalla frontal. Yendo un paso más allá, creo que el comportamiento de los padres entre sí y su capacidad de manejar los estados de ánimo individuales influyen en el dominio del estado de ánimo de sus hijos e hijas.

Los niños siempre están observando, así que es esencial que nosotros modelemos comportamientos sanos. Imagínese las diferencias tan benéficas en el dominio de sus hijos cuando usted expresa consistentemente sus emociones de una manera sana. Trate de llegar a la segunda frase en cada una de las siguientes instancias:

En lugar de: Estoy tan furioso, que me voy a enloquecer.

Dice: Estoy muy enojado, así que me iré a correr.

En lugar de: Estoy tan triste con lo de Jorge que creo que voy a morirme.

Dice: Estoy muy triste con lo de Jorge, pero creo que un poco de música me hará sentir mejor.

En lugar de: Mi jefe me está arruinando la vida.

DICE: Fue un día pesado en la oficina y necesito tranquilizar-
me, así que me voy a dar un baño caliente.

Este tipo de frases son ejemplos de un sano dominio del estado de ánimo. Les darán a los niños ideas para tranquilizarse a sí mismos y para implementar estrategias de distracción, y tendrán el efecto opuesto al de sermonear al niño que ya está alterado. Nuestra autorregulación les demuestra a los niños que tienen opciones, maneras de procesar los sentimientos o de dejarlos de lado un rato.

Ayúdeles a sus hijos a aprender a generar sus propias frases y acti-vidades tranquilizantes. El dominio del estado de ánimo es para los niños un reto permanente. Encaran situaciones nuevas todos los días, a veces todas las horas, con muy pocas habilidades específicas para manejar sus sentimientos. Como padres, necesitamos hacer sugerencias concretas: "Tal vez te sentirás mejor si te sientas tranquilamente a leer un rato", o "¿Por qué no me ayudas en el jardín?, a lo mejor eso te ayude a pensar en algo diferente a la pelea que tuviste con Javier". A estas sugerencias las llamo "sembrar semillas". Con el tiempo, su hijo aprenderá a cosecharlas y a producir sus propias estrategias para tranquilizarse.

Por ejemplo Amanda, una niña de ocho años tranquila-equilibrada, a ve-ces se siente por fuera del grupito de moda en su clase. Sus padres son lectores ávidos y se lo han estado recomendando con delicadeza desde cuando Amanda tenía seis años como una manera de buscar serenidad emocional. No es sor-prendente que escoja un libro cada vez que se siente un poco triste; ahora deci-de "por sí misma" que leer puede ser a la vez consuelo y compañía.

Así mismo Diana, una niña reservada-dependiente, sufría de ansiedad cada primavera en anticipación al momento de la partida hacia el campo de verano. A pesar de sus dificultades, cuando a los siete años por primera vez se separó físicamente de sus padres, Diana logró superar el primer verano y luego otras dos temporadas. Sin embargo, cada vez, sin falta, extrañaba profundamente a sus padres cuando se marchaban. Ahora, a los once años, la diferencia es que Diana anticipa ese sentimiento. El verano pasado le pidió a su madre que le diera un paquete de esquelas personalizadas como regalo de partida. "Su" idea se había desarrollado a partir de la sugerencia de sus padres de que escribir cartas la podría hacer sentir más conectada a su hogar y que tendría también un efecto tranquilizante.

Los niños no nacen con estas habilidades. Necesitan de nuestra ayuda para aprender palabras y técnicas tranquilizantes. Por ejemplo, cuando a Silvia le dicen que tiene que esperar a terminar la comida para comerse su helado, es probable que la anticipación la haga agitarse en exceso. Cuando la mamá de Andrés no llega a casa a tiempo, se pone muy nervioso. Cuando Alejandro, un niño de cinco años reservado-dependiente, se golpea la rodilla, su primera reacción es la de llorar descontroladamente y buscar el par de piernas más próximo para agarrarse de ellas.

Ahora, cuando a Silvia la anticipación la tiene fuera de sí, y pregunta cada cinco minutos: "¿Me puedo comer ya el helado?" su mamá le dice, "puedes comerlo cuando todos los platos estén limpios y haya acabado de organizar". Al cabo de unas cuantas veces, se puede oír a Silvia murmurando para sí, "me podré comer el helado cuando todo esté organizado".

Los padres de Andrés le recuerdan a la niñera que cuando uno de ellos se tarde debe tranquilizar al niño diciéndole: "generalmente es por causa del tráfico". Ahora, Andrés puede decirse a sí mismo: "Mami viene a casa. Mami regresará. Es que el tráfico está lento".

Me he sentido conmovido al oír a Alejandro susurrar para sí después de una caída sin importancia: "Seré valiente. Estaré bien. No voy a llorar".

Resulta conmovedor e inspirador observar a los niños en estos momentos. Uno puede casi ver el engranaje en movimiento a medida que luchan por recordar palabras que les ayuden a sosegar su espíritu. La expresión más pacífica de sus rostros, la seguridad y el orgullo que sienten por el hecho de estar manejando ellos mismos el momento, demuestra el potencial que tiene el dominio del estado de ánimo como constructor de esencia.

Sea paciente. Quizás estas estrategias fallen a veces y es posible que sus intentos de comunicarlas se vean saboteados. Puede que su hijo actúe incluso como si no le oyera, como si no le hubieran dicho nada. Los niños más pequeños a lo mejor se quejen ruidosamente o griten histéricamente cuando usted intente ayudarles a lograr el dominio del estado de ánimo. Y prepárese a medida que los niños crecen, porque en los años de la preadolescencia la respuesta es a menudo un sarcástico, "¡Sí, cómo no!".

No se desanime. Créalo o no, las semillas de la autorregulación germinarán y, precisamente cuando menos lo espere, su hijo lo sorprenderá con su crecimiento y su dominio.

Habilidades de los niños: técnicas para tranquilizarse solo

Como lo demuestran las nuevas investigaciones cognitivas de comportamiento y de desarrollo, a la mayoría de los niños, independientemente del temperamento específico, puede enseñárseles desde temprano a regularse y a serenarse por sí mismos. La siguiente es una lista de estrategias que pueden empezar a desarrollarse en niños desde los dos y tres años.

Cómo reconocer los indicios físicos de la ansiedad y los patrones de angustia

Los niños con frecuencia experimentan y expresan sus emociones en términos del cuerpo. Cuando están ansiosos o abrumados dicen cosas como, "siento algo raro en el estómago" o "me duele la cabeza". Y casi con seguridad ellos no relacionan estos síntomas a menos que nosotros lo hagamos. Dése cuenta de lo que está sucediendo y anime al niño a describirlo de manera que, juntos, puedan identificar el qué, cuándo y dónde de sus sentimientos. Sólo entonces puede él mismo hacer algo al respecto.

Cómo ayudarle a identificar los patrones. Cuando Mateo regresó a casa del jardín infantil con cara de ansiedad y vergüenza, diciendo que "odiaba" el colegio, su mamá le hizo preguntas sobre su cuerpo. ¿Cómo se sentía? Dijo que tenía "cosquillas" en el estómago.

Al preguntarle otro poco, mamá se dio cuenta de que las "cosquillas" siempre se presentaban en un momento en particular, cuando Mateo se sentaba al lado de David. Según se vio, Mateo no odiaba el colegio. Le tenía pavor a David, un niño mucho más grande que lo azaraba gritándole en el oído. Mamá intervino pidiéndole a la profesora que nunca sentara juntos a los dos niños. Igualmente importante, felicitó a Mateo por darse cuenta de las "cosquillas" y le dijo que prestara atención cada vez que las sintiera. Era su cuerpo "hablándole", le explicó. En este caso, las cosquillas le decían que se alejara de David. Con el tiempo, Mateo pudo comprender que las sensaciones de su cuerpo tenían un significado y pudo dejar de sentir vergüenza por éstas. Entonces pudo hacer algo con ellas, en otras palabras, autorregularse mediante una acción constructiva. Ya no se sentía ni avergonzado ni impotente.

La meta es ayudarle al niño a interpretar su propio termostato emocional. Tamara, de seis años, hacía mala cara y se alejaba de los amigos por causa de diferencias menores, lo cual era una respuesta reactiva y autodestructiva. Así que sus padres aplicaron técnicas de solución de problemas, con la esperanza de producir una respuesta activa y positiva que la capacitara para comportarse de una manera que le evitara el sentimiento de rechazo. Mamá y papá preguntaron, "¿Cómo te sientes cuando estás enojada?". Les dijo que se sentía "furiosa por dentro". Le ayudaron a ver que era importante hacer algo cuando se sentía apenas un poco molesta de ser dejada por fuera y antes de que los sentimientos se acumularan y de que perdiera verdaderamente el control. Su papá le explicó, "si esperas y no haces nada, simplemente te vas a sentir peor". Entonces su mamá preguntó: "¿Qué podrías hacer cuando te sientes un poco enojada?" Tamara pensó un momento y dijo: "Podría abandonar el juego, o el grupo, antes de ponerme furiosa de verdad". Esta simple discusión hizo que Tamara sintiera que ella controlaba la ira y que ésta no la dominaría a ella. Se dio cuenta de que podía hacer algo antes de que la situación se saliera de su control, algo que le permitiría volver a estar con sus amigos más fácilmente.

Cómo pedirles ayuda a los padres

Una forma importante como los niños pueden cuidarse a sí mismos consiste en aprender a pedir ayuda de maneras que generen respuestas positivas. Esto es fundamental porque a veces los niños utilizan comportamientos negativos para llamar la atención, comportamientos que tienden a indisponer a los adultos. Los niños que no saben cómo pedir ayuda son calificados con frecuencia como "difíciles"; son "demasiado" algo: bulliciosos, tímidos, mandones, asustadizos, de todo. Y sea cual sea el calificativo que se les dé, éste los persigue a lo largo de su experiencia escolar; eventualmente, el rótulo se convierte en parte de lo que son, Teresa la llorona, Gregorio el malgeniado y Carlos el terco. En el capítulo siguiente me refiero a la habilidad de los niños para desarrollar relaciones con otros adultos, pero esta habilidad se refina primero en casa, con ustedes, los padres.

Cuando algo es difícil o preocupante para el niño, hágale saber que la manera como pide las cosas producirá resultados diferentes. Desempeñar papeles es una técnica maravillosa que le permite al niño oírse a la vez que se le da la oportunidad de volverse más consciente de sí mismo. Ana, de cuatro años, tiende a gemir, lo cual es, comprensiblemente, irritante. Pero en lugar de decirle con brusquedad, "¡Deja de gemir!", mamá le propone que jueguen algo en que ella hace como si fuera Ana y Ana hace de mamá. Mamá empieza a hablar en un gemido destemplado: "No es justo, nunca me dejas hacer nada divertido". Ana se ríe de la representación de mamá, pero el mensaje cala, Ana se oye a sí misma. Mamá entonces le ayuda a proponer una mejor táctica, "Mira a ver si se te ocurre una manera de pedirme algo sin gemir. Es posible que pueda escucharte mejor". Cuando Vicente, de siete años, quería algo, con frecuencia se paraba demasiado cerca y hablaba en voz demasiado alta. Esto enloquecía a Dolores, su mamá, especialmente por ser ella de un temperamento bastante reservado. Dolores le ayudó a entender cómo su tono de voz la afectaba a ella (y seguramente a los demás): "Obsérvame, Vicente, cuando haga esto —dijo, sosteniendo la mano en alto como un agente de tránsito—, probablemente significa que me estás pidiendo algo a gritos. Dilo con mayor suavidad a ver si puedes lograr que baje la mano".

Cómo anticiparse a las dificultades

A medida que vaya trabajando en estas habilidades para el dominio del estado de ánimo, se dará cuenta que su hijo incluirá dentro del repertorio interior de habilidades la capacidad para percibir dificultades. Eventualmente aprenderá a regularse él mismo antes de que una situación difícil empeore. Esto se da con el tiempo y la enseñanza. Observemos por ejemplo la manera como Sandra le ayudó a Pablo, un niño de seis años, a planear sus compromisos de juego. Pablo acaba regularmente peleando por no querer compartir. Como lo expliqué anteriormente en este capítulo, su comportamiento era especialmente malo cuando jugaba en el jardín; algo en el ambiente abierto del exterior hacía que su agresividad se manifestara en pleno. Sandra estaba siempre aconsejando a Pablo para que buscara ayuda antes de haberse excedido. "Si sientes que estás demasiado agitado, por ejemplo cuando empiezas a gritar en lugar de hablar y sientes que a lo mejor vas a quebrantar una de las reglas, pídeme ayuda".

No funcionó de inmediato. Sandra tuvo que instar a Pablo en varias oportunidades, pero lo hizo recordándole que estaba allí para él. Un día, la autorregulación de Pablo empezó a funcionar. Él y el niño de al lado habían recibido pistolas de agua con la condición de que no se las dispararían a los ojos. Al cabo de unos cinco minutos de juego, Pablo se detuvo de repente y se acercó corriendo a Sandra: "Mamá, quiero echarle agua a Horacio en la cara". Ella le recomendó que hiciera una pausa de un minuto, un descanso al lado de mami. En otras ocasiones, Pablo se habría resentido ante la sugerencia, pero ahora entendió. Sandra le dijo a Pablo que se sentía muy orgullosa de que estuviera aprendiendo a conocer su propia mente.

"No podía creer lo satisfecho que se veía —me dijo Sandra—. Después fuimos, bajo el impulso del momento, a darnos un gusto". El elogio de mamá y el helado fueron premios que ayudaron a reforzar el buen comportamiento de Pablo, y le ayudaron a asimilar su nueva habilidad.

Cómo revalorar o encontrar atributos positivos en el temperamento de uno mismo

"Revalorar" es un término que utilizan los psicólogos para describir una técnica mediante la cual vertimos una nueva luz sobre un comportamiento en particular. Esto generalmente significa cambiar una descripción negativa por una más positiva. Tomemos a Roberto, por ejemplo: no es un niño "malo", pero ha estado difícil en casa y en el colegio. Ésta ha sido su manera de procurar que sus padres, quienes se estaban distanciando, hablaran y trabajaran juntos. Observado desde una perspectiva diferente es evidente que se trata de un niño bastante "inteligente".

Revalorar le ayuda a la gente a pensar, y por lo tanto a actuar, de una manera diferente. En sus investigaciones pioneras sobre la depresión, el psicólogo Martín Seligman, autor de *The Optimistic Child,* (El niño optimista), encontró una correlación directa entre la depresión y lo que un niño piensa sobre el fracaso, la derrota, la pérdida y la impotencia. El significado está claro: si alguien piensa negativamente sobre sí mismo o sobre un suceso, entonces su comportamiento será acorde. Si espera ser un fracaso, ser derrotado o ser impotente, seguramente lo será. Seligman y otros conductistas cognitivos encuentran, sin embargo, que cambiar la manera como una persona piensa puede no solamente cambiar su perspectiva sino también los resultados.

¿Por qué no enseñarle lo mismo a su hijo? En lugar de quedarse impasible mientras el niño se castiga o se critica, pueden ayudarle a pensar en su comportamiento de manera más positiva. ¿Recuerdan a Diana, quien se sentía ansiosa cuando partía hacia el campo de verano? Ana, su madre, esperaba que su hija se adaptara con facilidad al campo ese verano. Pero con base en las pasadas dificultades de Diana respecto a las separaciones, le expliqué que era mucho más constructivo no solamente esperar lo inevitable sino revalorarlo de una manera positiva. Por ende, Ana le dijo a Diana: "Decir que vas a estar con "mamitis" y "papitis" suena como si te fuera a dar alguna enfermedad. Claro que nos vas a extrañar y vas a llorar cuando nos marchemos. Yo también voy a llorar porque voy a estar triste de que no estés en la casa. Extrañarnos es normal. Es una buena seña. Me sentiría mal si no te hiciéramos falta".

El hecho de que Ana reconociera los sentimientos de su hija y que revalorara su "mamitis" le daba a Diana permiso de experimentar su natural inseguridad y soledad sin sentirse deficiente. Igualmente importante, al no convertir su experiencia en punto de discusión, Ana le dio a Diana la oportunidad de relajarse y de producir una sugerencia positiva. Diana lo llamaba su "plan cuando me hace falta la casa": Hablarían todos los días dos minutos por teléfono, hasta que Diana sintiera que ya no necesitaba que hablaran. En esencia, que Ana aceptara el comportamiento de su hija como algo "normal" le permitió a Diana ser ella misma.

Margarita hizo algo semejante con Andrés, quien tenía dificultades con las niñeras nuevas. Le indicó a Andrés que era "inteligente" tener resquemores hacia las personas nuevas y reconoció que tener una persona nueva al lado resulta difícil para cualquiera. Entonces Margarita le dijo: "He conocido a esta niñera, pero quiero que también tú me cuentes cómo te parece". Esto modificó el punto de referencia mental de Andrés. Sintiéndose seguro y más en control, sacó sus bloques de armar para estar ocupado cuando llegara la niñera. Mamá también le sugirió que mirara el reloj, porque sabía que eso lo haría sentir concretamente en control. Cuando Margarita regresó a casa, Andrés había construido todo un imperio de bloques de ensamblar. También había calmado su ansiedad haciendo una lista mental de los puntos buenos y malos de la niñera, los cuales orgullosamente presentó cuando la niñera se marchó.

RECETA PARA RELAJACIÓN
(¡ADECUADA PARA ADULTOS TAMBIÉN!)

Pídale al niño que se acueste sobre la cama o sobre una colchoneta en el piso. Dígale con un tono de voz suave y tranquilizante:

"Cierra los ojos y toma aire muy profundamente, contando hasta cuatro al inhalar y hasta cuatro al exhalar. Hazlo cinco veces".

"Concéntrate en cómo se siente el aire cuando entra a todo el cuerpo y cuando lo haces salir".

"Con los ojos cerrados todavía, siente cómo está de pesado tu cuerpo a medida que se empieza a relajar. Concéntrate en los dedos de tus pies. Encógelos un momento y luego relájalos".

"Mentalmente, recorre tus piernas hacia arriba; ténsalas y luego relájalas".

"Ahora concéntrate en la mitad de tu cuerpo. Aprieta el abdomen y luego relájalo".

"Ahora concéntrate en los brazos, ténsalos y luego relájalos. Haz lo mismo con el pecho y los hombros".

"Finalmente, concéntrate en tu cara. Aprieta sus músculos y luego relájalos".

"Todo tu cuerpo siente ahora una sensación como de cosquillas. Disfruta la sensación".

Este es un buen momento para agregar el componente de una "visualización". Sugiérale al niño que se imagine un lugar favorito, estar haciendo una actividad predilecta, o estar con sus personas preferidas. Con un niño mayor, este estado puede ser utilizado para resolver problemas. Sugiérale a su hijo que se imagine resolviendo la situación triste o difícil de la mejor manera para él. Este ejercicio puede arrojar increíbles resultados y estrategias para la solución de problemas.

"Toma aire profundamente otras cuatro veces. Ahora quédate allí unos pocos minutos y, cuando estés listo, abre los ojos lentamente".

Cómo emplear técnicas de autorrelajación

Las técnicas de autorrelajación progresiva fueron originalmente desarrolladas en los años setenta para pacientes con problemas cardíacos y personas con úlceras y otros males relacionados con el estrés. Los ejercicios servían para calmar al paciente, y ello se reflejaba en la respuesta del organismo al estrés. Desde entonces, las investigaciones actuales sobre la relación entre mente y cuerpo han dado resultados tan convincentes que las compañías administradoras de salud están empezando a cubrir técnicas alternativas de relajación, tales como la meditación. Éstas funcionan por igual con los niños.

Sin embargo, he conocido pocas madres y pocos padres dispuestos a enseñarles estas técnicas a sus hijos, incluso cuando la meditación forma parte de sus rutinas diarias. ¡Lástima! La relajación progresiva es excelente para niños y les encanta. Los principios básicos son fáciles de adaptar incluso para niños desde los tres y cuatro años. Al cabo de un corto tiempo, ponen en práctica estas técnicas solos y puede que incluso se las receten a ustedes. Un día, Melisa llegó a casa cansada y de mal genio después de un día difícil en la oficina. Juana, de cuatro años, quien había aprendido unos ejercicios de relajación que le encantaban para dormirse o para protegerse de un resfriado, le dijo: "Ven, Mamá, acuéstate que voy a hacerte relajación".

Si usted medita, seguramente no necesita ayuda para adaptar su sistema a su hijo. Si no, siga la receta simple del cuadro. O busque un libro de guía. Les he leído durante años a mis hijos *Moonbeam y Starburst* de Maureen Garth y los encuentro extraordinariamente relajantes. Ambos contienen visualizaciones e historias simples para ayudarles a los niños a relajarse. Otras buenas fuentes incluyen: *The Joy of Ritual; Recipies to Celebrate Milestones, Transitions and Everyday Events in Our Lives* de Barbara Biziou y *The Joy Within: A Beginner's Guide to Meditation* de Joan Goldstein y Manuela Soares.

CAPÍTULO 2

RESPETO

Habilidad básica # 2: *Anime a sus hijos a escuchar a los adultos responsables y a sentirse a gusto con ellos.*

Una tendencia desconcertante

Hace unos meses estaba en un centro comercial esperando a un amigo que tardaba unos minutos. Me senté en uno de los bancos de madera simplemente a ver a la gente pasar. Aunque había algunos padres que llevaban a sus niños de la mano, lo que vi eran en su mayoría grupos de niños, no solamente adolescentes, sino niños y niñas desde los seis años, todos juntos mientras que sus padres caminaban unos pasos más adelante. A pesar de las diferentes edades de los niños, sus cortes de pelo semejantes y sus zapatos tenis anudados de la misma manera dejaban en claro que eran parte del mismo círculo de cultura masiva. Incluso los de cinco años con su aire de ternura tenían también un no sé qué de precocidad. Los niños se reían entre sí; los mayores a veces parecían ir tras ellos... Es decir, hasta que llegaba la hora de comprar. Entonces estallaban las negociaciones serias, incluso en medio de faltas de respeto, entre prácticamente todos los niños y sus padres.

En nuestra cultura orientada hacia la juventud los niños perciben con frecuencia a las personas mayores como adversarios. Esto no debería sorprender a nadie. Dado que nuestra cultura no asocia la edad ni con la belleza ni con la sabiduría, es prácticamente absurdo esperar que los niños honren verdaderamente a los adultos. Ésta es una cruel ironía para la mayoría de los padres, la misma generación que una vez advirtió: "Nunca confíes en un mayor de treinta años". Ahora somos los que tenemos más de treinta y, a unas edades escandalosamente tempranas, nuestros niños no nos toman con la seriedad con la que debieran. Lo sé porque, aparte de entretenerme mirando en el centro comercial, paso la mayor parte de mi tiempo escuchando atentamente lo que dicen los niños sobre los adultos en sus vidas:

- Erica me dejó sorprendido con comentarios a sus padres que incluían frases tales como "cállate" o "eres estúpido".
- Alvaro y su gran amigo Jaime siempre se delataban cuando iban a meterse en problemas: susurraban en un tono despectivo que en generaciones anteriores estaba reservado para los preadolescentes: "Chist... ¡silencio! No queremos que ellos nos oigan".
- José decía con frecuencia con impositiva autoridad: "Mamá, ¡deja lo que estás haciendo ya mismo!"
- Carolina dejó de referirse a los amigos de sus padres por sus nombres de pila o por sus apellidos; a duras penas se daba por enterada de su existencia. Todo en ella desplegaba desdén por los adultos. Hace unos años oí que Carolina le decía a mi hija: "Si quieres hacer las cosas con astucia, no dejes que los grandes se enteren de nada".

Ustedes podrán pensar que hablo de adolescentes, pero no es ése el caso. Erica, Alvaro, José y Carolina tienen entre tres y ocho años. O podrían concluir que los padres en cuestión no están comprometidos o son poco confiables. ¡Equivocados nuevamente! Conozco a las cuatro familias desde hace por lo menos una década y sé que los papás y mamás son personas buenas, que se preocupan; son seres razonables y están intensamente involucradas en el tema de la crianza.

¿Qué está pasando?

***

Erica, Alvaro y Carolina están expresando una tendencia profunda y culturalmente reforzada que hace que los niños y los adultos se habitúen poco a poco a percibirse como miembros de campos enemigos. Una gran parte del tiempo, al principio de maneras que pueden hasta parecer tiernas, los niños llegan a ver a los adultos como adversarios lejanos y no como personas cercanas merecedoras de admiración. Sus padres con frecuencia no entienden esta tendencia. No se dan cuenta de que incluso sus hijos pequeños están desarrollando una falta del constructor de esencia que yo llamo "respeto". Y hay muchos niños como ellos.

Es por eso por lo que el respeto es el segundo de los constructores de esencia que trataremos en este libro. La experiencia diaria nos dice que nuestros hijos están haciendo caso omiso de nosotros y alejándose de sus padres cada vez más temprano. La sabiduría popular, y lo que recordamos de nuestra propia crianza, dice que la altanería no aparece sino en la adolescencia. En nuestros días se decía que los niños mayores que parecían estar en proceso de rebelión estaban simplemente "portándose como adolescentes". Pero hoy los niños más pequeños necesitan nuestra ayuda para percibir a los adultos como fuente valiosa de sabiduría y alegría, de comprensión y aceptación, de apoyo y consuelo. Si no lo hacemos, estamos invitando problemas.

Por ejemplo, en diciembre de 1996, el *Rockford Register Star*, de Rockford, Illinois, realizó una encuesta con casi trescientos adolescentes entre los trece y los diecisiete años. Los investigadores desenterraron un hecho bastante sorprendente: Cuando les preguntaron cómo se formaban sus valores, casi ninguno de estos jóvenes del interior de los Estados Unidos mencionó a sus padres. Se citaban muchas otras influencias, especialmente compañeros y los medios de comunicación, lo que yo llamo "la segunda familia". Cuando se trataba de asuntos éticos del diario vivir, estos niños sencillamente no veían a sus padres como algo central en sus vidas. De este grupo de muchachos emanaba una gélida distancia y falta de respeto hacia los adultos.

La encuesta de Rockford es únicamente una pequeña documentación de lo que está sucediendo en nuestra cultura hoy en día. Las investigaciones en todos los rincones del país hacen eco de esos descubrimientos. Si no lo cree, mire a su alrededor. Casi con seguridad encontrará incluso niños pequeños que están, aunque de maneras que no salten a la vista, distanciándose de los adultos y faltándoles al respeto. A lo mejor comen juntos cada vez menos, ven televisión en lugar de hablar entre sí, o pasan menos tiempo en reuniones familiares. Y cuando se reúnen, los niños parecen más capaces de lo que quisiera admitir de contestar de mal modo, de negociar y discutir y de ser irreverentes.

Por razones que describiré a continuación, hasta los niños más pequeños están en riesgo de alejarse de los adultos y de perderles el respeto, lo cual tiene a menudo consecuencias tristes y a veces desastrosas.

Por qué es importante el respeto

Antes de que los niños puedan respetar y acatar lo que dicen los adultos, o interiorizar la ética de éstos, deben pasar muchos de sus primeros años observando a los adultos portarse de manera benévola y valiosa. Depende de nosotros. Necesitamos fomentar las relaciones significativas hacia los adultos en el mundo de nuestros hijos, de lo contrario los observaremos en el proceso de ser arrollados por el mundo autorreferencial de la segunda familia.

De ahí nuestra siguiente habilidad básica:

> *Habilidad básica # 2:* Anime a sus hijos a escuchar
> a los adultos responsables y a sentirse a gusto con ellos.

El respeto es una red de seguridad para la esencia interior del niño. Antes que nada y sobre todo, llevará al niño a asociar un significado positivo con los adultos que lo rodean.

Al hacerlo, introyectará una lista de características maduras que no está disponible en los compañeros ni en la cultura masiva. Llegará a ver a los adultos como personas cuyas opiniones cuentan, en cuyas respuestas puede de veras confiar. Y el respeto les permite a los niños hacer honor a sus raíces. Se empiezan a interesar por el pasado y por las historias y costumbres de sus familias, y se desarrolla el deseo de aprender de éstos, lo cual, a su vez, da como resultado una mayor comprensión de sí mismos y una mayor compasión.

Finalmente, el niño respetuoso no corre el peligro de convertirse en un "Peter Pan", un ser temeroso de las responsabilidades y retos de la edad adulta. No se apegará a un mundo infantil de diversión interminable. Pero la parte dura para nosotros los padres es ponerlo, para empezar, en el camino correcto.

Amenazas esenciales: por qué la falta de respeto ha alcanzado niveles de epidemia

He encontrado en mi experiencia clínica que la mayoría de los niños aman a sus padres. No les temen, ni los odian, ni se sienten oprimidos por ellos. Ese no es el problema. Por el contrario, nuestra presencia parece ser mucho más periférica y menos autoritaria de lo que debiera ser. ¿Cómo sucedió esto?

Algunos padres creen que la expresión personal es más importante que el respeto básico. Las faltas de respeto hacia los padres en forma de respuestas altaneras y de un lenguaje grosero son muy comunes en la cultura de hoy. Erica, a quién ustedes recordarán, solía decir, "¡Cállate!", y ella es tan solo una de los miles de jóvenes groseros de los que me entero cada año. Madres y padres ocupados frecuentemente dan por sentada esa grosería y ni siquiera se dan cuenta del tono irrespetuoso del niño hasta que éste no se presenta en público.

Puesto que los padres de hoy en día quieren que sus hijos no les teman a los adultos y que no sigan ciegamente a las figuras de autoridad, con frecuencia toleran una altanería que hace veinte años era inconcebible. Infortunadamente, con el tiempo, las faltas de respeto erosionan la estima natural del niño por el valor, el sentimiento y la sabiduría de los adultos. Y un niño que se dirige a sus padres desdeñosamente encontrará difícil comportarse con respeto frente a adultos menos pacientes con los que interactúa en su vida diaria, como miembros mayores de la familia, profesores, entrenadores y consejeros.

Los niños y los adultos comparten demasiado tiempo paralelo. En este momento, es posible que su hijo esté acogedoramente arrullado en su regazo. Pero de manera cotidiana, muchos padres e hijos son como los proverbiales barcos que se cruzan en la noche. Prácticamente todos los estudios que se han hecho sobre actividades familiares demuestran que las dos generaciones cada vez comparten menos tiempo debido a los horarios que relegan tanto a los niños como a los adultos a la periferia de la vida del otro. Las fuerzas en competencia, el trabajo, el colegio y el entretenimiento, le han ido robando desde 1960 entre diez y doce horas a la semana a lo que solía ser "tiempo en familia". Y la distancia no es como el fuego que aviva el amor. Al cabo del tiempo, en la agitación del diario vivir lleno de actividades, se intensifica el combate logístico que alimenta la falta de respeto.

Puede que pensemos que estar bajo el mismo techo es lo mismo que estar "juntos", pero nos equivocamos. En muchos hogares, los miembros de la familia están haciendo cada uno lo suyo y, en el proceso, están cambiando la definición del tiempo en familia por "tiempo paralelo". Y el tiempo paralelo no contribuye a contruir relaciones que profundicen el respeto mutuo. Por ejemplo, el niño promedio mira cada semana veintiocho horas de televisión, según el Media Reform Information Center (Centro de información de reforma a los medios) (MRIC), comparado con 38.5 minutos que se emplean en una "conversación interesante" con sus padres. Un estudio encontró que el 40% de los niños entre los seis y los once años, y el 25% de los niños entre los dos y los cinco años tienen su propio televisor. El MRIC también le pidió a un grupo de niños entre los cuatro y los seis años que escogiera entre ver televisión o pasar tiempo con sus padres. ¿Se aterrarían de saber que el 54% escogió ver televisión? Yo sí me quedé aterrado.

Lo interesante es que los padres encuestados en un estudio en 1996 para *Advertising Age* dijeron que estaban "pasando más tiempo con sus hijos". Pero Brit Beamer, presidente del American Research Group (Grupo norteamericano de investigación), la organización que dirigió el estudio, encontró que las cifras no encajaban. "Estar juntos significa que se alcanzan a oír, en contraposi-

¿VALORA USTED MÁS LA EXPRESIÓN PERSONAL QUE EL RESPETO BÁSICO?

La filosofía de crianza a veces ofrece racionalizaciones que sin quererlo promueven la falta de respeto. He acá algunos indicios:

- Usted piensa que la grosería es aceptable si "le sirve al niño para desahogarse cuando está enojado".
- Su hijo le contesta mal en casa tan rutinariamente que no se da cuenta de ello hasta cuando un amigo o un pariente se lo hace notar.
- Cuando uno de sus hijos se descontrola físicamente durante una pataleta, (dándole una palmada en el brazo a uno de los dos padres, por ejemplo) hace poco por controlarla por temor a que se le califique de abusivo.
- Le parece simpático que su hijo tenga una tono algo precoz y autoritario hacia otros adultos —meseros, vendedores, dependientes, etcétera.
- Opina que cierta cantidad de grosería o falta de respeto son inevitables puesto que prácticamente todos los niños que rodean al suyo incurren en estos comportamientos.

ción a estar sentados cerca el uno del otro en la misma habitación —concluyó Beamer—. Cuando las familias comparten tiempo, lo más probable es que estén viendo televisión o una película". Yo agregaría que los niños y los adultos probablemente están también haciendo otra cosa a la vez: hablando por teléfono, pagando cuentas, haciendo tareas escolares o trabajo de casa. De nuevo, esta forma de estar juntos en paralelo aumenta la probabilidad de que los niños y los padres interactúen sobre todo en momentos de transición, precisamente los momentos que están plagados de tensión y enojo.

Tenemos miedo de que los niños se aburran. Es perturbador que se haga tan poco esfuerzo para ayudarles a los adultos y a los niños a sentirse cómodos entre sí, pero los padres mismos son parte del problema. Mientras que, comprensiblemente, queremos que nuestros hijos se diviertan, también estamos desesperadamente asustados de que se aburran y estamos constantemente a la caza de lugares diseñados para entretenerlos. Esta actitud centrada en los niños erosiona la valoración de los adultos como miembros centrales y valiosos de la familia.

Empezamos, por ejemplo, con fiestas alrededor de un motivo que están dirigidas únicamente hacia los niños. Esto no parece malo, excepto que fomenta la mentalidad de mundos separados. A los expertos en recreación infantil, como payasos, recreacionistas y organizadores de juegos, se les paga por entretener a los niños, dejando a los adultos de lado como una idea marginal. Generalmente no se ofrece comida que se acerque siquiera a ser agradable a los adultos. A mí realmente no me importa si se me alimenta de manera decente (bueno, podría ser sabroso) o que me entretengan adecuadamente. Sin embargo, al no integrar a los adultos, el mensaje de que los niños y los adultos necesitan actividades diferentes, no actividades familiares cómodas, se convierte en el mensaje dominante y todo el mundo pierde.

También llevamos a los niños a programas familiares donde el énfasis no está realmente en divertir a la familia sino a los niños. Los centros de actividades especializados en niños, que hace dos décadas no existían, se han expandido más allá de las expectativas más atrevidas de cualquiera; estas cadenas son una parte tan típica del paisaje como el teatro local o el supermercado. Puede que estos centros sean maravillosos en términos de estimular a los niños, pero pueden constituirse en otra brecha en los mundos paralelos de padres e hijos. Lo mismo ocurre con los restaurantes familiares como McDonald's, Burger King y otros por el estilo. Muchos les han adicionado recientemente a sus servicios actividades infantiles brillantemente diseñadas que son, por un lado, un valor agregado, —comemos en paz mientras que nuestros hijos juegan cerca en un lugar seguro—, mientras que por otro lado diluyen el valor de nuestro tiempo compartido.

Dada la alocada programación de nuestra vida moderna y de tantas dis-

TIEMPO EN VÍAS DE ENCOGERSE: ¿CUÁNTO TIEMPO PASAMOS DE VERDAD CON NUESTROS HIJOS?

¿Qué le está pasando a nuestro tiempo en familia? Los siguientes hechos y cifras son indicios reveladores:

• Según el informe de *Newsweek* de mayo de 1997, los estadounidenses están trabajando un menor número de horas. Sin embargo, en promedio, desperdician viendo televisión quince de las cuarenta horas que tienen libres cada semana, más del tiempo que pasan compartiendo socialmente, leyendo o haciendo actividades al aire libre, combinados.

• Los investigadores John Robinson y Geoffrey Godbey, quienes analizaron la vida diaria minuto a minuto de unos diez mil adultos y que presentaron sus descubrimientos en el libro *Time for Life* [Tiempo para la vida], publicado en 1997, dicen que nuestro creciente tiempo libre tiende a darse en fracciones mínimas, una media hora acá, una media hora allí. "En ese tiempo fraccionado es mucho más fácil acomodar un capítulo de una serie repetida en la televisión que una expedición en bicicleta".

• *Statistical Research Inc,* encontró en su estudio de 1981, "Television Ownership Survey", que el 22% de los hogares con niños menores de dieciocho años tenía tres o más televisores. La versión de 1996 del mismo estudio indica que esa estadística ha aumentado en un 50%.

• En 1997, en un informe de *Family Circle,* la doctora Ruth Westheimer informaba que los padres invierten ocho minutos al día en hablar con sus hijos y las madres que trabajan, once.

tracciones, ¿cuándo van a aprender nuestros niños a sentarse cómodamente con los adultos, a comer de una manera reposada y educada, a participar con naturalidad en una conversación? Ciertamente no en las reuniones familiares. El temor a que los niños no se diviertan es también la razón por la cual no les pedimos con frecuencia que pasen tiempo con nuestros parientes mayores o, si lo hacemos, a lo mejor los sobornamos con premios. No se imagina cuántos padres tienen que ofrecer un incentivo material para que sus hijos los acompañen a hacer vueltas, no porque necesiten su ayuda sino porque es una oportunidad de compartir tiempo. ¿Entonces, por qué nos sorprendemos cuando los niños nos saludan irrespetuosamente al regresar con un "¿Qué me trajiste?"

La cultura masiva alienta a los padres y a los niños a combatir entre sí. Reconozcámoslo: la televisión siempre se ha burlado de los padres. Algunos de nosotros quizá hayamos pensado que no era mala idea en los autoritarios Estados Unidos de los cincuenta y los sesenta, cuando las tensiones entre generaciones iban en aumento. Ahora, sin embargo, la autoridad de los padres es objeto de burlas, no como una manera de ventilar quejas culturales, sino como una manera de impulsar las metas comerciales de muchas programadoras. La televisión no es todavía el "gran hermano", pero sí es por lo menos el "gran promotor". "¡Querer! ¡Gastar! ¡Comprar!" es el mensaje para los niños. "Sus padres son el único obstáculo". Es casi imposible mantener bajo control las compras motivadas por los niños, que suman billones de dólares. Uno tras otro, los programas de televisión convencen a nuestros hijos de que deben volverse mejores negociadores, de manera que puedan vencernos y así tener más "cosas".

Escuchen a Clarissa en Nickelodeon explicarles todo a los niños y decirles que si quieren que los padres estén de acuerdo con una opinión o accedan a una exigencia, simplemente se aseguren de que mamá o papá estén distraídos con otra cosa cuando se presente la conversación. Observen a Kevin en *The Wonder Years* [Los años maravillosos], describir con tremenda precisión y relevancia la reacción "típica" de los padres ante una situación determinada.

Los adultos de la televisión también son presentados como unos modelos extremadamente disfuncionales. Observen a padres como Homero Simpson, el padre torpe de la caricatura *Los Simpsons*.

La vida en estas familias de la televisión consiste en una serie de crisis, desventuras y tonterías de los padres ineptos. Mientras que algunas comedias quizá distorsionen la vida en familia en aras del humor, ¿qué efecto, exactamente, tienen sobre la manera como nuestros hijos nos ven? En un artículo de 1997 en el *New York Times*, titulado "Disfunction Wears Out its Welcome" (La disfunción agota su bienvenida), el escritor Caryn James anota, "buscando ser realistas y relevantes, las comedias de familia han hecho énfasis en asuntos sociales, creando una abundancia de programas populares sobre familias disfuncionales. Pero en la medida en que las comedias se acercan a la saturación en el tema de la disfunción, han empezado a parecerse más al melodrama y a las telenovelas que a la vida real".

Tal vez el grupo más maltratado en la televisión son las personas de sesenta y setenta años. En primer lugar, ¿dónde están? Aunque las personas mayores conforman el segmento más grande de la población, los programas de niños rara vez los incluyen. Cuando alguien exige, típicamente los anunciadores, que se investiguen los diferentes papeles representados en la televisión, pocos se molestan en averiguar cuántas personas mayores hay. Sin embargo, un repaso informal de los programas de televisión y de las películas del momento dirigidos a los niños revela que hay menos de un puñado de personajes en el rango de edad por encima de los sesenta años. Cuando sí están en el libreto, frecuentemente no son presentados bajo una luz muy positiva, sino que tienden a ser tontos, molestos, olvidadizos o todos los anteriores. Estas presentaciones despectivas, combinadas con la ausencia en los medios de personas mayores vibrantes e inteligentes, sirven solamente para reforzar el rechazo de los niños a hacerse mayores. Ya los padres son fatales, ahora los ancianos son todavía peores. ¿Quién quiere crecer y ser como ellos?

La lealtad a la segunda familia separa a los niños de los adultos y viceversa. Una quinta amenaza contra el respeto es la lealtad de los niños a la poderosa segunda familia. Empieza desde el preescolar y se hace cada vez más intensa en la medida en que los jóvenes se acercan a sus años de adolescencia, y es promovida tanto por la cultura popular como por los compañeros. Como le dijo su amiga a mi hija, "No dejes que los grandes se enteren de nada". Los adultos no importan o, por lo menos, no deberían importar.

Para poner a prueba esta teoría, le pregunté recientemente a un grupo de niños entre los ocho y los doce años, "¿Se les ocurre alguna situación en la cual les contarían a los padres o a alguna profesora algo malo que le estuviera sucediendo a un compañero o a un amigo?" La respuesta fue unánime: "Solamente si la vida de mi amigo estuviera en peligro". Existe una distancia bastante grande entre los problemas comunes y las situaciones que amenazan la vida, y estos niños relativamente jóvenes sencillamente no percibían a los adultos como un recurso valioso.

A su vez, existe evidencia de que los sentimientos irrespetuosos son de doble vía: los adultos tampoco parecen tener mucha fe en los niños. "What a Nice Kid", (Qué buen niño) un artículo publicado en 1997 en la revista *Child*, escrito por la doctora Ava Siegler, citaba una encuesta reciente: "Solamente el 12% de los dos mil adultos entrevistados sentía que los niños tratan al prójimo con respeto; la mayoría los describía como 'groseros', 'irresponsables' y 'faltos de disciplina' ". ¿Es acaso posible que, como sociedad, simplemente no nos gusten nuestros niños? Ciertamente no parece que tengamos fe en ellos. De hecho, otra encuesta indica que solamente el 37% de los adultos cree que, cuando crezcan los niños de hoy harán que los Estados Unidos sea un mejor lugar. No solamente existen una tensión y una distancia evidentes entre las generaciones, sino que cuando uno arma un cuadro con los otros cuatro factores que describí anteriormente, queda claro qué tan poderosamente viciada puede estar la imagen temprana que los niños tienen del mundo adulto. Y, al final del día, es triste pero no es sorprendente que los niños no se sientan especialmente atraídos por los adultos.

Habilidades de los padres: cómo fomentar el respeto

No tenemos que quedarnos sentados observando cómo sucede lo anterior ni debemos esperar hasta la adolescencia para trabajar en la solución de un problema cuyas bases se sientan en los años del preescolar. Incluso frente a fuerzas monumentales que trabajan contra el respeto, creo que los padres pueden adquirir habilidades que promuevan en los niños el afecto por los adultos y que los traigan de regreso si ya han empezado a alejarse. Tenemos dos temas: debemos asumir la autoridad y seguir siendo "tridimensionales".

Asumir la autoridad

Para fomentar la característica constructora de esencia llamada respeto, los padres deben asumir la autoridad y conservarla. Digo asumirla porque, en nuestra época, la autoridad no es automáticamente conferida por el simple hecho de ser padres; hoy en día necesitamos arrancársela de las manos a todas las fuerzas sociales en competencia. Un reto igualmente formidable es el de mantener nuestra autoridad frente al relativismo moral moderno que confunde seriamente a nuestros niños y que nos puede empujar a nosotros mismos casi más allá de nuestros límites.

Para ayudarle con estas difíciles tareas, he creado una serie de habilidades para padres que explico a continuación. Éstas lo animan a articular sus propias creencias y le ofrecen métodos efectivos para enseñarles a sus hijos a apropiarse de los valores que usted defiende. Le ayudarán a fortalecer su autoridad como padre comunicándoles a sus hijos, en un nivel instintivo y no verbal, que usted es un adulto responsable en cuya orientación se puede confiar. Mediante la práctica, puede desarrollar una voz paterna (o materna) que se oiga y que equilibrará la poderosa influencia de la segunda familia.

Defina sus convicciones. Los niños empiezan a responder a lo predecible mucho antes de lo que pensábamos. En su trabajo sobre armonización,

Daniel Stern, a quien mencioné en el capítulo 1, al igual que otros investigadores, ha descubierto que dentro de las primeras semanas de vida los bebés desarrollan expectativas sobre horarios regulares de alimentación, calor, estimulación y comodidad.

Es interesante que los niños mayores me hablan sobre su necesidad de consistencia al igual que de reglas predecibles. En entrevistas recientes con ciento cincuenta niños, en edades desde preescolar hasta sexto año de escuela elemental, me decían en términos muy claros que los padres tenían que establecer y hacer cumplir rituales y normas consistentes o de lo contrario, advertía una elocuente niña de siete años, "habrá caos". Sus compañeros la apoyaron con entusiasmo. Todos asintieron cuando otro niño dijo, "No les digan a los padres, pero yo creo que ellos no deberían ceder con tanta facilidad...".

A pesar de lo que los niños dicen, y a pesar de la creciente evidencia que presentan las investigaciones sobre el tema, un estudio, por ejemplo, encontraba que solamente el 19% de los estadounidenses piensa que los padres les proporcionaron un buen modelo o les ayudaron a sus hijos a distinguir el bien del mal. Cuando le pregunto al público adulto en todas partes del país: "¿Cuáles son sus funciones?", todos se quedan sin habla. Incluso entre los más elocuentes y entre los más conocedores de asuntos de crianza, pocos se han hecho esta pregunta con sus propias familias. ¿Usted lo ha pensado?

Tómese un tiempo en este instante para pensar cuáles virtudes le gustaría inculcarles a sus hijos. Casi cualquier cualidad puede empezar a desarrollarse cuando su hijo tiene solamente dos o tres años. Por ejemplo, usted puede ser un modelo de empatía a través de sus expresiones faciales y del lenguaje corporal cuando el niño está pequeño; más adelante, cuando ya es verbal, puede utilizar el lenguaje hablado. O a lo mejor la tolerancia y la aceptación (la ausencia de prejuicios) son importantes para usted. A la edad de tres años ya esta virtud se está formando. A lo mejor usted cree en el empuje y en la determinación, no en términos de tener que ganar a toda costa, sino en el de esforzarse al máximo. El logro de los propósitos se inicia con ímpetu en los años del preescolar. Lo que sea, decir lo que uno piensa, ser cortés, incluso la espiritualidad, todos estos atributos se adhieren a la esencia de su hijo casi inmediatamente después de aprender a hablar y ciertamente antes de entrar al jardín infantil.

En otras palabras, saber cuáles son sus convicciones y actuar en consecuencia es algo que debería empezar desde los primeros días de la vida de su hijo. Si ha empezado a absorber sus valores desde la etapa preescolar, será mucho menos vulnerable a la influencia negativa de la segunda familia. Por eso es importante para usted no solamente saber cuáles son sus convicciones, sino también comunicar sus expectativas de una manera clara y consistente. Este proceso es crucial para el desarrollo de una esencia sólida en su hijo; independientemente de la edad que tenga, debe hacer una pausa y evaluar la situación. Háganse usted y su cónyuge esta pregunta: "¿Cuáles son nuestras convicciones?"

Ahora dividan una hoja de papel por la mitad. Al lado izquierdo de la hoja anoten todo lo que, en el mejor de los mundos, querrían dejarles a sus hijos como legado. Luego vayan a la columna derecha y hagan una lista de las cualidades que sienten en su corazón que son las que verdaderamente más importan.

A continuación una muestra del ejercicio.

Teóricas	Esenciales
1. Se esfuerza al máximo	1. Se esfuerza al máximo
2. Es popular	2. Es tolerante
3. Tiene buenos amigos	3. Es abierto
4. Es generoso	4. Tiene buenos amigos
5. Es tolerante	
7. Es abierto	

Recuerde, lo anterior es simplemente una muestra; yo no estoy proponiendo cuáles deben ser sus convicciones. Sin embargo, conocer sus propias convicciones hará que sus hijos se sientan en contacto con usted y que lo respeten. La lista en la que más rigurosamente trabajará, desde luego, es la "esencial". Si quiere tener autoridad y ser efectivo, las cualidades esenciales son las que usted debe demostrar, no solamente predicar, a sus hijos.

Enseñe sus convicciones. Asumir la autoridad no debe confundirse con ser "autoritarios", lo cual implica sentar reglas de manera arbitraria. En contraste, un padre con autoridad tiene expectativas claras, mantiene el control y al mismo tiempo tiene en cuenta las necesidades del niño según su edad y sentimientos. Los padres con autoridad se las arreglan para inculcar sus valores de una manera que fortalezca la esencia del niño y haga más sólida la relación entre padres e hijos.

No pierda de vista nunca la segunda familia, cuyos mensajes, buenos o malos, siempre amenazan con ahogar el suyo. ¿Cómo toma un padre las riendas de la autoridad cuando tantos factores externos a la familia compiten por la atención y por el alma de sus hijos? Para empezar, debe enseñar de maneras:

- Compasivas.
- Que comuniquen el mensaje de que usted es razonable y que a la vez tiene el control.
- Que proyecten expectativas claras y tengan consecuencias prácticas.
- Que produzcan un impacto fuerte.

Investigaciones reportadas recientemente en la edición de septiembre de 1997 del *Journal of American Medical Association, JAMA* (Revista de la asociación médica norteamericana), confirman que, entre los puntos arriba mencionados, tener expectativas claras les deja saber a los niños cuál es la postura de sus padres en relación con asuntos importantes. Los autores aseveran directamente que las expectativas claras crean relaciones fuertes entre padres e hijos respecto a asuntos específicos como el desempeño académico, la sexualidad y el uso de sustancias químicas. Además, esta conexión es un factor de predicción fiable en cuanto a si su hijo participará o no en comportamientos de alto riesgo. Usted y su hijo a lo mejor no estén siempre de acuerdo, pero por lo menos el niño tendrá un sentido claro de su procedencia y de su lugar de pertenencia.

Tenga lista una reserva de técnicas de disciplina efectivas que refuercen sus convicciones. Para asumir y mantener la autoridad, necesitará un buen conocimiento práctico de las técnicas de disciplina que les enseñan a los niños a escuchar a sus padres y a permanecer en contacto con ellos. La disciplina arbitraria puede lanzar a su hijo directamente a las garras de la segunda familia; la falta de autoridad lo arrastraría también hacia allí. Recuerde: como lo exponía en el capítulo 1, es muy importante adaptar las técnicas al temperamento de su hijo. De cualquier forma, la mejor manera de permanecer relacionado con él, y por lo tanto de fomentar el respeto, es utilizar una disciplina compasiva, enseñándole que los adultos importantes en su vida son fuertes y razonables. Con ese fin, he sintetizado lo que funciona mejor: estrategias que se basan en el amor pero que establecen límites. Éstas son el resultado de haber trabajado durante veinticinco años con familias, y de haber seleccionado de las fuentes disponibles, las técnicas más efectivas para enseñar la disciplina. He resumido estas tácticas al final de este capítulo en una guía de fácil referencia.

Siéntase capaz de cambiar de parecer. A pesar de las buenas intenciones y de las maravillosas técnicas de crianza, con seguridad llegará un momento en que actuamos de formas poco razonables que probablemente nos distancien de nuestros hijos. Por lo tanto, una de las habilidades más importantes es saber cómo retroceder después de un incidente de ese tipo y dar marcha atrás a las acciones. Digamos que los niños están peleando en la mesa a la hora de comer. La hermana mayor, de trece años, le dice "tonto" a su hermano menor, de nueve años, y él responde dándole un empujón. En medio de la conmoción, un vaso de leche se derrama accidentalmente. Esto enerva a uno de los padres, quien exclama cortante, "¡Se acabaron la televisión y los vídeos esta semana!"

Más adelante, se hace evidente que fue un error, especialmente puesto que el castigo que se pretendió aplicar va a ser más duro para los padres que para los niños. Pero retractarse parece contradictorio y débil, dado que sus hijos se están quejando de lo "injusto" y "malo" que ha sido. A pesar de saber que reaccionó de manera desproporcionada, teme cambiar de parecer.

El problema es que los niños perciben como arbitrarias estas reacciones impulsivas que casi todos los padres tenemos. La respuesta a éste y a muchos otros dilemas de disciplina es más simple de lo que puede pensar: recuperarse y reflexionar. Al final, cambiando de parecer conservará su autoridad firme pero compasiva. He aquí cómo hacerlo:

1. Asuma la responsabilidad. Dígale a su hijo, "Estaba enojado y reaccioné con demasiada severidad".
2. Explique. "Ustedes no se estaban portando bien, pero ésa no es razón para quitarles la televisión durante una semana".
3. Haga ajustes. Idéese una consecuencia más adecuada en lugar de la consecuencia reactiva.

No se preocupe, como lo hacen muchos padres, de que su hijo llegue por eso a pensar menos de usted. Nunca he oído que un niño diga, "Mi padre es un debilucho", o "mi madre es inconsistente", cuando sus padres han reflexionado seriamente sobre algo y se han dado cuenta de que algún castigo en particular no se ajusta verdaderamente al crimen. Y, lo que es más importante, una consecuencia adecuada le enseñará a su hijo qué espera usted de él y dejará una huella más profunda.

Aprenda a pedir disculpas. Como me lo confió un niño de suave hablar: "Me siento mejor después de una pelea cuando papá y mamá dicen que lo sienten". Al principio esto puede parecer una paradoja, pero recuerde que mantener la autoridad también implica pedir disculpas por los errores. Esto les resulta muy difícil a los padres. Pero reconocer que estaban equivocados es fundamental para ganarse y conservar el respeto de un niño. He conocido a cientos

¡OJO CON EL TEMPERAMENTO!

Las investigaciones sobre relaciones del psicólogo John Gottman de la Universidad de Washington, realizadas con adultos, indican que se requieren entre cinco y diez actos de amabilidad para compensar uno de mal genio. Aunque nadie ha estudiado el efecto del temperamento en los niños, sospecho que esto también se aplica a ellos, especialmente si son sensibles y vulnerables. Mis pautas para ofrecer disculpas a los niños de manera que se construyan el respeto y la cercanía han sido inspiradas en esas investigaciones.

• Empiece pronto, apenas su hijo aprenda a hablar. De esta manera él entenderá que la actitud comprensiva y las disculpas son parte de su personalidad, no el resultado de la negociación o de los gemidos durante un incidente. Dado lo desesperantes que pueden ser los niños alrededor de los dos años, tendrá oportunidades más que suficientes para ofrecer disculpas por salirse de casillas.

• No ofrezca disculpas durante un incidente o justo después de éste. Será un gesto perdido en un niño que seguramente todavía está alterado. Peor aún, a los niños obstinados puede parecerles que han logrado acorralar al padre para que se disculpe.

• Que sea corto y al grano. No se manifieste excesivamente emocional. Ofrezca una explicación sencilla y déjelo así.

• Ofrezca disculpas sin sermonear ("La próxima vez, espero que tú...") y sin hacer salvedades, ("Estaba equivocado pero...").

• Ofrezca una expresión física de cariño. Haga lo que sea cómodo para usted y su hijo: un abrazo, un beso o una caricia en la cabeza.

de adultos, a lo mejor ustedes estén entre ellos, que albergan un profundo resentimiento contra sus padres sencillamente porque papá y mamá nunca fueron capaces de decir: "Lo siento, estaba equivocado".

Actúe más y hable menos. Otra ironía en cuanto a adoptar una postura de autoridad y mantenerla es que nuestros momentos de mayor "control" tienen lugar durante esos períodos tranquilos cuando no utilizamos un montón de palabras. De hecho, lo que hacemos importa tanto (a menudo importa más) que lo que decimos. La amabilidad hacia nuestros hijos sirve de modelo para la empatía. Demostrar preocupación por un buen amigo da fe de la lealtad. Y además de pedir disculpas por un error, hacemos algo para enmendar la falta. En resumen, practicamos lo que predicamos. Actuar según nuestras convicciones es un componente esencial para mantener la autoridad compasiva.

Un maravilloso ejemplo de lo anterior vino de una madre en uno de mis talleres. Patricia, madre de Gabriela, de cuatro años, recordaba la ocasión en que su hija había perdido su amado caballito de peluche en algún lugar del centro comercial. En vez de darle la conocida conferencia sobre su deber de cuidar las cosas, Patricia llevó comprensivamente de la mano a Gabriela mientras deshacían los pasos. Y claro, en la tercera parada encontraron al caballito en uno de los estantes inferiores de una tienda de zapatos. El hecho de que Patricia hubiera hecho tanto, sin enojarse ni un momento, hizo que madre e hija se acercaran. Y, en el proceso, Gabriela aprendió algo sobre la perseverancia y sobre cómo resolver problemas.

Otro ejemplo sobresaliente de cómo las acciones hablan más que las palabras apareció en un artículo en el *New York Times,* en la columna "His": El autor recordaba un incidente de su temprana adolescencia que ocurrió durante unas vacaciones familiares en un pequeño lugar de veraneo. En un momento de francachela descontrolada, él y otros dos de sus amigos, destrozaron el salón de recreación comunal. Cuando se descubrió lo que habían hecho, el padre de cada uno de los muchachos reaccionó de manera diferente: uno abofeteó a su hijo delante de los otros; el segundo se llevó al muchacho a rastras, gritando amenazas y obscenidades. El padre de quien escribía sencillamente lo miró, evaluó la extensión del daño y, sin decir una palabra, se subió al auto. Regresó con provisiones de construcción. El muchacho pudo oír cómo toda la noche su padre trabajaba reparando el daño que habían hecho los muchachos. Mirándolo con la perspectiva del tiempo, el autor decía no haberse sentido nunca tan cercano a su padre ni haber sentido nunca tanto respeto hacia él. El padre no le había aplicado una sanción en el sentido tradicional, sino en el mejor sentido. Jamás se dijo una palabra sobre el incidente, sin embargo el niño aprendió una lección invaluable: cuando uno hace algo malo, hay que enmendarlo de la manera correcta. ¿Y qué mejor manera de enseñar para un padre que haciendo las cosas?

Trate de ser tridimensional

Utilizo la expresión "tridimensional" para describir la humanidad elemental de los padres, un cuadro completo que muestra quién es él o ella, no simplemente un esquema borroso. La idea de conservarse tridimensional ante los ojos de su hijo es un concepto de crianza sobre el que no hemos pensado mucho pero que creo que se volverá central en las discusiones sobre cómo educar a los niños. Usted no es, al fin y al cabo, una caricatura sino un ser humano polifacético merecedor de consideración y reconocimiento. Al permitir que sus múltiples facetas salgan a la luz, los niños perciben su complejidad, perciben que tiene una historia, que batalla con los dilemas de ellos (y con los propios) y que, en medio de todo eso, trata de ser una persona decente. Exponer esa lucha lo presentará como es, no como una figura de palo ni como un ser distante con quien su hijo no tiene nada en común.

Ser un padre tridimensional es esencial si quiere que su hijo lo respete e interiorice sus valores. Hay varias maneras de asegurarse ese papel de ser humano completo ante los ojos de sus hijos. Algunas de las que expongo a continuación pueden parecer simples y evidentes, pero durante las décadas pasadas cada una ha demostrado ser difícil de mantener.

Niéguese a ser percibido como un padre de la televisión. Recientemente varias madres en un taller se quejaban de que sus hijos en edad preescolar utilizaban un lenguaje que ellas no esperaban ver antes de los diez años, por lo menos: "Ay, mamá, déjame en paz", "Tú no me mandas", "No te metas". Era claro que sus hijos e hijas habían aprendido estas frases de las comedias de televisión.

A medida que los niños van creciendo, la visión que tienen de los padres, y que ha sido moldeada por los medios, empezará definitivamente a expresarse en medio de los conflictos reales. Un día, Leah, mi hija de ocho años, trataba de contarme algo que había sucedido entre ella y una amiga del colegio. La escuchaba pacientemente, pero debo haber entendido mal algo de lo que dijo. De repente exclamó, "Ustedes los padres simplemente no entienden", y empezó a gemir acompañándose de un lenguaje corporal melodramático que estaba seguro de haber visto antes en alguna parte.

De pronto, en medio de la confusión, hubo claridad: "Leah, me niego a ser convertido en un padre de televisión", grité sin tratar de ocultar mi enojo. "No, no lo entiendo todo, es cierto. Pero estoy tratando. No soy un bruto sin esperanzas como el papá en Los Simpson". Ella entendió inmediatamente lo que le estaba diciendo y se tranquilizó un poco. Empezó a hablarme más pacientemente, y fui entonces el padre que en verdad había estado intentando entender y respetar sus sentimientos. Fue para ambos, especialmente para mí, un momento de definiciones. Entendí que tenía que luchar para ser visto como yo mismo.

¿Acaso le ha sucedido que lenta y sutilmente lo están convirtiendo en uno de ellos, en uno de los padres de la televisión? Para saber, présteles atención a las frases ingeniosas de la televisión. ¿Acaso sus hijos lo irrespetan y no le hacen caso? ¿Hacen más distinciones entre el mundo de los adultos y el de los niños de las que realmente existen en su hogar? Si es así, usted debe empezar a decir de varias formas, "No. Sencillamente no me dejaré convertir en uno de esos padres desentendidos, ensimismados y que no piensan, que ustedes ven en la televisión". Demuestre un poco de indignación. De cara a su respuesta, sus hijos tendrán que considerar el asunto más de cerca.

A veces, dése importancia. En nuestro mundo dirigido hacia los niños, cada vez es más raro que los padres se sientan el centro de la vida familiar. En la actualidad, la mamá ocupada puede sentirse extraña de pedirles a los niños que ayuden cuando no se siente bien o que "le celebren con entusiasmo" su cumpleaños. Aunque los padres se compadecen con celeridad de los problemas de los niños en la escuela e igualmente celebran sus éxitos, tienen la tendencia a no contarles cuando algo no marcha bien en el trabajo o cuando suceden cosas extraordinariamente buenas. En otras palabras, rara vez les pedimos a los niños que se concentren en nosotros. Pero ésta es una manera importante de humanizarnos a los ojos de nuestros hijos y de darles la oportunidad de respetarnos como seres reales y multidimensionales.

A los niños les fascina mirar a sus padres desde un punto de vista diferente. Hice ese descubrimiento por accidente hace unos años cuando mi esposa y yo fuimos los anfitriones de una fiesta de aniversario de veinticinco años para unos viejos amigos. El grupo de adultos, diez o doce en total, estaba reunido en nuestra sala, hablando e intercambiando historias sobre los buenos tiempos. Nuestros hijos, Leah y Sammy, en ese entonces de cuatro y nueve años, estaban

---

¿SE ESTÁ CONVIRTIENDO USTED EN UN PAPÁ DE LA TELEVISIÓN?

- ¿Hay un ambiente de "nosotros contra ellos" en su casa?
- ¿La jerga de la televisión es muy frecuente?
- ¿Recibe más reclamos e insultos de lo que usted espera de un preadolescente?
- ¿"Enfrentamiento" es la palabra que describe todas las negociaciones y conversaciones?
- ¿Está ahí más que todo para proveer "las cosas", es decir todo lo que sus hijos quieren comprar?

(inusualmente) silenciosos. Al comienzo, estaba nervioso. "Ay no", pensé, "están bien aburridos. ¿Qué hacemos con ellos?" Miré de nuevo. De hecho, estaban completamente absortos, escuchando atentamente las llamativas historias sobre sus padres según las relataban nuestros amigos más cercanos.

Después, Leah nos preguntaba incrédula, "Papá, ¿de veras tú jugabas fútbol en la nieve cuando estabas joven?" Y Sammy dijo, "Llévame a pescar a mí también así como fuiste en el bote con el padre de Marc". Desde entonces se han referido muchas veces a esa velada. Que a mis hijos les encantaran esas historias tridimensionales fue para mi mente centrada en los niños una gran sorpresa. Sin embargo, lo que sucedió esa velada pone de presente la importancia de que los padres se permitan ser el punto focal y de que se presten para que los niños hagan parte de reuniones de "grandes".

Puede que esto parezca injusto con ustedes al comienzo, o incluso incómodo. Ponerse en el centro del escenario no significa dejar de hacerles caso a sus hijos; significa darles de vez en cuando un papel secundario en el drama familiar. Pero cuando los padres están tan acostumbrados a enfocar solamente a los niños, pueden sentirse como si los estuvieran menospreciando por el solo hecho de pedirles que cedan el centro del escenario. En realidad, esos momentos en que usted es el punto focal, y que incluyen desde pedirle a su hijo que juegue en silencio porque usted tiene dolor de cabeza, o pedirle ayuda con algo que usted realmente no puede hacer (como conectar la máquina de vídeo), hasta hacer reuniones de adultos como la descrita anteriormente, entrenan a los niños para sentirse cómodos cuando la atención no está concentrada en ellos. El maravilloso resultado es que a la mayoría de los niños les encanta ese intercambio de papeles. Les proporciona la oportunidad de dar a cambio, lo cual también es indispensable para desarrollar uno de los aspectos esenciales (hay más sobre esto en el capítulo 10, "Gratitud").

Programe actividades intergeneracionales. Programar concretamente reuniones que incluyan personas de todas las edades y en las que se presenta una variedad de temas de conversación también aumenta la tolerancia de los

---

¿ESTÁ USTED ALGUNA VEZ EN EL CENTRO DEL ESCENARIO?

- ¿Espera o exige tarjetas de cumpleaños?
- ¿Sus hijos le celebran el día del padre o de la madre?
- ¿Alguna vez conversa a la hora de la cena sobre el día que pasó?
- ¿Programa fiestas para usted que incluyen a los niños en la celebración de algún logro o aniversario?
- ¿Alguna vez en el auto escucha la música que a usted le gusta?

---

niños hacia las actividades que no se centran en ellos. En mi juventud tenía que ir a casa de la tía Bertha todas las semanas para una cena familiar. No había televisión y de mí se esperaba que me sentara con los adultos, a veces durante horas seguidas. Bajo la óptica actual, los niños consideran "injusto", si no cruel, que se les ofrezca poco estímulo y se les pida que interactúen con los mayores. Asumimos, como lo hicimos en la fiesta de aniversario de nuestros amigos, que se pueden aburrir infinitamente. Pero no se aburrirán, especialmente si les damos la oportunidad de ampliar sus habilidades sociales al interactuar con adultos que están por fuera de la familia inmediata.

Tenemos unos amigos cuya familia está dispersa en varios lugares a unas dos horas de distancia pero que se reúne semanalmente los domingos. Éste es el momento en que los niños y los adultos pasan tiempo juntos. Me ha llamado la atención lo cómodos que se sienten estos niños hablando con los adultos; queda absolutamente en evidencia que no están simplemente en plan cortés. Están desarrollando la habilidad de hablar sin ningún temor con personas de cualquier edad.

Si la familia extensa no es muy grande o vive muy lejos, considere su "familia" de amigos. También, mire qué está pasando en su comunidad. Hay señales sutiles y esperanzadoras de que los eventos intergeneracionales están de regreso, especialmente las actividades comunitarias como noches de juego o cenas en las que cada uno aporta un plato, propiciadas por diversas religiones. George W. Gallup reporta que el descenso de la participación en la iglesia ya tocó fondo y que, desde 1991, la participación va en aumento. Tristemente, si no pertenecemos a estos grupos, no nos enteramos mucho de lo que ofrecen. Es buena idea hablar con otros padres para averiguar qué saben ellos.

Transmita la historia familiar. Los niños están imbuidos de la noción que propicia la segunda familia de que "¡lo único que importa es lo que está sucediendo ya!". En 1995, el *National Assesment of Education Progress in American History* (La evaluación nacional del progreso de la educación en la historia de los Estados Unidos) concluyó que más de la mitad de los estudiantes de último año de secundaria no conocía los hechos básicos de la historia estadounidense. A juzgar por los niños con los que me encuentro, agregaría que la mayoría de ellos no conoce tampoco su pasado familiar. Esto engendra un sentimiento de desconexión. Si la historia de los padres es invisible, a los niños les queda una sensación de no tener idea de su lugar en el continuo pasado-futuro. Desconocen las historias y los características familiares fascinantes que llevaron a su propia existencia. Por ende, es vital ofrecerles a nuestros hijos un sentido de identidad colectiva enseñándoles sobre su herencia. Entonces, como si se hubieran colocado los anteojos tridimensionales, empiezan a ver a sus padres como seres en tres dimensiones, no simplemente como proveedores de servicios o fuentes de "cosas". De igual importancia, he visto de primera mano que ser conscientes de la historia familiar lleva a los niños a tener un mayor sentido de respeto propio.

Idealmente, la historia familiar debe llegar a la consciencia de un niño desde temprano de manera que se convierta en algo natural en su vida. Los tres o cuatro años son la mejor edad para empezar, pero nunca es demasiado tarde para apagar el televisor e interesar a los niños en su propia herencia. Pueden encontrarse al comienzo con algo de resistencia, por ejemplo los niños de diez años o más a quienes no se les ha presentado la tradición familiar a veces se quejan de que es "aburrido". Pero es importante empezar y ser persistentes, como lo hizo mi amigo Marco. Para dormirse, sus hijas, entonces de seis y nueve años, pedían leer la serie *The American Girl: Samantha*, la cual cuenta la historia de una familia ficticia. Después de varios capítulos, Marco se dio cuenta de que sus hijas sabían más sobre el pasado de Samantha que sobre su propia historia, historia que contenía un sinnúmero de relatos dramáticos sobre inmigración, heroísmo y triunfo frente a las adversidades.

Una noche, decidió contarles a sus hijas la historia de su familia. Al principio se manifestaron decepcionadas y gemían: "No, léenos *Samantha*". Marco insistió en que por lo menos ensayaran uno de los relatos para ver qué tal era comparado con la ficción. Pues resultó que las niñas quedaron fascinadas; las picó la curiosidad y pidieron más. Ahora, su rutina al irse a la cama incluye regularmente un capítulo de la saga familiar: cómo los abuelos llegaron a los Estados Unidos, sus primeros años de lucha, los nacimientos y las muertes, los recuerdos que Marco tenía de su propia infancia, incluyendo las grandes reuniones en las cuales se encontraban varias generaciones para celebrar sus tradiciones. Al oír estas historias, las niñas se sentían más cercanas a sus padres y orgullosas de su historia.

Ponga a prueba el estilo del que Marco hizo gala para acompañar a las niñas a dormir. O tome algo de los Hernández, quienes tienen montones de álbumes familiares con fotografías desde el siglo pasado; con relativa frecuencia, se sientan con los niños y les cuentan historias sobre la gente y los sucesos en las fotografías. Los Ocampo involucraron directamente a sus hijos en la recopilación de la historia familiar restaurando una serie de viejos álbumes familiares que se estaban desbaratando. Los padres compraron un álbum grueso y les dieron a sus cuatro hijos la tarea de reconstruir los viejos álbumes y de armar uno nuevo. Al pegar las fotos de ellos en el nuevo álbum, se incluían simbólicamente en el esquema familiar más amplio.

Utilice como fuente a las personas mayores de la familia. A lo mejor tiene una tía o un abuelo con esa habilidad mágica para recordar cada detalle de la tradición familiar. Incluso si las anécdotas de la tía Elena son un poco noveladas, les proporcionarán a los niños un sentido de conexión que de otro modo jamás conocerían. Recuerde, si usted no toma la iniciativa de enseñar activamente su historia familiar, ¡tal vez los niños nunca lo pidan!

Respete su vida familiar creando rutinas y costumbres predecibles. Les he preguntado a los niños en edad preescolar y hasta el sexto año, "¿Qué es lo que más te gusta hacer?", y el 80% responde enumerando una serie de rituales cotidianos con sus padres. Claramente, los rituales proporcionan un anclaje en la seguridad de la vida familiar. Los niños con quienes he hablado mencionan rutinas como los cuentos antes de acostarse, ir en auto o caminando juntos a la escuela, al igual que eventos semanales, como la maratón de juegos de mesa que se inicia después de haber arreglado la casa los sábados, o hacer pizzas miniatura los domingos por la tarde. Siempre y cuando sea algo común, predecible y relacionado directamente con los padres, clasifica como "mi actividad favorita".

Estos descubrimientos hacen eco de las investigaciones de los psicólogos Steven y Sybil Wolin, quienes han realizado una serie de estudios sobre los rituales. Concluyeron que cuando una familia practica muchos rituales (como ceremonias, tradiciones y rutinas diarias), se crea una zona de protección que escuda a la familia de las tentaciones externas e incluso de serias amenazas internas como el alcoholismo. Más aún, los Wolin estudian la idea de que los niños de familias que no cumplen muchos rituales "encontrarán orden y sentido en otro lugar, con frecuencia en comportamientos destructivos fuera de la familia".

Les corresponde a los padres hacer énfasis en que los eventos familiares son parte respetada y no negociable de la vida familiar. Bien sea cenar fuera una vez al mes, o la cena del sábado en casa, los eventos regulares les proporcionan a los niños un sentimiento de conexión y disminuyen la gran brecha. Cuando hay grandes distancias entre parientes, las reuniones frecuentes resultan poco prácticas. Pero es aconsejable que se encuentren por lo menos una o dos veces al año para pasar unas vacaciones juntos, celebrar un cumpleaños o simplemente para estar en contacto. Estas ocasiones también les proporcionan a los niños la oportunidad perfecta para experimentar el valor intrínseco de pasar tiempo con personas que no son de su edad y de honrarlas.

Los rituales deben continuar durante toda la vida, y me he dado cuenta de que así sucede en las mejores familias. Por ejemplo, a lo largo de los años he entrevistado a los niños Ordoñez, quienes crecieron participando en muchos rituales religiosos. Ahora son adultos jóvenes que conservan la costumbre familiar de reunirse con los mismos amigos todos los viernes para el servicio religioso y los sábados para almorzar. La reunión sigue incluyendo a los padres, a los hijos mayores y, en los últimos años, a algunos recién nacidos.

Vi crecer a los Ordoñez. Desde cuando se sentaban confiados sobre los hombros de su padre, estos niños han sido respetuosos y se han mostrado completamente a gusto con los mayores. Recientemente les pregunté, "¿cuáles experiencias de infancia les parecen verdaderamente importantes ahora?". Todos estuvieron de acuerdo en que los rituales, familiares y religiosos, combinados y por separado, eran lo que más les importaba. En palabras de la hija mayor: "Era la oportunidad para ver a mis padres actuar según sus convicciones. Eso tenía un profundo impacto sobre mí cuando estaba pequeña y aún lo tiene". Todas las veces que hago a otros niños de familias que cumplen alguna tradición religiosa una pregunta semejante, contestan remitiéndose a la rica experiencia de los rituales.

Controle su "complejo de viejo". Los niños toman nota de lo que oyen. Y como los padres también somos víctimas de la cultura en general, a veces sin querer comunicamos actitudes negativas hacia los mayores que son igualmente dañinas a las que los niños ven en la televisión. Hace poco me senté cerca de una familia en la noche de orientación escolar. Un padre y una madre hablaban sobre la profesora de su hija y uno le comentaba casualmente al otro, "¿Por qué será que permiten que alguien tan viejo les enseñe a niños tan pequeños?". Su hijo, quien había conocido a la profesora en los descansos y en la cafetería, se apresuró a defenderla. "La señora Franco es muy amable. A mí me encanta."

En otra situación, Jaime, de tres años y medio, cambió de escuela preescolar. Sus padres estaban decepcionados con la calidad de la clase, la cantidad de niños, y la escasez de materiales de arte. Pero en lo que hacían énfasis, y me lo dijeron delante de su hijo, era en el "vejestorio" de la profesora nueva. No por casualidad, en un par de semanas Jaime, a quien al principio la profesora le había caído muy bien, ahora empezó a llamarla "vejestorio".

Preste especial atención a las anotaciones despectivas que usted mismo hace sobre su propio proceso de maduración. Para un niño pequeño, que está desarrollando su esencia, oír a los padres quejarse de estar envejeciendo les envía señales negativas sobre el acto de crecer. En una familia, por ejemplo, Alberto se "rehusaba" en plan jocoso a cumplir cuarenta. Cuando su hijo, José, tenía cuatro, Alberto tenía treinta y nueve; dos años más tarde, Alberto todavía tenía treinta y nueve. Cuando José ya era adolescente, me confesó que siempre había sentido algo de temor de crecer, porque su padre se negaba a hacerlo de manera tan radical.

Habilidades de los niños: respetar a los adultos y sentirse a gusto con ellos

Crear situaciones en las cuales sus hijos puedan estar con adultos afina las siguientes habilidades, cada una de las cuales permitirá que los niños se sientan más cómodos en el mundo de los adultos:

Conversar con los adultos

No siempre es fácil cerrar la brecha a veces invisible que existe entre los mayores y los niños. Por ejemplo, cuando las familias se reúnen, los adultos, sin darse cuenta de que se están tomando libertades con la privacidad de los niños, quizá se acerquen con preguntas directas como "¿Qué tal la escuela?, ¿Qué haces allí?, ¿Qué tal te ha parecido tener un hermanito? o ¿Te gustó el regalo que te dimos?" Estos conocidos acercamientos pueden resultarles un poco difíciles a los niños, especialmente si se trata de un niño de tres años que no logra recordar nada del día anterior, ¡excepto que Martín le bajó los pantalones a Mario! Muchos padres, al percibir la incomodidad de sus hijos ante las preguntas de los adultos, tienden a "cubrir" al niño. Contestamos por él, o lo excusamos por su falta de respuesta: "Ah, está muy pequeño y no entiende".

La verdad es que, exceptuando a los niños dolorosamente tímidos, deben aprender desde pequeños a llevar conversaciones sencillas. Es, al fin y al cabo, el medio como la gente se relaciona entre sí. Y la falta de esta habilidad le ocasiona al niño distanciamiento del mundo de los mayores.

Los niños necesitan nuestra ayuda y podemos proporcionársela de varias maneras simples: Anticípese a las posibles preguntas y haga un simulacro de las posibles respuestas. Digamos, por ejemplo, que van para casa de la abuela; por las experiencias del pasado, saben cómo saludará al niño. Pueden proporcionarle las palabras y frases que necesitará para responder. Incluso si al comienzo parece algo artificial, sin que usted se dé cuenta, su hijo extenderá el repertorio y empezará a abordar estos encuentros con naturalidad. Si uno no se ha adelantado a la situación y de repente ve al niño acorralado por un pariente lejano, puede ayudarle concretando la pregunta o ayudándole a iniciar la respuesta: "Juana estuvo feliz en las vacaciones. Cuéntale a la tía María José qué animales vimos en el zoológico".

Confiar en la autoridad competente

Cuando un niño está en problemas, es importante para él tener la capacidad y la disposición de cruzar esa línea que pareciera decir "ellos contra nosotros" y que separa a la segunda familia del circuito de los adultos. Recuerde, no es que los niños de hoy odien a los adultos o se sientan oprimidos por ellos; en edades demasiado tempranas algunos niños sencillamente no piensan que los adultos sean una parte confiable de la vida diaria. Por lo tanto, su hijo necesita ser animado a abrir las líneas de comunicación con los adultos que lo rodean.

Ayude para que su hijo pueda emplear estrategias de acercamiento a una figura de autoridad. Como lo detallo en el capítulo 4, esto incluye saber identificar bien a los adultos responsables y cálidos. Si su niño ha sido rechazado o tratado mal por la autoridad, tal vez tenga que trabajar más arduamente para que recupere su confianza y para ayudarle a escoger un adulto más benévolo. Recuerde que una de sus metas importantes es cuestionar la imagen despectiva que la cultura ha construido de los adultos y que los presenta como seres indiferentes y poco interesados. Encontrar adultos amables, disponibles y dispuestos a apoyar ayudará a comunicar el siguiente mensaje: "No hagan de lado a todos los adultos sólo porque 'los niños dicen' o porque una persona mayor no fue muy amable". Una vez que el niño haya identificado un buen candidato, digamos uno de sus profesores, puede ayudarle a escoger el mejor momento para abordarlo, ya sea en la mañana, después de clase, o cuando el grupo está trabajando sin la ayuda del profesor o haciendo las tareas.

En la medida en que los niños crecen y van sintiendo el peso de los valores de la segunda familia, puede que crezca el temor de verse aislados. Sin embargo, ciertas estrategias pueden ayudarles a evitar la censura de sus compañeros,

---

EN BREVE: CÓMO PEDIR AYUDA A LOS ADULTOS CUANDO SE TIENEN TRES O MÁS AÑOS

Las más recientes investigaciones muestran que tenemos muy poco tiempo para comunicar nuestro mensaje sin perder la atención de la audiencia. Sus hijos necesitan aprender a ser buenos comunicadores con los adultos. He acá lo que los profesores ocupados dicen que funciona mejor:

- Sean directos. No den rodeos.
- Hablen, lloren si quieren, pero no giman.
- Traten a los demás con cortesía, incluso si se sienten mal.
- No culpen a los otros. Digan lo que ustedes están sintiendo.
- No exijan. Pidan lo que necesiten.

como por ejemplo hablar con las autoridades cuando no haya otros niños a su alrededor. Mateo, un niño de cuatro años, poco atlético y no muy agraciado, tenía dificultades para participar en los juegos de la clase. Por sugerencia de sus padres, y armado con una nota de éstos, Mateo se acercó en privado a su dulce profesora para evitar sentirse avergonzado delante de sus compañeros de clase.

Ser cortés

La cortesía genera mejores respuestas y disminuye la distancia entre los adultos y los niños. Los niños de todas las edades me dicen que se sienten mal consigo mismos cuando se les permite faltarles al respeto a los adultos. Los niños que he entrevistado reconocen, delante de otros niños, que los adultos deberían esperar buenos modales de los niños hacia ellos. Ciertamente, los adultos se alejan de los niños "atrevidos". Los niños aprenden cortesía al observar a sus padres. Pero también necesitan que se les recuerde concretamente. Empiece desde antes de que el niño hable, diciendo por él "Gracias, papi" cuando le pasa un juguete o le da algo de comer. Palabras como "por favor" o "gracias", la expectativa de que dirá "hola" y "adiós", deben ser lo primero que se aprende (ver también el capítulo 10). No tolere la falta de respeto, en casa o fuera de ella.

Asumir la responsabilidad

Los adultos tienden a sentir resquemor de los niños que culpan de sus problemas a todos y a todo y por lo tanto a lo mejor no estén dispuestos a ayudarles, lo cual simplemente confirma la creencia de los niños de que con los adultos no se puede contar. Considere la reacción de los padres ante Cristóbal, un niño intenso-agresivo. Corría por en medio de una fiesta de cumpleaños, pinchando a sus compañeros de juego en el trasero con un tenedor de plástico. Al ser confrontado por la disgustada anfitriona, la respuesta de Cristóbal fue: "no sabía que no les gustaba". La madre y otros parientes estaban enardecidos, no solamente por el comportamiento del niño, sino por su respuesta. Si Cristóbal hubiera dicho, "lo siento, hice algo mal hecho", o "no lo volveré a hacer", a lo mejor la ira se habría desactivado parcialmente. De hecho, se colocó en la lista negra de todo el mundo, más que todo por no asumir la responsabilidad de sus actos.

Debemos admitir que hay instancias en que un niño se queja de ser objeto de patrañas maliciosas o de tomaduras de pelo y lo único que hizo "mal" fue parecerles un nerd a los otros niños. De todos modos, es importante que entienda su dificultad de una manera que no se base en señalar a los otros niños. Por ejemplo, recibí en consulta a los padres de Patricia, de once años, a quien había tratado por sus dificultades para "encajar". Nuevamente la utilizaban de chivo expiatorio, esta vez en el campamento.

Cuando sus padres me contaron lo que estaba sucediendo, me comuniqué con ella. Para ayudarle a superar la memoria típicamente selectiva de los preadolescentes, le recordé que ella había manejado con éxito experiencias similares en la escuela mediante la táctica de convertir a la profesora en su aliada. Y también le advertí sobre su estilo de acercamiento: "La mayoría de los adultos respetan la honestidad. Explícale tu situación de manera que no denigres de ti misma ni de tus compañeros. Puedes tal vez decirle, 'Necesito ayuda. Creo que estoy haciendo que los otros niños sean crueles conmigo' ".

Resultó que Alicia, la consejera, tenía muchas sugerencias útiles y concretas: cambiar un poco su estilo de vestir tal vez le ayudaría a Patricia a encajar mejor. Probablemente también sería una buena idea no pararse demasiado cerca de los otros niños. La manera suave como Alicia le proporcionó estas sugerencias fue vital. Aunque parte del éxito de Patricia con la consejera fue el hecho de que, antes de pedirle ayuda, esperó a que hubiera un momento tranquilo y privado, no se trataba simplemente de saber cómo abordar a un adulto. El punto importante fue que Patricia pudo asumir su problema. El que asumiera la responsabilidad, en lugar de quejarse de los otros niños, hizo que su consejera estuviera de inmediato dispuesta a ayudar y no fue casual que un verano potencialmente horrendo se transformara en un tiempo positivo de crecimiento. Patricia no se convirtió instantáneamente en una niña popular. Sí empezó, sin embargo, a ver a Alicia como su aliada y Alicia, a su vez, desarrolló un gran cariño por ella.

La importancia de confiar en las percepciones que ellos tienen sobre los adultos

Los niños necesitan aprender a confiar en su "sensación instintiva" en cuanto a los adultos. Deben aprender a hacer caso de sus señales interiores de alarma, esos momentos cuando "algo" les dice que se mantengan alejados de un adulto. No me refiero únicamente a lo extremo, como un extraño de mala pinta; hoy en día la mayoría de los niños aprenden a esquivar este tipo de amenazas. Pero para no clasificar a los adultos por estereotipos, tienen que aprender a distinguir entre los adultos que merecen confianza y los que no, dentro de su círculo inmediato. Por ejemplo Diana, nuestra integrante del campo de verano que extrañaba el hogar y a quien conocieron en el primer capítulo, había visto que Bárbara, la consejera principal, era insensible en su manejo de otras niñas. Infortunadamente, Diana hizo caso omiso de la voz protectora en sus entrañas y de todos modos compartió sus sentimientos con Bárbara.

Como era de suponer, Bárbara respondió como el adulto malvado de alguna comedia de televisión en Nickelodeon: "¡Si ahora no aprendes a manejar tu nostalgia de casa, nunca vas a poder hacer nada bien!", le dijo con dureza. Me sentí furioso cuando me enteré de esto. Claramente, Bárbara no era el adulto indicado a quién acercarse y su respuesta no contribuyó en nada para que Diana percibiera a los adultos con mayor respeto. Peor aún, el incidente la disuadió de hablar con otros adultos en el campo de verano. Si tan solo hubiera confiado en su percepción, Diana podría haber evitado la agresión a sus sentimientos y podría haber buscado un adulto más dispuesto a comprender.

Reconocer a las personas de autoridad que prestan apoyo diferentes de los padres

Los profesores, rectores, entrenadores, tutores y sacerdotes son personas reales y tienen también sentimientos. Manifestarles el aprecio a estas personas, digamos dándole una tarjeta de cumpleaños a un profesor o a un entrenador a quien se le tiene aprecio, desafía la creencia de la segunda familia de que los sentimientos de los adultos no son tan importantes como los de los niños y que, además, los grandes no importan.

Desde cuando nuestros hijos entraron a preescolar, mi esposa y yo hemos seguido el ejemplo de otros padres que animan a sus hijos a llevarles tarjetas hechas por ellos a los profesores que están de cumpleaños, o que han tenido un bebé, o en cualquier otra ocasión feliz. Como empezamos esta tradición pronto, nuestros hijos no la perciben como "estúpida". Y lo que es todavía más importante, derivan verdadera satisfacción de ver la alegría de quien la recibe. Por ejemplo, cuando se casó una de las profesoras de nuestra hija, y más adelante ese año cuando la auxiliar de la clase de nuestro hijo se graduó de la universidad, les ayudamos a los niños a hacer galletas para ambas ocasiones. Estos gestos de gratitud obran como un reconocimiento de las autoridades que participan con su cariño en la vida del niño.

Disciplina compasiva: técnicas que generan respeto hacia los adultos

Asumir la autoridad de una manera compasiva fomenta la confianza de los niños en los adultos y, por lo tanto, fortalece su esencia. Las siguientes pautas han sido escogidas y adaptadas específicamente porque realzan el respeto hacia los adultos. Están organizadas según el nivel de desarrollo.

De los dos a los cinco años

Distraiga. Regla de oro: mientras más pronto intervenga antes de que se presente el mal comportamiento, mientras más atención genere la distracción, mayores serán las probabilidades de éxito. Nunca trate de distraer a un niño presa de una pataleta; trate de intervenir antes porque, como lo demuestran las investigaciones sobre comunicación familiar, el comportamiento descontrolado pasa rápidamente de la etapa en la que la distracción habría servido. Su hijo se sentirá inmediatamente reconfortado de saber que un adulto se hace cargo de una situación semejante.

Vea las pataletas con claridad. Aprenda a diferenciar las pataletas manipuladoras, de las cuales se debe hacer caso omiso, de las pataletas temperamentales, que ocurren cuando un niño está cansado, enfermo, con hambre o sobreestimulado y que deberían ser atendidas de inmediato. Su capacidad de distinguir le demuestra al niño que usted entiende y que sabe qué hacer.

Retire al niño de la situación difícil. Un cambio de contexto libera con frecuencia a los padres y al niño de la batalla. Si el niño se siente siempre arrinconado por sus padres, hay una gran probabilidad de que se sienta crónicamente prevenido hacia los adultos.

Evite que su hijo se haga daño o les haga daño a otros. Un fuerte abrazo es bastante efectivo, a la vez que le dice, "No te dejaré golpear de nuevo". Si grita y se retuerce, agárrelo con más fuerza. Cuando perciba su convicción, dejará de luchar. Esto les muestra a los niños que con frecuencia establecemos límites por su propio bien, una noción que disminuirá la desconfianza preadolescente y adolescente hacia los adultos.

Utilice recesos breves. Recuerde que puede utilizar períodos cortos y fáciles de cumplir en los que el niño se recluye en un lugar tranquilo, sin entretención. No empeore la batalla sugiriendo "piensa en lo que hiciste mal". Explíquele en una frase corta por qué lo ha hecho. ("No puedo pensar bien cuando te pones así"). Entretanto, cálmese usted. Esto corta la posibilidad de las interacciones explosivas —en las cuales tanto los padres como los niños hacen cosas que pueden ser hirientes a la larga— y puede conducir a una relación de mayor confianza.

Incorpore a la rutina diaria gratificaciones secuenciales. Los mecanismos naturales para hacer que las cosas marchen, como, "Si te vistes más rápido puedes ver otros quince minutos de Barney", hacen que la noción de premio sea menos arbitraria. De este modo, el niño tiene menos probabilidades de sentirse como si tuviera que "hacer maravillas" para complacer a los adultos en su vida.

De los seis a los ocho años

Ofrezca gratificaciones secuenciales... y negocie. Proponga un trato como "Si te pones las medias ya, tendrás cinco minutos adicionales para ver *Las Tortugas Ninja.*" No espere cumplimiento inmediato ante el primer "trato"; a estos niños ya les gusta regatear y tratarán de que los cinco minutos se extiendan a diez. Sin embargo, mantener un sistema flexible les enseña a los niños a presentar argumentos concisos, una habilidad que el mundo adulto aprecia mucho más que el regateo interminable.

Ofrezca opciones limitadas. "Puedes lavarte la cara primero o cepillarte los dientes primero, ¿cuál escoges?" Este estilo positivo hace que el niño sienta que tiene cierta autonomía, en lugar de estar completamente controlado por los mayores.

Desista de una situación cuando esté demasiado candente. Resístase a picar el anzuelo cuando el niño pronuncia la frase de siempre, "No es justo". Cuando usted corta la escalada, ("Hablaremos de esto más tarde cuando todos nos hayamos calmado"), el niño aprende tres lecciones importantes: que hay buenos y malos momentos para hablar, que los comportamientos tienen consecuencias y que la reserva de paciencia suya y de otros adultos tiene un límite.

Pídale al niño que proponga soluciones. El niño de escuela elemental está ansioso por asumir mayores responsabilidades, lo que le permite darse cuenta de que usted no tiene todas las respuestas y que pueden trabajar juntos. Lo que él propone también le permite al padre echar un vistazo a su mundo interior, a lo que ha adoptado de sus compañeros y de los medios. Esta táctica reduce la distancia que puede separar a los niños de los adultos. También los prepara para el aprendizaje cooperativo y para el trabajo en equipo que es tan importante en la vida adulta.

Utilice el antiguo sistema de premiar con estrellas. El niño de esta edad aprecia las estructuras y los sistemas. Pero esta estrategia tiene un corto período de vida útil, especialmente si se la utiliza demasiado. Es mejor emplearla hacia una meta específica, como deberes que llevan hacia un premio en particular. Este aspecto predecible ayuda a reforzar la idea de que los adultos guardan sus promesas cuando los niños ponen de su parte.

Exhiba horarios y listas de tareas. Al igual que el sistema de estrellas, éstos son visibles, sistemáticos y concretos. Permita que sus hijos aporten en la definición de las tareas en las que se comprometerán y el orden en que las harán. Este método le parece menos arbitrario al niño que las expectativas que salen de la nada.

Utilice situaciones hipotéticas para resolver problemas. Por ejemplo, "A Mateo se le dificulta compartir los juguetes. ¿Cómo crees que sus padres le pueden ayudar?" O utilice personajes de la televisión o tramas de cuentos como iniciadores de la conversación. No devuelva la moraleja al caso de su hijo ("¿Cómo crees que el caso de Mateo se aplica a ti?"). Una situación hipotética puede servir para que el niño no se sienta en evidencia, permitiéndole un poco de espacio para respirar, para buscar activamente soluciones con el apoyo de un adulto compasivo y sin que se tenga que poner a la defensiva.

Apele al sentido de empatía de su hijo. Ocasionalmente, sea directo acerca de sus propios sentimientos. "No me parece justo que me hables así. A ti no te gustaría". Esto está bien lejos del estilo rígido tipo, "Hazlo porque te lo ordeno yo".

De los nueve a los once años

Ponga un límite de tiempo a todas las negociaciones. Dígale a su hijo: "Te damos cinco minutos para que prepares bien tus argumentos; luego tomaremos una decisión". A los preadolescentes les encanta el arte de llegar a acuerdos; fácilmente pueden agotar a los padres. Cuando los agotan, se sienten como si hubieran "ganado", una estrategia que probablemente utilizarán con otros adultos.

Haga contratos específicos. Diga: "Si regresas a casa a las cuatro [contrario a si regresas 'a tiempo'] de la casa de tu amigo desde el lunes hasta el jueves [a diferencia de 'casi toda la semana'], entonces podrás quedarte hasta las cinco [a diferencia de 'otro ratico'] el viernes por la tarde". La concreción deja poco espacio para la interpretación o la renegociación. Ofrecer lo concreto y predecible les ayuda a los niños a escuchar a los adultos en quienes confían.

Pídales que sugieran soluciones, pero prepárese para lo extravagante. "Si arreglo el cuarto, ¿puedo ir a Hawai?" Sirve recordar que a los niños les gusta más la negociación que el privilegio o el objeto que están pidiendo. Comprender esto les permite tranquilizarse o lograr una nueva perspectiva sobre el asunto ("Mañana no se sentirá tan dolida por no haber ido a la fiesta"), y elimina parte de la tensión superficial que existe en las negociaciones entre padres e hijos.

Respete el estado de ánimo de su hijo después de una confrontación o después de establecer una norma que no es de su agrado. Tenga en mente, también, el temperamento del niño. Esta sensibilidad y sentido del momento le comunica reiteradamente a su hijo que usted entiende quién es él, lo cual es más importante en una buena relación que el contenido de la confrontación.

Trate de olvidarse de "la habitación". Cierre la puerta para no ver el desorden. Si la habitación amenaza el resto de la casa, —un olor, epidemia de insectos, etcétera—, entonces déle al niño una opción limitada: "O lo ordenas tú mismo de hoy a mañana, o lo hacemos juntos, o le pago a tu hermano para que lo haga". Esto le comunica al niño que no se disponen a invadir automáticamente su territorio. Un respeto por las fronteras le ayuda a coexistir tanto con sus compañeros como con los adultos.

Recuerde que los privilegios extendidos deben ser ganados; no son derechos inalienables. Esta es la puerta a la adolescencia. Puesto que los prea-dolescentes son más que capaces de exhibir empatía en un momento de calma, asocie su experiencia de adulto con la libertad en aumento del niño: "Puedes tomar el autobús sólo si llegas a casa a las cinco. De esa manera me daré cuenta de que puedes manejarte solo y no me preocuparé tanto". Nuevamente, este enfoque tridimensional hace hincapié en el hecho de que los padres también son personas.

De los doce a los quince años

Haga contratos de mayor duración. Puede sugerir, "Si mantienes el pro-medio en 8, el semestre entrante podrás tomar clases de montar a caballo". Puesto que la mayor parte de los adolescentes piensa que cualquier exigencia paterna es una especie de opresión, los contratos ayudan a que las reglas parez-can menos cargadas emocionalmente. Permita la participación del adolescen-te, pero asegúrese de que sabe que usted tiene la última palabra. Cualquier cosa que disminuya su delirio de persecución, normal en este momento del desarrollo, le ayuda a ser más razonable frente a sus padres.

Elija sus batallas con sabiduría. Con un adolescente, existe una infini-dad de oportunidades de entrar en conflicto y, a la vez, el influjo de la segunda familia es cada vez más poderoso. Mientras más choques haya, más percibirá el mundo de los adultos como ajeno y sofocante. Así que tal vez sea sensato ceder ante un peinado mientras que se mantiene firme en la hora de regresar a casa.

Para lograr colaboración, aproveche el creciente sentido de empatía del adolescente e invierta tiempo en contarle cuál es su perspectiva y cuál es la de otros adultos. Explíquele, "Necesito que seas puntual, de lo contrario me preocupo", o "¿Cómo crees que el señor Perdomo se siente con lo que hiciste?" Las preguntas que lo hacen pensar amplían la estrecha visión del adolescente de que el mundo adulto está arbitrariamente en su contra.

Asegúrese de que todas las consecuencias reflejan estos tres puntos, que establecen límites y sin embargo reconocen la creciente independencia de su hijo:

1. Diga exactamente qué es lo que quiere ("No quiero que fumes durante el concierto").
2. Deje claro qué sucederá si se entera de que no cumplió ("No podré confiar en ti y acabaré preocupándome, así que se acabarían los conciertos durante tres meses").
3. Reconozca que no estará allí para vigilarlo ("Finalmente, tendrás que tomar tu propia decisión, a sabiendas de qué es exactamente lo que pienso y lo que ocurrirá si no haces caso").

Aunque los adolescentes están llegando a la edad adulta, la distancia entre los dos puntos nunca habrá sido mayor que en esta edad. No obstante, estos tres pasos comunican un mensaje racional: aunque hay límites, no podemos, en realidad, hacerlos cumplir todos. Este enfoque razonable fortalece las relaciones con los adolescentes que se erizan ante las restricciones, pero desprecian y respetan menos a los padres que ponen cara de tigres y actúan como corderos.

Las anteriores estrategias, apropiadas desde el punto de vista del desarrollo, por lo menos lo ubican a usted, como adulto, en una postura razonablemente compasiva y dan a entender que no es el tonto del paseo. No solamente le ayudarán a asumir y a mantener la autoridad, sino que le ayudarán a fomentar el respeto en sus hijos.

CAPÍTULO 3

EXPRESIVIDAD

Habilidad básica # 3: *Promueva el estilo único de sus hijos de hablar de lo que realmente importa.*

La generación elocuente

Enrique, de ocho años, un niño a quien conozco, intercambia cómodamente frases de cortesía con cualquiera que lo quiera escuchar. A esta tierna edad, no solamente puede hablar sobre temas de actualidad como el medio ambiente y diferentes sistemas de reciclaje, sino que puede expresar su opinión sobre una serie de asuntos de adultos. Alicia, su hermana de seis años, ya conversa sobre diversos temas sofisticados, siendo su preferido las variables en las relaciones; cuando habla de asuntos interpersonales, como la popularidad, la sensibilidad y la seguridad en sí mismo, suena como una experta entusiasta. Incluso su hermana menor, Patricia, de cuatro años, puede ofrecer opiniones lúcidas, a veces para gran consternación de sus padres, sobre las mejores comidas rápidas y los juguetes didácticos "buenos". Lo admito, estos niños provienen de familias educadas de clase media, pero aún así, demuestran una comprensión de conceptos que yo no empecé a aprender sino hasta la secundaria.

En mi vida profesional y personal me siento constantemente maravillado ante los temas sobre los que pueden hablar los niños de hoy; si escucho con los ojos cerrados, con frecuencia siento que estoy en presencia de un adolescente. No obstante, me llaman por igual la atención las quejas de los padres en el sentido de que, aunque los niños sean tan despiertos y parezcan tener un pensamiento bien articulado, aun así no hablan lo suficiente sobre las cosas que realmente importan en un nivel personal profundo. Casi nunca comparten los sentimientos y preocupaciones y las causas de estrés en sus jóvenes vidas. En otras palabras, puede ser que los niños de hoy sean sorprendentemente verbales, pero no poseen necesariamente la característica esencial que yo llamo "expresividad".

Por qué es importante la expresividad

Sencillamente no basta con que los niños sean expresivos verbalmente, por más que nos resulte simpático, divertido y hasta encantador; debe haber algo de sustancia debajo de su cháchara precoz y de su entendimiento pseudo adulto del mundo. La expresividad, la habilidad para revelar y articular lo que uno piensa y cree, es una clave vital de la esencia de un niño. Su ausencia puede tener consecuencias serias a lo largo de su ciclo vital. La niña "tímida" en edad preescolar, la que no se mete con nadie, tiene en realidad miedo de los niños más alborotados de la clase. Se está perdiendo una interacción social importante con sus compañeros simplemente porque no sabe cómo decírselo a su profesora. La niña de escuela elemental que parece tan agradable, nos enteramos después, ha sido infeliz porque no tuvo una "mejor amiga" y no sabía cómo hablar de ello. Esa chica de secundaria que siempre estaba dictando cátedra sobre algún asunto de justicia social sufría a escondidas de un trastorno alimenticio cuyo origen era su incapacidad para expresar sus profundos sentimientos de inseguridad.

Más adelante en el capítulo hablaré en detalle de lo que usted puede hacer para prevenir estos daños en la esencia de sus hijos, pero miremos primero por qué la expresividad es un constructor de esencia tan fundamental.

Los niños expresivos son niños más competentes. El niño que puede expresar un problema tiene menos probabilidades de representarlo en actuaciones y tiene mayores probabilidades de lograr lo que quiere de la vida. Como lo anota Thomas Sowell, especialista en lenguaje e idioma, en *Late Talking Children* (Niños que tardan en hablar), la frustración es común en los niños inexpresivos; no sorprende, entonces, que el impacto se manifieste en el funcionamiento social y académico. Se puede ver cómo el patrón se inicia en la etapa preescolar, cuando un pequeño se siente frustrado y acaba metido en problemas porque sus sentimientos afloran de maneras contraproducentes. Los niños que tardan en hablar tienden con frecuencia a emplear el lenguaje de los actos. De hecho, en muchos de los salones de clase que he visitado, es típico que los niños menos expresivos verbalmente tiendan a participar en juegos bruscos que atemorizan a los menos agresivos y más expresivos. En un jardín infantil, una gallada de tres años y medio y de cuatro años, que jugaba a los piratas, se deleitaba en asaltar y aterrorizar a sus compañeros. En el entorno de una escuela elemental, los niños más revoltosos imitaban los movimientos y las actitudes de intérpretes de rap. Incluso a tan tierna edad, la agresión y la frustración están muy cerca de la superficie y tienden a aflorar de manera física cuando los niños son incapaces de expresar sus sentimientos de manera adecuada.

Los niños expresivos tienden a estar más seguros. Parece de sentido común que los niños que esconden sus sentimientos, o que inconscientemente los representan en acciones, son más vulnerables frente a los peligros sociales o del desarrollo. La expresividad es un antídoto importante. Estar en contacto con los sentimientos, identificarlos y sentirse animado a compartirlos con las personas que pueden proporcionar una guía, principalmente los padres, conducirá a los niños a la seguridad. Es por eso que es tan importante enseñar expresividad cuando los niños están pequeños.

Michael Nerney, asesor en comunicaciones escolares, anota que las bases de la expresividad se sientan en los años preescolares. Los niños mayores que no han desarrollado esta habilidad crucial tienen dificultades para identificar con precisión sus propios sentimientos y necesidades; quedan abocados a recibir las señales desde fuera, de sus compañeros, en lugar de poder sintonizar con sus propios estados emocionales y de responder a éstos. Algunos de aquellos piratas en el jardín infantil que continúan actuando en lugar de hablar pueden convertirse en adolescentes emproblemados y carentes de las habilidades necesarias para desahogarse.

Los niños expresivos son más cercanos a sus padres. El estudio *JAMA* al cual me refería en el capítulo 2 es probablemente uno de los estudios longitudinales más importantes que se haya hecho hasta ahora en desarrollo infantil; este estudio hizo el seguimiento de casi mil trescientos niños hasta la adolescencia. Los investigadores propusieron que la conexión emocional de un niño con sus padres y su apertura verbal con ellos eran los factores que mejor predecían el desempeño escolar, así como la probabilidad de incurrir en la adolescencia en comportamientos peligrosos. Desde luego, estos dramáticos descubrimientos sencillamente le dan validez a lo que los padres han percibido durante años.

Los niños expresivos pueden protegerse a sí mismos. El poder de la expresividad parece empezar desde edades muy tempranas, es decir, desde los dos y tres años. Por ejemplo Susana, de tres años, era víctima de sus compañeros en el preescolar porque utilizaba anteojos gruesos para corregir un problema congénito. Incluso a esa tierna edad, pudo identificar su malestar con el hecho de que la llamaran "cuatro ojos" y pudo hablarlo con sus padres. Este conocimiento les dio a papá y mamá la oportunidad de ayudarle haciéndole notar la situación a la profesora. La expresividad condujo a la comprensión y a la acción, lo que marcó una diferencia vital entre una Susana con sentimientos de vergüenza y una Susana efectiva frente a las provocaciones.

Los niños expresivos consiguen amigos expresivos. Uno de los aspectos más cruciales y, sin embargo, menos discutidos de esta característica esencial es que los niños que poseen expresividad se sienten atraídos entre sí. Como veremos en el capítulo 5, "Talento en las relaciones", los buenos amigos protegen y fortalecen mutuamente su esencia interior. Las relaciones que forjan los niños expresivos se centran con frecuencia en intereses comunes y siempre se basan en el respeto mutuo de las habilidades y en la solución de problemas. Son niños exitosos. Seguramente los ha visto: son los que están llenos de logros, los especialistas, los que tienen ese don que los lleva a escoger bien. Pertenecen a la camarilla, junto con otros niños y niñas de los que Mike Nerney llama "emocionalmente letrados", que van por el camino inteligente. A diferencia de los que están sumergidos en la cultura masiva, estos niños realmente hablan de cosas. Puede que sus conversaciones sean estrechas, el "aficionado" que habla todo el tiempo de deportes, el que habla de computadores, pero su expresividad tiene generalmente resultados muy positivos.

En resumen, la expresividad es la capacidad de verbalizar lo que está sucediendo interiormente. Para un niño, esto implica una ilustración emocional que combina la identificación de sentimientos con la disposición para comunicárselos tanto a los adultos importantes como a sus amigos y compañeros. Por ende, nuestra tercera habilidad básica.

> *Habilidad básica # 3:* Promueva el estilo único de sus hijos
> de hablar de lo que realmente importa.

Obviamente, la expresividad puede constituir la diferencia entre el éxito o el fracaso académico, el buen desempeño social o el aislamiento, la conexión o la desconexión de la familia. Puesto que es tan alto lo que está en juego, los padres tenemos que estar al tanto de las fuerzas que se oponen a que les ayudemos a los niños a adquirir esta habilidad.

Amenazas esenciales: lo que va contra la expresividad

Dada la apertura de nuestra cultura, uno podría pensar que los niños hoy son más expresivos de lo que éramos nosotros; sin embargo, mi observación tanto de niños pequeños como un poco mayores me proporciona una perspectiva sorprendentemente diferente. ¿Por qué?

La segunda familia compite con la expresividad. Como lo anotaba en el capítulo 2, los niños y los padres invierten aproximadamente treinta y nueve minutos a la semana en una conversación significativa, una minucia comparada con los mil seiscientos ochenta minutos que los niños pasan viendo televisión. El mismo estudio muestra que el tiempo promedio que está encendida la televisión en los hogares estadounidenses es de ¡siete horas! Si se suma el tiempo que los niños pasan frente a los computadores y a los juegos de vídeo, uno podría argumentar que al menos los niños están recibiendo mucha información; pero la cantidad escueta no es buen indicador.

La cultura masiva promueve la antítesis de la expresividad. La comercialización en los medios y en los mercados masivos representa un enfoque "enlatado" de la comunicación. Cada año, tanto los anunciantes como las compañías de entretenimiento luchan por encontrar una frase ingeniosa y pegajosa que apele a una nueva cosecha de pequeños. El resultado es el lenguaje que yo llamo "Hablapop" (ver recuadro). Es el vocabulario al que muchos niños se enganchan hoy en día, expresiones enlatadas y palabras superficiales que degradan y vuelven impersonales las relaciones humanas.

El hablapop separa al niño de sus sentimientos y es utilizado como una especie de taquigrafía verbal que resume de forma rápida e incompleta un estado de ánimo, expresa una opinión o describe una actividad. También se utiliza para pregonar la popularidad. En muchas aulas en todo el país, los que dominan mejor el hablapop no solamente son aceptados, sino que son preferidos, hacen parte de la gallada que está "en la onda". Estos niños tienden a no ser verdaderamente expresivos, su expresividad es prefabricada. Los niños a quienes se les permite un acceso desmedido a los medios de comunicación tienen los pensamientos, cuentan las historias y desarrollan el lenguaje universal que promueve la cultura masiva.

El hablapop puede presentarse desde que los niños están muy pequeños. Un niño de cinco años y medio, saturado de medios de comunicación, me contó la siguiente historia en su lengua nativa: "Uy, era como, era cheverísimo, el niño era como 'Uy, ¿de verdad me van a dar Donkey Kong Tres de regalo de cumpleaños? ¡Tan chévere!' ".

La segunda familia no exige expresividad. Éste es un aspecto importante en la selección de amigos. Cuando le pregunto a un preadolescente saturado de cultura masiva, que ostenta la manera de hablar, caminar y vestir del personaje de moda impuesto por la cultura: "¿Qué es lo reconfortante de estar con tu grupo de amigos?", invariablemente me dice, "No tengo que hacer nada. No tengo que ser bueno para nada. No hay ninguna presión". A medida que los niños crecen, gravitan hacia otros que son como ellos y, como resultado, no tienen que decir gran cosa. Carecen a menudo de intereses significativos y parecen incapaces de perseverar frente a problemas y retos. No saben cómo pedir ayuda; no comparten con facilidad sus triunfos. Por el contrario, los niños inexpresivos se suman rápidamente a un patrón de desear, como lo describía una profesora sabia de escuela elemental: "recibir y consumir en lugar de crear y aportar". Este compuesto, de continuar a lo largo de la escuela intermedia, puede constituirse en una llamativa bandera roja que alerta sobre problemas de comportamiento. Si además surgen dificultades de aprendizaje, el ciclo puede escalar aún más, especialmente a medida que el niño se va haciendo mayor. Y entonces lo que está en juego es todavía más grande.

Tatiana, por ejemplo, nunca fue especialmente expresiva cuando niña. A los trece ya era prácticamente muda, especialmente cuando estaba con sus padres. Al igual que muchos adolescentes, cuando Tatiana estaba en casa se guardaba en su habitación. Desde luego que se sentía más cómoda con niños que eran como ella, muy inactivos y poco comunicativos. La razón oculta para que no hablara no obedecía a que sus hormonas hubieran entrado en acción. Más bien, obedecía a la brecha de comunicación entre ella y sus padres y que se había formado mucho antes de sus años preadolescentes.

Tristemente, los padres de Tatiana no habían sabido cómo fomentar su estilo particular de comunicarse y, por lo tanto, verbalizar sus asuntos emocionales nunca hizo parte de su esencia. Naturalmente fue acercándose hacia la segunda familia, menos exigente en lo verbal. Como me lo confesó Tatiana en una reunión privada, sus amigas, a diferencia de sus padres, "no me hacen hablar de cosas. No necesitamos decirnos mucho. Nos sentimos bien simplemente andando por ahí, viendo televisión o con los juegos de vídeo". La falta de expresividad de Tatiana era responsable, en parte, de su bajo rendimiento académico. Estaba a punto de ser expulsada de la escuela, razón por la cual había ido a parar a mi consultorio.

Lamentablemente, me encuentro con muchas Tatianas en mi trabajo. Un común denominador entre estos niños es su inexpresividad a largo plazo. En la adolescencia desmejora el trabajo académico y con frecuencia pasan a experimentar con el cigarrillo, el alcohol, las drogas y el sexo. Sin embargo, este problema no es solamente un asunto de la segunda familia.

Los padres están con frecuencia inmersos en la "psicocháchara". Muchísimos de nosotros hemos estado en psicoterapia, en planes de doce pasos y en consejerías de una u otra clase. George Gallup Jr. calcula que casi el 50% de la población ha participado en algún grupo de "superación", del tipo que se utilizan en el movimiento en pro del potencial humano (véase la página 328). Decenas de millones de lectores de libros de psicología popular, al igual que los miembros de varios grupos de apoyo, se han familiarizado con la "psicocháchara", una taquigrafía verbal de máximas terapéuticas enlatadas. Entre algunos padres, ¡ésta es casi el equivalente al "hablapop!" Puesto que los padres deseamos desesperadamente, y con razón que nuestros hijos se comuniquen, tratamos de extraer de los niños sus emociones mediante el uso del idioma de la terapia. El problema es que no siempre tenemos éxito. Amanda, de siete años, me dijo, "No me gusta hablar con mi madre, siempre está tratando de que yo no me cierre". El hijo de un amigo, a los trece años, lo expresaba de manera más directa: "Dejen de tratar de analizar todo lo que digo", dijo después de que

¿ES EL HABLAPOP EL IDIOMA DE SU HIJO?

La fortaleza natural de un niño y su determinación, sumadas a una unidad familiar sólida, sirven para inmunizar contra la sobrecarga de hablapop, el idioma de la incomunicación inspirado en los medios. Muchos niños exitosos y realizados lo hablan pero no corren necesariamente peligro. Sin embargo, algunos niños son más vulnerables que otros y, si existe un eslabón débil en el funcionamiento familiar, hay buenas probabilidades de que la cultura masiva se convierta en una influencia de peso. Estos niños tienen mayores probabilidades de interiorizar la mediocridad de la cultura y de sumergirse en el hablapop. A continuación los indicios:

- Emplea ciertas palabras y frases populares del momento para describir prácticamente todo: retro, nota, padre, chévere, con exclusión de un vocabulario más rico y expresivo.
- Termina casi todas las frases con una inflexión del tono hacia arriba, como si formulara una pregunta. No se trata simplemente de una mala costumbre que aprendió de sus amigos, lo que pasa es que no quiere comprometerse.
- Tiene un vasto conocimiento de la cultura masiva, juegos de computador, éxitos de MTV, sabe todo lo que hay que saber acerca de los personajes famosos de la televisión, pero no sabe casi nada sobre temas típicamente académicos.
- Habla rápido, tiene fluidez y puede incluso ser gracioso, pero revela poca información personal.

su madre probara aún otra de sus tácticas de comprensión. Y en talleres a lo largo y ancho del país, los niños me han contado experiencias esencialmente semejantes: están en pié de guerra en contra de que los padres actúen como psiquiatras y de que les exijan que se adapten a una especie de "apertura" terapéutica.

Otro problema relacionado es que buscamos un "experto" que ofrezca una solución "talla única" para todos los problemas de comunicación. En teoría, los consejos que ofrecen los manuales de crianza no tienen nada de malo y muchas veces ofrecen guías valiosas. Sin embargo, muchos de estos manuales, incluso mi primer libro, *Parenting by Heart* (Criando con el corazón), parten del supuesto de que los niños son niños y que sus capacidades cambian según la edad. La implicación es que los padres pueden ceñirse a técnicas generales de comunicación que son apropiadas para cada edad y suponer que funcionarán. Cuando no funcionan, o bien nuestro niño es "difícil" o tiene dificultades de aprendizaje, o de alguna forma hemos aplicado la estrategia de manera equivocada. Pero después de escuchar a miles de padres informar que han tratado de poner en práctica varias técnicas, he llegado a otra conclusión: cada niño tiene un estilo muy diferente de comunicarse y de hablar. La idea de que una serie de principios funcionará por igual para Juanito, con su particular estilo de expresarse, y con Isabelita, cuyo estilo es totalmente diferente, parece por lo menos muy pasado de moda. Como verán, las investigaciones más recientes en desarrollo del lenguaje nos dicen que si queremos mantener abiertas las líneas de comunicación, tenemos primero que reconocer el estilo particular de comunicarse del niño y luego partir de esa base.

Cómo entender la expresividad

En otros capítulos de este libro, dedico una sección a lo que los padres deben hacer para ayudar a alimentar la característica esencial y otra sección a las diferentes clases de habilidades constructoras de esencia que los niños necesitan para desarrollarla. Sin embargo, la expresividad es única. La comunicación, por definición, relaciona a un hablante y a un escucha. Los dos son parte de la misma pieza y la calidad de la comunicación es determinada por ambas partes. Incluso si su niño ya es expresivo, debe actuar para proteger esa característica esencial, la cual siempre es vulnerable frente a la segunda familia.

La expresividad puede ser estimulada prácticamente en todos los niños pequeños y en los adolescentes. A continuación expongo este proceso, el cual empieza con una comprensión del estilo particular de expresividad de su hijo. Primero explico los elementos de la comunicación y luego los cuatro "estilos" de comunicación.

Como siempre, le sugiero: acepte lo que se le da a su hijo naturalmente y adapte su propio estilo para fortalecer el del niño. Las estrategias específicas que ofrezco más adelante en este capítulo para cada uno de los cuatro estilos de expresión deberían ayudarle concretamente en esa tarea.

Los componentes de la comunicación

Las palabras "buena" o "mala" no describen adecuadamente la comunicación; por lo tanto no pueden tener un lugar en su vocabulario cuando le ayuda al niño a desarrollar la expresividad. Piense un momento en las frases con las que describe las capacidades verbales de su hijo:

"Habla bien".
"Me tiene confianza".
"Dice lo que piensa".
"Mi hija me cuenta todo".
"Es más cerrado que una ostra".
"Es muy solitario, no se mete con nadie".

Cualquiera que sea la descripción de su hijo, el punto importante es entender que lo que uno "oye" es lo que uno tiene. Muchos de los elementos de la comunicación que describo a continuación son innatos, son cuestión de "interconexión". Al hacerse más consciente de estos elementos, sin embargo, usted estará en mejor capacidad de aceptar el estilo individual de su hijo. Y, lo que es igualmente importante, se dará cuenta de la mejor manera de modificar su enfoque para adaptarse a ese estilo. No es difícil llegar a comprender mejor cómo se comunica su hijo. A continuación presento lo que los especialistas en desarrollo del lenguaje tienen en cuenta hoy en día.

Ritmo. Algunos niños sencillamente se demoran en encontrar sus palabras y hablan con mayor lentitud. Cuando un niño que parece demorarse en cada palabra tiene que conversar con un niño que dispara palabras, los dos a duras penas pueden comunicarse porque el niño más dubitativo siente que no puede competir. Por ejemplo, hace poco recibí en consulta a los padres de tres niños. Armando, de ocho años, era lo que nosotros los terapeutas llamamos el paciente identificado. Sus padres, Elisa y Diego, estaban preocupados porque Armando no hablaba mucho. Cuando conocí al niño, sin embargo, me explicó por qué: no le gustaba hablarle a su madre porque ella le interrumpía constantemente. Elisa es realmente una mamá compasiva y bien intencionada. Sin embargo, cuando oyó la queja de Armando, se sintió herida y no pudo entender a qué se refería. Después de quince minutos de escuchar una discusión de ellos sobre dificultades en casa, se hizo evidente que el hijo tenía algo de razón. En ese corto período de tiempo, Elisa había interrumpido a Armando doce veces sin darse cuenta. El problema era, simplemente, que la velocidad del pensamiento de mamá era mucho más veloz que la verbalización de Armando. Él empezaba a decir algo así como, "Hoy en el colegio..." y ella interponía, "¿En qué clase?"

Concentración. Como lo expongo en más detalle en el capítulo 6, los niños tienen diferentes formas de concentrarse que afectan, no solamente su capacidad de asimilar información, sino su capacidad para mantenerse encarrilados. A Jaime, por ejemplo, lo distraía el menor ruido o movimiento, lo cual a su vez confundía a cualquiera que tratara de hacerlo relatar algo. Estoy seguro de que han conocido niños que parecen perderse en la mitad de la conversación. Por otro lado, una vez que la concentración de Sammy, mi hijo, "engancha" ¡podría contar una historia en el estadio mientras alguien mete un gol!

Pensamiento lineal versus pensamiento no lineal. El niño lineal va de A a B y a C. Si Lina está describiendo una tarde de juego con una amiga, hablará sobre cómo llegó allí, lo que sucedió primero, lo que pasó después, etcétera. Pero si uno le interrumpe, se confunde y ya no quiere hablar del tema.

Los niños que piensan de manera no lineal cambian de tema a menudo, y podría uno encanecer esperando a que lleguen al meollo del asunto. Cuando Daniel, de cinco años, trata de contar una historia, cada nueva idea le recuerda otra cosa diferente y se sale por una y otra tangente. He aquí cómo le contestó a su madre cuando ella le preguntó si se había divertido en la fiesta de su amigo: "Estábamos jugando fútbol, y Josué estaba allá, y me quitaba el turno, así que fui a donde María y ella tenía el juguete nuevo, el que mostraron anoche en la televisión. Me encanta ese programa nuevo, pero no es tan bueno como *Aventuras en pañales*". La mamá de Daniel se pierde con frecuencia, al igual que sus compañeros y profesores, porque él no es capaz de mantener en curso el relato de una sola historia. Desde luego que Daniel no se da cuenta del efecto que produce en su audiencia. A medida que vaya creciendo, probablemente percibirá que da muchos "rodeos". Los adultos que carecen de pensamiento lineal tal vez aprendan a usar la frase "Para acortar el cuento", pero claro que nunca lo acortan.

Procesamiento auditivo. Esto se refiere tanto a los mensajes recibidos como a los emitidos. Algunos niños son sencillamente más fluidos, es decir, más capaces de expresar lo que tienen en mente. También se dan cuanta de cómo se oyen y son capaces de corregir su curso cuando se desvían. Igualmente, algunos niños son mejores que otros para decodificar y responder a lo que oyen; cuando alguien habla, entienden el significado inmediatamente. Tal vez otros niños necesiten escuchar las palabras más lentamente para poder procesar lo que se dice.

Los cuatro estilos expresivos

El estilo expresivo de un niño tiene enorme impacto dentro de las relaciones dentro de la familia, al igual que sobre la clase de amigos que escoge, y ambos obviamente afectan el desarrollo de su esencia interior. Tenga la seguridad, no obstante, de que independientemente del estilo de su hijo es posible ayudarle a ser aún más expresivo. A continuación presento los cuatro estilos predominantes que he observado en los niños.

Reservados. A estos niños, generalmente intensos-sensibles o reservados-dependientes, no les gusta hablar mucho; para ellos no es cómodo ni fácil. No parecen poder describir sucesos, cosas o sentimientos sin hacer un verdadero esfuerzo. El ritmo de un niño reservado puede ser lento o entrecortado. Puede tener dificultades de procesamiento o para recuperar las palabras; pero es difícil de determinar, porque lograr que hable es como sacar una muela. Estos niños tienden a ser misteriosos. Cuando se les hace una pregunta, con frecuencia responden que no recuerdan; y a veces es cierto que no recuerdan, pero a veces sencillamente prefieren no compartir lo que tienen en mente. Infortunadamente, es fácil sentirse rechazados por un niño reservado, y muchos padres se sienten así.

El problema, percibido a menudo como un conflicto entre uno de los padres y el niño, no es más que un enfrentamiento de diferentes estilos expresivos que tiene que ser visto como tal y no tomado de manera personal. Anita, que ya ha rotulado a Carla, su hija de cuatro años, ("callada como un lirón"), me confió que se sentía culpable de pensar que su hija fuera un fracaso. Pero los sentimientos de Anita se ven heridos una y otra vez porque siempre que le hace una pregunta a Carla ("¿Cómo te fue hoy en el colegio?"), a la niña le cuesta gran trabajo sincerarse con ella. Anita interpreta mal la reserva de Carla. Al mismo tiempo, la reacción dolida y de frustración de Anita aparece como un rechazo, porque Carla la interpreta como enfado.

Bulliciosos. Estos niños, típicamente del tipo intenso-agresivo, siempre quieren hablar, pero tardan tanto en ir al grano ¡que tal vez uno ya no quiere escuchar! Pueden hablar despacio o rápido; de cualquier forma, generalmente no piensan de manera lineal y saltan de un tema al otro. Dicen gran cantidad de cosas pero es posible que revelen muy poco. También tienden a ser de palabra ingeniosa, a veces incluso mandones, y monopolizan conversaciones o interrumpen a los demás hasta que consiguen la atención que exigen. Los adultos con frecuencia los encuentran exasperantes. No hay duda de que un niño de esta clase puede agotarle a uno toda la energía.

Por ejemplo Paulina, de seis años, es una niña con encanto, pero su madre se queja: "Es tan habladora. Estar con ella me rinde". El padre de Camilo, de ocho años, dice de él: "Me puede enloquecer. Cuando trabajamos en la casa juntos, habla todo el tiempo. No quiero frustrarlo, ni dañarle la motivación de ayudar, pero sinceramente hay ocasiones en que sólo quisiera gritar: '¡Camilo, basta!'"

Comunicativos-reservados. Estos niños son intensos-sensibles, o reservados-dependientes. Son rígidos: si no están dadas las condiciones para que hablen, no se sinceran; uno simplemente no logra engancharlos por más que trate. Tienden a callarse en seco si se les interrumpe, si no logran lo que quieren, o si uno está en desacuerdo con ellos. En otras palabras, si la conversación no marcha como ellos quieren, tienden a entrar en el modo reservado. Sin embargo, una vez que su niño comunicativo-reservado arranca, es posible que usted no logre interponer palabra.

Casi todos lo padres han visto cómo un niño comunicativo-reservado se desconecta de todo lo demás mientras mira televisión. Es posible que haya que repetir una indicación o solicitud cinco veces porque el niño está desconectado del mundo. Con razón decimos que nuestros hijos están "pegados" al televisor. Uno de mis amigos está convencido de que podría hacerle a su hijo una cirugía de cerebro, sin anestesia, ¡mientras el niño ve televisión!

En los niños comunicativos-reservados, como Verónica, los momentos reservados obedecen a una serie de razones. Por ejemplo, cuando se encuentra realizando una actividad —armando un rompecabezas, cepillándose los dientes, amarrándose los zapatos— resulta casi imposible que sus padres logren llamar su atención. Pero si ella quiere su atención se vuelve implacable: parece una locomotora parlanchina.

Naturalmente expresivos. Estos niños, generalmente del tipo tranqui-lo-equilibrado, son flexibles. Su capacidad verbal y cognitiva para comunicarse se desarrolla normalmente a un ritmo apropiado según la edad e, incluso desde una edad temprana, la conversación es de doble vía. A los adultos les fascinan. Tan sólo el otro día escuché a una madre que le decía a otra: "¡Mi hijo es tan buena compañía! Le encanta hablarme de todo". La otra madre la miraba con una mezcla de envidia y total incredulidad. Pero los niños así de verdad existen. Tienen acceso a lo que sienten y lo pueden describir. Al igual que la mayoría, estos niños tienden a ser pensadores no lineales en la temprana infancia, pero en la escuela elemental ya se muestran elocuentes y pueden contar una historia que tiene un comienzo, una parte intermedia y un final. Los niños naturalmen-te expresivos adaptan su charla a la respuesta de quien los escucha y, por lo tanto, no hablan ni demasiado rápido ni demasiado despacio. Estos niños ha-cen gala de gran concentración y adaptación; son capaces de recuperarse si se les interrumpe o si no obtienen la reacción que esperaban.

Lorena es una niña naturalmente expresiva que vive en el edificio donde yo vivo. Cuando me encuentro con ella no tengo que hacer prácticamente nada para que hable conmigo. Según sus padres, así ha sido siempre. Su mente no divaga. Si le interrumpo a mitad de frase, no olvida lo que estaba diciendo; le resulta fácil mantener el hilo de sus ideas. Lorena sencillamente parece haber nacido con la bendición de poder contar una historia coherente y fluida.

Cómo hacer aflorar lo mejor de su hijo

Ahora que ya tiene un sentido de los elementos que conforman los estilos ex-presivos, es importante escuchar a su hijo. Pregúntese cuál estilo lo describe mejor. A continuación encontrará unas estrategias que le ayudarán a responder al modo particular de su hijo y a aprovecharlo. Aunque debe concentrarse al máximo en las estrategias que se adaptan a su hijo, también es buena idea leer sobre los otros estilos expresivos; cuando su hijo entre en contacto con otros niños, éstas le servirán para comunicarse con ellos.

El niño reservado

Por definición, los niños reservados no se inclinan hacia la expresividad. Recuerde, no es que estén tratando de faltar al respeto ni de guardarse información. Si usted se siente así quizá responda con enojo y desencadene un ciclo negativo de comunicación. Más bien, lo que estos niños necesitan es una ayuda para el "encendido". A continuación algunos estilos de acercamiento que ayudan:

Utilice la conversación en paralelo. A los niños reservados les aterra ser el centro de atención. Tienden a sentirse incómodos y cuando se les habla cara a cara a menudo esquivan la mirada o agachan la cabeza. Seguramente ha conocido niños que simplemente evaden las conversaciones o que no lo miran a uno a los ojos a pesar de que uno haga esfuerzos por ser amable o por interesarlos. No lo tome de manera personal. Todas esas indicaciones de los manuales de crianza sobre cómo lograr una conversación "íntima" tienden a caer en oídos sordos cuando se trata de un niño reservado. No lo mire a los ojos, ni trate de relacionarse "profundamente", ni haga gran alharaca de la conversación. Y recuerde, con estos niños, y a cualquier edad, es importante no ser insistentes ni vehementes; esa clase de comportamiento los abruma por completo.

Utilice, en cambio, oportunidades paralelas, ocasiones en las que desarrollan juntos alguna actividad. Hablen mientras van en el auto, mientras doblan la ropa, cuando caminan a la escuela, cocinan, o cuando recogen los platos después de la cena. El hecho de estar llevando a cabo una actividad diluye la intensidad interpersonal. Este enfoque, que he estado enseñando durante casi dos décadas, también funciona bien con niños no reservados que pasan por una fase hermética, como la de la preadolescencia y los comienzos de ésta.

Sirva de modelo de expresividad en su diario vivir. Con frecuencia nos olvidamos de cuán poderoso puede ser nuestro ejemplo como padres. En lugar de esperar simplemente a que nuestro hijo reservado se abra, demuestre este importantísimo constructor de esencia. Cuente historias breves (¡sin divagar!), sobre cómo se sentía cuando era víctima de otros compañeros en la escuela o lo difícil que resultó hacer algo de manera diferente a la de los amigos. Sencillamente cuente la historia, con brevedad; no trate de involucrar al niño, ni espere que luego tome la palabra. Eso sólo serviría para hacerlo sentir más incómodo.

Al mostrarles a los niños cómo contar una historia, cómo identificar los sentimientos y hablar sobre éstos, usted está sirviendo de modelo de expresividad. Adicionalmente, tal vez logre despertar su memoria. Los niños son naturalmente autorreferenciales; esto significa que tienden a oír todas las historias con un oído egocéntrico. He visto con mis propios hijos, una y otra vez, cómo sucede esto. Llego a casa diciendo que fue un día difícil en la oficina, digamos que tuve un desacuerdo con un colega. De repente, Leah, mi hija, se sincera sobre una pelea que tuvo en la escuela, o dice, "La clase de matemáticas estuvo difícil hoy". Si le pregunto, "¿Por qué no me lo dijiste cuando te pregunté cómo te había ido en el colegio?", invariablemente responde: "No lo recordaba. Esas cosas se me olvidan apenas llego a casa".

Motive con suavidad. Los niños reservados tienen con frecuencia dificultades con lo que los terapeutas del lenguaje llaman "recuperación de las palabras". Recuerde que encontrar la palabra adecuada, al igual que el ritmo y la fluidez, depende ante todo de características innatas. Procure no mostrarse impaciente o suplir abruptamente los trozos de la historia que hacen falta.

Un estilo menos intruso es el de la selección múltiple. Esto le permite pensar en lo que está diciendo, escoger la palabra justa y, aun así, conservar una sensación de autonomía. Por ejemplo, le sugerí a Eliana que cuando su hija Astrid describa sin detalles un problema que haya tenido durante el juego (por ejemplo, "no la pasé bien") debe motivarla a revelar más por medio de preguntas como: "¿De veras? ¿Estuviste triste o enojada?"

Recuerden que la comunicación no verbal también importa. Los niños reservados son en gran medida como los contadores Geiger. Son increíblemente sensibles a las claves no verbales. A veces les doy a mis hijos un mensaje hablado por el estilo de "Cuéntame... yo entenderé", mientras que el tono de voz, la expresión facial o el lenguaje corporal realmente dicen, "Apúrate, estoy ocupado", o bien, "Oh, oh. Ya sé que no son buenas noticias". Escuche con todo el cuerpo, dese cuenta de su manera de mirar al niño. Si su hijo tiene más de cuatro años, pídale que imite la manera como usted lo mira. Mi esposa y yo nos hemos divertido a veces observando las representaciones que hacen Sammy y Leah de nosotros cuando supuestamente los estamos "escuchando".

Preste atención a su propio ritmo. Éste es un aspecto vital de la comunicación para los padres de cualquier pequeño, pero es especialmente importante cuando un niño reservado tiene un padre que habla a gran velocidad. Por ejemplo, el estilo ráfaga de Jorge a menudo silenciaba a su hijo Pedro, de nueve años, quien se demoraba un poco en organizar sus ideas y en pronunciar las palabras. Pedro se sentía apurado por el ritmo de ametralladora de su padre y además se asustaba porque no siempre "pillaba" lo que se estaba diciendo. Jorge, un abogado litigante, estaba desencajado por no poder llegarle a Pedro. Se encontraba con frecuencia enfadado con su hijo y, a la vez, se sentía fracasado como padre. No obstante, su relación mejoró drásticamente cuando animé a Jorge a que sencillamente hablara más despacio. Al utilizar el ritmo de su hijo y al hacerle solamente una pregunta a la vez en lugar de dispararle varias al mismo tiempo, le permitía a Pedro mantenerse en la jugada.

Ofrézcale a su hijo un elogio moderado. No estoy proponiendo que prescinda por completo de los elogios, sino que los modere un poco. Cuando un niño reservado se expresa con claridad, si lo elogian en demasía, como en "¡Qué bien!" o "¡Estuviste increíble!" seguramente se desconectará. No produzca una respuesta demasiado grande y no aporte demasiada información. En otras palabras, no le ofrezca al niño que es como una película en blanco y negro una respuesta en tecnicolor. Roberta hacía eso con Catalina, su hija de cuatro años. "Uy, Cata, eso es increíble" exclamaba cada vez que su hija describía con detalle su día en el colegio. "Ahora sí entiendo bien cómo es jugar Tingo, tingo, tango. ¡Eres tan buena para describir las cosas!" Mamá no se daba cuenta, pero a medida que ella continuaba empalagando con el elogio, la expresión sonriente de su hija se hacía más recelosa. ¿Por qué? Roberta tenía buenas intenciones, pero la intensidad de su respuesta era demasiado para Catalina. Sin darse cuenta, estaba "entrenando" a su hija a no hablar tanto como a ambas les gustaría. (Más sobre el elogio en el capítulo 4).

Responda con empatía. En los años sesenta, el psicólogo Haim Ginott, en su muy leída guía sobre la comunicación titulada *Between Parent and Child*, (Entre padres e hijos), hizo popular su idea de "validar" las emociones del niño con frases como "Puedo ver que eso te hizo enfadar". Décadas más tarde, los expertos en crianza Adele Faber y Elaine Mazlich, coautores de *How to Talk So Kids Will Listen and Listen So Kids Will Talk* (Cómo hablar para que los niños escuchen y cómo escuchar para que los niños hablen), confirmaron la sabiduría del trabajo de Ginott. Acá propongo una costumbre adicional e igualmente importante: adapte sus respuestas de empatía a la medida del niño. Diferentes niños experimentan de maneras diferentes la empatía. Los niños reservados son muy sensibles y con frecuencia requieren un reconocimiento muy concreto y tranquilo de sus emociones.

Por ejemplo María, una niña de cuatro años, necesita oír de sus padres las palabras "estoy de acuerdo"; esto hace que quiera abrirse más. Francisco, de seis, no soporta siquiera esta pequeña intromisión. Necesita que sus padres simplemente se sienten pasivamente y no hagan comentarios sobre lo que está diciendo hasta cuando haya terminado de expresarlo. Y Mónica, de diez años, todavía necesita que a sus sentimientos realmente se les dé nombre ("Puedo ver que estás disgustada"), de la manera como Faber y Mazlich sugerían que se hiciera con niños más pequeños.

Considere las palabras de empatía que funcionan con su niño reservado, las frases que la experiencia le ha enseñado que son las que surten mejor efecto. La mayoría de los niños permanecen fieles durante su desarrollo a varias frases conocidas. Mantenga en mente una breve lista y esté preparado para usarlas cuando las necesite.

El niño bullicioso

No es aconsejable que a los niños reservados se les interrumpa, se les corrija o que de cualquier forma se corte el flujo de la conversación. Con los niños bulliciosos, por otra parte, sentimos la necesidad de hacer precisamente estas cosas. De hecho, uno tiene que darles forma a las conversaciones. Si no lo hace, las discusiones con los niños bulliciosos tienen el potencial de expandirse hasta convertirse en una interacción agotadora, prolongada y eventualmente desagradable. Ayúdele antes de que esto suceda. Se le puede dar forma y estructura a la conversación de varias maneras.

Establezca una "puntuación". Los niños bulliciosos hablan como un tornado, a duras penas hacen una pausa para tomar aliento. Si uno visualiza su forma de hablar, parece una larga serie de frases empatadas sin puntuación. Hacerle preguntas organizadoras que lo hacen detenerse a pensar le ayuda a agregar sus propios puntos y comas. Enséñele a incorporar una secuencia de tiempo preguntándole, "¿Qué sucedió luego?", y a incluir una descripción emocional preguntándole, "¿Cómo te sentiste cuando eso sucedió?". Las preguntas y comentarios que fomentan la reflexión aprovechan habilidades que no se les dan naturalmente a los niños bulliciosos de pensamiento rápido:

"Respira profundo y hazlo más despacio por un momento".
"Cuéntame: ¿Sabías lo que iba a suceder?"
"¿Qué estaban haciendo los otros niños [o la profesora]?"

A algunos padres les cuesta trabajo poner en práctica esa estrategia porque piensan que coarta la imaginación o el espíritu del niño, pero recuerde que son pocos, niños o adultos, los que toleran a un niño en libre asociación de ideas. ¿Cuándo puede interrumpir al niño? Tan pronto ya no sea posible seguir el hilo del relato. A los niños más pequeños se les puede decir: "Cuéntame la mejor parte". A los más grandes: "¿Cuál era el tema?" o "Dime nuevamente de qué se trataba". Los terapeutas del lenguaje recomiendan que uno les diga, "Déjame ver si entiendo bien". Luego, dígale cuál cree que es el tema principal y pregúntele al niño si eso es correcto. Le aseguro, no dudará en manifestar su desacuerdo si usted no ha comprendido lo fundamental de su historia.

Enseñe orden y secuencia. Típicamente, los niños bulliciosos siguen siendo no lineales durante más tiempo que otros niños que ya empiezan a tener noción de secuencia a los tres o cuatro años. Muchos de los niños a quienes trato saltan de un tema al otro. Para mantenerlos centrados y para ayudarles a reconocer que al mundo entero no se le paga (como a mí), para que tenga paciencia, asumo una postura activa. He aprendido de los especialistas en lenguaje a refrenar a los deshilvanados guiándolos con preguntas que enseñan orden: "¿qué sucedió primero?", "¿qué sucedió después?" y así sucesivamente. Esto anima a los niños a contar historias que tienen un comienzo, un intermedio y un final. Si las ideas del niño saltan por doquier, lo detengo: "Espera, no me cuentes todavía lo que sucedió al final. No has terminado de contarme lo que sucedió cuando acababas de llegar al lugar". Obviamente, procure no hacer esto en cada conversación, sino lo suficiente para que el niño se dé cuenta que respetar una secuencia hace que el relato sea más interesante para quien lo escucha.

Elogie la brevedad y el orden. Ya que a un niño bullicioso seguramente le cuesta trabajo enfocar, está bien llenarlo de cumplidos. El elogio capta su atención y lo desacelera por un instante. Que usted le diga: "Contaste esa historia realmente muy bien", también le ayuda a reflexionar sobre sí mismo, y a reconocer su éxito. Antes de que se dé cuenta, su niño bullicioso empezará a notar que puede ir más despacio y reflexionar. Eventualmente él mismo será capaz de decir: "Conté esa historia muy bien".

Es sorprendente cómo el uso del elogio selectivo puede influir sobre niños incluso muy pequeños. Por ejemplo, la pequeña Isabel, (de tres años y medio) tenía problemas, como muchos niños pequeños, para ceñirse al punto cuando contaba una historia. Y no había manera de detenerla una vez que arrancaba. Entonces, se enojaba cuando su madre no le prestaba atención. Le dije a su madre, Rosa, que siempre que Isabel contara una historia breve y no perdiera el hilo, debía abrazarla (o mostrarle afecto de otra forma) y decir: "Qué buena historia Isabel. Realmente pude seguir lo que estabas contando".

Sinceramente, no estaba seguro de que esto funcionara porque Isabel estaba muy pequeña. Pero en cuestión de meses, Isabel no solamente se expresaba más efectivamente y al grano, sino que recibía montones de sonrisas y abrazos de sus oyentes ahora más satisfechos, es decir de sus padres, sus profesores y sus amigos. En determinado momento le dijo a Rosa: "Ves mami, estoy aprendiendo a hablar 'pequeño' ".

Corte, interrumpa, si es necesario. No sea interminablemente paciente con su niño bullicioso; el mundo ciertamente no lo será. Y no tema herirlo ni coartar sus sentimientos. Este es un niño para quien la interrupción es algo bueno. El momento de interrumpir es cuando usted empieza a perder interés. Dígale, "Ahora me toca hablar" o "Ahora óyeme tú a mí". Algunos niños reaccionan mejor a las señas. Alejandro, un niño con quien trabajo, me dijo que le encantaba cuando yo empezaba a mover el dedo de lado a lado para recordarle que retomara el hilo. Estaba tan encantado con este método, que se lo enseñó a papá y mamá.

Mírelo a los ojos. Sea firme; utilice un tono de voz más recio o más suave que el del niño, un tono de voz que le llame la atención. Algunos niños ruidosos tienen dificultades ocultas de percepción, les cuesta trabajo, por ejemplo, captar las señales verbales y visuales que dan los demás, pero su presentación bulliciosa enmascara estas dificultades. Si a su hijo le cuesta comprender los aportes verbales, mirarlo le dará señales visuales sobre cómo se siente usted acerca de su presentación verbal. Si el niño no lo mira, o no lo puede ver, colóquese directamente al nivel de sus ojos o sostenga con suavidad su cara entre las manos o haga ambas cosas a la vez. Con la excepción de niños a quienes les cuesta sostener la mirada de otra persona, este estilo "frente a frente", utilizado por terapeutas del lenguaje, verdaderamente les ayuda a los niños a contar sus historias de manera más eficaz.

Comunicativo-reservado

Estos niños tienen ciertas características en común con los niños reservados y con los bulliciosos. No obstante, su estilo presenta un reto especial: a veces son comunicativos y otras veces son reservados, y lograr que pasen de un estado al otro parece en ocasiones imposible. María describe así a su hija que corresponde a este tipo: "Cuando está dispuesta a la comunicación, la cara se le ilumina y luce vital e interesada. Cuando está cerrada, su expresión es totalmente diferente, más oscura, es como si un velo la cubriera". A continuación se presentan algunas de las estrategias para promover la expresividad en este tipo de niños.

Determine el momento del día o las circunstancias en que su hijo está más a menudo en espíritu comunicativo. Algunos niños se animan a conversar en determinados momentos, como a la hora de acostarse. Las preguntas que se hicieron durante la cena quedan sin respuesta, pero cuando Elena, de cinco años, ya se ha puesto la piyama y está acogedoramente arropada, es buena conversadora. A Horacio le encanta hablar cuando está poniendo la mesa o unos minutos después de empezar a cenar. En lugar de combatirlas, aproveche estas preferencias. Son parte de la configuración del niño.

Empiece a observar dónde está el niño cuando se muestra comunicativo, la bañera, sentado en el patio, caminando a la escuela. Estas son sus oportunidades doradas. Entonces, durante estos ratos y en esas circunstancias, relaciónese cuidadosamente, de la manera como lo haría con un niño reservado: utilice la conversación paralela; no sea vehemente ni responda de manera exagerada; valide sus sentimientos y elogie sinceramente. Recuerde: por cualquier razón ese interruptor invisible que marca la diferencia entre los dos ánimos puede moverse fácilmente hacia la incomunicación.

Reconozca las señales temperamentales y présteles atención. El estado de ánimo negativo es la causa más frecuente de que se apague el interruptor. He oído a cientos de niños decir que, independientemente de lo que esté sucediendo, nunca quieren hablar si no están de ánimo. La energía de un niño estará mermada y sus sentimientos frágiles si tiene hambre, está cansado, enojado, triste, o está en transición (de los amigos a la familia, del juego a los deberes). En esos momentos, generalmente no es lógico pedirle que se abra a la comunicación.

Infortunadamente, nosotros los padres ocasionalmente hacemos caso omiso de estas señales. Al fin y al cabo llevamos vidas atareadas y a menudo vemos a nuestros hijos precisamente durante nuestros momentos de transición. Tememos que si no nos comunicamos ya mismo, no tendremos otra oportunidad. Pero cuando uno no se percata o no respeta el momento del niño, corre el riesgo de acabar peleando. Como lo expresa Leonor, una niña de diez años, "Cuando no quiero hablar, no quiero hablar. Eso es todo. Ojalá la gente me dejara en paz".

Descubra las frases que en su hijo "desencadenan" conversaciones. Los padres saben que sus hijos responden mejor a una variedad de expresiones, a menudo frases particulares del niño o de la familia. Una madre descubrió que su hija reservada-comunicativa, quien casualmente tenía un gran sentido del humor, siempre quedaba enganchada en la comunicación cuando ella le decía: "Bien, Gloria, escúpelo". Alberto, un padre que conozco, descubrió que su hija, Genoveva, necesitaba de una estrategia más sutil: "Me encantaría saber lo que pasó". Otra madre en un taller sobre crianza me dijo que ella apelaba al espíritu competitivo de su hijo: "A que no eres capaz de contarme esa historia sin distraerte". Otro padre elogia la habilidad de su hijo: "¿Cómo te diste cuenta de eso?"

Imite las frases y actividades que dan resultado en la escuela. Estela, una madre que visitaba con frecuencia el jardín infantil de su hijo Carlos, observó que siempre que Carlos se sentaba a trabajar con la profesora, ésta le decía, "¿Cómo estás, alcachofita?", lo que significaba "Es hora de hablar". Así que empezó a utilizar esa frase en casa, con gran éxito. Un padre que conocí en uno de los talleres se dio cuenta de que Benjamín, su hijo en edad preescolar, quien había estado en un grupo de juego, asociaba la "hora del círculo" con la conversación. Para promover la comunicación, él y su esposa empezaron a sentarse en círculo en la sala de la casa con su hijo y sus hermanos.

Responda rápidamente. Estos niños pueden irse atascando cada vez más en un estilo o en el otro, así que lo mejor es detenerlos antes de que tomen velocidad en un sentido o en el otro. Por ejemplo, cuando el niño reservado-comunicativo inicia una conversación, préstele atención de inmediato. Antes de que haya tenido oportunidad de pasar al modo reservado, indíquele mediante lenguaje corporal que está escuchando (mírelo directamente) y utilice frases de escucha activa como "Ajá" y "Ya veo, continúa". No obstante, si está simplemente hablando sin decir mucho, interrúmpale rápidamente y trate de encarrilarlo de nuevo empleando algunas de las técnicas que sugerí para los niños bulliciosos y de las que hablamos antes.

No presione a su niño reservado-comunicativo. Cuando un niño está en espíritu cerrado, se parece al niño reservado. No sea vehemente y no presione. Si hace una pregunta, digamos que quiere que le cuente sobre su clase de música y percibe que está en espíritu reservado, no continúe. Abandone el tema. No le diga siquiera, "Más tarde hablamos de esto". Más bien espere a que se le presente otro momento más conducente a la conversación. Si tiene paciencia, y no se empeña en tratar de imponer la oportunidad, ésta se presentará por sí sola.

El niño naturalmente expresivo

Aunque su hijo rara vez tenga problemas para comunicar sus sentimientos o para pedir lo que necesita, seguramente habrá ocasiones en que necesite ayuda. Su expresividad innata debe ser protegida en ciertas etapas de la vida, como cuando hace una transición significativa. Dadas las exigencias sobre su desarrollo en esos momentos, incluso el niño que en general es fluido puede tener la tendencia a volverse un poco hermético.

Por ejemplo, Sergio, un niño extremadamente expresivo y elocuente, perdió temporalmente su labia cuando fue transferido de su pequeño jardín escolar a una escuela elemental enorme y muy competitiva para niños superdotados. Como sus padres se dieron cuenta de lo dura que era la transición, propuse que trataran a Sergio con el mismo cuidado que se le ofrecería a un niño reservado. Siguiendo el consejo, utilizaron la conversación paralela, de modo que en lugar de mirarlo directamente a los ojos hablaban con él cuando estaban compartiendo alguna labor. Mamá y papá prestaron atención a sus señales no verbales, lo instaban con sutileza a que ofreciera mayores detalles y al mismo tiempo se cuidaban de no agobiarlo con preguntas rápidas ni con elogios excesivos. Cuando era abierto con ellos, respondían con empatía y validaban el hecho de que su nueva experiencia en la escuela debía ser abrumadora: "Caray, Sergio, este año todo parece ser tan diferente para ti. Tienes que sentarte en tu propio escritorio y trabajar mucho más duro. A mí también eso me asustaría un poco". Al cabo de un par de meses, Sergio se organizó y recuperó su estilo naturalmente expresivo. En la mayoría de los niños una enfermedad o una separación familiar, por ejemplo un divorcio, también debilita la fuerza verbal acostumbrada. Sin embargo, en cada uno de los casos que he visto, si los padres responden con el cuidado que se le presta al niño reservado, el niño naturalmente expresivo regresa sin peligro a la normalidad. La clave de alentar la expresividad es reconocer el estilo de comunicación del niño y hacerle juego. Si en lugar de luchar contra él, el padre se adapta al niño, aumenta la probabilidad de mantener abiertas las líneas de comunicación desde el preescolar hasta la secundaria.

CAPÍTULO 4

PASIÓN

*Habilidad básica # 4: Proteja en sus hijos el entusiasmo
y el amor por la vida.*

Niños excepcionales

"Mi hijo no parece estar interesado en casi nada", es una preocupación que he empezado a oírles en los últimos años a los padres de niños cada vez más pequeños. De hecho, esta observación a menudo es indicativa de un "síntoma" relativamente nuevo en los niños: el aburrimiento. Por una serie de razones que explico en este capítulo, muchos niños hoy en día padecen de falta de algo que yo llamo pasión o motivación, es decir la capacidad de mantener un profundo interés por actividades que requieren destreza. En su manifestación benigna encontramos a los niños cuyos intereses se centran sobre todo en la televisión, los juegos de vídeo y computador u otros tipos de entretenimiento de la cultura masiva. En su versión más peligrosa están los niños un poco mayores que se refugian en el alcohol y encuentran otras actividades autodestructivas específicamente para aliviar el aburrimiento interior. Deberíamos escuchar al adolescente en Woodstock, Nueva York, que explicaba, "No metemos droga para ver a Dios ni para acercarnos a la gente. Metemos droga para quedar fritos, porque nuestra vida diaria es tan aburrida que suponemos que debe haber algo mejor".

Durante los veinte años que he trabajado como profesional, a los niños pequeños parece resultarles cada vez más difícil desarrollar intereses especiales más allá de los que la cultura les da diariamente en papilla. Ésta es una tendencia preocupante y potencialmente peligrosa, como lo explicaré. Por ende, cuando me encuentro con la excepción poco frecuente, con el niño que tiene pasión, me siento satisfecho y un poco perplejo. Pienso que vale la pena compartir las historias de estos niños, porque sus intereses profundos y permanentes protegen su esencia interior y los vacunan contra el influjo de la segunda familia. La siguiente es una muestra de este tipo de niños:

- A Daniela le ha encantado leer desde los cinco años. Sus padres también son ávidos lectores, así que alimentaron el gusto de Daniela por los libros con su ejemplo y proporcionándole libros que pensaban que ella disfrutaría. A los once años Daniela lee uno o dos libros a la semana. No importa lo atareada que esté su vida, siempre tiene en mente una historia absorbente.

- José, de seis años, tiene una afición diferente: el béisbol. Es un atleta bastante bueno pero no sobresaliente. Aunque José nunca es la estrella, mantiene un increíble gozo por el juego. Claro, al igual que otros aficionados de su edad a los deportes, José también colecciona recuerdos deportivos, sigue cada juego y conoce las estadísticas de cada jugador. Siempre que uno habla con él, José está a la expectativa de un juego emocionante o procesando la emoción de un juego que pasó.

- A Santiago le han fascinado los dinosaurios desde que aprendió a caminar. Era increíble verlo, a los tres años, pronunciando los nombres de cuatro sílabas... correctamente. Su familia iba a museos regularmente a lo largo de los años. Hoy su habitación parece un museo, llena hasta el tope de libros, modelos y afiches de dinosaurios. Por el camino, Santiago, ahora de doce años, ha desarrollado muchos otros intereses, pero esas criaturas prehistóricas todavía lo cautivan.

- Clara, una niña muy delgada, inició una relación de amor con el fútbol a los cinco años. No era la mejor jugadora de su curso de verano cuando empezó a patear la pelota, pero algo acerca del movimiento y la libertad de correr le resultó atractivo. Perseveró y ocho años más tarde es una de las mejores jugadoras de su equipo de secundaria. No todo es fácil: ganar, o perder, o a veces acomodar varios juegos en el fin de semana. Pero para Clara el fútbol es algo más que competir. Tiene que ver con la amistad, con estar presente, con esforzarse. El fútbol también le ha ayudado a estar cerca de sus padres. O si no, ¿quién la llevaba y la traía de los entrenamientos? ¿Y quienes han sido sus más apasionados hinchas?

• Quizá porque siempre se hablaba de negocios a la hora de la cena en su casa, a Esteban le ha encantado el movimiento de la bolsa de valores desde que tenía ocho o nueve años. Su mamá le enseñó a leer sobre inversiones y a investigar compañías que se relacionaban con sus intereses. No es sorprendente, entonces, que las firmas de alta tecnología captaran su atención. En el sexto año, cuando su padre le dio cien dólares para invertir, Esteban empezó a hacerlo poco a poco. Ahora, a los veinte años, aunque todavía es estudiante de universidad, es el principal administrador de una gran sociedad de inversiones.

Estos niños, con diversas inteligencias e historias familiares, tienen algo en común: tienen pasión, un interés dominante y un compromiso con una actividad o con un tema. La pasión puede tener que ver con cualquier cosa que requiera destreza, como un deporte, un instrumento musical, una colección de objetos valiosos o de algo que parece chatarra, una actividad como leer o pintar. Los niños apasionados no son personajes de un solo interés. Tienen amistades y participan en cosas de niños. Pero a diferencia de tantos jóvenes en la cultura de gratificación instantánea, mantienen intereses a largo plazo. Están dispuestos a dedicar tiempo y son capaces de desarrollar habilidades en torno a sus intereses. Sus pasiones no son simplemente embelecos pasajeros o algo que prueban una vez; forman parte de lo que estos niños son, forman parte de su identidad.

Por qué es importante la pasión

Apasionarse por algo es vital para la esencia interior de un niño. Le enseña las reglas de la vida y lleva al desarrollo de la paciencia y la perseverancia, entre otras capacidades importantes. Los tres constructores de esencia previos, el dominio del estado de ánimo, el respeto y la expresividad, son las piedras angulares de la pasión. Para mantener un interés o una actividad, los niños tienen que ser capaces de entender sus sentimientos y de expresarlos para saber qué los tranquiliza y alivia, especialmente de cara a nuevas situaciones y retos, y de confiar en los adultos y buscarlos cuando necesitan su ayuda. Una vez que un niño está dotado de pasión, ésta se convierte en una especie de entrenamiento espiritual, en una disciplina que, en concierto con las otras habilidades mencionadas en este libro, afirmará la esencia interior del niño. He aquí el por qué:

La pasión le permite al niño forjarse una identidad diferente. La realidad lamentable es que gozar de una pasión no siempre suma puntos a la popularidad entre los amigos y compañeros. Los niños apasionados pueden ser sutilmente excluidos por sobresalir del montón. En el peor de los casos, se les aplican rótulos. Un niño que colecciona mariposas puede ser llamado "raro". El que se queda en la escuela después de clases para hacer un ensayo adicional de música puede ser catalogado como un nerd. Y a otros se les califica con frecuencia como especies de fanáticos: fanático de los computadores, fanático del béisbol, etcétera.

Estos niños tienen que ser lo suficientemente seguros de sí mismos para ir contra el grupo y ser ellos mismos. De hecho, tener pasión, una fuerte convicción que emana del interior, les da la fortaleza para aguantar. Porque las cosas sí les importan, son capaces de defender sus sentimientos y su originalidad.

La pasión anima el deseo de aprender. Más concretamente, los investigadores sobre la infancia se refieren al proceso como *cross modal learning*, es decir el aprendizaje que toma información a través de diferentes canales. En lugar de estar limitado a una realidad estrecha, el niño que mantiene un interés por un tema o actividad, cuenta siempre con la inspiración que lo lleva a profundizar en éste por medio de diferentes canales. Por lo tanto, la pasión inspira la destreza en una variedad de disciplinas. Por ejemplo, a José, a quien le encantaba el béisbol, aprendió a leer las páginas deportivas de los periódicos. Aprendió a dibujar decorando las paredes de su habitación con objetos relacionados con el béisbol y aprendió matemáticas por el camino de las estadísticas del béisbol.

La pasión ayuda a que los niños aprendan a relacionarse. Por intermedio de los intereses que mantienen, los niños conocen personas nuevas, comprenden las reglas de la interacción social y forjan amistades. Clara, por ejemplo, tenía compañeras de fútbol con quienes hacía citas para jugar; esas compañeras de juego, con el tiempo, se convirtieron en sus mejores amigas, en las amigas que se quedaban a dormir, en el grupo con el que iba de compras. Aprendió también las reglas de la camaradería deportiva: a colaborar y a celebrar con gracia los triunfos y a manejar la derrota con aceptación estoica.

La pasión lleva al niño a tomar decisiones proactivas. Toda pasión primaria tiene una estructura, una secuencia establecida que el niño debe dominar. Esa estructura le ayuda a elegir de una manera que más adelante le sirve como seguro para no perderse en los caprichos de la cultura de sus compañeros. Martín, por ejemplo, se mostró desde temprano interesado en la música; ya en el preescolar era capaz de mantener el ritmo y la melodía. Como la madre de Martín lo llevó a participar en un grupo que escuchaba e interpretaba música, muchos de sus amigos compartían ese interés. Luego, en la escuela elemental, además de querer los juguetes promocionales que vienen con los paquetes de comida chatarra, Martín también ambicionaba recibir regalos que le ayudaran a convertirse en mejor músico.

La pasión les ayuda a los niños a hacer sacrificios sanos. Tenga presente que cada vez que el niño hace una elección en favor de su pasión, tiene que aprender a sacrificar alguna otra cosa, con frecuencia otra actividad en grupo. Tomemos por ejemplo a Carolina, una niña de once años, quien se ha abierto su propio camino original. Es muy popular entre sus compañeros, aunque desde los cinco años ha estado recibiendo lecciones intensivas de ballet. A lo largo de los años, muchas veces cuando sus amigos preferían jugar con vídeos o ir al centro comercial, Carolina tenía clase o debía ensayar para una presentación. Aprendió a negarse con gracia a esas invitaciones. Otro niño podría sentirse horrorizado de sacrificar una tarde con sus amigos, por temor a no ser popular, o a que los niños dijeran que es un "bobo". Pero ella nunca hizo alarde ante sus amigos de sus opciones y logros; no actuaba como si ella fuera mejor que ellos por causa de su talento. Y tampoco se sentía privada de nada, porque aunque le hubiera encantado divertirse con su gallada, también le encantaba el proceso de aprender a bailar y derivaba placer de sus logros. Hasta hoy Carolina conserva sus amigos, y ellos incluso la admiran; saben que el ballet es "lo suyo". Ella no lo ve como un sacrificio porque de hecho ha logrado repicar y andar en la procesión.

La pasión inspira una sólida conexión entre padres e hijos. No hay forma de que un niño pueda tener una pasión sin que los padres se involucren muy de cerca. Pensémoslo bien: detrás de un interés infantil que ha perdurado, siempre hay una atareada madre o un agitado padre que ayuda a investigar las opciones, a hacer planes, a resolver los asuntos prácticos. Se enterarán por boca de miles de madres de pequeños futbolistas que la razón por la cual han aguantado una variedad de arreglos y un constante llevar y traer es que el tiempo que pasan en el auto antes y después de un partido los acerca a sus hijos. Si su hijo tiene una pasión primaria, los padres se entretejen en la vida del niño de una manera muy sana.

Juliana, por ejemplo, les pedía con frecuencia a sus padres que leyeran con ella de manera que después pudieran debatir y compartir ideas. Recientemente tenía lágrimas de felicidad en los ojos al contarme, "La manera como papá y yo leemos juntos es tan especial para mí". Y cuando hablé con su padre él también se mostró visiblemente conmovido. Anhelaba haber tenido ese tipo de conexión con su propio padre.

La pasión construye relaciones llenas de significado con adultos que prestan apoyo fuera de la familia. En lugar de que al niño se lo traguen por completo el grupo de compañeros y la cultura superficial, la pasión presenta muchas oportunidades para conectarse con modelos adultos que representan destreza y dedicación. Cuando Clara tenía tan solo seis años, empezó a acercarse a su entrenadora de fútbol, modelo de resistencia y dedicación. Juliana tenía una profesora que apreciaba de manera especial la emoción de la niña ante la lectura y le decía: "¿A ver, con qué libros te voy a alimentar esta semana?" Y las frecuentes visitas de Santiago a las exposiciones de dinosaurios fascinaron al curador del museo, quien finalmente se convirtió en su mentor. Con el tiempo, el curador también se hizo gran amigo de la familia de Santiago: a todos los había afectado positivamente el amor del niño por aprender.

La pasión infantil se convierte en logro en la edad adulta. Puede que los niños no perseveren con el mismo interés, pero tener pasión los pone en ruta hacia la curiosidad y el logro. A medida que he visto a Santiago y a los otros niños convertirse en preadolescentes y en adultos, he observado cómo sus pasiones los sostienen y alimentan su esencia interior. Hasta ahora, ninguno ha caído en las drogas; todos han hecho amigos maravillosos; todos se desempeñan bien académicamente y dan la impresión de estar convirtiéndose en personas de bien.

Más aún, cuando la pasión es una parte integral de la esencia interior de un niño, aunque el contenido cambie, el ser apasionado definirá su enfoque hacia la vida, bien sea porque lo lleva a tomar decisiones o a superar retos. Martín, por ejemplo, al igual que la mayoría de los niños que tienen una pasión, pobló su mundo de niños y adultos que también tenían intereses profundos. A los dieciocho años, Martín todavía toca la guitarra pero está empezando a estudiar medicina en una buena universidad y ahora su pasión es convertirse en médico. Dada su historia, no tengo dudas de que lo logrará.

La suma de estos puntos es que la pasión es vital para la creación de la esencia interior del niño. Por ende, nuestra próxima habilidad básica es:

> *Habilidad básica # 4:* Proteja en sus hijos el entusiasmo
> y el amor por la vida.

Los niños apasionados desarrollan una poderosa brújula interior. Mientras que muchos a su alrededor le entregan la cabeza (y aparentemente la voluntad), a la segunda familia, estos niños permanecen en contacto con su esencia; sus vidas, en lugar de navegar sin rumbo por las corrientes de la última moda, están organizadas alrededor de un interés central. Con sus esencias interiores intactas, los niños que tienen pasión tienen un sentido de identidad más fuerte y un aire de seguridad en sí mismos que sencillamente no veo en los niños que van con la manada. Pero el camino no es fácil.

Amenazas esenciales: cómo se ahoga la pasión

En nuestra cultura se ha vuelto cada vez más difícil desarrollar una pasión. Esto tiene que ver con la manera como los padres vemos a nuestros hijos y con el influjo de la segunda familia. Hay varias razones.

Los padres y los educadores tienden a propasarse en su deseo de ayudarles a los niños a desarrollar el amor propio. Las generaciones anteriores temían que a los niños "se les creciera la cabeza". Los padres y los profesores eran medidos en los cumplidos. Aunque la mentalidad orientada a sentirse bien que vemos hoy era necesaria para corregir las costumbres postvictorianas, que eran con frecuencia muy duras, el péndulo ha oscilado demasiado en la dirección contraria y no es raro entrar a cualquier jardín preescolar para ver el despliegue de esfuerzo de una profesora por aumentar el amor propio de sus estudiantes.

Por ejemplo, en un artículo que apareció recientemente en la tercera página del *New York Times*, Lillian Katz, profesora de educación preescolar, citaba una nota en el boletín de noticias de una escuela que se titulaba: "Nos aplaudimos". Como lo anota Katz, "El afiche animaba a la autocongratulación; no se refería a las posibles maneras de merecer esos aplausos". También mencionaba un grupo de jardín infantil donde los niños completaban la frase "Soy especial porque..." con frases como "puedo colorear", "puedo montar en bicicleta" y "me gusta jugar con mis amigos". Hacer sentir "especial" a un niño por estos logros comunes y corrientes, dice Katz, está destinado a rebotar. "Si todo el mundo es especial, nadie es especial".

Claramente, es poco común que hagamos trabajar a los niños por sus premios. ¿Qué tiene esto que ver con la pasión? Cuando el énfasis está primordialmente en hacer sentir bien a los niños, éstos desarrollan poca tolerancia por la lucha necesaria para adquirir una destreza. En lugar de ganarse los elogios investigando, superando reveses, resolviendo problemas, tomando decisiones y cumpliendo ciertas tareas relacionadas con el desarrollo de una habilidad o talento, aplaudimos a los niños simplemente por ser. A lo mejor ésa es una de las razones por las que el estudiante promedio de universidad completa veintinueve horas de trabajo académico a la semana, ¡comparado con las sesenta horas que tenía que cumplir en 1960!

De cualquier modo, también tenemos que mirar fuera de la escuela y la familia para entender los otros factores que amenazan este importante constructor de esencia.

Las pasiones derivadas anulan las pasiones primarias. Me refiero a las pasiones primarias, las que emanan de los intereses de la esencia del niño, para diferenciarlas de las pasiones derivadas, que son las que anima la cultura actual. Muchos niños de hoy, cuando se les pide que hagan un dibujo o escriban un cuento, recrean lo que han visto siempre en los medios o en las campañas publicitarias. Gravitan hacia los intereses que inspiran los medios porque así lo hacen la mayoría de sus amigos. En 1985, según un informe del Media Reform Information Center (El centro de información para la reforma de los medios), el 100% de los juguetes que más se vendían estaba asociado a los programas de televisión. Es poco probable que en los años posteriores ese porcentaje haya disminuido. Con razón las habitaciones de los niños en todas partes (incluyendo las de mi casa), rebosan de juguetes regalados a lo largo de los años y que carecen por completo de valor, excepto por su conexión con alguna campaña publicitaria. Algunas de estas habitaciones son virtualmente altares a nuestra cultura, en los cuales cada detalle —sábanas, cobijas, fundas de almohada, al igual que juguetes y ropa— reflejan los intereses de sus moradores.

Ahora bien, no tengo objeciones al hecho mismo de que los niños quieran coleccionar juguetes regalados, al fin y al cabo, muchos de nosotros teníamos en nuestras habitaciones colecciones secretas de jugadores de fútbol de las cajas de cereal, láminas, cómics y otros coleccionables. Pero el problema es el siguiente: el nivel ha cambiado drásticamente. Los productores de cine, los fabricantes de juguetes y los restaurantes para niños hacen enormes negocios de mercadeo cruzado y las campañas resultantes no se parecen a nada de lo que habíamos visto antes. Por ejemplo, cuando McDonald's anunció una promoción que ofrecía un *Beanie Baby* en su cajita feliz, "puso patas arriba el mundo de los padres", según un artículo en *Brandweek*, una revista para anunciantes. En diez días se habían vendido casi cien millones de cajitas felices, rompiendo todos los récords de respuesta del consumidor. Gracias a las diversas promociones de sus cajitas felices, la cadena es capaz de atraer ¡al 87% de los niños estadounidenses entre los tres y los nueve años! Para no quedarse atrás, Burger King regala más de doscientos millones de juguetes al año a través de sus programas promocionales.

Este poder agregado de la comercialización, los medios y la presión del grupo, en otras palabras de la segunda familia, es un fenómeno de gran poder que capta la atención y moldea los gustos de casi todos los niños norteamericanos. En muchos hogares, las aficiones "de antes", como coleccionar estampillas y armar modelos, han sido desplazadas casi por completo por el consumo de los medios. La mitad de los niños en los Estados Unidos entre los seis y los diecisiete años tiene televisor en su habitación y muchos de ellos prefieren la tele a actividades como construir, jugar a la casita, armar rompecabezas y leer.

Si bien es cierto que esta invasión de cultura de los medios es divertida, tiene un efecto colateral no deseado y es que puede ahogar la pasión de un niño. Las pasiones derivadas dan la apariencia de interés, pero en realidad los intereses motivados por los medios son más bien vacíos. No son pasiones reales y son temporales. El gusto es definido más o menos por lo que hay disponible en el restaurante local de comida rápida, por los juegos que se anuncian en la televisión el sábado por la mañana o por el personaje sobre el que se habla más en el patio de recreo. El mes pasado era Barney; la semana pasada Anastasia, de Disney; esta semana es Godzilla; la semana entrante, ¿quién sabe? Las pasiones derivadas tienen una corta vida útil, el entusiasmo se marchita con rapidez en la medida en que una nueva moda entra a la psiquis colectiva de los niños. Puesto que estos fanatismos furibundos casi siempre se relacionan con la comercialización, tienen un kilómetro de largo y un centímetro de profundidad. Los niños no desarrollan habilidades a partir de las pasiones derivadas. No hay un conocimiento que ganar, ni un talento que desarrollar. Al final, comprar productos y recibir regalos gratuitos tiende a ahogar las pasiones primarias.

La pasión no te hace ver "a la moda". Otra razón por la cual es tan raro encontrar niños con intereses que perduren, es que a medida que los niños crecen, según la segunda familia, no están "a la moda" los que profesan este tipo de intereses. Desde el comienzo de la escuela elemental, la pasión es justamente lo que la segunda familia no quiere que los niños tengan. Me he sentado en muchos salones de jardín infantil donde un bello trabajo extraído de la imaginación del niño recibió de los otros estudiantes mucha menos atención que los temas inspirados en la trilogía de *Star Wars* o en el último disco compacto de las *Spice Girls*. En resumen, se han sentado las bases para apoyar la idea de que nada es más importante que estar "en la movida". Cualquier otra cosa se considera nerd. Lamentablemente, cada vez observamos esto en edades más tempranas: un abrumador 70% de las guarderías utiliza la televisión en un día promedio.

Por ende, mucho antes de la preadolescencia, la segunda familia puede tener un impacto sutil sobre la capacidad que tiene el niño para sentir pasión. Puede tener una cantidad de pasiones derivadas, pero no parece estar profundamente interesado en actividades que reflejen su esencia interior. Tener menos deseos que lo distingan de la manada hace al niño más vulnerable a la mentalidad predecible y dirigida por el consumismo de la cultura masiva. Los padres nos sentimos a veces eclipsados por esta realidad, pero debemos asumir una postura proactiva para ayudarles a nuestros hijos a desarrollar los intereses que surgen de adentro hacia fuera. Ésta no es tarea fácil, pero puede hacerse.

Habilidades de los padres: reconocer y apoyar la pasión

Al igual que con cada uno de los constructores de esencia en este libro, uno debe ver a su hijo claramente para poderle ayudar a desarrollar la pasión. La primera sección a continuación le ayudará a hacer precisamente eso. Una vez que se dé cuenta exactamente de cuál es la pasión de su hijo, puede dar los pasos necesarios para fomentar esos intereses, pero evitando presionar tanto que llegue a apagar su entusiasmo. Esta sección le ayudará en ese camino.

Cómo identificar la pasión de su hijo

Conocer de verdad a un hijo significa saber identificar los intereses que combinan un talento natural con los canales de aprendizaje en los que es más hábil. Por ejemplo, Luis tiene cinco años y se fascina con el arte. Al ver a Luis tomar por primera vez en la mano una crayola, sus padres se dieron cuenta de que éste era su interés primordial. Sus trabajos de arte ya le han ayudado a Luis a fortalecer áreas que encuentra difíciles. Fue un niño que no habló casi hasta cumplir los cuatro años y, sin embargo, era capaz de expresarse por medio de su creatividad. En una ocasión, cuando la familia regresó a casa de unas vacaciones de verano, Luis tenía dificultades para hablar de sus experiencias. Pero sus dibujos de conchas de mar bonitas y otros maravillosos objetos de la playa expresaban claramente su deleite y fascinación. Hasta el día de hoy, Luis expresa a través de su arte cada nueva experiencia que disfruta, como jugar bolos, pescar o estar con su grupo de *Boy Scouts*. En la actualidad, sus compañeros lo consideran el cronista de los sucesos escolares. El orgullo que él deriva de esta identidad es enorme.

A veces es igualmente importante que los padres desanimen al niño de intereses que no parecen ajustarse a sus habilidades y temperamento. Por ejemplo, Ángela fomentó el interés de Liliana, su hija de diez años, por la gimnasia olímpica porque desde el momento en que caminó había sido activa, ligera y de andar armonioso. Desde luego que le iba bien en esta actividad y, a pesar de algunos reveses, había progresado felizmente en gimnasia. Pero al año siguiente, cuando Liliana quería tomar clases de ajedrez, Ángela me confió: "No la desanimamos, exactamente, pero tampoco hicimos mucho para promoverlo; en su escuela el equipo de ajedrez era ferozmente competitivo. Esa agresividad no se adaptaba a la naturaleza de Liliana. Teníamos la corazonada de que se había interesado solamente porque un par de profesoras habían estado en plan de reclutar alumnos para el equipo, y habían ejercido bastante presión".

Ángela tenía razón. La realidad era que a Liliana no la hacía feliz jugar ajedrez, lo cual era una indicación directa de que ésta no era su pasión primaria. Si su hijo no parece derivar alegría de una determinada actividad, algo no anda bien. Al fin y al cabo, estamos hablando de niños por lo tanto deben divertirse mientras que desarrollan una habilidad.

Cómo fomentar la pasión

Existen varias maneras importantes de fomentar la pasión en su hijo. Las siguientes tácticas funcionan en conjunto para proporcionar el equilibrio adecuado entre apoyo y mesura.

La importancia de mantener un poco la distancia. Cuando un niño demuestra por primera vez interés en algo que vale la pena, nosotros, padres preocupados por el estímulo, inmediatamente queremos ayudar a que se inicie. He visto incluso a muchos padres con dificultades económicas dejar de lado las

CÓMO RECONOCER UNA PASIÓN PRIMARIA

- Hace feliz al niño.
- Su niño lo acosa a usted, no lo contrario.
- El interés se adapta con naturalidad al temperamento básico de su hijo y a su repertorio de habilidades.
- El niño es capaz de tolerar cierta frustración y decepción sin desconectarse de la actividad.
- El elogio parece ser una motivación menor que el simple hecho de desarrollar la actividad.
- El niño empieza a identificar la habilidad como parte de lo que él o ella es.

necesidades de la familia para promover un supuesto talento en florescencia, antes de que el niño realmente haya dado muestras de un interés profundo y continuado. De cualquier forma, es importante guardar un poco la distancia. Habrá una gran cantidad de primeras experiencias que le permitirán apreciar hacia dónde gravita su hijo y para qué es bueno. No presione. Es mucho más importante preservar la curiosidad natural, lo cual se puede hacer reconociendo el nivel de tranquilidad emocional del niño.

Incluso cuando a un niño le encanta algo, presionarlo demasiado puede agriar su entusiasmo. Muchos de los niños que entrevisto en guarderías y en escuelas elementales me han confesado que se sienten presionados, incluso acorralados, por sus padres. A menudo, aunque con la mejor de las intenciones, sí pareciera que los suplantáramos. Los niños que tienen padres apasionados me cuentan que siempre que empiezan a interesarse en algo, mamá y papá inmediatamente saltan al ruedo. Puede ser por causa de un sueño de infancia que nunca se hizo realidad. Sea cual fuere la razón, el interés de alguna manera se convierte en la actividad de ellos, no en la de los hijos. Por lo tanto, cuando un pequeño demuestra una inclinación o un talento, preste atención, pero procure no agobiarlo con su entusiasmo. Trate de recordar que esto es "lo del niño", no lo suyo.

Tenga presente, además, que el temperamento de su hijo da la medida de su reacción frente al fervor y a la persuasión de sus padres. De hecho, investigaciones sobre interpretación hechas por el doctor Stanley Greenspan en la fundación *Zero to Three* (De cero a tres), sugieren que en el caso de niños intensos-agresivos, intensos-sensibles y reservados-dependientes, es mejor empezar a contener el exceso de entusiasmo desde cuando el niño está muy pequeño. Uno de sus estudios, por ejemplo, descubrió que particularmente los bebés sensibles y de personalidad fuerte tienden a sentirse abrumados cuando la persona que los cuida hace gala de reacciones emocionadas y expresivas o inclusive si solamente le hablan en voz alta o gesticulan con demasiado énfasis.

Concretamente, modere su respuesta al interés del niño de manera que se adapte a su temperamento básico (ver el capítulo 1). Esto es crucial en el desarrollo de la pasión. Un niño intenso-sensible puede asustarse ante el exceso de emoción de sus padres. El niño intenso-agresivo puede sentirse arrastrado a una lucha de poder si sus padres asumen una actitud demasiado dominante. Y el niño reservado-dependiente puede tener la sensación de que lo están abandonando cuando lo presionan para que participe en una actividad.

Empiece en pequeña escala. Su hijo muestra interés en la música a los cuatro años y de repente ustedes se encuentran buscando en las páginas amarillas la entrada para "pianos". ¡Un minuto! ¿No sería mejor alquilar un instrumento barato y luego, si el niño demuestra un interés sostenido y pide más, eventualmente pasar a un piano mejor?

Gastar en exceso, especialmente con niños pequeños, puede producir resultados que no se buscaban. Margarita, por ejemplo, demostró cierto talento artístico en el preescolar. Cuando nos conocimos, Margarita tenía siete años y me dijo que sus padres estaban tan "en el cuento" de que fuera artista, que había perdido el entusiasmo. Era lógico. Al fin y al cabo, a la primera señal de interés le habían comprado costosos materiales y la habían matriculado en una clase avanzada. Con tanta presión, Margarita perdió su entusiasmo natural por el arte. "Todavía me gusta dibujar", me dijo, "pero no tanto". Margarita no había perdido su talento pero, por la presión de sus padres, había perdido su pasión.

Habiendo aprendido de su experiencia con Margarita, mamá y papá adoptaron una actitud mucho más relajada con Jorge, el menor. Cuando empezó a manifestar interés por el fútbol, le compraron algunos artículos de segunda mano. Le explicaron que si manifestaba un interés constante, entonces le comprarían elementos más profesionales de fútbol.

Procure no programarlo en exceso. El exceso de actividades es la zancadilla de casi todas las familias modernas que conozco. Es difícil obtener estadísticas concretas sobre las actividades extracurriculares, pero me he convencido a base de hablar con miles de padres a lo largo de los años que la norma es de una a dos actividades a la semana y por lo menos dos en el fin de semana. Una razón es el mensaje cultural de que lo mejor es tener muchos intereses: muchas opciones, mucho de dónde escoger, muchas posibilidades de éxito. Bajo los estándares contemporáneos, se considera demasiado estrecho el que el niño participe en una sola actividad. Queremos que nuestros hijos tengan posibilidades ilimitadas. También mantenemos ocupados a nuestros hijos porque nosotros estamos muy ocupados.

Independientemente de la razón, el exceso de actividades casi siempre tiene un efecto negativo. Los niños me hablan con regularidad de la escandalosa realidad: "Demasiadas cosas es aburrido". Si bien la afirmación puede sonar contradictoria, refleja la sabiduría de los niños. Digamos que su hijo asiste a clase de tenis los lunes, tiene clase de música los miércoles, y el sábado entrena fútbol, lo cual no es una programación fuera de lo común en un niño en edad preescolar. Este trajín genera un modelo de aprendizaje que es amplio pero poco profundo, lo cual, infortunadamente, refleja el estilo de la segunda familia. Los niños rara vez se sumergen en un tema o en una actividad el tiempo suficiente para alcanzar un verdadero nivel de competencia.

LOS SÍNTOMAS DEL EXCESO DE ACTIVIDAD

- Las características temperamentales negativas del niño se intensifican: aumentan los gemidos, la ansiedad ante la separación o el comportamiento de oposición.
- El niño anhela un mayor tiempo de relajación, como ver televisión.
- Aumentan las peleas en casa, especialmente durante las transiciones.
- El niño se resiste a ir a sus actividades programadas.
- El niño se queja a menudo de que los grupos, clases o lecciones en los que participa son "aburridos".

Cuando algo sale mal, no se rinda: adáptese. Cuando los niños desarrollan un interés fuerte, es casi imposible que no se enfrenten a alguna dificultad. Por ejemplo, a los cuatro años, Lila desarrolló una pasión instantánea por la danza moderna; no paraba de hacer pasos y piruetas, Ángela, su mamá, me contaba que la mayor parte del tiempo se sentía hablándoles a los pies de Lila. Infortunadamente, Lila era la menor del grupo y en unos meses los otros niños, la mayoría de los cuales le llevaban seis meses, empezaron a avanzar más rápido que ella. Lila se empezó a desanimar. Entonces, en parte porque se estaba estirando de una manera demasiado exigente con su cuerpo, tuvo una caída y se lesionó la muñeca.

Ante eso, Lila se sintió muy decepcionada. Sus quejas y su resistencia para ir a clase eran tan altisonantes que Ángela estaba considerando abandonar del todo el programa. Madre e hija podrían entonces haber concluido que la danza no era lo suyo, o peor aún, que la niña era un poco floja. Propuse un punto medio: una clase menos exigente con niños en su mismo nivel de competencia. Este ajuste simple funcionó; Lila floreció. Cuatro años más tarde se unió nuevamente, y por voluntad suya, a la clase avanzada, donde ha desarrollado desde entonces una sólida confianza en sí misma y unas amistades perdurables.

Para establecer qué "encaja" hay que observar al niño en su campo, en su clase, en el entorno donde se manifiesta la pasión. Investigue para encontrar un programa que se ajuste a su temperamento y a la manera como mejor aprende. Tenga conciencia del problema más frecuente: un profesor o entrenador demasiado rígido u obsesionado por la perfección. Esa presión es capaz de espantar en un instante la pasión del niño. O, como en el caso de Lila, asegúrese de que su hijo no esté ni muy por debajo ni muy por encima del nivel del resto de la clase, experiencia que básicamente puede desanimar a cualquiera.

Cuando las cosas marchen con dificultad, ayúdele a su hijo a contrarrestar sus pensamientos negativos y a encontrar soluciones activas. Cuando los niños se desaniman, cosa que les sucede con frecuencia cuando prueban algo nuevo, caen a veces en lo que los psicólogos llaman "distorsiones cognitivas", es decir, pensamientos irracionales. Algunas distorsiones cognitivas comunes son: la catastrófica: "Nunca voy a hacerlo bien"; la telepatía: "El entrenador piensa que juego pésimo"; adivinación del futuro: "La presentación me va a salir mal" y la globalización: "Si me equivoco una vez daño todo".

Por ejemplo, Inés exclamó después de hacerle una tarjeta de cumpleaños a su padre: "¡Quedó asquerosa! A papá no le va a gustar. Yo no sé pintar y nunca voy a aprender". Como si su decepción no fuera suficiente para hacerla sentir fatal, la serie de distorsiones cognitivas la hicieron sentir peor consigo misma.

Como lo explicaba en el capítulo 1, las investigaciones indican que el pensamiento afecta el comportamiento y, en consecuencia, es posible alterar el comportamiento de una persona si se modifica la manera como piensa. Para moderar esta defectuosa lógica resulta útil revisar los hechos. Esto es importante porque los investigadores sobre procesos cognitivos han descubierto que a los niños les cuesta trabajo creer en cualquier cosa que no esté basada en los hechos. Usted puede utilizar esta técnica cuando la distorsión del pensamiento hace que el niño se atasque o se desanime.

1. *Entérese de qué piensa el niño y manifieste empatía.* La madre de Inés le dijo: "Ya veo que te hace sentir enojada y decepcionada".
2. *Haga preguntas concretas.* Por ejemplo, "¿Qué parte del dibujo te cuesta trabajo hacer?"
3. *Identifique la distorsión cognitiva.* "Piensas que nunca vas a poderle hacer a papá una tarjeta que le guste".
4. *Retroceda un paso y ofrezca un pensamiento contrario realista.* Una idea que ponga de presente (y vaya en contra de) la distorsión cognitiva que propicia el fracaso: "Inés, la semana pasada le hiciste una tarjeta muy linda a la abuela. ¿Recuerdas que te encantó? Esa vez también empezaste de nuevo, ¿verdad?".
5. *Encuentre una solución que se ajuste al problema particular.* "¿Qué color te gustaría más? ¿Qué tal si te doy otra hoja y lo intentas de nuevo?".

Miremos otra situación. Daniel, de cinco años y medio, trataba de aprender a patinar pero se caía constantemente y el ego le quedaba más golpeado que el cuerpo. Sin embargo, el pensamiento que acompañaba sus caídas era todavía más perjudicial: "¡No puedo hacer nada bien!", gritó al caerse por cuarta vez. Su madre, Nadia, recordó la estrategia de los hechos.

Para conocer qué era lo que perturbaba a su hijo, Nadia le manifestó empatía y, a la vez, hizo una sugerencia sobre cuál podría ser el problema: "Daniel, yo sé que debe ser incómodo caerse delante de todo el mundo. Te hace sentir incapaz y enojado". Cuando Daniel manifestó estar de acuerdo, Nadia identificó la distorsión cognitiva: "Pero no quiere decir que no puedas hacer nada bien". Daniel le dio una mirada escéptica hasta que ella le recordó cómo había sido la primera vez que había intentado montar en bicicleta. Dio un paso atrás y propuso un pensamiento contrario: "¿Recuerdas? Primero te costaba trabajo mantener el equilibrio, pero perseveraste y ahora eres un as".

Sin embargo, es importante que los padres no paren ahí. No olviden el paso cinco, ofrecer una solución activa. Idealmente, deje que el niño la proponga. Nadia le dijo a Daniel, "¿Qué quieres que haga para ayudarte a no caerte?".

"Ayúdame a sostenerme mientras intento de nuevo", contestó. Mientras Daniel recorría lentamente el parque con mamá a su lado, Nadia oyó que murmuraba "Aprendí a montar en bicicleta". El pensamiento opuesto positivo le ayudó a Daniel a abandonar la noción destructiva de que nunca sería bueno para nada. Empezó a relajarse y en corto tiempo ya recorría el parque a toda velocidad sobre sus patines.

Aprenda a elogiar de manera adecuada. Los niños pueden volverse adictos al elogio si no tenemos cuidado con cómo y cuándo repartimos nuestros cumplidos. Acaban actuando para buscar aplauso en lugar de hacerlo por el gusto inherente de sentir pasión por una determinada actividad. En una serie de estudios, Edward Deci, quien investiga sobre motivación, descubrió que tanto los niños como los adultos tienden más a conservar el interés en una actividad cuando no siempre reciben un premio en el proceso. En otras palabras, la capacidad de participar es intrínsecamente satisfactoria y reemplazarla habitualmente por una gratificación exterior es hacerle un flaco servicio al niño.

No importa qué palabras de elogio utilice pero evite la hipérbole, frases como: "¡Increíble!", "¡Espectacular!", "¡Es el mejor salto que he visto!". Lo reconozco, a veces a mí se me olvidan mis propios consejos y les hago a mis hijos esta clase de cumplidos exagerados. Sin embargo, estos pronunciamientos grandilocuentes no suenan genuinos. Peor aún, esto hace sentir ansiosos a los niños, como si tuvieran que desempeñar un papel, y crea en ellos un sentido poco saludable de derecho adquirido. Cuando uno no reacciona con un entusiasmo semejante ante cada pequeño logro o triunfo menor, el niño tiende a pensar, "¡Caramba, se supone que debes hacer grandes fiestas por las cosas que hago!".

Recuerde elogiar la pasión del niño, no el producto: Cuando Tatiana, de tres años, le mostró a su madre con orgullo el dibujo que había hecho, su madre le dijo: "Me encanta que le dedicaste mucho tiempo, con razón estás contenta con el resultado". De manera semejante, en lugar de decirle a su hijo de diez años que era un "fabuloso" jugador de baloncesto, lo cual no hubiera sido cierto pues apenas estaba empezando a aprender el juego, Elena elogió a Jeremías por practicar repetidas veces para poder encestar. "Debe ser que realmente te gusta", agregó.

La educadora Lilian Katz también sugiere "un refuerzo explícita y directamente relacionado con el contenido del interés y del esfuerzo del niño". Así que en lugar de hacer gran alharaca por el auto a escala que ha armado su hijo, podría ofrecerse a llevarlo a un museo de autos antiguos o prometerle un modelo nuevo más difícil para la próxima vez. O, si su hijo llega a casa con un proyecto escolar sobre astronomía, usted podría traer al día siguiente un libro de la biblioteca que amplíe su conocimiento sobre el tema. ¿Qué mejor elogio que demostrar que se da cuenta del interés de su hijo y que está dispuesto a colaborarle en su afición? Recuerde, guíese por las indicaciones del niño y trate de no adelantársele demasiado.

Esté flexiblemente disponible. Detrás de cada niño apasionado hay unos padres flexibles que entienden que aunque tendemos a pensar en los intereses de fuera de la escuela como "extracurriculares", apoyar estas actividades es tan importante como preparar las comidas o ayudarle al niño a hacer sus deberes. Una pasión debería ser parte de la vida de todo niño, pero fomentarla y cultivarla exige dedicación de tiempo y energía.

No obstante, no es bueno irse a los extremos. Por ejemplo, Carla y María José, de cinco y ocho años, juegan hasta seis partidos de fútbol entre ellas durante los fines de semana y sus padres se sienten completamente obligados a asistir a todos los seis. La relación de la pareja está padeciendo la tensión de tener que estar disponibles para las niñas. En el otro extremo del espectro están los padres de Irene, que poco o nada tienen que ver con su creciente pasión por el piano. Contrataron una profesora de piano, pero no le recuerdan que practique ni la escuchan cuando ha logrado aprender a interpretar bien un nuevo trozo. Y asisten a sus recitales solamente si esto encuadra dentro de su atareada programación. El piano no tiene para Irene el mismo significado que tendría si sus padres estuvieran interesados y participaran.

ELOGIOS QUE FOMENTAN LA PASIÓN

- Elogie de manera realista y adecuada. En lugar de "Eso estuvo fenomenal", diga, "Qué buen trabajo".
- Diga cosas concretas; no generalice. Diga, "La recibiste bien", en lugar de "Eres el mejor jugador de béisbol".
- Elogie el esfuerzo, no el resultado. "Vimos lo mucho que te esforzaste", en lugar de "¡Caramba!, mira todos los puntos que ganaste".
- Sea auténtico. Si no puede elogiar la totalidad del producto, encuentre una parte que le agrade, como: "Esos colores son realmente lindos".

En un punto intermedio y más típico, están los papás y las mamás que se dan cuenta de que un aspecto necesario de ser padres es ser flexibles y estar disponibles para asistir a eventos, para llevar y traer niños y para acompañarlos en sus triunfos y decepciones. Puede haber ocasiones en que estos padres tengan que sacrificar una cita o quedarse despiertos un poco más tarde para escribir el informe que no tuvieron tiempo de hacer por estar en una obra de teatro de la escuela. Y puede haber ocasiones en que no se puedan liberar de sus obligaciones, así que pídanle a un abuelo que vaya al partido o a otro padre que lleve al niño. Finalmente, estos padres logran un equilibrio sólido que permite que el niño se sienta apoyado y aplaudido, sin echar a pique la calidad de su vida familiar.

Tome decisiones conscientes en cuanto a la televisión. Como lo decía anteriormente en este capítulo, la proliferación de los medios de comunicación en nuestros hogares a veces congestiona el tiempo de nuestros niños y su capacidad de desarrollar una pasión. Esto no es una novedad para los padres, de hecho, una encuesta indica que el 73% de la gente desearía limitar el tiempo que ve televisión. Pero he aquí otro enfoque que he visto en las familias donde los niños desarrollan verdaderos intereses: Cambie la manera como su familia concibe la televisión; conviértala más en una decisión consciente. Por ejemplo, la mayoría de los niños pide permiso para salir a jugar. De la misma manera, ¿no deberían pedir permiso para ver televisión o un vídeo?

Usted, a su vez, debe procurar no contestar simplemente "Sí" o "No". En *The Smart Parent's Guide to Kids TV*, (Guía de televisión infantil para padres inteligentes), Milton Chen, Ph.D. propone inculcarles a los niños la noción de que "no vemos televisión, vemos programas de televisión". Así que hágales preguntas concretas a sus hijos: "¿Qué están dando? ¿Qué quieres ver?". Más importante aún, pregúntele si hay alguna otra cosa que quisiera hacer, como jugar afuera, leer o trabajar en un proyecto de cualquier clase. Trate de orientarlos hacia una de esas otras opciones. Y pregúntese: "¿Puedo acaso motivar a los niños a no encender automáticamente el televisor interesándolos en otra cosa?". Puede que requiera tiempo. Haga una pausa en sus ocupaciones mientras los inicia en otra actividad. Incluso si los distrae pidiéndoles que ayuden a programar y hacer la comida, ya es ganancia. Cualquier actividad que aleje a los niños de la pasividad de los medios y que los anime a pensar, a ser creativos, a investigar y a interactuar con otros constituye un uso mucho mejor de su tiempo y energía.

Sirva de ejemplo para mostrar los beneficios de tener una pasión sana. Obviamente, los niños necesitan que les sirvamos de modelos. Pero si los padres creen que el simple hecho de tener ellos una pasión es suficiente para estimular a los niños a desarrollar la propia, deben pensarlo dos veces. La pasión puede de hecho infundirles cierto temor a los niños. Cuando estamos intensamente sumergidos en una actividad o en una ocupación, a menudo nos desconectamos del resto del mundo. Por lo tanto, para ser un modelo positivo, debe mostrarles a los niños que aunque usted está profundamente interesado en algo, también es capaz de incluir a otras personas.

Caso típico: Mauricio, fanático del golf y padre de Josué, desaparecía con frecuencia durante horas interminables para dedicarse a lo que le interesaba. Al ver esto, Josué equiparaba pasión con pérdida. Le hice caer en la cuenta a

Mauricio de que si no desmentía la percepción de Josué, éste crecería con una gran ambivalencia hacia las consecuencias interpersonales de tener una pasión.

Con esto en mente, Mauricio empezó a llevar a Josué al campo de golf. Allí Josué pudo darse cuenta de que su papá jugaba con tres amigos con quienes compartía su dedicación al juego y que desarrollaba con ellos una gran camaradería. Mauricio también empezó a hablarle a Josué sobre golf; los dos veían juntos vídeos de golf. Obviamente, a Josué, a quien le encanta la atención de su papá y compartir con él su entusiasmo, ha empezado a disfrutar enormemente sus visitas al campo de golf. Hasta ahora, su curiosidad por el golf parece auténtica, pero incluso si Josué se interesa por otro deporte, al menos habrá empezado a ver la pasión bajo una luz positiva. Y lo que es igualmente importante, el amor de su papá por el golf, en lugar de erigir una muralla entre ellos, los está acercando.

Habilidades de los niños: cómo aprender a mantener la pasión

Un niño que no puede manejar la frustración, la decepción y la competencia, las cuales inevitablemente se presentan cuando uno desarrolla un interés, rara vez es capaz de mantener una pasión. Recuerdo a Tomás Herrera, un niño con quien asistí a un campamento de verano. A Tomás verdaderamente le encantaban el fútbol y el béisbol. Infortunadamente, cuando perdía un juego no se le podía hablar durante horas. Una vez un compañero de camarote olvidó dejarle a Tomás suficiente espacio después de que éste había perdido en un juego. Tomás se descontroló tanto que el pobre compañero empezó a llorar.

He visto el mismo comportamiento en adultos. Judith, una contadora que vino a buscarme porque sentía que a su vida "le faltaba algo", me confió que siempre había querido ser comediante. Finalmente, a instancias mías y tras practicar mucho tiempo, asistió una noche a un club para comediantes. Judith fue un éxito desde el primer momento. Estaba muy emocionada con su debut; nunca la había visto tan feliz. Luego se apuntó a una competencia estatal para

ESCUELA PARA LA PASIÓN

El Manhattan New School, en la ciudad de Nueva York, que abarca desde el grado uno al cinco, enfoca de una manera inusual la educación en la primera infancia. En lugar de concentrarse exclusivamente en las materias acostumbradas, el trabajo escolar se centra en el fomento de la pasión. Shelly Harwayne, la directora, explica: "Claro que enseñamos lo básico, pero queremos ayudarles a los niños a desarrollar una pasión por aprender. Así que enseñamos tratando de seguir las obsesiones e intereses de nuestros estudiantes".

Por ejemplo, si a un niño le encanta el béisbol, sus profesores le proporcionan todos los libros que pueda devorar sobre el tema y así le enseñan a leer. En matemáticas, calcula estadísticas de béisbol. Para enseñarle la cultura y la historia de su vecindario, le piden que entreviste administradores de parques y organizadores de deportes.

"En lugar de ahogar las pasiones del niño", dice Harwayne, "tratamos de aprovecharlas como un recurso y una fuente natural de energía para aprender".

Al leer esto, algunos padres se preguntarán: "¿Faltando el currículum tradicional, qué tan bien les va de verdad a estos niños?" Ni se pregunten más: la pasión obviamente estimula un aprendizaje intenso. Los niños que asisten a este colegio pasan a las mejores escuelas de Nueva York. No es sorprendente entonces que la solicitud de cupos haya crecido drásticamente desde su fundación.

comediantes y empató por el primer lugar. Pero Judith estaba tan decepcionada de no haber ganado ella sola que nunca volvió a participar en concursos. Judith perdió su pasión por no ser capaz de superar sus sentimientos de fracaso y decepción. ¿Por qué? De niña, a Judith no se le enseñó a manejar los inevitables reveses. Si tiempo atrás se le hubiera enseñado que desarrollar una pasión significa saber manejar las decepciones, tal vez nunca se hubiera dado por vencida. Los destinos de Tomás y Judith son ejemplos un tanto más dramáticos de lo que todos tenemos que encarar.

Pasión significa perseverancia. Un niño tiene que aprender a superar los inevitables baches tranquilizándose a sí mismo. Y como nos lo indica Lillian Katz, "Aprender a manejar los reveses y mantener la perseverancia y el optimismo necesarios para el largo camino hacia la destreza, constituyen los verdaderos fundamentos de un amor propio perdurable". Con ese fin, he aquí una serie de habilidades que le ayudarán a su hijo a saborear, no a perder, el espíritu.

La necesidad de entender sus propios sentimientos

El dominio del estado de ánimo y la expresividad ayudan a facilitar la pasión. Como lo dije en el capítulo 1, los niños, incluso desde los tres años, pueden aprender a tranquilizarse a sí mismos. Sin embargo, como el niño no ha desarrollado la capacidad de identificar sus sentimientos, a lo mejor sea necesario ayudarle primero a encontrar palabras para describir la experiencia de tener dificultades al aprender algo nuevo o de sentirse amenazado ante sus primeros esfuerzos. La selección múltiple funciona bien, como en "¿Te sientes furioso, triste o contento?" O pueden validar diciendo algo como "Veo que estás decepcionado", o "Eso debió haberte hecho sentir mal". Cuando un niño aprende a identificar y a expresar lo que siente, es más fácil manejar cualquier clase de desengaño o frustración.

Alejandro, de cuatro años, estaba decaído después de que su entusiasmo se había encontrado con la irritabilidad de un entrenador en su grupo preescolar de atletismo. Mamá le preguntó, "¿Te sientes triste o enfadado por el asunto del entrenador?" Al oír la palabra que describía sus sentimientos, Alejandro exclamó, "¡Furioso!" y luego explicó: "No me gusta cuando grita". Al darse cuenta de que Alejandro estaba tomándose personalmente los cambios anímicos del entrenador, su mamá pudo ofrecerle un pensamiento contrario para tranquilizarlo: "Alejandro, cuando grite, trata de decirte a ti mismo, 'no es por mí, está de mal genio' ".

Con el tiempo, los niños aprenden a identificar sus sentimientos y a incorporar a su propio repertorio los pensamientos que sus padres han ofrecido para contrarrestar esos sentimientos. La semana siguiente, cuando el dictatorial entrenador regañó a los niños en el campo de juego, la madre, sentada en las bancas, oyó que Alejandro les decía a sus amigos, "Estoy furioso con el entrenador... simplemente está de mal genio".

El desencanto y las frases de cajón

Ofrézcale a su hijo compasivas frases de cajón, proverbios populares que dan tranquilidad y que han sido transmitidos de generación en generación. Cuando las cosas se ponen difíciles, el niño puede hacer uso de su reserva y repetirlas para sí mismo. Según varias encuestas, las frases trilladas más usadas, dichos de muchos años que ayudan a la gente en los tiempos difíciles, incluyen: "Todo pasa", "Mañana será otro día" y "Cada día trae su afán". Adiciónele al repertorio otras frases de cajón que provengan de su tradición familiar. Si ninguna de éstas funciona con su hijo, trate de identificar cualquier clase de frase o serie de frases que funcionen.

Por ejemplo, cuando Clara está decaída después de un entrenamiento de fútbol o de un juego en el que no le fue tan bien como hubiera querido, su padre le pregunta, "¿hiciste un buen esfuerzo?" La mayoría de las veces esta simple pregunta logra suavizar un poco la decepción de Clara. Catalina, su hermana, tiene un temperamento mucho más sensible. A sus oídos, esa pregunta llegaría como una presión o crítica adicional. Después de cualquier fracaso necesita cariño adicional y que le den seguridad. Tras un poco de ensayo y error, han encontrado que esta frase hace maravillas: "Te queremos mucho, Catalina. Mañana quizá todo será mejor".

Como lo he dicho reiteradamente, los niños empiezan a repetirse rápidamente los pensamientos para contrarrestar dificultades y las frases que ayudan a serenarse. Clara se decía a sí misma con frecuencia, "Hice lo que pude". Catalina murmura después de una derrota, "Mañana todo será mejor". Y tenemos a Santiago. Su madre descubrió que su hijo de cinco años se sentía mejor cuando perdía una carrera si ella le decía, "No te preocupes, la mayoría de los otros niños tampoco llegó de primero". Ahora Santiago dice cuando necesita serenarse, "¡Roberto tampoco ganó!".

Ejerza el arte de la predicción realista

Según lo propone Martin Seligman en *The Optimistic Child*, (El niño optimista), debemos darles a los niños dosis regulares de realidad sobre el mundo. Lo que él llama "pesimismo realista" es mucho mejor que el entusiasmo general, porque a los niños les cuesta creer lo que no está basado en los hechos. Agregaría, además, que esto es especialmente vital cuando se trata de ayudarles a desarrollar la pasión. En esta época de fama instantánea, que promueve la idea de que todo el mundo es "especial", los niños realmente creen que basta con presentarse. A los niños hay que advertirles que es posible que no les vaya de maravilla la primera vez y que sus esfuerzos no sean reconocidos siempre.

¿Cuál de nosotros no ha tenido la tentación de decirle a un hijo, camino a una audición o a una prueba, "Tengo confianza en ti, te amo y sé que te darán el papel [o te escogerán para el equipo]"? Su hijo, de hecho, sabe que por más que usted lo ame, no tiene manera de saber que eso es cierto. Pensamos que estamos protegiendo a nuestros niños y decimos este tipo de cosas por cariño, pero, ¿qué sucede cuando no se le asigna el papel o no es elegido para el equipo? No estará tan preparado para la realidad. El mundo puede ser cruel y competitivo a ratos y estar escudando siempre al niño no es forma de ayudarlo.

Además, los niños de hoy en día no siempre están preparados para toparse con el muro del principiante, el momento en que la actividad parece tan dura que tendrá la tentación de darse por vencido. Sin embargo, si el niño está advertido y aprende a anticiparse a la frustración, será más capaz de vencer los temores y de perdurar en una afición.

Por ejemplo, el día que la escuela de Ana, de siete años, estaba eligiendo el elenco para una gran obra, su madre, Beatriz, le recordó camino a clase: "Sabes, Ana, muchos otros niños estarán tratando de conseguir el papel estelar". Beatriz entonces respiró profundamente y le dijo a su hija cuáles eran las posibilidades realistas. "Es probable que no te asignen ese papel. A lo mejor te dan otro papel, a lo mejor te piden que ayudes tras bambalinas".

¿Una manera negativa y destructiva de pensar? No, los niños de esta era de la hipérbole necesitan desesperadamente ese aporte delicado pero sincero. De hecho, a Ana la fortaleció esta dosis de realidad. Se sintió segura en la audición y fue escogida para prepararse en caso de tener que reemplazar a la protagonista. Eso la hizo feliz. Si Beatriz no la hubiera preparado, a lo mejor Ana se habría sentido intimidada y decepcionada con el resultado.

El beneficio de tener mentores adultos

Para desarrollar pasión, los niños deben ser capaces de identificar cuándo necesitan ayuda y saber a quién acudir. Tienen que superar el sentimiento de que no estarían "a la moda" si buscan la ayuda de los adultos. Como lo expuse en el capítulo 2, muchos niños viven en un mundo ligeramente separado del mundo adulto; tienden a sentirse más distanciados de los adultos de lo que le conviene a una esencia que se está desarrollando. Como resultado, cada vez es más normal que los niños sean orientados por la segunda familia y no por sus padres o sus profesores. Esto puede tener malas consecuencias en todos los ámbitos de la vida de un niño, pero especialmente cuando se trata de desarrollar pasión. Al fin y al cabo, los mejores mentores son generalmente adultos. Si un niño no se siente a gusto acercándose a nadie aparte de sus compañeros, tendrá dificultades para acceder al apoyo y a la sabiduría apropiados que pueden ofrecerle algunos adultos.

Por ejemplo, cuando la profesora de Carlos, la señora Gómez, percibió su interés por las matemáticas, le proporcionó un libro de matemáticas más avanzado. Aún así, era inevitable que Carlos en algún momento se atascara y necesitara ayuda. Pero como la señora Gómez era profesora, y Carlos se preocupaba por su "imagen", le parecía inconcebible pedirle ayuda especial. Al oír esto, les sugerí un poco de teatro casero. Mamá fingía estar perpleja ante un difícil problema de matemáticas. ¿Qué hacer? Carlos, haciendo de "profesora", le dijo, "Bien, hablaremos después de clase y te mostraré cómo se resuelve". Esa breve interacción le permitió a Carlos obtener una nueva perspectiva sobre su situación y encontrar una manera de pedir ayuda sin aparecer como un nerd ante sus amigos... buscó a la señora Gómez cuando sus compañeros no estaban cerca.

Algunos dilemas son más difíciles. En la escuela secundaria, Ana María tenía un entrenador de fútbol duro y guiado por la testosterona. Siempre que uno de sus jugadores se caía o se estrellaba contra la malla, el entrenador Espitia gritaba, "O se pone de pie o se retira. En mi equipo no hay espacio para debiluchos". Como resultado, un día que se torció el tobillo, Ana María se sintió, comprensiblemente, aterrada de buscarlo. Con un poco de ayuda de sus padres, idearon un plan alterno: confiar en el entrenador Gutiérrez, el joven asistente que le parecía más abordable. Tenía razón. El entrenador Gutiérrez se manifestó dispuesto a hacer de intermediario y le sugirió al entrenador Espitia que, puesto que Ana María no exhibía su habitual espíritu de competencia, tal vez necesitaba uno o dos días de descanso.

A diferencia de tantos niños que me encuentro que no son amistosos con los adultos, Ana María (con ayuda de sus padres), supo cuál era el adulto indicado para ayudarle. Si no lo hubiera hecho, a lo mejor se habría causado una lesión grave jugando a pesar del dolor o, tristemente, podría haberse alejado lentamente del deporte. Pero como sus padres siempre hacían énfasis en la importancia de los mentores, Ana María estaba abierta a la posibilidad de encontrar apoyo por parte de los adultos. No solamente confió en sus instintos sobre a cuál entrenador hablarle, sino que se sintió segura del hecho de merecer ayuda.

Parte importante de esto es ayudarle a su hijo a aprender desde muy temprano cómo pedir ayuda de una forma que no sea negativa y que no active ciertos botones en los adultos. Myriam, hija única, esperaba que todos los adultos interrumpieran lo que estaban haciendo cuando ella los necesitaba, al estilo de como lo hacían sus dedicados padres cuando ella los necesitaba. En casa, Myriam con frecuencia gemía cuando no lograba lo que quería y este comportamiento se había extendido al colegio. Acusaba repetidamente a su profesora de jardín infantil de ser "injusta". Y tenía la tendencia a tratar a los adultos como sirvientes; su tono daba a entender "me lo debes", Myriam se volvió más exigente con el tiempo. Lógicamente, su actitud era casi siempre contraproducente y a los profesores y a los entrenadores casi nunca les caía bien. Desde luego, estar en capacidad de pedir ayuda no garantiza en sí mismo que el niño no vaya a encontrar dificultades. Sin embargo, he observado a lo largo de los años que los adultos prestan mayor atención a los niños que son respetuosos y corteses, que entienden el toma y dame de una buena conversación, y que tienen presente el hecho de que no son los únicos en una habitación.

Los beneficios de encontrar un compañero de pasión

Con contadas excepciones, los niños detestan sentirse aislados. Eso puede disuadirlos de la pasión. Un interés continuado en un tema o una actividad involucra a menudo largas horas de dedicación en soledad al estudio o a la práctica. Por lo tanto, es bueno propiciar lo que yo llamo "Compañero de pasión", otro niño que comparta el mismo interés. Miguel y Ernesto se hicieron firmes amigos en torno al patinaje. Se conocieron a los cinco años en un programa fuera de la escuela y desarrollaron juntos su afición compartida, creando al mismo tiempo una de esas amistades especiales de la infancia. La camaradería les proporcionó una oportunidad temprana de ser maravillosos amigos de escuela elemental a la vez que adquirían grandes habilidades en una afición que a ambos les encantaba.

A menudo los niños se unen de manera natural a otros niños de la misma clase o equipo, pero quizá necesiten un poco de impulso externo. Santiago, nuestro experto en dinosaurios, pasaba horas en su habitación mirando libros y dibujos y Susana, su madre, se preocupaba por la falta de socialización del

---

LA CIMA ES SOLITARIA: QUÉ PUEDEN HACER PARA AYUDARLE AL NIÑO A TENER UN COMPAÑERO

• Asista a la actividad con el niño, a la cancha, al gimnasio, a la clase, observe quién le atrae y concéntrese en ese niño.

• Sirva de puente. La mayoría de los niños pequeños no tienen idea de cómo iniciar una amistad. Hable con los otros padres y ayúdele a su hijo a planear ratos de juego con ese niño.

• Construya otras actividades alrededor del interés compartido. Por ejemplo, organice una reunión para comer pizza después del partido o alquile un vídeo sobre el tema e invite a los otros niños a verlo.

• A medida que se haga más profundo el compromiso con la actividad, acérquese al adulto encargado del grupo. Esto sirve para detectar nuevas amistades o problemas potenciales.

---

niño. Así que lo matriculó en un grupo de estudio del museo para "niñosaurios" en donde conoció a otros niños igualmente encantados con el tema. Varios de ellos siguieron siendo amigos y compartiendo otros intereses mucho después de terminarse el programa de ocho semanas.

Gracias al milagro de la tecnología de Internet, los niños hoy en día pueden tener compañeros de pasión en cualquier parte del mundo. (Con supervisión) pueden participar en sitios de charla dedicados a un tema en particular. Y para una niña como Mariana, apasionada por la escritura, sus compañeros de correo o los que comparten la afición son un salvavidas contra el aislamiento.

No descuide la pasión. Los niños necesitan que usted fomente y proteja este fundamental constructor de esencia. Todos los niños se sienten mejor consigo mismos cuando están interesados en algo y lo dominan, y cuando ese algo es diferente a los interminables productos de la cultura comercial. Ese interés y esa destreza son especialmente significativos cuando los niños han hecho un gran esfuerzo y han superado los obstáculos que inevitablemente se presentan.

CAPÍTULO 5

TALENTO EN LAS RELACIONES

Habilidad básica #5: Oriente a sus hijos en sus relaciones
con amigos y compañeros de juego.

La preocupación de todos los padres

A mis amigos Josefina y Guillermo los admira todo el mundo por su habilidad
para manejar los problemas médicos crónicos de su hija Carmen, quien tiene
dificultades congénitas de visión bastante graves. Pero si se le pregunta a Josefina
qué es lo que más le preocupa sobre la crianza, la condición médica de su hija
queda sorprendentemente al margen. He aquí una madre cuya hija ha tenido
que superar grandes retos de salud, padecer múltiples operaciones y, ¿qué es lo
que le causa ansiedad?: cómo maneja su hija los asuntos sociales de todos los
días, como la elección de buenas amigas que, en palabras de Josefina, "tengan
valores sólidos".

Ella se preocupa especialmente al ver la manera como se tratan entre sí
algunos niños en la escuela de Carmen. Son duramente críticos, volubles en las
amistades y frecuentemente excluyentes. La idea de que Carmen haga amistad
con estos niños o de que la hieran, dice Josefina, es de hecho un asunto más
difícil, más intenso y problemático, que manejar la enfermedad de Carmen.

Esta madre sensible y comprometida es representativa de muchos padres
que conozco. En todas las charlas que dicto encuentro que los padres, incluso

de niños en edad preescolar, anhelan profundamente que sus hijos hagan buenas amistades y las conserven, y que entiendan qué es la amistad. Saben que estas habilidades son cruciales para el desarrollo.

Existe una consciencia cada vez mayor en los adultos de que la naturaleza de las amistades de los niños determinará en gran medida si éstos entran al mundo de la droga o sucumben en la adolescencia a la tentación de otros comportamientos de alto riesgo. Más que nunca, los padres sienten este reto en los primeros años. Pero a menudo no saben qué hacer al respecto.

Mi respuesta es que los niños necesitan desarrollar lo que yo llamo "Talento en las relaciones", el cual les permite manejar las relaciones con otros niños, elegir bien y ser buenos amigos que a la vez saben conservar las amistades.

Por qué el talento en las relaciones es importante para la esencia de su hijo

Éste es sin duda un asunto extremadamente difícil, para Josefina y para tantos otros padres y, sobretodo, para los niños que me buscan con problemas relacionados con las amistades. Las relaciones con compañeros se han vuelto cada vez más importantes como anclaje y punto de referencia para los niños de hoy. Bien sea en la guardería o en el jardín infantil, los niños interactúan con otros en edades cada vez más tempranas y los aspectos sociales aparecen en escena cada vez más pronto. El hecho de que tantas madres hoy en día trabajen ha "generado una industria enorme de cuidado diurno de los niños", según lo reportaba el *Wall Street Journal* en 1996. Señalaba que en los Estados Unidos aproximadamente diez millones de niños en edad preescolar necesitan quién los cuide en el día, dos veces la cifra de hace veinticinco años. Actualmente, más o menos la mitad de los niños entre los tres y los cinco años están matriculados en algún sistema de cuidado diurno. Por ende, incluso a nuestros niños más pequeños se les pide que tomen difíciles decisiones sobre sus compañeros: con cuáles trabar amistad y a qué costo para su sentido personal de integridad.

Que esas estadísticas prácticamente ni existieran hace veinte años es en sí mismo indicativo de los tiempos que vivimos. Pero también he sido testigo de primera mano de este cambio. Al comienzo de mi carrera, hace unos veinte años, cuando fui primero consultor de varias escuelas, me remitían casos de muchachos en los últimos años de secundaria para tratar lo que se llamaba problemas con los compañeros. Hace unos diez años empecé a recibir llamadas de padres de niños que iniciaban la secundaria. Ya a mediados de los ochenta, las quejas sobre ostracismo, intimidación y comentarios crueles se habían colado a los últimos niveles de la escuela elemental. Y hoy, por increíble que parezca, me invitan a hablar sobre problemas con los compañeros en aulas de segundo y tercer grado de elemental, inclusive a veces me invitan administradores de jardines infantiles. En resumen, los problemas son los mismos, pero ahora los padecen niños muy pequeños que no tienen el desarrollo necesario para manejarlos bien.

Hoy los niños necesitan más que nunca talento para relacionarse. Este importante constructor de esencia le permite al niño ser sabio a la hora de hacer amistades, de manejarlas cuando están funcionando y de reconocer el momento en que debe dejarlas si no marchan bien. Si su hijo es talentoso para relacionarse, forjará amistades con niños "buenos", y por lo tanto, estará menos propenso a exponerse a actividades potencialmente dañinas y hasta peligrosas y a que éstas logren seducirlo. Por lo tanto nuestra quinta habilidad básica:

Habilidad básica # 5: Oriente a sus hijos en sus relaciones
con amigos y compañeros de juego.

El talento para relacionarse confiere a los niños cierta astucia en las amistades: la capacidad de replantear o abandonar relaciones que maltratan. Les permite a los niños decir lo que piensan y pensar lo que dicen. En otras palabras, los niños talentosos en las relaciones son capaces de aprovechar la riqueza de estas relaciones sin perder su esencia interior.

Amenaza esencial: por qué es tan difícil enseñarles a nuestros hijos el talento para relacionarse

Los niños quieren pertenecer, quieren tener un entorno con sus compañeros en el que se sienten escuchados y acogidos, quieren ser parte de una gallada e incluso tener un mejor amigo con el que se sientan conectados. Infortunadamente, muchos niños, y los padres que tratan de orientarlos, están naufragando en esas aguas. Como lo veo, hay tres razones claves para esta crisis en el frente de la amistad.

Los fundamentos de la amistad son menos visibles hoy en día porque la vida de barrio ha cambiado. Antes los niños crecían en medio de una omnipresente familia extensa y de una comunidad unida donde el gran compinche vivía en la casa del lado y muchos amigos en la misma cuadra. Crecí en los "años maravillosos" de finales de los cincuenta y comienzos de los sesenta cuando la vida distaba mucho de ser perfecta. Pero sí me sentía anclado a mi vecindario. No por casualidad, los mejores amigos de mis padres eran los padres de mis mejores amigos. Pude observar a los adultos en sus amistades. Los veía cuidarse, pelear y reconciliarse. En otras palabras, fui testigo de su comportamiento y sus valores sociales.

Observaba a mis padres y a sus amigos enfrentarse a lo mundano y a lo trascendental. Cuando uno se enfermaba, los otros estaban allí para traerle caldo y cuidar a los niños. En las escasas ocasiones en que una pareja estaba en peligro de divorcio, los amigos intervenían y trataban de hacerles tomar consciencia de la gravedad del paso que contemplaban. En sus organizaciones, sus iglesias o sinagogas, sus ligas de bolos y sus cocinas, era allí donde veía a mis padres ser buenos amigos y fue así como aprendí los elementos de la amistad.

En contraste, los niños viven hoy en día en comunidades basadas en la economía, no construidas sobre valores históricos compartidos o sobre una etnicidad común. Desde los setenta, cuando el divorcio y una tremenda movilidad empezaron a cambiar el panorama, es posible que los niños ya no conozcan a su familia extensa o que no los vean con frecuencia. Tienen menos sentido de "comunidad" que las generaciones anteriores.

A la vez, sus padres casi nunca tienen el mismo tipo de amistades. Hacen sus amigos en el trabajo y socializan con ellos en el gimnasio en lugar de hacer amistades con los vecinos, a quienes a menudo ni conocen. Este punto fue puesto de presente de manera bastante dramática por la socióloga Arlie Hochschild en su más reciente libro *The Time Bind: When Work Becomes Home and Home Becomes Work* (La restricción del tiempo: cuando el trabajo se convierte en hogar y el hogar en trabajo). A partir de sus estudios y del trabajo de otros investigadores, Hochschild concluye que el lugar de trabajo se ha convertido en una especie de "familia sustituta" y en el lugar donde se forjan las amistades. De hecho, en una encuesta casi la mitad de los entrevistados (el 47%) decía tener la mayor parte de sus amigos en el trabajo.

Esto es especialmente cierto dentro del grupo de padres que nacieron entre 1946 y 1964, como lo anota Terry Galway en una punzante acusación a sus compañeros que apareció en julio de 1970 en *America Press*: "Los *baby boomers* son una generación que conforma un ejército de malcriados que va de etapa en etapa de la vida sin echar raíces. Los amigos cambian con cada movida y con cada nueva etapa. Los amigos de infancia ceden paso a las amistades de secundaria, luego a los compañeros de apartamento en la universidad, luego a los primeros colegas, etcétera, etcétera. La noción de amistad vitalicia con una historia compartida y un sitio común se ha transformado hasta ser casi pintoresca".

Como resultado de este cambio, nuestros hijos crecen en vecindarios donde rara vez son testigos de adultos que sirven de modelo de amistad. Consideren lo siguiente: ¿Qué tan a menudo los ven sus hijos interactuar de cerca con sus amigos? Claro, puede que hablen con otros padres por el teléfono o mientras sus hijos se entretienen en la zona de juegos, pero se requiere experiencia concreta para que cale el mensaje de lo que verdaderamente es una amistad. ¿Cómo aprenderán entonces los niños?

La mayoría de los niños aprenden sobre la amistad en la segunda familia. Cuando un niño no ve modelar amistades en casa o en el vecindario, hay un vacío, un espacio que vienen a llenar los valores de la segunda familia, cuyas reglas sobre la amistad provienen de la cultura de los medios. La ironía es que los niños hoy en día casi nunca están realmente "solos"; de hecho, están más indirectamente conectados el uno al otro que en cualquier generación anterior gracias a la televisión, los vídeos, los juegos de computador e Internet. Son parte de una "comunidad" de compañeros, instantánea e interminable. He sido testigo muchas veces de dos niños que no se conocen y que encuentran inmediatamente terreno en común debido a sus experiencias compartidas con los medios. Bien sea que cautive su atención Barney o las Spice Girls, los niños son todos parte de la misma comunidad; y al fin y al cabo, una programación semejante entra a millones de hogares. Esto quiere decir que los niños en todas partes oyen y absorben los mismos mensajes y ven los mismos veinte mil comerciales, independientemente de su lugar de residencia.

¿Y cuál es entonces el problema? Creo que los niños hoy en día tienen un sentido "virtual" de pertenencia. A veces se relacionan menos con compañeros reales que con la omnipresente cultura infantil. Y el mensaje que ellos digieren, ideas centrales repartidas en anuncios publicitarios, en la televisión y en el cine, no contiene probablemente los valores que usted quiere enseñar:

"Soy el número uno".

"¿Qué puedes tú hacer por mí?"

"¿Qué has hecho por mí últimamente?"

"Lo quiero todo".

"Seré el primero".

"Mis tenis costaron más que los tuyos; mis tenis son mejores que los tuyos".

Estos "antivalores" se difunden de un niño a otro y afectan el tejido de la amistad. Como los niños están tan desesperados por "pertenecer", actúan sin quererlo como esponjas que absorben sin darse cuenta las actitudes y los comportamientos que aprenden de la cultura actual. Según el *Center for Media Education* (Centro para la educación sobre medios), la mayoría de los niños menores de seis ni siquiera entiende que el objeto de un anuncio es venderles un producto y son por lo tanto inconscientemente adoctrinados. Absorber estas actitudes ciertamente no aporta mucho al fortalecimiento de la esencia interior del niño como tampoco fomenta amistades sólidas y trascendentales. Esto nos lleva a nuestra tercera, y quizá más grave, amenaza contra el talento para relacionarse.

Los niños están oprimidos por la tiranía de "lo que está de moda". Llamo a este problema "nerdofobia", el implacable temor infantil a no "estar a la moda". Según me explicaba Laura, de once años, alguien que está "a la moda" tiene que ser un poquito cruel. "Tiene que hacer que otras personas se sientan un poco incómodas a su alrededor. Tiene que saber cómo ser desagradable, comportándose como si fuera mejor que los otros niños, como si nada lo afectara". Luego agregó, "Yo no soy así. Pero quiero ser popular. ¿Qué hago?".

"Estar a la moda" significa que el niño es pseudosofisticado, en vestido y actitud, y esto empieza mucho antes de la preadolescencia. A veces, de hecho, me sorprende lo temprano que los niños toman consciencia de esto. Estaba hace poco en un almacén de zapatos con mis hijos, y mientras se probaban unos tenis, escuché una vocecita aguda detrás de nosotros: "Pero mamá, no quiero esos. No están de moda, son demasiado tiernos. Yo quiero estar a la moda". Me di vuelta, pensando que vería una preadolescente, pero allí delante de mi se encontraba una precoz niña en edad preescolar.

La nerdofobia aterroriza a los niños, los moldea, e ilustra sus amistades. "Estar a la moda" es un producto que se vende en televisión, en el cine, en la pantalla del computador. Inclusive los niños muy pequeños se sienten incómodos ante la idea de que alguien pueda pensar que no están a la moda. Tienen que tener por lo menos algo, un símbolo, que demuestre que lo están: la ropa, los vídeos, las frases que se usan. ¿Recuerdan aquella vieja pesadilla en la que aparecemos desnudos en público? Para los niños de hoy ser un nerd, no estar en la jugada, es equivalente a estar desnudos.

Claro, los niños siempre han estado pendientes de la ropa y de las pertenencias de los otros. Pero ahora el estándar es tan alto que es imposible para los niños, más aún para sus padres, mantener el ritmo. Los niños ven todos los días en televisión y en el cine el supuesto encanto de la riqueza y el lujo; esto afecta la manera como se perciben a sí mismos y como se relacionan con otros niños. Por lo tanto, a pesar de los valores de ustedes como padres, los símbolos de lo que se usa y lo que pasó de moda no solamente impregnan el mundo de sus hijos sino que ayudan a definirlo.

En una escuela, un grupo de niñas de tercer grado se había dejado influenciar tanto por la nerdofobia que había dividido a los niños en "nerds" y "niños niños". Al preguntarles a las niñas qué eran "niños niños", contestaron: "Los niños de verdad. Se visten como debe ser, hablan y caminan como hay que caminar, están en la onda". ¡En el tercer año!

Al poner en consideración estos factores culturales y los influjos de la segunda familia, es fácil ver que una cantidad de elementos atentan contra la buena amistad. Por fortuna, hay pasos que se pueden dar para ayudarles a sus hijos a desarrollar talento para relacionarse.

Habilidades de los padres: qué puede hacer usted para fomentar el talento para relacionarse

Las siguientes habilidades de los padres están divididas en cuatro partes: Las primeras secciones se relacionan con la comprensión de las "formas de relacionarse", cómo los niños se relacionan entre sí con sus amistades; la segunda les pide que presten buena atención a cómo ustedes se relacionan con el niño en casa. La tercera sección introduce la noción de que los padres desarrollen sus propios "grupos de padres de compañeros", lo cual los relaciona con los padres de los amigos de sus hijos y, lo que es más importante, amplía la comprensión de la forma como el niño interactúa con sus compañeros. Finalmente, la cuarta sección propone pasos concretos que se pueden dar para convertir la casa en hogar, estrategias que le ayudarán al niño a sentirse conectado con usted y, en el proceso, desarrollar talento para relacionarse.

Cómo entender el estilo particular de su hijo para relacionarse

Reitero a menudo en este libro que no creo en las soluciones generales. Por lo tanto, hay que mirar quién es su hijo y desarrollar estrategias concretas que funcionen en su caso. Para ayudarle, me acojo a la más reciente información sobre "formas de relacionarse" obtenida del emergente campo de la psicología relacional.

Por medio de casi cien estudios diferentes, los investigadores June Flesson y Alan Sroufe, profesores de psicología de la Universidad de Minnesota, han descubierto que con frecuencia se puede predecir qué clase de amigos tendrá un niño a los diez años con base en la observación de cómo se relaciona ese niño con sus padres a la edad de un año. Eso puede sonar increíble, pero es una conclusión que aparece constantemente en el trabajo de Flesson y Sroufe.

En otras palabras, el tipo de relación que predomina en casa y las experiencias "de relación" que el niño tiene en la familia, son interiorizadas y utilizadas por ese niño en el mundo externo. Si un padre es severo y dominante, por ejemplo, y al niño se le reprende con frecuencia, "absorberá" ambas caras de esa relación. Esto no significa que siempre los otros estarán encima de él; en algunas relaciones él será el matón y en otras la víctima.

Por ende, la forma de relacionarse que el niño tiene con sus amigos es una combinación de dos factores primarios: el temperamento básico de ese niño y cómo ha sido tratado en casa. Las formas de relacionarse son fluidas. Para cada uno existe un espectro que va desde la manifestación sana de ese estilo hasta la problemática. Los niños se deslizan por ese espectro, según el estado de ánimo, las circunstancias y el otro niño. Por lo tanto, algunas relaciones pueden suscitar comportamientos más positivos y productivos que otras.

A continuación las cuatro formas más frecuentes de relacionarse con los compañeros:

El líder puede ser jefe o matón. En el lado sano del espectro, esta clase de niño es asertivo y generalmente hace gala de un espíritu positivo. Es a menudo el niño polifacético que todos quieren tener en el equipo o en la fiesta. En el lado negativo, vemos al matón, al niño que carece de empatía, al que le cuesta compartir, al crítico de los demás. No se siente bien si no es el jefe.

La estrella puede brillar o robarles la luz a todos los demás. En el extremo positivo del espectro, no se muestra ansioso ante los riesgos. Es extrovertido, le encanta actuar y estar al frente y al centro. Es también la clase de niño que les ayuda a los otros a probar cosas nuevas. Es popular, desde luego, pero no porque intente serlo, ni porque alardee o busque el favor. En el extremo problemático, encontramos la clase de niño que tiene que ocupar la totalidad del escenario. Evita a los iguales por temor a perder el protagonismo y, por ende, prefiere rodearse de payasos y malogrados.

El solitario puede ser un espíritu libre o un aislado. En el lado sano del espectro, es un original que piensa por sí mismo. Puede entretenerse solo durante horas, se interesa por sus compañeros, pero no necesita de ellos para su retroalimentación positiva. En el otro extremo, vemos a un niño que no puede relacionarse con los demás y que siempre está afuera mirando hacia adentro. Puede ser también rechazado, el que jamás se ajusta y para el que nunca hay lugar.

El partícipe puede ser la voz de la razón o una víctima. En la versión saludable, es un niño que hace gala de su empatía y comprensión y que se siente bien participando y perteneciendo a la tribu. No decide sobre políticas, y eso está bien; le satisface colaborar. Hacia el extremo malsano, el de víctima, cumple las decisiones de otros con tal de ser aceptado. No está en contacto con sus pasiones ni con los deseos de su esencia interior; más bien, asume los de los demás. En el peor de los casos, compromete por entero su esencia, permitiendo que los otros niños se entrometan más allá de sus fronteras personales, todo con tal de ser aceptado.

Debo también anotar que aunque el temperamento es un factor, no es sinónimo de la forma de relacionarse. Cierto, pueden parecerse y los dos están con frecuencia relacionados. Los líderes en ambos extremos del espectro son generalmente del tipo intenso-agresivo y los solitarios tienden a ser del tipo intenso-sensible. No obstante, la diferencia importante es que las formas de relacionarse son fluidas y el temperamento no lo es. Y las formas de relacionarse pueden cambiar de una relación a otra debido a la química que haya entre ellos; el temperamento, en general, no cambia.

Cómo maximizar el potencial de relación de su hijo

Probablemente reconozcan a su hijo en las formas de relacionarse que describimos anteriormente. El niño puede dar evidencias de los atributos más visibles de un estilo en particular, pasándose en algunos casos hacia el lado malsano del espectro y en otras ocasiones no. Depende de las circunstancias y de con quién está. Sin embargo, las buenas noticias son éstas: como lo he dicho antes, aunque uno no puede cambiar notoriamente el temperamento de su hijo (ver el capítulo 1), sí puede influir sobre su forma de relacionarse cambiando su propio comportamiento como padre o madre y concentrándose en las relaciones entre padres e hijos y en las relaciones con los hermanos en la casa.

Es particularmente importante evaluar las dinámicas familiares cuando uno ve que el niño se está acercando al extremo negativo del espectro; si es un líder que es desmedidamente crítico de los demás, una estrella que exige el centro del escenario, un solitario que no puede relacionarse con los demás o un participante que sigue a la multitud a costa de sus propios sentimientos. Piense: "Bien, mi hijo está constantemente en relaciones que no le convienen, ¿de dónde viene esto? ¿qué está pasando en casa?"

Los padres pueden cambiar la forma como se relacionan sus hijos. Puede que esto les sorprenda, al fin y al cabo a casi todos nos han enseñado que las relaciones con los compañeros tienen que ver con los amigos de nuestros hijos y con "influencias externas". Si Juan está en problemas con los niños de la escuela, es por lo que sucede allá. No del todo. Aunque los compañeros pueden tener un impacto negativo, el comportamiento de los padres determina el tipo de compañeros hacia los cuales gravita el niño en primer lugar. De hecho, las investigaciones de Flesson y Sroufe confirman lo que he visto durante los últimos veinticinco años de ejercicio profesional:

El factor más importante en el desarrollo del talento para relacionarse es la manera como los niños son tratados en casa. Si aceptamos o somos críticos, si los incluimos o los excluimos, si somos exigentes o dadivosos, relajados o ansiosos, si animamos a los hermanos a tratarse amorosamente o les permitimos maltratarse en casa, todo puede afectar el tipo de amigos que escojan sus hijos.

Me apresuro a indicar que la conclusión más consoladora de las investigaciones es que si el patrón básico de interacción cambia en casa, pueden cambiar los patrones en las amistades. Por lo tanto, cuando los padres me buscan preocupados por las relaciones de sus hijos con sus compañeros, les digo, "Cuéntenme un poco de lo que sucede en casa".

En el caso de Francisco, sus padres temían que se estaba convirtiendo en la eterna víctima. Francisco era básicamente un solitario que a veces era capaz de hablar con sus compañeros acerca de su interés por la ciencia y los computadores; algunos de sus compañeros incluso admiraban sus conocimientos y su inventiva. Pero también parecía sentirse atraído por niños que lo molestaban, le robaban el almuerzo y le hacían charlas pesadas. Sus triquiñuelas estaban empezando a afectar a Francisco, quien temía ir a la escuela a pesar de sus buenas notas. Les pregunté, "¿Cómo es Francisco en casa? ¿Cómo interactúan ustedes dos con él?" Rápidamente, el cuadro adquirió nitidez.

En su familia, Francisco era criticado con frecuencia. No era el atleta que su padre quería que fuera; su cuarto estaba lleno de lo que su madre siempre llamaba "chécheres insignificantes"; y no tenía la habilidad social de su hermana mayor. Sus padres ciertamente no se habían propuesto hacerle daño a su hijo; simplemente no se daban cuenta de que estaban tratando de convertir a Francisco en algo que él no era. Pero hasta que no evaluaran su propio comportamiento, Francisco continuaría estableciendo relaciones que le hacían daño.

Otra niña, Ema, era participante pero con frecuencia se movía al extremo pernicioso del espectro. Era una "quedabien" consumada y temía que si no hacía lo que le decían sus amigas o no hacía eco de sus opiniones, no la iban a aceptar. Descubrí que su madre, Ana, tenía la tendencia a robarse la atención de los demás. Había sido modelo y su vida había girado alrededor de la vanidad y Ana todavía tenía gran visibilidad como admirada protagonista de eventos sociales. Esperaba que sus hijos también le profesaran reverencia y que se adaptaran a las necesidades de ella. ¿Es de extrañarse acaso que Ema gravitara hacia niños que eran más populares que ella y que estuviera dispuesta a hacerles concesiones y a perder su esencia interior en el proceso? Las amistades que Ema escogía no podían cambiar hasta que Ana no se diera cuenta del impacto que tenía sobre su hija.

En los anteriores casos, cuando los padres se decidieron a prestarle atención a lo que estaba sucediendo en casa y (en la medida de lo humanamente posible) a ser honestos consigo mismos, ocurrieron cambios increíbles en las amistades de sus hijos. Por ejemplo, los padres de Francisco controlaron su propio espíritu crítico limando su dureza y elogiando a su hijo en lugar de estar constantemente haciéndole caer en la cuenta de sus faltas. Al cabo de varios meses de sentirse más aceptado por su familia, Francisco trabó amistad con un niño que compartía sus intereses y su temperamento; ya no se sentía "a gusto" con niños que lo maltrataban.

Y la madre de Ema, Ana, tomó conciencia de la manera como orientaba las conversaciones familiares hacia sí misma. Al cabo de tan solo un mes de tratar de invertir la situación, y de escuchar a Ema con la frecuencia con la que esperaba que Ema la escuchara a ella, la complacencia de su hija con sus compañeras empezó a ceder. Su profesora reportó que Ema estaba "encontrando su propia voz" y, consecuentemente, había encontrado dos nuevas amigas.

La lección aquí es que los niños estarán en capacidad de buscar una mejor clase de amistad cuando cambien las relaciones con nosotros los padres. Este potencial de transformación es cierto hasta bien avanzados los años de la adolescencia.

Tenga en mente, sin embargo, que aunque los niños pasan por diferentes etapas de desarrollo, generalmente predomina una misma forma de relacionarse en cada etapa, incluso si el comportamiento parece diferente. Por ejemplo, para un niño tratado en casa con dureza puede ser difícil compartir cuando está pequeño y más adelante, como adolescente, puede ser el tipo de niño que excluye a otros de su "gallada". La misma dinámica de base impulsa comportamientos diferentes en varias edades.

Habiendo dicho esto, existe una excepción: aunque los problemas en casa pueden precipitar problemas con los amigos, los cambios inesperados o dramáticos en las relaciones con los compañeros no son generalmente causados por la relación con los padres. En otras palabras, si su hijo se convierte en víctima de repente o empieza de la nada a aislarse de sus compañeros, puede tratarse de un reto implícito en una situación, por ejemplo, una profesora diferente, un nuevo amigo carismático, un niño mandón que ha llegado a la clase. Estos cambios también pueden indicar que su hijo ha alcanzado la cima en una etapa del desarrollo y tiene que hacer un salto hacia el siguiente nivel, por ejemplo, pasar de jardín infantil a primero, lo cual puede ser muy estresante.

Cómo aprender sobre su hijo a partir de un grupo de padres de compañeros

Una de las más importantes claves para ayudarles a sus hijos a desarrollar talento para relacionarse es conocer a los padres de sus amigos; conocerlos bien. Además de buscar en casa las razones por las cuales su hijo exhibe una determinada forma de relacionarse, es muy importante conocer las casas de sus amigos y desarrollar "grupos de compañeros para padres".

En primer lugar, las asociaciones de padres son esenciales en la era postmoderna. En ausencia de una familia extensa que resida cerca, estos grupos le ayudan a su hijo a observar cómo los amigos adultos negocian entre sí. En segundo lugar, durante la semana de trabajo a muchos niños los supervisan personas contratadas; puede que los padres no establezcan los horarios de sus hijos, mucho menos que los vigilen, todas razones que harían provechoso conocer a otros padres. Ser parte de una red así le ayuda a oír lo que sucede cuando el niño no está con usted y a saber cómo está interactuando con otros niños. A su vez, este conocimiento le permite acercarse a una comprensión y a un control de lo que sucede. Cuando hay problemas con otros niños, puede intervenir con los padres de esos amigos, rápida y adecuadamente. A continuación dos puntos importantes para tener en cuenta.

Empiece temprano. El mejor momento para empezar a formar redes de padres es cuando su hijo asiste por primera vez a uno de esos centros de estimulación temprana o a cualquier actividad organizada. Lo que cuenta no es solamente el grupo de juego (o cualquier otra actividad con los compañeros); lo que más cuenta para las amistades de su hijo es la información que se intercambia entre los adultos. Por ejemplo Mario, de tres años y medio, era un niño sociable y atractivo, un líder para quien su madre Paula, de profesión abogada, había estado organizando reuniones de juego con otros padres desde cuando Mario tenía un año y medio. En determinado momento, sin embargo, Paula empezó a enterarse por los otros padres de que Mario estaba dando señas de pasarse al otro extremo del espectro y de que se estaba convirtiendo más bien en un matón. Paula sabía que en casa no estaba sucediendo nada diferente. Este era uno de los casos en los cuales un cambio abrupto en la forma de relacionarse reflejaba un problema de desarrollo o un cambio en el medio ambiente de Mario. Pero al escuchar a los otros padres, Paula se dio cuenta de que Mario

PREGÚNTESE...

Puede sonar simple, pero es cierto: lo que su hijo es en casa y cómo es tratado se verá reflejado en sus relaciones con sus compañeros. Pero uno no puede cambiar lo que no ve. Por lo tanto, el primer paso es mirar lo que sucede en la familia. A continuación, algunas preguntas acerca de su propio comportamiento y sobre lo que su hijo ve y experimenta en casa.

• Si mi hijo es hipercrítico en sus relaciones, ¿acaso yo lo critico mucho?

• Si mi hijo tiene que ser la estrella, ¿acaso le concedemos a menudo el centro del escenario, o, por el contrario, no le prestamos suficiente atención?

• Si mi hijo es demasiado dominante con sus amigos, ¿lo domino demasiado o le permito que me domine?

• Si mi hijo es un matón o una víctima ¿acaso nos ve a mi esposo o a mí queriéndonos imponer bruscamente sobre el otro o sobre el niño?

• Si a mi hijo lo maltratan los otros, ¿acaso lo critico con demasiada frecuencia?

• Si mi hijo es un "cuidalosdemás", ¿acaso tiendo a cuidar a los demás sin ocuparme de mí mismo, o espero que mi hijo me cuide a mí o a otros miembros de la familia de esa manera?

• Si otros niños se aprovechan de mi hijo, ¿acaso permito o fomento en casa ese tipo de comportamientos? ¿Acaso sus hermanos lo mandan demasiado?

• Si mi hijo tiene dificultades para jugar con otros, ¿acaso le pido con demasiada frecuencia que se entretenga él solo?

• Si mi hijo no pertenece nunca a un grupo, ¿acaso es el "diferente" de nuestra familia o somos nosotros una familia que se aísla de los demás?

parecía enojarse cuando un tercero "se entrometía", especialmente si el advenedizo era un poco agresivo. Le quedaba difícil compartir; se sentía excluido y reaccionaba con furia, verbal y física. Obviamente, esto empezó a afectar las amistades de Mario. Ya los otros niños no querían jugar con él.

Gracias a la relación de Paula con las madres de los compañeritos, pudo programar los ratos de juego de Mario para mantener al mínimo las oportunidades de que hiciera una pataleta. Al comienzo, organizó ratos de juego únicamente con otro niño; y luego, cuando empezaron a incluir a un tercero, se aseguró de que fuera un niño no agresivo. Al recibir de las otras madres descripciones concretas de las interacciones, Paula también pudo hablar sobre el tema con Mario en momentos de tranquilidad, entre una tarde de juego y otra.

Helena, una consultora de mercadeo que trabaja medio tiempo desde su casa, observó que María José, su hija de cinco años, estaba preocupada porque su amiga Sara le había dicho: "Nunca más volveré a jugar contigo", después de que pelearon porque María José no la quería dejar jugar más con su computador nuevo. Ambas habían desarrollado una buena dinámica de toma y dame desde cuando se habían conocido a los tres años, y María José generalmente se refería a Sara como "mi mejor amiga en todo el mundo". A pesar de su historia, María José, una participante, creyó en la amenaza de Sara y se sintió extremadamente afectada. No hubo tiempo para que Helena interviniera. Sara corrió presurosa hacia donde su madre en el instante en que oyó la bocina del auto en la entrada. Sin conocer el drama que acababa de tener lugar, Carolina, la madre de Sara, simplemente la llevó a casa.

Esa noche, sin embargo, Helena llamó a Carolina a contarle lo que había sucedido. Al poder comparar notas, las dos madres concluyeron que las niñas tenían que traer sus propios juguetes y comics en lugar de depender de lo que había en una casa o en la otra, y las madres tenían que ayudarles estableciendo una norma para el uso del computador. Como era de suponer, las niñas olvidaron rápidamente la pelea y estaban ansiosas por reunirse de nuevo a jugar.

Conserve la red de padres durante toda la secundaria. Conocer a otros padres es todavía más importante a medida que los niños crecen. Cuando yo era niño, si tenía el menor problema con mis amigos, uno de sus padres inevitablemente se daba cuenta e informaba a mis padres del suceso. Hoy en día, a falta de esos ojos adicionales en el vecindario, estar en contacto con otros padres no es sencillamente un beneficio; puede ser un salvavidas.

Unos buenos amigos míos, Elisa y David, están empezando a ver la sabiduría en esto a medida que su hija, Marcela, se acerca a su cumpleaños número once. Elisa y su esposo encaran una variedad de complicadas decisiones que hacen parte del territorio de la secundaria, y me dicen que no se imaginan cómo pasarían por esta fase si no estuvieran profundamente relacionados con otros padres. ¿Cómo podrían saber si el uso del transporte público para ir a la escuela y regresar es seguro para Marcela, si la pizzería local es un buen lugar para que Marcela se reúna con sus amigos, cuánto dinero se necesita de verdad para comprar refrigerios, o cuáles fiestas tienen supervisión de un adulto? Todas estas dudas pueden ser resueltas adecuadamente porque Elisa y David las discuten y trazan estrategias con los padres de los amigos de Marcela.

En una ocasión, por ejemplo, se estaba organizando una fiesta de quinto grado para celebrar el final del curso. Marcela contaba con asistir. "Pues porqué, porque todo el mundo irá", les dijo, y agregó, "¡Si no me dejan a ir voy a ser la única!"

Al comienzo, Elisa y David no sabían en qué casa sería la fiesta, qué actividades estaban programadas o quién supervisaría. Le dijeron que tendrían que averiguar los detalles. "Me muero si hablan con los otros padres", imploró Marcela. "Papi y mami, por favor, todos van a pensar que soy un bebé".

David y Elisa se mantuvieron firmes en su propósito, al igual que debería hacerlo usted, incluso si su hijo parece sentirse muy afectado o furioso. "Sencillamente, no puedo aceptar eso", le dijo Elisa con firmeza. "Simplemente no está bien. De hecho, jamás voy a dejar de hablar con otros padres".

La ironía es que Marcela sintió alivio. Elisa me contaba que la expresión de Marcela revelaba que la insistencia de su madre le había dado seguridad. Y aunque Marcela solamente lo reconoció más adelante, la fiesta no era tan importante como el deseo de que la llevaran en el mini bus recién comprado de una de las familias. Antes de darse cuenta, Marcela le había proporcionado voluntariamente a Elisa varios números telefónicos de los padres de sus amistades "por si acaso" los necesitaba.

Otro beneficio de tener su propio grupo de compañeros es que su hijo puede observarlo a usted negociar relaciones. No tengo dudas de que cuando sus hijos lo ven manejando asuntos de amistad, el beneficio es mayor a medida que progresa hacia la edad adulta. Conozco a Armando desde que tenía ocho años y ahora asiste a la universidad. Víctor, su padre, se interesaba y tenía que ver con la mayoría de los amigos de Armando y con los padres de éstos. A lo largo de los años, Armando observó a Víctor hablarles. Los vio tener desacuerdos, incluso disgustarse con otros padres por conceder privilegios demasiado pronto. Más tarde observó cómo su padre se reconciliaba con esos mismos padres. Más aún, Armando vio cómo su padre vivía y actuaba según su creencia de que la gente debía ser tratada con honestidad y respeto.

Naturalmente, padre e hijo se enfrentaron por el camino en más de una batalla. Pero a pesar de sus peleas, Armando está resultando igual a su padre: sincero y detallista, una persona de buen juicio además de buen amigo. Eso es lo que ha visto en las interacciones de Víctor con los padres de sus amigos y en eso se está convirtiendo.

La importancia de que la casa sea un "hogar" donde apetece pasar el rato

Ciertas casas se dan a conocer como "hogares", es decir lugares donde a los niños les gusta pasar el rato. Obviamente, los niños se sienten protegidos y seguros cuando viven en casas acogedoras que ofrecen comida, humor, recreación, límites y donde las rutinas son predecibles. Pero este sentido de protec-

ción se extiende al grupo de compañeros. Incluso en el peor de los casos, digamos por ejemplo que otro niño quiere que su hijo experimente con drogas, hay
mayores probabilidades de que llegue a casa y lo converse con sus padres.

Otra ventaja obvia de crear un hogar para sus hijos y sus amigos es que
uno puede tener información de primera mano acerca de en qué andan los
niños. Le permite estar enterado sin intromisión. Se percatará de cosas que le
ayudarán a descifrar el comportamiento de su hijo, la moda, los últimos términos, las referencias a los fenómenos de la cultura masiva. Y, como todos sabemos, la información es el poder.

¿Cuáles son los atributos comunes de estos hogares que tan consistentemente atraen a la gente joven? En el recuadro en la página 179 proporciono una
respuesta. Pero a continuación presento las cinco habilidades que todos los
padres deben desarrollar para que sus hogares sean atractivos para los niños.

Ofrézcales golosinas a los niños. Esto puede parecer de poca trascendencia, pero una encuesta del Yankelovich Youth Monitor, que les preguntaba
a los niños qué debían hacer los padres para que sus hogares fueran más acogedores para los niños, casi el 80% respondió, "Que compren las galguerías indi-
cadas". (Esa respuesta, por cierto, ocupaba un lugar mucho más importante
que actividades tales como "llevarme al cine".) Es cierto, los padres que hacen
"hogares" para sus hijos a menudo se quejan de que los niños están "vaciando la
despensa", en palabras de una de las madres. No obstante, en estas casas los
niños encuentran no solamente refugio sino un amplio surtido de comida chatarra y de alimentos sanos a su disposición. Puesto que la mayor parte del tiempo, desde luego, los niños prefieren la chatarra, quizá necesiten establecer unas
reglas sobre cuánto pueden consumir durante su visita. Es buena idea conver-
sarlo con otros padres. Algunos niños tienen dietas restringidas y definitivamente se debe consultar con sus padres.

Por ejemplo Margarita, madre de Constanza, estaba preocupada con la
preferencia de su hija de cinco años por los dulces, lo cual la estaba engordando
y por lo tanto haciéndola sentir desdichada. Cuando iba a la casa de Sandra,

Constanza aprovechaba para pedir todo el dulce posible. Por lo tanto, fue de gran ayuda para los Pérez, los padres de Sandra, enterarse de que tenían autorización de Margarita para establecer límites razonables a los dulces que Constanza podía consumir cuando estaba de visita.

Aprenda a hablarles a los amigos de sus hijos. Para que su casa sea un hogar, y para poder estar atento a lo que está sucediendo, tiene que aprender el idioma de "los nativos". Recuerde, los niños a veces tienden a hablar más con los padres de los otros que con los propios, así que hay una buena probabilidad de que otro niño se sincere cuando el suyo no lo haría. Y si su hijo ve que su mejor amigo le habla a usted, es más probable que lo perciba a usted como amigo de los niños. Igualmente importante, este tipo de intercambios incrementa la admiración de sus hijos. Una niña de seis años cuya madre acompañó al grupo en un paseo, anotaba, "Uy, a los niños de verdad les encanta mi mamá".

De manera semejante, Eugenia, la madre de Félix, de nueve años, se aseguraba de hablar con los mejores amigos de su hijo si éste se empezaba a interesar en cómics o en juegos de computador demasiado violentos. Le permitía comprender mejor qué era interesante para todos los niños, no solamente para su hijo, y establecer si se trataba de una fase o de una verdadera obsesión que debía tomar muy en serio.

A otra madre, Dora, le encantaba hablar con los amigos de su hija Lina, de siete años, sobre lo que estaba aconteciendo en la escuela. A diferencia de Lina, cuyas respuestas lacónicas poco revelaban sobre lo que realmente acontecía, sus amigas adornaban las respuestas con detalles de las peleas ("Erica insultó a Ana María") y con chismes ("Juan José está triste porque sus padres se están separando y no sabe dónde va a vivir él"). Consecuentemente, hablarle a su madre sobre la escuela en compañía de sus amigas se convirtió en un evento social en lugar de ser un "interrogatorio" de los padres. De este modo, Dora pudo no solamente enterarse de lo que sucedía en las relaciones de Lina, sino que le permitió una comprensión más profunda de cómo el grupo de Lina afectaba sus reacciones y estados de ánimo en casa.

Tenga sentido del humor. Esto, desde luego, es importante para poder hablar con los niños. Pero, claramente, los padres más populares son aquellos que son capaces de reírse de sí mismos tanto como de lo que los niños dicen o hacen. Las investigaciones más actuales revelan que los niños en edad de escuela elemental, y los niños un poco mayores, disfrutan especialmente un intercambio verbal ingenioso y ligero en que ambas partes bromean y aceptan la broma. "Al hacer encuestas entre niños sobre lo que respetan en los adultos", informa Jason Sheftel, antes del Yankelovich Youth Monitor, en una entrevista privada, "el buen sentido del humor ha estado apareciendo por primera vez. No sabemos por qué, pero es uno de los primeros cambios fundamentales que hemos visto en esta categoría". Esta misma actitud ha sido corroborada en mis entrevistas con niños. La mayoría de los ciento cincuenta niños con quienes hablé dijeron que "ser chistoso" era una de las características que más les gusta-

UNA GUIA PUESTA A PRUEBA PARA LAS CONVERSACIONES ENTRE NIÑOS Y ADULTOS

Los niños con quienes hablo son muy claros en sus indicaciones de cómo les gusta que sus padres hablen con sus amigos. Por lo tanto, si quieren que otros niños se sinceren, sin avergonzar al propio, hay que seguir ciertas normas. Sirven desde el preescolar hasta la secundaria.

- Estén disponibles por ahí. Pero no merodeen.
- Pongan temas generales en lugar de cuestiones concretas. Si llevan a algo, bien. Si no, no insistan.
- No hagan preguntas agudas sobre temas delicados para su hijo. Los amigos percibirán la incomodidad de su hijo y se retraerán.
- No enfoquen siempre a los niños; hablen también sobre ustedes.
- No sean artificiales, los niños de todas las edades lo perciben y sienten desprecio.

ba de sus "adultos preferidos". De hecho, no pienso que eso sea nada misterioso. Después de observar cientos de profesores en sus aulas, es obvio que el humor ayuda a aligerar el camino cuando las cosas están difíciles. Esto es particularmente importante a medida que su hijo va entrando en la preadolescencia y la adolescencia, cuando no solamente es importante hablar con los amigos de su hijo sino enfocar cualquier negociación en potencia con un corazón ligero y un gran sentido del humor.

Por ejemplo, cuando Nora estaba jugando en casa de Isabel, de once años, tocó a la puerta del estudio del padre de Isabel. Le preguntó a Marcos, un pintor que trabajaba en casa, si estaba bien que Isabel y ella alquilaran *El Santo*. "Lo vi en un avión este verano y pienso que es totalmente apropiado", le anunció Nora a Marcos. "No tiene nada de malo".

Marcos no quería avergonzar a ninguna de las dos niñas, así que dijo riendo, "¿Desde cuándo necesita Isabel un abogado para conseguir lo que quiere?". Nora se rió. También quería ser respetuoso con Nora, quien obviamente había pensado bien las cosas antes de tocar a la puerta, así que agregó, "Yo estoy seguro de que viste la película muy bien, pero no creo que encaje en los planes extender el rato de juego otras dos horas".

Marcos terminó la conversación diciéndole a Nora, "Creo que Isabel y yo vamos a tener que hablar sobre el asunto los dos". Al sacar a Nora del medio, había acatado una regla elemental: Está bien hablar con los amigos de sus hijos y bromear con ellos, pero nunca negociar con otro niño. Tan pronto lo hace, se crea un triángulo. Llegue a un acuerdo con su hijo en privado y, si es necesario, con otro padre o madre.

No tema establecer límites. En hogares acogedores los niños no se sienten "dominados", sino que entienden que no pueden salirse de control. Saben que no pueden destrozar nada ni llevarse las cosas, y que también deben respetar las reglas de la familia —por ejemplo, ser amables y no ser groseros ni insolentes con los padres.

Muchos sentimos temor de imponerles límites a los niños ajenos. Por un lado, nos ha costado suficiente hacer que nuestros hijos cumplan las reglas. También tememos que nuestras propias reglas vayan contra los valores de otros padres o que los niños nos vean como ogros. Sin embargo, ninguna de éstas es una buena razón para dejar de establecer límites. En nuestro hogar, nuestra propiedad, tenemos el derecho y la responsabilidad de crear límites respetuosos y seguros. Como lo indicaba en capítulos anteriores, los niños a quienes entrevisto dicen que quieren que les pongamos reglas; les da seguridad. Quieren límites especialmente cuando hay otros niños en los alrededores. Una niña de cuatro años lo decía todo: "Quiero que alguien me vigile, especialmente cuando estoy jugando con otro niño".

¿Lo verán entonces como el ogro del pueblo si establece normas? ¿Acaso dejarán de hablarle los amigos a su hijo si usted hace algo que "traicione" la segunda familia? No puedo asegurar que no haya riesgos de que su hijo sea rechazado o los padres criticados si establece límites, pero ésa es la excepción. Lo más frecuente es lo que les sucedió a Tomás y a Yolanda Buendía, quienes viven en un suburbio de clase media en Ohio. Un día, Tomás encontró colillas de cigarrillo en el piso del garaje, donde habían estado Rodrigo, su hijo de quince años, y sus amigos. Los Buendía me buscaron para pedirme consejo. Al igual que la mayoría de los padres, tenían temor de que al trazar una línea podrían ofender a Rodrigo y lo harían quedar mal delante de sus amigos. Así que probamos una manera de hablar que no culpara a nadie pero que dejara en claro que no permitirían nuevamente este tipo de comportamiento.

La clave era comunicar respeto. Cuando los Buendía hablaron con los otros niños, pusieron el mayor énfasis en sí mismos diciendo: "No nos sentimos cómodos de que fumen en nuestro garaje porque no tenemos autorización de todos los padres. También nos preocupa que alguien se haga daño y nos es difícil dormir pensando en esa posibilidad. Así que vamos a revisar de vez en cuando el garaje para asegurarnos de que estén cumpliendo esa regla. Y cerraremos el garaje a las diez".

Muy por el contrario de enfurecerse, los niños tuvieron una reacción más típica: escucharon y verificaron. Cuando Tomás y Yolanda encontraron nuevamente colillas de cigarrillo en el garaje unas semanas más tarde, cumplieron su palabra; no los dejaron utilizar el garaje durante un mes. Entonces, siendo razonables, les dieron a los muchachos otra oportunidad.

Lo sorprendente fue que los muchachos no sólo siguieron siendo amigos de Rodrigo, sino que empezaron a pasar más tiempo dentro de la casa. En lugar de resentirse contra Tomás y Yolanda por la postura que adoptaron, los niños empezaron a ser más abiertos. Catalina, de dieciséis años, por ejemplo, nunca parecía querer irse a su casa; finalmente les habló de su angustia; últimamente, sus padres habían estado discutiendo mucho y ella temía que el divorcio era inminente. Resultó que César también provenía de una familia con problemas en la cual se sentía impotente; les contó a los Buendía cuánto anhelaba que su padre dejara de beber.

Sin entrometerse en las vidas de las otras familias, Yolanda y Tomás pudieron ayudarles a estos muchachos prestándoles unos oídos adultos y orientándolos en una dirección constructiva. Le sugirieron a Catalina que hablara con el psicólogo de la escuela quien, a su vez, les informó a sus padres lo que Catalina estaba sintiendo. Y le ayudaron a César a encontrar dónde se reunía el capítulo local de apoyo a adolescentes de Alcohólicos Anónimos.

Incluya a los amigos en los rituales familiares. La cena de los viernes, la caminata de costumbre, un paseo al parque y otros eventos cotidianos son anclas confiables en la vida de un niño. En el capítulo 2 hablaba de la importancia de estos rituales: les ayudan a los niños a permanecer conectados a sus familias, y les enseñan el arte de hablar con los adultos. Pero ahora voy un paso más allá: cuando se incluye a los amigos en los rituales familiares, se presenta la oportunidad de que sus hijos observen cómo se relacionan ustedes con los compañeros de ellos.

Claro, una de las razones por las cuales Marcos pudo hablar con tanta naturalidad con Nora, sin hacer disgustar a Isabel o sin que ésta sintiera que su papá estaba metiéndose en su territorio, es que Nora había acompañado a la familia durante muchísimas cenas de viernes en la noche desde cuando las niñas habían trabado amistad en preescolar. De manera semejante, a medida que los Buendía empezaron a invitar a los amigos de Rodrigo a desayunar los domingos y a comer con ellos los días festivos, cimentaron su conexión con el grupo de compañeros y con él. Incluso después de que se fue a estudiar a una universidad que quedaba lejos, Rodrigo continuó trayendo en las vacaciones a sus amigos, lo cual les ayudó a Tomás y a Yolanda a permanecer al tanto de su cambiante vida de adulto.

Habilidades de los niños: herramientas varias

Debemos darles a los niños herramientas concretas que les ayuden a navegar por las difíciles aguas sociales de la infancia. En la primera sección a continuación presento la primera de esas herramientas, la CPM, una estrategia para que su hijo aplique cuando los problemas con sus compañeros lo perturben. Más adelante hay tres habilidades adicionales que su hijo necesita para desarrollar su talento en las relaciones: cómo alejarse, cómo cuestionarse de manera realista en lugar de creer automáticamente en lo que dice otro niño, y cómo pelear contra la tiranía de lo que está de moda.

Aprender la regla CPM

La primera habilidad del niño, que denomino CPM, le ayudará a su hijo a aprender a confiar en las reacciones de su esencia interior frente a sus compañeros y a tomar decisiones sabias en cuanto a sus amistades. CPM quiere decir:
Confianza, perspectiva y manejo.

CPM anima a los niños a confiar en sus instintos y a actuar consecuentemente. Suena simple, pero he aquí el aspecto de esta estrategia que muchos padres "justos" encontrarán más difícil: Esta habilidad les concede a los niños el derecho a que no les gusten determinados niños. Los padres tenemos la tendencia a pensar que los niños, especialmente los más pequeños, no deberían juzgar a los demás. Sin embargo, si los niños no aprenden a confiar en sus

DIEZ MANERAS DE CREAR
UN HOGAR ACOGEDOR

Las entrevistas que he tenido con cientos de niños de preescolar hasta secundaria y con sus padres sugieren que uno debería tener en mente los siguientes principios:

1.   Sea una presencia adulta, en segundo plano pero ahí. Permita que los niños tengan espacio pero asómese de vez en cuando.

2.   Plantee reglas respetuosas, firmes pero flexibles, que protejan la propiedad y los sentimientos.

3.   Evite avergonzar a su hijo. Trate de no repetir la lista de los "prohibido esto y lo otro" delante de sus amigos.

4.   No haga preguntas insicivas.

5.   Tenga a mano mucha comida, alguna chatarra, alguna sana.

6.   Pídales a los niños que ayuden con proyectos, pintura, jardinería, y especialmente a cocinar y hornear.

7.   Recuerde, se "juntan" para divertirse. Los niños opinan que el humor es esencial.

8.   Si hay ciertas áreas de la casa fuera de acceso, asegúrese de que sus hijos y sus amigos lo sepan, pero también asegúrese de que quede disponible mucho espacio acogedor donde los niños puedan estar.

9.   Decore de manera práctica y caprichosa algunos de los lugares donde a los niños les gusta estar; dentro de lo razonable, permítale a su hijo aportar ideas.

10. Si espera que los niños lo respeten, sea usted respetuoso.

instintos esenciales, se encontrarán siempre en relaciones malsanas y desconectados de sus propias necesidades. Por lo tanto, me opongo a una filosofía simplona que promueve la idea de que todas las personas son buena compañía y de que a uno le debe gustar todo el mundo.

Enseñe pronto la estrategia CPM; es uno de los mejores regalos que se le pueden dar al niño. Algunos niños incluso desde los dos y medio y tres años están en capacidad de aprehender los principios más simples. Lo pueden equipar con un "medidor de amistades", un monitor interno que lo orienta para determinar si un niño es o no una buena amistad. Con el tiempo, el niño empezará, por sí solo, a calibrar a sus compañeros, a tomar acciones concretas y a saber cuándo estar y cuándo huir.

Permítame detallar cada paso:

La confianza les enseña a los niños a tener fe en sus propios sentimientos, en sus reacciones "instintivas" hacia otros niños. Es importante que el niño aprenda que está bien desarrollar opiniones claras escuchándose a sí mismo y confiando en lo que su esencia le dice que le conviene. Pero la mayoría de los niños no aprenderán a confiar en sí mismos de esta manera a menos que los padres validen sus sentimientos y animen este tipo de autonomía. A menudo hacemos precisamente lo contrario.

Por ejemplo, basta mencionarle a Gabriel una tarde de juego con Álvaro y su cara adquiere aire de duda. Es típico. Alicia, su madre, se ha percatado antes de la reacción de su hijo de cuatro años, pero ha hecho caso omiso del sutil indicio o ha predicado la aceptación. El confundido Gabriel me dijo en privado, "¿Cómo es que no me gusta Álvaro si mamá dice que es buena gente, no?"

Esto no es inusual. Con frecuencia, el niño desconoce la razón por la cual no pasó bien. O sí sabe por qué, pero sus padres no le prestan atención a lo que él piensa. De cualquier forma, si los padres minimizan los sentimientos del niño o tratan de "arreglar" la situación, no permiten que haya confianza en la esencia. Evalúe este intercambio entre Gabriel y Alicia, cuando acaba de terminar una de sus reuniones con Álvaro:

GABRIEL: Álvaro no quiso compartir.

MAMÁ: ¿Le respetaste el turno?

GABRIEL: Sí, mamá, pero él es malo. Lo odio.

MAMÁ: Gabriel, eso no es cierto. Se conocen desde cuando eran bebés. Él realmente es un buen niño.

GABRIEL: (Luce desalentado)

MAMÁ: Estoy segura de que la próxima vez jugarán mejor.

Al igual que muchos padres, la madre de Gabriel no quiere que el niño hable con resentimiento y que utilice la palabra "odio". No es que a mí me encante la palabra. Pero a lo mejor Alicia le podría ayudar a sustituir la palabra por otra más aceptable como "no me gusta" o "no soporto". En cualquier caso, debe tratar de aceptar, no de coartar la reacción auténtica de la esencia de Gabriel. En lugar de restarle importancia a sus sentimientos necesita permitirle que los exprese.

Los padres necesitan tomar en serio las interpretaciones y experiencias de los niños para afirmarlas; la reacción de un niño es generalmente un indicador confiable de lo que está sucediendo. Inmediatamente después de un rato de juego, cuando la experiencia todavía está fresca, o más adelante como una continuación de comentarios espontáneos que hagan los padres, a lo mejor su hijo comunique voluntariamente lo que siente. Si no, hágale una serie de "preguntas de evaluación" específicas, como las del recuadro que hay a continuación. Con el tiempo, aprenderá a formularse él mismo ese tipo de preguntas y lo hará sin ayuda de ustedes.

La perspectiva les permite a los niños evaluar a otros niños. Escuchando sus propias reacciones los niños pueden empezar a comprender sus sentimientos en una variedad de situaciones sociales. Si su hijo dice que pasó bien con tal o cual amigo, pero parece estar descontento, concrételo. Pregúntele siempre qué pasó. A veces "bien" es lo que él cree que usted quiere oír. O, en algunos casos "pasarla bien" puede ser destructivo. A lo mejor los dos compinches se dijeron secretos o la pasaron bien a expensas de otro.

Recuerde que la meta no es "arreglar" las cosas o hacer pronunciamientos piadosos sobre cómo debería sentirse el niño. Más bien, la idea es conectar al

PREGUNTAS SOBRE EL TALENTO
PARA RELACIONARSE

El niño rara vez está en capacidad de determinar qué malogró un rato de juego o una salida con un amigo, y mucho menos de confiar en sus propios sentimientos. Sin embargo, con el apoyo de los padres puede empezar a formularse las preguntas que le ayudarán a sintonizar consigo mismo y a creer en lo que "oye".

¿Me gusta el niño o la niña?

¿La pasamos bien?

¿Me siento feliz cuando juego con ellos?

¿Me hace él, o ella, enojar?

¿Me hace dar ganas de pegarle o de escaparme?

¿Nos turnamos?

¿Compartimos?

¿Estuvo mandón?

¿Habla de la gente con malas palabras?

¿Es demasiado loco?

¿Me aburrí?

niño con sus propias reacciones desde su esencia interior. Esto le ayuda a ver que lo que sucedió lo hizo sentir de cierta manera. También le permite hacerse más consciente de su propio papel en la relación.

Después de que hablamos, la madre de Gabriel pudo sostener con él una conversación muy diferente al final de un mal rato de juego con Álvaro.

MAMÁ: Noto que estás enojado.

GABRIEL: Ajá.

MAMÁ: A lo mejor hay una razón. ¿Álvaro te molestó?

GABRIEL: No.

MAMÁ: ¿Se turnaron?

GABRIEL: No.

MAMÁ: Bien, ¿qué pasó?

GABRIEL: Álvaro no me dejó jugar con sus robots.

MAMÁ: Y eso te dio rabia.

GABRIEL: Sí, y también agarró mi Tarzán y no me lo quiso devolver.

MAMÁ: Así que no la pasaste bien.

GABRIEL: No, yo no la paso bien con Álvaro.

MAMÁ: Ya veo que Álvaro no se prestó hoy para pasarla bien y por eso estabas enojado. Es muy desagradable cuando no se comparte.

Gabriel se sentó en las rodillas de su madre un rato. Unos minutos después, ella dijo, "Veamos qué podemos hacer para que la próxima vez las cosas marchen mejor".

El manejo le recuerda al niño que la amistad requiere más intentar que ser pasivo. Y esto con frecuencia significa dar pasos concretos. Una vez que el niño entiende el problema, debe saber qué opciones tiene. Puede probar comportamientos y enfoques nuevos. Si se da cuenta de que se siente mal en la compañía de otro niño, puede quizás hablar con el adulto encargado, pedirle al otro niño que deje de hacer lo que le molesta, o retirarse. El punto es que los niños deben saber que tienen opciones.

De nuevo, usted tendrá que resolver al principio la mayor parte del problema, especialmente si se trata de un niño pequeño. Sugiérale que casi siempre hay algo que se puede hacer y pídale al niño que aporte ideas. Las preguntas efectivas sobre cómo hacer algo validan, son concretas y están enmarcadas positivamente. Por ejemplo:

- Sé que estás disgustado [validación]. ¿Qué podrían hacer para que se turnen bien [concreción] la próxima vez que jueguen juntos, de manera que ambos la pasen bien [actitud positiva]?

- Veo que estás emocionada [validación]. ¿Se te ocurre alguna forma como podamos saber ya [concreción] si te invitaron [actitud positiva] a la fiesta de Alejandra?

Y si el niño no puede proponer una solución propia, ofrezca su intervención. La clave es tomar la responsabilidad de iniciar la acción. Dígale a su hijo qué piensa hacer, de manera que no albergue la ilusión de que las situaciones mejoren por arte de magia. Tenga también cuidado de que la acción no culpe a nadie, ni a otro niño ni a los padres. Sus opciones pueden incluir:

"Hablaré con su madre para que jueguen de nuevo juntos".
"Puedo llamar y preguntar si todavía está disgustada".
"La próxima vez que jueguen juntas les ayudaremos a turnarse mejor".

El plan de acción que tracen juntos le ayudará al niño a sentirse mejor en su amistad. Eventualmente aprenderá la noción salvadora de su esencia interior de que no tiene que tolerar a un amigo cruel o egoísta.

Les he ayudado a muchos padres a enseñarles la estrategia CPM a sus hijos y les he enseñado a muchos de los niños que me buscan cómo superar problemas con los compañeros. Funciona porque les da a los niños una manera nueva de ver a sus amigos y les permite confiar en sus propios instintos.

Está bien marcharse

Es increíblemente importante que los niños sepan que terminar una amistad es una opción viable. La verdad es que ni su hijo le va a caer bien a todos ni todo el mundo le va a caer bien a él. Es importante validar este precepto que protege la esencia: Marcharse es a veces lo más natural y es lo adecuado. Recuerden que protegemos la esencia del niño cuando le permitimos ser fiel a sí mismo. Resúmalo de esta forma: "Si no te sientes bien con un amigo y sabes cuál es el problema, primero trata de resolverlo. Pero si no lo logras, no tiene nada de malo que te marches".

Recuerdo a Santiago, un niño que en el primer año era "el mejor amigo" de Gustavo, un fanfarrón terrible. Gustavo era la estrella en el extremo negativo del espectro; tenía que ser siempre el centro. Se rodeaba de niños que tenían menos de todo y nunca les dejaba olvidar que así era. Santiago, un participante, en sus mejores días actuaba como "goma" entre sus compañeros haciendo buenas sugerencias; sin embargo, con el tiempo parecía moverse hacia el extremo de la víctima. Independientemente de lo que Santiago hiciera, Gustavo siempre había hecho más, sabía más; ya había estado allí y ya había hecho eso. Y mientras más tiempo pasaba Santiago con Gustavo, más mal se sentía consigo mismo.

Desde luego que el comportamiento de Gustavo tenía sus raíces en las interacciones en casa. Una vez escuché que su madre, Liliana, le respondía a una mujer que había mencionado cuánto había crecido su hijo ese verano. "¿Te parece mucho eso? Mi Gustavo sí que creció, ocho centímetros en tan solo dos meses".

La mamá de Santiago trató de hablar con la mamá de Gustavo, pero su preocupación cayó en oídos sordos. Los profesores del niño que también habían notado su incesante alardeo, hablaron en clase sobre la importancia de la modestia. Finalmente, la mamá de Santiago charló con él sobre la estrategia CPM. Gracias a su preparación, cuando Santiago se sintió de nuevo humillado, reunió valor para decir, "Gustavo, no deberías dártelas tanto".

Pero Gustavo no cambió mucho. Con el tiempo, Santiago decidió, por sí solo, que a lo mejor Gustavo nunca iba a cambiar. Los padres de Santiago confirmaron su experiencia diciéndole: "Tienes derecho a no ser su amigo". Así que dejaron de juntarlos para jugar y la relación eventualmente se extinguió. Sin embargo, todo el proceso le comunicó a Santiago un mensaje importante en cuanto a las relaciones: si no lo puedes arreglar, no tienes que quedarte ahí siempre.

¡Qué regalo fue ése para Santiago! ¡Qué herramienta para la vida! Piensen en adultos que conozcan, incluso ustedes mismos, que no son capaces de dejar una mala relación. De hecho, una esencia saludable incluye saber cuándo marcharse y tener la fortaleza para hacerlo. En contraste, uno de los sellos más distintivos de niños y adultos en problemas es que siguen viniendo por más. Creen que pueden cambiar una mala situación o que se mejorará por arte de magia si solamente aguantan un poco más.

Recuerden también que las relaciones de los niños son fluidas. Dejar una amistad hoy no significa necesariamente que el año entrante, o incluso antes, los dos niños no se entiendan mejor.

Pensar antes de creer

Aprender a no ser crédulo es una habilidad sorprendentemente importante para el talento en las relaciones, pues tiene que ver directamente con la protección de la esencia. Algunos niños que están inmersos en la cultura masiva han aprendido a ser maravillosos vendedores. Otros niños, generalmente participantes, son increíblemente vulnerables a sus "estrategias de venta".

La tímida Marcela, por ejemplo, era el blanco perfecto para Carolina, una elocuente niña de ocho años de su clase. Sólo por divertirse, Carolina solía

---

POR QUÉ A LOS NIÑOS Y A LOS PADRES
LES CUESTA MARCHARSE

- Pensamos que los niños deben aguantar situaciones incómodas.
- Nos han enseñado a "poner la otra mejilla".
- Creemos que es nuestra responsabilidad cuidar de los demás.
- Tenemos miedo de que nuestros hijos sean excluidos.
- Pensamos que otros padres nos culparán o pensarán que somos entrometidos.
- Creemos que la brecha durará toda la vida y que no hay nada que se pueda hacer.

tratar de convencer a Marcela de cosas increíbles, y a menudo lo lograba. En una de esas ocasiones, Carolina le dijo a Marcela que sabía que sus padres se iban a divorciar y Marcela se angustió de tal forma que fue a hablar con su profesora. A duras penas podía hablar y cuando pudo decirlo todavía sollozaba sin consuelo.

A Kim, de cuatro años, un niño sensible de origen asiático, Simón, su compañero, le dijo que tenía unos ojos verdaderamente horribles. Para agregarle un poco de impacto, Simón le dijo que los otros niños estaban de acuerdo: "¡Todos están de acuerdo!", exclamó con aire de autoridad. Y esto era en preescolar, tenga en cuenta. Cuando vio a su madre esa tarde, Kim estaba destrozado. "Todos me odian... mis ojos son feos".

¿Por qué habrían los niños de creer estas aseveraciones? A veces porque son pensadores concretos . Estos niños no han dado el salto en el desarrollo que les permite pensar de manera más crítica y "pillarse" la idea abstracta de que alguien está tratando de engatusarlos.

Hay también otro factor, la empatía: darse cuenta de que los motivos de otra persona pueden ser muy diferentes a los de uno también afecta la credulidad de los niños. Aunque las más recientes investigaciones apuntan a que niños incluso menores de un año dan señas de una empatía primitiva, ésta no entra realmente a formar parte de la paleta de habilidades en la amistad sino hasta cuando el niño tiene entre tres y cinco años. A muchos niños, sin embargo, les llega más tarde y más gradualmente. Para un niño que no ha llegado a ese punto en su desarrollo puede ser difícil entender que aunque él tenga buenas intenciones, es posible que las de otro no sean buenas,

Finalmente, hay en general otro componente en juego: ansiedad social. Hay casos especiales en que el personaje del que hablamos es un niño popular, ataviado con las últimas fantasías de la cultura de los medios y al que el estatus le confiere un aire de autoridad a todo lo que dice. Uno de estos niños, Boris, es estudiante en una secundaria de suburbio; es guapo, elocuente y la estrella de varios equipos deportivos. Este niño de once años de verdad me dijo sin dar señas de vergüenza: "Yo puedo venderles a todos cualquier idea". Los niños que son socialmente inseguros y que están ansiosos de aceptación son blancos fáciles de un niño como Boris.

La credulidad puede también ser indicio de una dificultad de aprendizaje que puede afectar las percepciones del niño y su autoestima. A Eugenia, por ejemplo, le costaba trabajo identificar las letras del alfabeto. Se sentía un poco inferior a los otros niños y por lo tanto era más vulnerable; asumía que los demás siempre sabían más que ella.

En cualquier situación parecida a las anteriores, es esencial ayudarle al niño a tener criterio respecto a los otros niños, a sus motivos y a la posibilidad de que sean declaradamente crueles. Recuérdele la estrategia CPM: que confíe en los sentimientos que se presentan, que tome perspectiva para saber lo que significan esos sentimientos y que le dé un manejo a la situación mediante acciones razonables.

Adicionalmente, el niño puede empezar a aprender a hacerse una serie de preguntas que le servirán para medir su grado de credulidad y así tener una perspectiva nueva. Están diseñadas para aclarar la diferencia entre la verdad y las mentiras y entre las motivaciones propias y las de los demás:

¿De verdad ella podría saber eso?

¿Sabe más él que yo?

¿Qué sería lo peor que podría pasar si eso fuera realmente cierto?

¿Alguna vez me ha tratado de manipular en el pasado?

¿Será que simplemente está tratando de darse importancia o de alardear?

Estas preguntas literalmente le ayudan al niño a pensar con mayor claridad y a ser menos reactivo. También le proporcionan una respuesta "de combate", de fácil recordación y que le sirva para develar la mentira del otro. Por ejemplo, generalmente sirve para detener en seco a uno de estos niños crueles el que un otrora participante le diga: "No creo en lo que dices. ¡Tú te inventas cosas!".

Cómo luchar contra la tiranía de "lo que está de moda"

Independientemente del estilo que tenga un niño para relacionarse con sus compañeros, aceptar que pueda parecerles a otros un nerd por tener intereses diferentes es una habilidad importante en los niños y debemos ayudarles. Parte de la solución es elogiar al niño por comportamientos que en general no se adaptan a los cánones de lo que está "de moda". Para ver qué cae dentro de esta categoría, los remito al siguiente recuadro titulado "Los derechos del nerd".

Admito que se trata de derechos difíciles de ejercer, incluso para el niño más amoroso y sensible. Como hemos visto, hasta a los niños de jardín infantil, ya los pequeños dueños del poder les están aplicando los conocidos rótulos de "diferente" y nerd. Sin embargo, con ayuda de los padres, algunos niños sí pueden tomar una postura firme contra la tiranía de lo que "está de moda", de lo que se usa.

Cómo fortalecer la empatía y el valor en su hijo. La clave de esta habilidad tiene que ver con dos características que son vitales para la esencia del niño: la empatía y el valor. He visto a los padres suscitar acciones valerosas cuando les enseñan a sus hijos a ver a los compañeros con empatía. Por ejemplo, Silvia me buscó cuando Zacarías, su hijo, estaba en jardín infantil porque estaba preocupada por los valores que Zacarías estaba aprendiendo en el colegio. Silvia tenía buenas razones para preocuparse. Lucas, uno de sus compañeros, había empezado a llevar lentes gruesos y tanto Zacarías como los otros niños más "a la moda", también conocidos como los "niños niños", se burlaban de Lucas. Le sugerí a Silvia que le hiciera a Zacarías unas cuantas preguntas en un tono de voz no acusador:

"¿Cómo crees que se siente Lucas cuando se burlan de él?"

"¿Por qué crees que empezó a usar anteojos? Adivina".

"¿Crees que molestarlo le hace la vida más fácil o más difícil en la escuela?"

LOS DERECHOS DEL NERD

Lo siguiente se adapta a todas las edades, porque la definición de un nerd permanece razonablemente estable durante la infancia.

- El derecho a que a uno le importe su desempeño en la escuela.
- El derecho a no ser excluyente.
- El derecho a que a uno le importe lo que piensan los adultos a cargo.
- El derecho a tener pasión y a no avergonzarse de ello.
- El derecho a no participar en el maltrato a otros niños o en la utilización de chivos expiatorios.

Y, lo más difícil de todo,

- El derecho a salir en defensa de un niño que no es popular, especialmente acudir a los padres o a los profesores para contarles que los otros niños son crueles con él.

Estas preguntas pusieron a pensar a Zacarías. Conversó sobre sus ideas y Silvia expuso las suyas. Zacarías no experimentó una transformación instantánea y mágica, pero con el tiempo el mensaje empezó a calar. Las preguntas de su madre le permitieron a Zacarías ver a Lucas como una persona completa, en lugar del nerd sin sentimientos. Y lo que hizo posible la conversación fue la ausencia de un tono de sermón en la voz de Silvia.

Fue muy importante también el hecho de que al pensar en Lucas de esta manera Zacarías sintió menos temor de hablarle. De hecho, se sintió algo curioso y, finalmente, le preguntó a Lucas por qué usaba lentes y cómo se sentía con ellos. Eventualmente se los probó.

Al cabo del tiempo, Zacarías empezó a abstenerse cuando los otros niños la emprendían contra Lucas. Entonces, porque pudo identificarse con los sentimientos de Lucas, hizo algo verdaderamente nerd: Zacarías se enfrentó con el grupo. "¡Dejen en paz a Lucas!", les exigió a sus amigos, imaginándose con temor que ahora la emprenderían contra él. Zacarías tenía razón en parte. Durante varios días algunos de los niños se rieron de él. Pero los niños son niños y pronto lo olvidaron.

¿Y se acuerdan de Laura a quien conocieron al comienzo de este capítulo? No quería ser mala con los otros niños pero estaba desesperada por ser popular y no sabía cómo lograrlo. Esta situación hizo crisis cuando Débora, una solitaria en una clase llena de estrellas y líderes, fue aislada por el grupito de moda. Débora "se viste como una *hippie* de los años sesenta" decían en son de burla algunas de las otras niñas. Laura sabía dentro de su corazón que estaba mal molestar a Débora. Su familia no tenía mucho dinero y a lo mejor Débora usaba ropa de segunda mano porque no tenía opción. Su esencia interior le estaba diciendo una verdad que era difícil de oír, pero que era todavía más difícil de traducir en acciones. Laura se odiaba por seguir a la manada.

Finalmente, Laura me contó lo que estaba sucediendo. La animé a que corriera el riesgo, a que experimentara con comportamientos que a lo mejor los otros niños consideraran fuera de nota pero que fueran fieles a los sentimientos de su esencia. Repasamos la estrategia CPM, haciendo énfasis en lo que ella realmente sentía y pensamos en la situación y en lo que su esencia le estaba diciendo que debía hacer. La verdad era que Laura no quería ser "tan presumida y criticona" con los demás. Así que le dije, "Bien, puede que tengas que correr un riesgo. ¿Qué puedes hacer?"

Pensó un momento y dijo, "Me puedo sentar con Débora un día, cuando esté sola. A lo mejor no me odiarán todas las niñas. Creo que María José sí me seguirá hablando".

Tenía razón. Laura se sentó con la niña más "diferente" de la clase y descubrió que el mundo no se le derrumbaba. No fue calificada de nerd de por vida. No solamente María José sino otras niñas la apoyaron. Claro, algunos niños la hicieron a un lado esa mañana, pero decidió que no valía la pena ocuparse de los que se reían.

Quiero poner de presente que Laura no se convirtió en la mejor amiga de Débora. Laura es una niña, una buena niña, quizá, pero no es una santa. No convirtió a Débora en proyecto, ni asumió el trabajo de transformarla. Pero continuó hablando con ella de vez en cuando y, lo que es más significativo, se sintió mejor consigo misma. Laura conservó su esencia y sus amistades.

Al terminar el año escolar, Laura me dijo, "Sabes, no se acaba el mundo si soy un poco diferente". Al definir cómo se sentía en relación con sus amigas, qué quería, y si sería capaz de tomar riesgos, Laura fortaleció su esencia inconmensurablemente. Empezó a vestirse como a ella le gustaba en lugar de como las otras esperaban que ella se vistiera; y fue amable con los otros niños. Al final del año, todo un grupo nuevo empezó a formarse alrededor de Laura: el auto denominado "Club de los nerd". Estos niños estaban de hecho empezando a sentirse orgullosos de lo que antes denominábamos comportamiento recto: hacer las tareas, tener intereses, vestirse de manera auténtica y ser buenos con los demás. Pude decir finalmente aliviado que había conocido a un grupo de niños que no se sometieron a la tiranía de "lo que está de moda".

CAPÍTULO 6

CONCENTRACIÓN

Habilidad básica # 6: Ayúdeles a sus hijos a prestar atención y a que les entusiasme aprender.

Una sociedad que no se concentra

La primera vez que inserté en nuestro aparato de vídeo la nueva versión de *Star Wars* para que la vieran mis hijos, pensé, "Éste va a ser verdaderamente un gusto para ellos". Estaba equivocado. Se quejaron durante las dos horas y media que dura la película: "Es demasiado lenta. Tarda demasiado. ¿Cuándo empieza la acción?". Al final, desde luego, se interesaron en la historia e incluso pidieron verla de nuevo. Al mirarla con ellos me di cuenta de que en efecto las escenas parecían largas, en comparación con las películas veloces y entrecortadas que vemos hoy en día. Sin embargo, tan solo hace veinte años esta película era lo máximo en destreza tecnológica y en superestimulación.

Nos hemos convertido en una sociedad de "minusválidos de la atención", en gente que simplemente no es capaz de concentrarse. Tristemente, nuestros niños son los mayores damnificados. Pero tengan en cuenta que no hablo de los millones de adultos y niños a quienes se les ha diagnosticado acertadamente un síndrome de déficit de atención, un trastorno que la comunidad de la salud mental caracteriza como la incapacidad de concentrarse y de controlar los impulsos.

Este síndrome de déficit de atención es el diagnóstico de la década, una categoría que reúne todos los casos de niños que no son capaces de sentarse quietos o que continuamente perturban el orden de la clase. Hace diez años nunca habíamos oído el término; hoy esta condición aparece mencionada regularmente en las portadas de libros, en la televisión y en Internet. Para muchos niños el diagnóstico ha sido una salvación pues les ha ayudado a obtener la atención y el remedio que necesitan. No obstante, en ciertos casos el diagnóstico es errado, y a los niños se les aplica un rótulo que puede convertirse en excusa para no ser responsables y para no desarrollar su propio potencial. De todos modos, lo que tengo en mente no es realmente ninguno de los dos anteriores grupos de niños. Hablo de los millones de niños (y adultos) que tienen lo que yo llamaría un lapso de atención corriente, pero que parecen estar experimentando cada vez mayores dificultades para mantener la concentración en sus tareas diarias. De hecho, algo le ha sucedido a la atención corriente, a nuestra habilidad para soportar frustraciones y para divertirnos, y el fenómeno crece exponencialmente y puede observarse dondequiera que uno mire. Ciertamente lo observo en mi familia, en las familias de mis amigos y en mis reuniones con niños y padres.

- Recientemente, cuando pasé a buscar a mi hijo después de un rato de juego con un amigo, observé a Tatiana, la hermana menor, que no podía tener más de tres años. Estaba acostada sobre el tapete de la sala con una muñeca en el brazo, tomándose un biberón mientras veía la tele. En el instante en que apareció su madre, Tatiana manifestó que además quería que la abrazara. En otras palabras, esta niña tan pequeña necesitaba estimulación simultánea prácticamente por todos los canales sensoriales.
- Observé a Lidia, la hija de cinco años de unos buenos amigos, en su habitación: la televisión estaba encendida, los bloques de ensamblar regados sobre la cama. Escuchaba con audífonos el disco de *Anastasia*, comía gomas ácidas, abrazaba un oso y dibujaba, todo al mismo tiempo. Es, pensé perplejo, la versión "grande" de Tatiana.
- Daniel está en cuarto año, es un niño amable y popular, hace deporte y se desempeña bien en el colegio. Infortunadamente, nunca toma un libro por gusto. Sus padres, que son lectores ávidos, están muy preocupados.

¿Por qué tiene Daniel tanta resistencia a la lectura? "Hay demasiados detalles. Es aburrido", explica él.

• Cuando Arturo, de once años, hace una tarea que requiere "resolver algo", si no lo logra de inmediato o no puede hacer el proyecto como él quiere, tira el lápiz y se marcha. ¿A dónde va? A jugar Nintendo 64 o Super Mario, donde puede controlar por completo el nivel de dificultad y por lo tanto su propia frustración.

Todos estos niños son básicamente normales y, creo yo, van a crecer bien. Ciertamente no necesitan actividades remediales ni medicamentos. La pregunta es, ¿les parece conocerlos?

Claro que sí. Aunque ninguno tiene un "mal" certificable, cada uno es víctima de un mal cultural, la sobreestimulación, que ha erosionado nuestra capacidad de concentración. En cifras que van en aterrador aumento, los niños de hoy (y no solamente los que sufren de déficit de atención) no pueden concentrarse sin aburrirse rápidamente o sin sentirse fácilmente decepcionados. Necesitan acción, acción y más acción, excitación que estimule todos los sentidos. Y exigen elogio y participación de los padres en un nivel nunca antes visto. Con razón casi todos los padres de hoy experimentan esta frustración con sus hijos. Estamos todos en el mismísimo centro de una crisis de concentración.

Por qué es importante la concentración

"¿Y por qué tanta alharaca con la concentración?" La respuesta es que esta característica constructora de esencia es una necesidad y es un don, una habilidad primaria. Antes que nada, concentrarse capacita al niño para dirigir y mantener la atención. Esto influye claramente en la manera como aprende y en lo que retiene. La concentración es la clave del éxito académico. Le permite al niño prestar atención a lo que dice el profesor en la clase, hacer las tareas sin caer en las garras de las múltiples distracciones que hay en la casa y abrirse camino en el proceso de aprendizaje. La capacidad para concentrarse le permite al niño absorber información nueva. Mediante la concentración puede alimentar su computador interno con imágenes y datos que, en última instancia, le sirven de intermediarios con su mundo y le ayudan a manejarlo.

El niño que tiene esta habilidad primaria puede permanecer en un tema o en una actividad. Esto hace más profunda su comprensión y le permite sumergirse verdaderamente en el aprendizaje. La concentración, desde luego, va de la mano con la mayoría de los otros constructores de esencia porque es la característica que le permite a un niño dedicarse a algo. Esto es particularmente evidente con la pasión. Puede que el niño esté profundamente interesado en un deporte o actividad, pero si carece de capacidad de concentración, es poco probable que persista. La concentración también complementa la cautela, sobre la cual leerá en el capítulo 8. Sin concentración, es difícil para un niño reflexionar, tener el buen juicio y tomar decisiones sensatas.

La concentración también le ayuda a un niño a percibir las claves sociales, de manera que el pequeño Esteban sepa cuándo está hablando en voz demasiado alta o cuándo está hablándole a alguien demasiado cerca. La concentración le ayuda a tener presente a su audiencia: mientras que relata una historia, puede darse cuenta de si todavía le escuchan o si los demás están perdiendo el interés.

La concentración le permite al niño darse cuenta de toda clase de "reglas" de la socialización, de la conversación y de los juegos. Si puede estar en sintonía, sabrá qué se espera de él. Esto, a su vez, le ayuda a construir relaciones sanas, lo cual, como lo explicaba en el capítulo 5, lo lleva a tener un sólido sentido de sí mismo y una profunda confianza. Por ende, nuestra siguiente habilidad básica:

Habilidad básica # 6: Ayúdeles a sus hijos a prestar atención y a que les entusiasme aprender.

Permítame contarle el caso de Sergio, de cinco años, para ilustrar cómo la concentración puede salvar el bienestar psicológico de un niño. En el preescolar, se le notaba un poco de atraso en el desarrollo verbal y tenía dificultades para entender juegos que para sus compañeros eran fáciles. Sin embargo, cuando la profesora le proporcionaba una caja de crayolas y papel en blanco, se podía quedar sentado ratos interminables y hacía dibujos de gran precisión e imaginación.

Pronto sus compañeros empezaron a notarlo. Le decían, "Me encantaría poder pintar como tú, Sergio". Hacia la mitad del año, cada vez que había un proyecto que requería dibujar, todos invariablemente querían trabajar con Sergio. Y al terminar un dibujo, le preguntaban, "¿Qué te parece?"

No es raro, entonces, que a Sergio le fascinarán el arte y la atención positiva que le generaba. Gracias a su concentración, también desarrolló una pasión, lo cual lo llevó a encontrar un nicho en la escuela y entre sus compañeros. También empezó a participar en la clase y se manifestaba más deseoso de aprender a leer. En resumen, la seguridad que Sergio derivó de su habilidad básica se hizo extensiva a otros aspectos académicos, emocionales y sociales.

La concentración afecta todos los aspectos de la identidad, la capacidad de absorber información y de expresarla adecuadamente y de socializar con los compañeros y participar en el flujo de la vida. La concentración le permite a un niño ser parte integral de lo que está sucediendo en un determinado momento. Le da al niño la facultad de beneficiarse de la habilidad que desarrolla, es decir, de ser competente, seguro y capaz de conseguir lo que necesita. No sorprende que los niños que se concentran tiendan a desarrollar una red de amigos que son más o menos como ellos. Este grupo se convierte en un gran apoyo.

El problema, sin embargo, es que es difícil vivir en nuestra cultura y mantener esa habilidad vital. Casi todo en el mundo de los niños atenta contra la concentración.

Amenazas esenciales: por qué es tan fácil que los niños pierdan la concentración

Como lo explicaba al comienzo de este capítulo, nos hemos convertido en una cultura de minusválidos de la atención. No lo digo tratando de ser ingenioso con las palabras. Estoy genuinamente preocupado por la ausencia general de concentración, ausencia que es reforzada culturalmente y que permea nuestro mundo y el de nuestros hijos. No estoy solo en esta observación; la prensa reporta que somos tantos los "adictos a la velocidad", que el tiempo se nos escapa, o que, como lo expresaba una revista, vivimos en la "era de la interrupción".

Adictos a la velocidad. Gracias a la tecnología moderna, podemos recibir un fax de la oficina mientras le cambiamos el pañal al bebé o hacer contacto con un cliente mientras llevamos a los niños a la escuela. Y no se trata simplemente de que tengamos más aparatos. Cada pieza tecnológica nos pone su carga de opciones y de interrupciones: llamada en espera, llamada transferida; suenan timbres por todas partes y a cualquier hora. La televisión, que una vez constaba de tres grandes cadenas, ahora cuenta literalmente con cientos de canales y nosotros, control remoto en mano, nos hemos convertido en consumidores salvajes. Los estudios han encontrado que los "nómadas" cambian de canal veintidós veces por minuto; entre diez y veinte segundos vacíos parecen una eternidad.

Respondiendo al ataque, las programadoras de televisión marchan al ritmo de MTV, pionera del estilo veloz que ahora impera en los medios. Escenas de uno y dos minutos han sido ahora reemplazadas por imágenes frenéticas y los programadores han eliminado prácticamente los "negros", esos instantes a duras penas perceptibles en que un programa se desvanece a negro antes de que aparezca un anuncio. Saben que una pantalla en blanco le produce comezón en el dedo al navegante de canales promedio. "Todos los canales tienen en cuenta cada segundo al aire", reconoce un vicepresidente ejecutivo de una de las cadenas. ¿No es revelador que los Nielsen, quienes recogen información sobre los gustos del público, ahora utilicen una medición minuto a minuto en lugar de las antiguas lecturas que utilizaba hasta 1973 y que medían la audiencia de cada programa?

Y tenemos también los computadores. Antes había unos cuantos estantes dedicados a este tema, ahora hay almacenes enteros especializados en programas y juegos. En casi todos los aspectos, éste es un desarrollo grandioso, casi mágico, en la historia de la humanidad. Internet, la mágica autopista electrónica, se extiende casi a diario en un alucinante despliegue de nuevos sitios y sonidos. Sin embargo, a pesar de lo prometedora que es nuestra revolución de alta tecnología, ¿acaso resulta extraño que la persona corriente, adulto o niño, encuentre difícil la concentración?

De hecho, el consenso general es que no solamente ha cambiado el panorama, sino que nuestros cerebros también han cambiado. Existe amplia evidencia de que necesitamos la velocidad y de que evitamos a toda costa el aburrimiento. Queremos máquinas contestadoras con un aditamento adicional que permita retroceder la cinta más rápidamente. Los programadores de televisión y los cineastas alimentan nuestro apetito y preferencia por la acción en lugar del suspenso, y la velocidad por encima de la narración. Barry Levinson, director de *Diner* y de la hiperquinética serie de televisión *Homicide,* anota, "Nuestros ritmos son radicalmente diferentes. Estamos constantemente acelerando lo visual para mantener al espectador en su silla".

Un hablante veloz normal, —excluyendo a un hablante veloz extraordinario como Robin Williams— pronuncia unas ciento cincuenta palabras por minuto, según escribía el columnista del *New York Times,* James Gleick, en un artículo de 1997 titulado "Adicto a la velocidad". Pero, agregaba Gleick, "un oyente puede procesar el discurso a una velocidad tres o cuatro veces mayor. Puede y, hoy por hoy, quiere hacerlo". No siempre fue así. Los políticos y los predicadores alguna vez entregaban piezas de oratoria durante dos y tres horas a la vez, un tiempo impensablemente largo y un ritmo inconcebiblemente lento comparado con los anuncios actuales de radio y televisión, lo cual explica por qué somos tan pocos los que tenemos la paciencia para escuchar durante una hora un discurso presidencial. Y olvídense de la lectura, la cual requiere verdadera concentración total. ¿Y nos preguntamos por qué se alquilan anualmente seis millones de vídeos cuando solamente se retiran de la biblioteca tres millones de libros?

Dado el exceso de estímulos y actividades de nuestra vida, ¡a duras penas podemos concentrarnos los unos en los otros! La pareja típica norteamericana en la que ambos trabajan invierte solamente veinte minutos al día en interacciones significativas. Y el tiempo que pasamos con nuestros hijos es a menudo tenso; se da cuando corremos de una actividad a otra, estamos atascados en el tráfico o tenemos un pequeño espacio entre actividades múltiples. Como lo indicaba en el capítulo 2, las investigaciones muestran que aunque compartamos el espacio con otros miembros de la familia, a menudo cada uno está en lo suyo.

No es difícil darse cuenta de cómo este estado de cosas amenaza la capacidad del niño para desarrollar concentración. En palabras de Levinson, "Uno no puede poner a un niño delante de la televisión, donde recibe un bombardeo de imágenes, y no tener, en última instancia, un adulto que nació y se crió para ver las cosas de manera diferente". Estoy de acuerdo. Más aún, he observado tres tendencias relacionadas en los niños de hoy y que representan una amenaza a la concentración.

La mentalidad "hazlo ya". Nuestros niños perciben nuestra urgencia, la ven en nuestro ejemplo. Los niños también escuchan cuando regularmente nos quejamos de nuestras responsabilidades y de nuestras fechas límites. Trabajamos en la "administración del tiempo" y anhelamos aumentar la "eficiencia" de nuestras vidas laborales y familiares. Las nociones anticuadas de proceso y paciencia han sido reemplazadas por satisfacción instantánea, lo cual, dada la tecnología, es de fácil acceso para los niños. La mentalidad de "hazlo ya", desde luego, le pasa su cuenta de cobro al desempeño académico de los niños. El trabajo escolar: leer, escribir, estudiar, es sencillamente demasiado lento para nuestros niños adictos a la velocidad, lo cual es probablemente la razón por la cual tan solo el 27% de los estudiantes de séptimo año lean por el gusto de hacerlo, comparados con el 47% que ven más de tres horas de televisión al día. Puede ser también la razón por la cual cada vez más niños hacen pocas tareas escolares y requieren clases remediales al llegar a la universidad.

Concentración en el futuro. Aún peor que el mensaje de la satisfacción instantánea es que a los niños ahora se les enseña a gastar gran parte de su concentración en anticipación de lo que vendrá, en lugar de disfrutar lo que tienen enfrente. Llamo, por ejemplo, a la casa de un amigo y me contesta el niño de tres años. Para conversar con él le digo, "¿Qué hay de nuevo, Gregorio?". En el instante contesta, "Estoy viendo televisión. Siguen los *Muppet Babies*". En lugar de concentrarse exclusivamente en el programa que está viendo, ya está pensando en el que viene. De manera semejante, Isabel le preguntaba a su mamá un día después de su fiesta de cumpleaños, en la que hubo payasos: "¿Quién nos va a entretener en mi próxima fiesta?"

La tendencia de los niños a concentrarse en el futuro no es, desde luego, completamente nueva. Lo que es nuevo es que está constantemente reforzada por los medios. Los programas especiales de televisión se anuncian con un mes de anticipación, pero aún es peor el caso de las películas, las cuales empiezan a ser anunciadas un año antes de presentarse. Por ejemplo la película de *Aventuras en pañales*, que debía salir en 1998, fue anunciada desde 1997. Los niños en todas partes, incluidos los míos, toman nota y empiezan el cabildeo desde antes del estreno. Obviamente, los estudios saben lo que hacen. Me cuento entre los millones de padres a quienes sus hijos enloquecen a medida que los almacenes se llenan de productos que anuncian el futuro.

La autoprogramación y la autorregulación. Hace varias décadas empezamos a alimentar a los bebés "a pedido" en lugar de adherirnos a esquemas estrictos y rígidos. Este desarrollo progresivo en la crianza ha evolucionado hasta convertirse en una especie de autoprogramación sin precedentes. Los niños hoy en día esperan poder continuamente alimentar sus propias exigencias. Y no se trata solamente de nosotros. La revolución de los computadores, con todos sus beneficios, infortunadamente también constituye un factor principal. Cada programa y juego de vídeo le permite al niño establecer un cómodo nivel de dificultad y velocidad, y le permite por ende controlar su nivel de frustración. Si es "demasiado difícil", simplemente baja un punto en la escala de dificultad. Como lo mencionaba en el capítulo 1, las investigadoras Debra Buchman y Jeanne Funk, quienes examinaron los hábitos de juego con vídeos en novecientos niños de cuarto a octavo grado, encontraron que el entretenimiento preferido era el que se podía calificar como altamente emocionante e inmediatamente gratificante, en lugar de los vídeos didácticos más reposados, menos emocionantes y menos violentos.

La libertad para autoprogramarse ha cambiado literalmente la manera como juegan los niños. En el capítulo 2 hablaba del fenómeno en auge de los centros infantiles de recreación. Pero como lo demuestra la reciente reorganización, obligada por la quiebra, de Discovery Zone, una de las cadenas gigantes en este campo, no basta con hacer a un lado a los adultos y dejar sueltos a los niños en un mundo propio. Discovery Zone encontró que para que los niños regresaran debían cambiar sus vistosos gimnasios con motivos de la selva y sus trampolines y pelotas rebotonas por juegos escandalosos de alta tecnología. En otras palabras, no basta con que el entorno sea divertido, el juego al estilo antiguo simplemente ya no da la medida.

Y no es que todos los juegos de computador sean inherentemente malos. De hecho, Buchman y Funk concluyeron que la poderosa combinación de demostración, premio inmediato y práctica sin muchas dificultades hacen de los juegos electrónicos una herramienta didáctica ideal. Infortunadamente, las lecciones no siempre son las que quisiéramos que los niños aprendieran. Los juegos y aparatos en los que el jugador se autorregula no solamente compiten por la atención de los niños, sino que estas actividades erosionan la clase de concentración que un niño debe desarrollar para poder practicar la perseverancia.

Observemos a José, por ejemplo, un niño intenso-sensible de cuatro años y medio y quien tiene un bajo nivel de tolerancia a la frustración. Cuando se le pide que participe en un juego, un rompecabezas o una interacción en la cual se espera que comparta, si no consigue lo que quiere de inmediato tiende a desintegrarse. Pero eso no le sucede con el Nintendo, donde simplemente se acoge a los "mundos" (niveles) más fáciles. Cuando el niño se puede autorregular hasta este punto, —controlar el tipo de estimulación, el ritmo con el cual debe asimilar el material y hasta la clase de premio—, le resulta casi intolerable concentrarse en cosas que no le representan una retroalimentación instantánea o que requieren incluso un grado moderado de solución de problemas.

Claramente, nuestros niños padecen un bombardeo que proviene de múltiples direcciones. Aunque la introducción de avances de alta tecnología ha mejorado muchas cosas, también hemos pagado un precio: la velocidad de la vida diaria, la intromisión de los medios, veloces como el rayo, y el valor que se le otorga culturalmente a la satisfacción instantánea, todos atentan contra la capacidad del niño para mantenerse concentrado. Nosotros los padres, desde luego, somos vulnerables al mismo tipo de estimulación excesiva. No obstante, somos la esperanza básica de nuestros hijos. Para recoger lo mejor y utilizar de la mejor forma posible la era de la informática, debemos saber cómo enseñarles a concentrarse.

Habilidades de los padres: cómo fomentar la concentración

Las habilidades de los padres que expongo a continuación están divididas en dos secciones. La primera le ayudará a entender la manera como su hijo se concentra; en ésta expongo las cuatro formas de concentración que he observado con mayor frecuencia. La siguiente sección enumera lo que se puede hacer para sacarle el mejor partido a la forma particular de concentrarse de un determinado niño. Lo que he hecho, al igual que en otros capítulos, es adaptar las investigaciones basadas en niños que forman parte de un segmento clínico, en este caso niños que tienen un leve síndrome de déficit de atención, para mostrar cómo varios descubrimientos y estrategias pueden beneficiar a niños que tienen el tipo corriente de dificultades para concentrarse y que son tan a menudo producto colateral de nuestra cultura.

Cómo entender la forma particular de concentrarse de su hijo

Su hijo está biológicamente predispuesto hacia una forma predominante de concentración. Como lo explicaba anteriormente, las investigaciones más actuales indican que las variaciones en la habilidad para concentrarse son principalmente un asunto de interconexión cerebral básica. En otras palabras, la concentración, al igual que el temperamento (capítulo 1), es una de las características innatas de su hijo. No sorprende, entonces, que el temperamento y la concentración estén frecuentemente asociados, como lo demuestro en las siguientes descripciones de cada estilo.

Es interesante anotar que los psicólogos creían antaño que las dificultades de concentración estaban directamente relacionadas con la ansiedad. Ciertamente, un niño que está bajo presión, porque enfrenta una transición difícil o está atrapado en medio de una crisis familiar, tiene a menudo dificultades para concentrarse, pero algunos niños pueden mantener esta capacidad mejor que otros. Ahora sabemos por qué: existe un componente esencial de la concentración. Los niños nacen con diferentes formas de concentrarse que determinan cómo manejarán las situaciones. Por lo tanto, incluso si el ambiente de un niño es estresante, el grado al cual se ve afectado es una función de su forma de concentrarse. Por eso es común ver a un niño como Jeremías. Vive en el centro de la ciudad, rodeado de una familia grande en permanente agitación y crisis; sin embargo, es capaz de mantener su concentración en una tarea más tiempo que Eduardo, hijo único de dos profesores universitarios.

Es importante que usted, como padre, reconozca el estilo particular de su hijo para concentrarse y haga un puente con éste, con su manera de prestarle atención a su mundo y a lo que hay en él. A continuación se presentan cuatro estilos fundamentales.

El aplazador. Este niño está bien una vez empieza a concentrarse, pero hacer que comience una actividad parece a veces tarea de toda la vida. Su temperamento es típicamente intenso-sensible o reservado-dependiente. Es el niño de cinco años al que hay que recordarle todas las mañanas que se ponga los zapatos. Es el niño de siete años al que hay que estarle recordando que alimente a su tortuga, es el de nueve que hace pereza antes de empezar sus tareas, es el adolescente que espera hasta el último minuto para abordar cualquier proyecto. A este niño le cuesta organizarse cuando el resto del grupo, los niños que se han reunido para jugar, los compañeros, otros miembros de la familia, están realizando una actividad compartida. Es el último en llegar a la mesa, el último en guardar sus juguetes en el colegio, el que pierde más objetos de los que uno quisiera y al que con frecuencia se le considera "irresponsable".

El láser. Este niño vive en los extremos. Como un láser, cuando está en encendido, puede atravesar prácticamente todo; cuando está en apagado, no queda nada. Por lo tanto, una vez que se interesa en el acto de concentrarse, no puede parar; de hecho, el acto mismo parece hacerlo concentrarse aún más. Por el contrario, cuando no está "en encendido", está en las nubes. Y una vez que está claramente en una de las dos posturas, es verdaderamente difícil hacerlo cambiar a la otra. No es sorprendente, entonces, que el niño láser sea por lo común del tipo intenso, bien sea agresivo o sensible. Le cuestan trabajo las transiciones y zafarse de algo. Es el pequeño que no soporta que se acabe un juego; el niño un poco mayor que no puede estar listo para la escuela si ha empezado a escribir en su diario; el adolescente que no oye la sirena de alarma porque está concentrado en un libro. Los padres de niños así a menudo dicen, "Se concentra tanto, ¡que la casa se podría incendiar sin que se diera cuenta!" Cuando no está enfocado en algo, sin embargo, puede ser soñador y no oír preguntas, peticiones o tareas. En otras palabras, es tan intenso cuando está desconcentrado como cuando dirige su atención.

El barómetro. El niño barómetro, como su nombre lo indica, tiene una forma sensible y variable de concentrarse que depende en gran medida de su ambiente tanto interior como exterior. El niño barómetro se ve enormemente afectado por su fisiología y por su estado de ánimo, por la fatiga o el enfado, al igual que por lo que está sucediendo en su ambiente exterior. Es cierto, muchos niños se adaptan a esta descripción porque en casi todos los niños la capacidad para concentrarse es un poco variable. Sin embargo, el verdadero estilo barómetro, que tiene típicamente un temperamento intenso-sensible, es menos resistente cuando algo interrumpe su concentración. A ciertas horas del día es casi un desperdicio de energía pedirle a un niño barómetro que se concentre. Puede ser que persevere, siempre y cuando una actividad sea interesante, no le presente muchos retos y no sienta ansiedad, o siempre y cuando esté trabajando con niños que le gustan y no esté muy cansado. Sin embargo, en el instante en que la actividad empieza a ser aburrida o difícil, o cuando algo más llamativo lo distrae, se aleja de la actividad. No existe un regulador interno para decirle, "Regresa a la tarea en cuestión", bien sea trabajo escolar o alimentar el perro. De pequeño, el niño estilo barómetro puede flaquear cuando está aprendiendo algo nuevo o en un punto lento del juego. A medida que crece, probablemente sea como Germán, de diez años, quien me explicaba, "Cuando el profesor es aburrido, o cuando tarda mucho en explicar algo, me elevo". O puede ser como Beatriz, de catorce años, quien empieza obedientemente a limpiar la jaula de la lora y luego, cuando suena el teléfono, se dirige a otra habitación y se "olvida" de terminar el trabajo que había comenzado.

La roca. Este niño evidencia una cierta variabilidad, que va desde una concentración intensa hasta cierto grado de tendencia a la distracción. Sin embargo, casi siempre es constante y se mantiene en el rango medio. Generalmente puede poner atención a lo que tiene enfrente. Podemos también describirlo como el que tiene una capacidad de concentración normal. Probablemente sea un niño tranquilo-equilibrado que está dentro del promedio, si no en el rango superior, en cuanto a su capacidad de lograr prácticamente todo lo que se propone.

Una vez que empiece a reconocer la forma de concentrarse de su hijo, verá que el niño no es "malo" porque pierda las cosas, ni "torpe" porque olvida llevar su almuerzo, ni "irresponsable" cuando olvida traer su guante de béisbol. Si da una mirada retrospectiva, probablemente recordará que ha estado haciendo este tipo de cosas desde la primera infancia. Y una vez que acepte esa forma particular de concentrarse de su hijo por lo que es, en lugar de sentirse defraudado puede ayudarle a construir sobre sus fortalezas y adaptarse a sus debilidades.

Cómo trabajar con la forma de concentrarse de su hijo, no contra ésta

Permítaseme hacer hincapié desde el comienzo en lo que no debe hacer si quiere que su hijo desarrolle el arte de la concentración. No intente "llegarle" con vehemencia. He visto a madres y padres que intentan todas las variaciones de lisonjas, regaños, castigos y sermones para hacer que sus hijos escuchen cuando están pequeños y para hacerlos aprender cuando están mayores. Casi nunca funciona. Una razón por la cual estas estrategias fallan es que no hay manera de saber qué información penetra. Podría estar gritando, explicando o suplicando. Es indiferente, ¡está en algún lugar de la estratosfera! Y usted queda allí, atrapado en un desesperante "hábito", una rutina que es tan familiar que ya conoce todos los pasos. Lo ha hecho con el niño miles de veces.

Y entonces, ¿qué puede hacer en cambio? Conocer lo que su hijo es y encontrar sistemas que funcionen mejor. La siguiente sección le ayudará a diseñar estrategias a la medida particular de sus hijos.

Aprenda a conocer las señales que indican cuándo su hijo es capaz de concentrarse. Aprenda a conocer cómo se ve el niño cuando sí está prestando atención. La capacidad de un niño está en un punto más bajo antes de comer o durante las transiciones, por ejemplo, cuando se acaba de despertar, cuando los padres salen de la casa o cuando acaban de regresar. Estos no son

LUZ VERDE: CUANDO
EL NIÑO ESTÁ ABIERTO

Todos los niños son diferentes, pero los que presento a continuación son algunos de los indicadores universales de los momentos y situaciones en los cuales todos los niños, independientemente de las formas específicas de concentrarse, están en mayor capacidad de concentrarse y de escucharlo. Probablemente tiene luz verde cuando el niño...

- No tiene hambre, no está fatigado y no está cansado.
- No está en medio de una actividad emocionante que compite por su atención o que ya la ha atraído.
- Está de buen ánimo por algo que está a punto de hacer o conseguir.
- Acaba de terminar de comer.
- Quiere algo en particular de usted en ese momento.
- Su temperamento está estable.
- No está a punto de empezar ni completar una transición.
- Está solo y no pasando el rato con hermanos y hermanas.
- No lo están mirando ni uno ni varios amigos.
- Está orgulloso de algún logro.

buenos momentos para comunicarse con la mayoría de los niños, especialmente los del tipo barómetro a quienes se les dificulta concentrarse en esos momentos fisiológica y psicológicamente sensibles. Trate, en cambio, de comunicarse cuando sabe que estará más receptivo. Si su hijo es un láser, dése cuenta en qué momentos es más propenso a estar "en encendido". Si es un aplazador, ¿cuáles son los momentos en que es más fácil motivarlo? Incluso si se trata de una roca, seguramente estará más enfocado en ciertos momentos del día o durante determinadas actividades.

Compenétrese con la forma de concentrarse de su hijo. Algunos investigadores y expertos en aprendizaje recomiendan reducir la estimulación en todos los niños que se distraen fácilmente. Aunque respeto su punto de vista, no estoy de acuerdo. Después de todo, el tema de este libro es el de diseñar estrategias a la medida de cada niño en particular. He visto que algunos niños se concentran mejor cuando están en movimiento y otros cuando están sentados y quietos; algunos se concentran mejor cuando están solos, otros cuando están con un montón de gente.

Más aún, no es buena idea suponer que la manera como ustedes se concentran también funcionará para su niño. Inés, una niña estilo barómetro, reñía con sus padres porque insistía en que podía concentrarse mejor en una habitación en particular, con una pared a un lado y la televisión en el otro. A otro niño, a lo mejor incluso a otro niño estilo barómetro que necesitara un ambiente diferente para lograr una concentración óptima, ese lugar lo distraería demasiado, pero a Inés le parecía, en sus palabras, "acogedor". Mamá y papá hicieron caso omiso; repetidamente la enviaban de regreso a su habitación a que trabajara en su escritorio. Así que hicimos un experimento. Acordamos que le permitirían a Inés estudiar así durante un mes. Para su sorpresa, sus notas mejoraron y también empezó a estar menos a la defensiva a la hora de hacer las tareas. No recomiendo esto para todos los niños, pero puede que esté bien para el de ustedes.

Para Juan, un aplazador, era difícil sentarse quieto y todavía más difícil iniciar una labor. Era como una mariposa, bailaba y hacía piruetas. Afortunadamente, su madre reconoció esto y le ayudó inventándose un juego activo para memorizar las tablas de multiplicar. Cada vez que se alejaba de la mesa saltando, mamá le hacía otra pregunta, "¿Siete por ocho?" y Juan contestaba con entusiasmo, "¡Sesenta y tres!". Mamá aceptó que Juan se concentraba mejor cuando le daba una salida física a su energía y Juan aprendió felizmente sus matemáticas.

Descubra los canales de concentración de su hijo. Con cuál sentido procesa mejor ¿Con los ojos?, ¿Con los oídos? ¿Con el tacto? Recuerde la estrategia "si no puedes vencerlos únete a ellos". Un padre descubrió que su hijo estilo barómetro atendía mejor a las lecciones para la vida cuando le contaban un cuento; reaccionaba bien al tono suave y gentil de su voz. Igualmente, Ana, la madre de un niño barómetro intenso-agresivo, necesitaba alguna manera de tranquilizarlo; hablarle no surtía efecto. Tras hablarlo conmigo, se dio cuenta de que las actividades que involucraban estimulación táctil, como pintar con los dedos o armar un rompecabezas, realmente servían para tranquilizar a su hijo y lograr que estuviera más abierto.

Divida las tareas en segmentos más pequeños. Si a su hijo le resulta difícil persistir en una tarea, divida la actividad en varias secciones cortas. Mediante la observación, determine el tiempo máximo de concentración de su hijo. Al comienzo, eso es todo lo que debe esperar de él. Aunque no cambiará su forma de concentrarse, la cual es innata, le ayudará a desarrollar una mayor capacidad de concentración. Por ejemplo, cuando le enseñe un juego de palabras a un niño de cuatro años estilo barómetro que se fatiga con facilidad, juegue con él inicialmente sólo cinco minutos; a lo mejor se concentre diez minutos la próxima vez. Cuando le ayude a un aplazador con una tarea, puede establecer dos tiempos, uno para que él sepa que es hora de empezar, otro para que pueda ver cuánto tiempo debe trabajar. Desde luego que si su hijo es del tipo láser a lo mejor tiene que limitar el tiempo que gasta en ciertas actividades y debe decirle cuánto está dispuesto a jugar con él antes de que se meta de lleno en la actividad.

Genere condiciones para el éxito. Favorezca a su hijo en la repartición de cartas: cree situaciones que le permitan al niño trabajar bien y salir airoso del proceso. Tome en cuenta las circunstancias que lo motivan y las que promueven el aprendizaje. Éstas incluyen el tipo de proyecto y el momento del día, el estado de ánimo del niño y sus intereses. El propósito es capacitar al niño para tener pequeñas experiencias de éxito, las cuales a su vez llevarán a más experiencias de éxito. Por ejemplo Ignacio, de cinco años, es más bien reservado. No quería jugar con sus bloques de ensamblar porque tenía que maniobrar piezas pequeñas y se impacientaba con facilidad cuando no lograba unirlas bien de inmediato. Así que sus padres lo animaron a tratar de unir solamente dos piezas, en lugar de intentar construir algo en especial. Al comienzo, Ignacio no quería probar, pero sus padres tuvieron paciencia. Eventualmente, Ignacio se volvió tan hábil que cuando sus padres le propusieron que hiciera una cama de ensamblar para su muñeco, estaba ansioso por probar. Luego se interesó en las ilustraciones de la caja que mostraban proyectos más complejos y empezó a pedirle a su papá que le ayudara a descubrir cómo se hacían algunas de éstas. Sus padres obviamente habían logrado la misión de generarle éxitos en lugar de frustración a su reticente constructor.

Recuerde a qué se enfrenta: a una cultura que ofrece éxito a pedido. Si por ejemplo un niño está jugando con uno de esos juegos electrónicos en los lugares especializados, la máquina le concede millones de puntos simplemente por intentarlo. Naturalmente, quiere seguir jugando. Estos lugares, e incluso sitios similares para adultos en Las Vegas, se basan todos en el mismo principio del refuerzo variable: déles a las personas un poco de éxito y seguirán pidiendo más. Es una poderosa herramienta de aprendizaje y, como no podemos competir con ella, debemos acomodarnos a ella.

Ojo con el tono, no sermonee ni menosprecie. En esta edad dorada de la psicoterapia, algunos nos convertimos en profesores e incluso en terapeutas cuando hablamos con nuestros hijos. Caemos en un tono de sermón, utilizamos demasiadas palabras, repetimos el mismo punto una y otra vez, etcétera. No nos damos cuenta si nuestros hijos están prestando atención o no, y adivinen qué... No están atendiendo. Usted conoce los indicios: los ojos del niño están como cubiertos por una película, ya no lo mira a usted sino a un lugar en la pared y su expresión facial dice a gritos, "No estoy oyendo nada". Ésa es una señal inequívoca para dejar de hablar, sus palabras no están penetrando.

Muchos niños a quienes les cuesta trabajo concentrarse también son sensibles al tono, especialmente los del estilo barómetro. Nuestra Inés de cinco años, por ejemplo, le decía a su madre, Ana, todo el tiempo, "Deja de gritarme". Ana estaba perpleja y me insistía en que ella no era una "gritona". Le pedí que recordara exactamente qué clase de situaciones daban pie a la acusación de Inés. "Sucede generalmente cuando quiero que haga algo o que deje de hacer algo. Simplemente lo digo con un poco más de énfasis y cree que le estoy gritando". Al igual que con el caso del estudio que describí anteriormente, le ayudé a mamá a creerle a Inés. A Inés le sonaba como un grito lo que a Ana le parecía tan solo alzar ligeramente la voz. Cuando eso sucedía, ya ella no oía las palabras que mamá le estaba diciendo, tan solo podía sentir el tono. Y mamá se alejaba de ella cada vez más. Sin embargo, una vez que Ana aprendió a respirar profundo y a tratar así de reconocer cómo su tono afectaba a Inés, pudo concebir una frase capaz de lograr la atención de la niña y pronunciarla de una manera más gentil.

Evite los rótulos negativos. Tenga cuidado de no calificar a su hijo como "elevado" o "irresponsable" cuando pierde su concentración. Esto es particularmente importante si tiene varios hijos. Tendemos a polarizar las formas de concentración de nuestros hijos. Por ejemplo, si uno de los hermanos es del tipo láser y el otro es un aplazador, los padres podemos caer sin darnos cuenta en la trampa de la comparación: "Mateo (el láser) podía pasar horas haciendo rompecabezas cuando tenía la edad de David". Todo empieza muy inocentemente, pero en unos pocos años, David, el niño barómetro, es percibido como falto de concentración. El rótulo se pega y se convierte en algo que predispone los resultados. David eventualmente creerá que no puede concentrarse cuando, de hecho, lo hace de manera diferente y tiene talentos distintos a los de su hermano, Mateo.

La idea es evitar las batallas. Cuando uno se encuentra recorriendo con un niño el mismo camino de siempre, es casi seguro que está basando su reacción en lo que uno cree que el niño hace generalmente. No le está dejando espacio para abordar el problema de una manera nueva, de una manera adecuada para él. Y en lugar de establecer una relación positiva, acaban en el ritual cotidiano que ya tiene vida propia. El niño no lo está escuchando y ciertamente no está haciendo lo que usted le pide. Se invierte todavía más tiempo y en breve el niño se convierte en el rótulo: malo, destructivo y fracasado.

Elogie la concentración del niño en lugar del desempeño. Como ya lo mencioné en los capítulos sobre la expresividad y la pasión, es importante darnos cuenta de cómo elogiamos a nuestros hijos. Cuando el niño trabaje bien, reconozca su concentración. Ni siquiera tiene que hablarle directamente. Como sugiere Alicia, madre de tres pequeños, si verdaderamente quiere que los niños escuchen, empiece a susurrarle a su esposo o esposa. Los niños son curiosos incorregibles. Menciónele por el teléfono a la abuela o al papá el logro de su hijo cuando el niño esté cerca: "Imagínate, Claudia fue capaz de seguir intentando saltar lazo y no se dio por vencida, incluso cuando le estaba resultando difícil. Deberías ver cómo salta ahora". Al oírle "por casualidad" esa y otras veces, Claudia absorberá el mensaje de que puede perseverar y alcanzar el éxito. Podrá decirse a sí misma: "Puedo ser constante en las cosas". Y su concentración se hará más fuerte.

Ayúdele a su hijo a ver la relación entre tener concentración y lograr los resultados que busca. Si un niño dice, "lo odio" o "hice un trabajo pésimo", durante un proyecto o después de ejecutarlo, por ejemplo un dibujo, es muy probable que signifique que ha perdido la concentración. Hágale caer en la cuenta de que el problema tiene que ver con la concentración. Debe darle a su trabajo más atención o tiempo, o ambos. Podría decirle: "Pues bien, cuando dibujo algo que no me gusta, trato de establecer por qué no funcionó. La próxima vez trato de concentrarme más para poder hacer un mejor trabajo". De ese modo está modelando la perseverancia y, al mismo tiempo, le está permitiendo hacerse una crítica. Si prueba de nuevo y esa vez lo hace de manera diferente, será porque ha aprendido la importancia de la concentración.

Utilice el mismo enfoque con un niño un poco mayor. Supongamos que es domingo en la noche y que su hijo de trece años, aplazador, tiene muchos deberes de matemáticas. Puede hacerle una pregunta como: "Si tienes dieciséis problemas por hacer, ¿cómo crees que será tu noche si no empiezas pronto?" Esto le ayuda a concentrarse en el problema. Entonces, dé un paso atrás y permítale a él darse cuenta de que sería una buena idea hacer un plan.

Premie a su hijo efectivamente. Los padres a menudo fomentan sin darse cuenta la mentalidad, "¿Para qué me sirve a mí?", y la de, "¿Y después qué?", que la cultura de los medios vende y la segunda familia compra. Sobornamos a los niños para que colaboren y los premiamos cuando lo hacen. Ahora bien, no tengo nada en contra de los sobornos (los adultos los llamamos "incentivos" o "premios"). Como lo indicaba en mi primer libro *Parenting by Heart* (Educando con el corazón), no tienen nada de malo. El problema es que ofrecemos premios excesivos. Si el niño ordena el cuarto, recibe un helado; si se queda sentado un rato haciendo sus tareas, recibe una hora de juegos de computador. Este patrón es destructivo para la esencia de un niño porque desarrolla el hábito de premiarse de maneras que no son adecuadas a la tarea, "Hice la mitad de las tareas, así que ahora puedo ver televisión".

En lugar de lo anterior, trate de reconocer su logro de maneras que alimenten la esencia de su hijo. Por ejemplo, una madre le preguntó a David, su hijo de cuatro años, "¿Crees que puedes regar estas dos plantas?" Cuando terminó, no le dio nada ni le prometió un juguete nuevo; su premio fue la respuesta de la madre: "Qué bien David, regaste las plantas muy bien. Te tomó bastante tiempo [y efectivamente así fue, pues tiene sólo cuatro años]. ¿Viste cómo se ven con más vida?" David se alejó diciéndose a sí mismo, "¡Upa!, hice un buen trabajo". Su "premio" fue su propia sensación de logro.

Los premios sanos incluyen el elogio, "Cada vez lo haces mejor", el tiempo compartido "Cuando ordenes tu habitación jugaremos a la nave espacial con esta caja vacía", o incluso una dosis pequeña de gustos provenientes de la segunda familia, "Si haces la tarea, puedes jugar Nintendo quince minutos".

También puede ofrecer un premio cuando el niño no lo espera. Por ejemplo, cuando alimenta el gato sin que se lo recuerden, puede sorprenderlo con un nuevo libro sobre las mascotas.

Sí, está bien utilizar como premios la televisión y los juegos de computador, pero de manera limitada. Seamos sinceros: es imposible mantener a los niños alejados de la televisión y los computadores. ¿Qué podría ser peor que perderse el programa de televisión del cual van a estar hablando mañana todos los niños en la escuela? Los problemas se presentan únicamente cuando exageramos, cuando cambiamos quince minutos de organizar el cuarto por un programa de dos horas o cuando permitimos que los juegos de computador dominen el juego de nuestros hijos.

Tome conciencia de cuán disperso o dividido quizá sea usted. Los padres podemos dar ejemplo de concentración y de otros constructores de esencia. ¿Lee usted con la radio y la televisión encendidos? ¿Hace varias cosas a la vez? ¿Corre constantemente y trata de acomodar el máximo de actividades? Todo esto les envía a los niños un mensaje. Pregúntese qué clase de concentración favorece usted. Su hijo no es necesariamente como usted pero su ejemplo con seguridad dejará una huella. A lo mejor incluso hace que su hijo y usted se enfrenten.

Por ejemplo Elena, una editora, cuyo estilo de concentración es láser, dice, "Recuerdo a un primo que me acusaba de no hacerle ningún caso cuando estábamos pequeños porque saltaba sobre la cama contigua a la cama donde yo estaba leyendo una historieta y jamás me daba cuenta". La concentración intensa de Elena ha favorecido su carrera como editora, pero ha mostrado desventajas en casa. "Podría explotar una bomba y mamá no se daría cuenta", decía Susana, de trece años, estilo barómetro, quien tomaba de modo personal el comportamiento de su madre. "Detesto cuando no me hace caso", me confesó.

Le ayudé a Elena a ver que su tendencia a enfrascarse intensamente en algo estaba ofendiendo a su hija, cuya propia capacidad de concentración era, en el mejor de los casos, tenue. Pero una vez que Elena tomó mayor conciencia y pudo anticiparse a los momentos de profunda concentración, pudo hacer las cosas de manera diferente. Elena empezó a programar su trabajo más riguroso, como corregir un manuscrito, para cuando Susana no estaba. Sin embargo, cuando era necesario traer trabajo a la casa, Elena también podía advertirle a su hija, "Voy a leer estos papeles así que estaré distraída unos veinte minutos". Estos cambios fáciles ayudaron a evitar que madre e hija chocaran por causa de sus diferentes formas de concentrarse.

Habilidades de los niños: cómo mejorar la concentración

Las habilidades que les ayudan a los niños a desarrollar la concentración los hacen más competentes en dos aspectos: en la capacidad de supervisar su propia atención y en la de combatir cualquier cosa que se oponga a su concentración. Me explico: aunque es hasta cierto punto verdad que la gente nace con una forma particular de concentrarse, ésta es una habilidad que puede mejorarse. A los niños se les puede enseñar a fortalecer su concentración, aunque el mundo exterior la distraiga, la diluya y la sabotee a cada paso. Tenemos que ayudarles a los niños a crear la estructura interior que les ayude a permanecer enfocados a pesar del frenesí. Para ese efecto, utilice la estrategia "NEC":

Notarlo
Expresarlo
Cambiar de estrategia

Cómo aprender la estrategia "NEC"

Notarlo. Esta parte del proceso promueve el autoconocimiento. El niño debe aprender a prestarles atención a las señales del cuerpo que le dicen, en un nivel visceral, cuándo está perdiendo la concentración. Estas señales incluyen la inquietud, la fatiga, la ensoñación, el bostezo, recorrer la habitación con la mirada o mirar algo fijamente sin propósito aparente. Con ayuda de los padres, el niño puede empezar a reconocer estas señales. Por ejemplo cuando a Boris, de cuatro años, le cuesta trabajo quedarse quieto durante el relato de una historia, la profesora le dice, "Boris, creo que has perdido la concentración. Quizá necesitas levantarte unos minutos". Igualmente, si David, de ocho años, empieza a bostezar cuando hace la tarea de matemáticas, su madre le dice, "Me da la impresión de que te está costando trabajo seguir concentrado. Sal un rato, haz una pausa, refréscate un poco". Y cuando mamá le habla a Mercedes, de doce años, de los planes que tienen con papá para el fin de semana, nota que Mercedes tiene la mirada perdida. En lugar de enojarse o de insistir en comunicarse, dice, "Noto que en este momento te cuesta concentrarte. Tal vez no es un buen momento para hablarlo. Hablaremos más tarde".

Expresarlo. Los niños no solamente tienen que reconocer su problema de concentración sino que también deben sentirse lo suficientemente libres para verbalizar lo que les está sucediendo. De otro modo, su dificultad para mantener la concentración puede activar una espiral de sucesos autodestructiva: a un niño que pierde repetidamente la concentración se le califica como el que "vive en las nubes", o como "irresponsable", y rápidamente se siente fracasado y se pone a la defensiva. Si no puede reconocer desde el comienzo que ha perdido la atención, acabará defendiéndose mediante excusas pobres: "El gato se comió la tarea" o incluso mintiendo "Pero si yo sí la terminé".

¿Suena conocido? Es importante en estas ocasiones tranquilizar al niño: "No te preocupes, a veces todos tenemos dificultad para concentrarnos". Y proporciónele frases concretas que pueda utilizar cuando sienta que ha perdido la concentración, frases que no lo culpan ni a él ni a los demás:

"Dejé de atender".

"Uy, mi mente se distrajo".

"Estoy pensando en otras cosas".

"Estoy demasiado cansado para concentrarme".

"Cada rato me pierdo del lugar donde íbamos".

"No entiendo".

CUESTIONARIO SOBRE
CONCENTRACIÓN PARA PADRES

Es importante mirar qué hacemos nosotros a nuestros hijos y con ellos para comprometer su capacidad de concentración. Cuando su hijo parezca estar perdiendo concentración, pregúntese:

• ¿Me estoy moviendo o hablando demasiado rápido?

• ¿Estoy haciendo más compleja la labor (pidiéndole que ordene todo el cuarto en lugar de sólo una parte, dándole demasiadas indicaciones a la vez)?

• ¿Estoy permitiendo demasiada estimulación (televisión, computadores, juegos de vídeo, tiempo en el teléfono)?

• ¿Ofrezco premios excesivos e inadecuados (mucha televisión a cambio de cepillarse los dientes)?

• ¿Interrumpo la concentración de mi hijo (mientras guarda sus juguetes, por ejemplo, recordándole de otra cosa que debe hacer)?

• ¿Soy claro acerca de lo que considero más importante (hacerle saber, por ejemplo, que en las mañanas debe vestirse antes de alimentar la tortuga)?

• ¿Son mis instrucciones demasiado vagas ("Pórtense bien donde la abuela" en lugar de "Saluden a todos cuando lleguemos")?

• ¿Soy dado a concentrarme en muchas cosas a la vez; hago seis cosas al tiempo que me impiden concentrarme bien en el niño?

Es maravilloso cuando los niños pueden verbalizar de este modo. Recuerdo cuando empecé a contarle un cuento a nuestra vecina de diez años. Al cabo de unas frases, me dijo, "Ron, ahora no puedo poner atención, estoy cansada". Fue un mensaje tan claro, especialmente comparado con el del niño que se pone a la defensiva. Un niño así no solamente no puede conectarse con su esencia, sino que se desconecta también de la tarea y de la gente a su alrededor. Sencillamente no puede decir en voz alta que tiene dificultades.

Cambiar de estrategia. Al tomar conciencia (notar) y al reconocer (expresar) es posible que el niño dé el tercer paso: cambiar de estrategia, en otras palabras, hacer algo para recuperar la concentración. He aquí cuatro habilidades importantes que pueden ser de ayuda.

- *Establecer prioridades.* Ayúdele al niño a decidir cuál tarea es más importante ahora. Por ejemplo, cuando su madre se dio cuenta de que Gabriela, de cinco años, estaba aplazando en lugar de ordenar la habitación, le dijo, "Gaby, creo que estás perdiendo tu concentración. ¿No sería bueno que decidieras qué es más importante? A lo mejor primero podrías guardar los juguetes más delicados". O si su hijo está empacando para el campo de verano, pídale que piense en etapas y que las aborde una a una; primero, hacer una lista; segundo, escoger la ropa; tercero, empacar.

- *Dividirlo.* Los niños deben aprender a "fragmentar", a separar las tareas en pedazos más pequeños y hacer unas cuantas a la vez. Esto es especialmente bueno cuando algo parece abrumador. Si su hija está paralizada por los veinte problemas de matemáticas que tiene que hacer de tarea, sugiérale que aborde cinco, en grupos de a cuatro, en lugar de todos a la vez.

- *Reubicación.* A veces es más fácil concentrarse en otro lugar o en diferentes circunstancias, como Inés que necesitaba su ambiente acogedor para concentrarse. O Boris, que necesitaba un ambiente libre de toda distracción para hacer las cosas que no le gustaban. Como no le funcionó pedirles a los miembros de la familia que hablaran más quedo, se cambió a otra habitación para poder estar solo.

Proporcionar un lugar tranquilo es especialmente importante cuando se trata de ayudarles a los niños a combatir la sobrecarga sensorial. Sin embargo, a muchos niños esto les cuesta trabajo pues están enviciados a la estimulación constante y al estar solos se sienten abandonados. No obstante, puesto que el ruido y la distracción se oponen a la concentración, estos niños deben empezar a estar solos durante lapsos cortos de tiempo.

• *Lentitud.* La capacidad para disminuir la velocidad y para "editarse" a uno mismo es importante para desarrollar la concentración, y puede ser inculcada desde los tres años de edad. Por ejemplo, recientemente visité un preescolar donde los niños estaban trabajando pasta de moldear. Cada vez que la profesora veía que un niño lo estaba haciendo con demasiada prisa, preguntaba, "¿Te has detenido a revisar tu trabajo? ¿Lo has mirado?" Palabras de sabiduría que pueden ser utilizadas en casa por muchos padres.

A medida que los niños aprenden esta variedad de técnicas, aprenderán cómo ir más despacio y cómo desarrollar la concentración. Este atributo fundamental engendra perseverancia y, con el tiempo, los niños que se concentran pueden absorber mejor lo que necesitan para fortalecer su esencia interior.

CAPÍTULO 7

COMODIDAD
CON EL CUERPO

Habilidad básica # 7: *Ayúdeles a sus hijos a aceptar su apariencia física y a sentirse cómodos con su cuerpo.*

Una obsesión nacional: las mujeres y los niños primero

Si el mensaje de este libro es "Acepte al niño que tiene", entonces fomentar la comodidad con el cuerpo es el mayor reto de los padres. Hasta ahora he hablado de reconocer la constitución emocional y cognitiva de su hijo. Ahora debemos considerar su realidad física, una parte igualmente vital de su ser interior.

Tener una imagen sana del cuerpo es particularmente difícil en nuestra cultura puesto que estamos obsesionados con ser delgados y lucir bellos. En 1991, Naomi Wolf le dio a este fenómeno el nombre de "el mito de la belleza", pero la esclavitud de las mujeres a manos de los anunciantes y los diseñadores de moda ha sido, durante mucho tiempo, materia de incontables libros y artículos de revistas. Los profesionales en el área de la salud estiman que nuestra tendencia a equiparar el ser atractivos con el ser delgados es la causa principal de la proliferación de trastornos en la alimentación, los cuales afectan hoy en día a siete millones de mujeres y niñas en los Estados Unidos.

Sin embargo, sobre esta preocupación por tener un hermoso cuerpo, hay una nueva historia que no ha sido relatada: los niños están hoy en día obsesionados, no enfermos clínicamente (en su mayoría), pero sí verdaderamente preocupados por su cuerpo. ¿Y por qué no? Toda la cultura comparte esta preocupación y el problema contagia a los menores. Cada vez desde más pequeños, nuestros niños (incluyendo a los varones) se ven afectados por el mito de la belleza. Y aunque las librerías tienen sorprendentemente poco que ofrecer sobre este tema, todos los niños están en peligro.

- Andrés, de cuatro años, pregunta, "¿Mamá, soy gordo?" Y antes de que mamá haya podido responder, le hace otra pregunta: "Ser gordo es malo, ¿verdad, mamá?" (Sí, es correcto, cuatro años de edad).
- Penélope, de ocho, se queja a sus padres, "Mis piernas tienen demasiados músculos y son peludas". Desde ya incómoda con su apariencia física, Penélope trata de ocultar estas supuestas imperfecciones utilizando medias largas oscuras que le cubran bien las piernas.
- Un grupo de niñas en quinto año está empezando a presionar a sus desprevenidos padres: quieren hacerse segundas perforaciones en las orejas. ¿Por qué no? Al fin y al cabo, la mayoría de sus artistas favoritos en MTV, al igual que sus vecinos adolescentes de la vida real, tienen múltiples perforaciones.
- Daniela, a los cinco, va por el mismo camino dudoso de la moda. Ella sabe quién es el rey de la manada adolescente. Cuando juega a disfrazarse, aparece con un aro de mentiras para la nariz, tatuajes de aplicar y un aro de pinza para el ombligo.
- José, de nueve años, fue remitido a terapia porque había estado peleando con otros amigos del colegio. "¿Por qué mis papás me dejaron vestirme así?", pregunta, el cuerpo delgado enfundado en bluejeans y una enorme chaqueta. "Ahora los otros niños piensan que soy más rudo de lo que realmente soy".
- En un campo de verano donde estuve de visita, muchas de las niñas (y algunos de los niños) andaban por ahí con botellas de agua en la mano, botellas de ésas a las que se les hala el pico para poder tomar. Muchas de

ellas habían llenado sus botellas con gaseosa de dieta. Era difícil recordar que se trataba de niñas de nueve años. Por una parte, parecían pequeñitos con su biberón; por otra, parecían mujeres en un club de salud.

Según una encuesta realizada en 1998 entre adolescentes por el *New York Times* y la cadena CBS, cuando se les preguntaba qué era lo que más querrían cambiar, la respuesta más frecuente, tanto de las mujeres como de los hombres, era "mi apariencia física" o "mi cuerpo". En una encuesta reciente de la revista *Parents,* se les pedía a los niños que organizaran por orden de preferencia una serie de condiciones. Los niños (y los padres) ubicaban "niño pasado de peso" en un nivel inferior de la escala que un niño en una silla de ruedas, o uno con cualquier clase de deformidad.

Y he aquí otro nuevo giro: durante muchos años observamos esta preocupación solamente en nuestras hijas. Pero al igual que muchos fenómenos que antiguamente se relacionaban con el género, estamos empezando a encontrar niños muy pequeños descontentos con ciertos aspectos de su cuerpo, igual a como les sucede a las niñas. "Hay mucha información que sugiere que los niños se preocupan cada vez más por su cuerpo", dice la psicóloga Judith Rodin, autora de *The Body Trap* (La trampa del cuerpo). "La presión recae sobre ambos sexos".

Y, lo que es más, los mensajes acerca de ser delgado y por lo tanto atractivo, no vienen solamente de afuera. También vienen desde dentro de la familia. Los padres, a menudo preocupados por la salud y la nutrición, a lo mejor también están a dieta. Algunos de hecho animan activamente a sus hijos a hacer dieta porque quieren que sus hijos tengan una ventaja social competitiva en la escuela. Estas preocupaciones eran casi desconocidas cuando empecé a ejercer hace dos décadas. Pero ahora recibo regularmente llamadas de padres de niños en edad preescolar que se preocupan por el peso de sus hijos, por la forma como éstos se visten y por otros aspectos de la apariencia.

Contemplo estas estadísticas alarmantes (ver recuadro) y veo cómo cobran vida en mi práctica clínica, y lo mismo les sucede a mis colegas que se

LOS NIÑOS Y SU IMAGEN DEL CUERPO: LO QUE NOS DICEN LAS INVESTIGACIONES

Hay estudios del último decenio que han empezado a mostrar que la preocupación por el cuerpo y la imagen se manifiesta en nuestros niños cada vez desde más temprano:

• En un estudio realizado en Cincinnati y que entrevistaba a niños y niñas de tercer grado, es decir de nueve años, el 29% de los niños y el 39% de las niñas ya habían hecho dieta, y 31% y 60% respectivamente dijeron que querían hacerla.

• Un estudio en California determinó que el 81% de niñas de diez años ya estaba a dieta o lo había estado antes.

• En un estudio nacional de niñas y niños en grados tercero a sexto de escolaridad, el 45% dijo querer ser más delgados, el 37% ya había hecho dieta y alrededor del 7% tenía puntajes equivalentes a los de una persona con trastornos alimenticios.

• El 60% de las niñas entre los grados primero y sexto desarrollan imágenes distorsionadas de su cuerpo y sobrestiman su peso.

• Una encuesta nacional hacia fines de los ochenta mostraba que el 90% de los niños y de las niñas estaba descontento con su peso.

especializan en trastornos alimenticios. Margo Maine, Ph.D., es autora de *Body Wars* (Batallas del cuerpo), donde enumera las formas en que todos luchamos contra nuestro cuerpo, y de *Father Hunger* (Padre hambre) que trata sobre la anorexia y la bulimia. La doctora Maine dice que si bien diez años atrás los trastornos alimenticios se daban en su mayoría en la población solvente blanca, típicamente entre niñas adolescentes, ahora es una condición de igualdad de oportunidades que se presenta en todas las razas y grupos socioeconómicos. De hecho, Maine relata haber visto cómo inmigrantes del tercer mundo llegan a los Estados Unidos para escapar del hambre y la pobreza en sus lugares de origen tan solo para tratar de adaptarse a otros estándares y empezar a padecer hambre adrede.

¿Qué podemos hacer? Claramente, debemos prestar atención, porque los niños necesitan toda la ayuda que puedan obtener para poder soportar los mandatos culturales relacionados con la apariencia.

Por qué es importante sentirse cómodo con el cuerpo

Existe una correlación directa entre la aceptación del cuerpo y la confianza en sí mismo; el mundo parece abrirse ante los niños que no están siempre pensando en su apariencia. Relativamente libres de estas obsesiones, tienen la energía para pensar y para participar espontáneamente en actividades. Esta manera de ser es lo que llamo sentir "comodidad con el cuerpo".

La comodidad con el cuerpo capacita al niño para dar por descontado que su cuerpo es un vehículo para ganar destreza y placer, en lugar de utilizarlo para comunicar un mensaje o ganar estatus. A su vez, esto hace más probable que el niño sea social, lo cual es más importante que ser "popular". La comodidad con el cuerpo les permite a los niños probar deportes y aceptar retos en éstos, hablar en público, llevar a cabo pequeñas interacciones (hablar y pasar el rato con otros niños), así como probar otras cosas en mayor escala que requieren asumir papeles de liderazgo (ser presidentes de una asociación o del curso, participar en un comité escolar, etcétera).

Naturalmente, la comodidad con el cuerpo contribuye a una sexualidad sana. Cuando a los niños se les enseña cómo funciona el cuerpo, cuando se sienten bien con su apariencia física y cuando se les permite tocar su propio cuerpo sin vergüenza, aprenden a respetarse y a protegerse. Pueden entonces distinguir acercamientos amorosos de los acercamientos indeseables, y pueden decir no. Por lo tanto, la comodidad con el cuerpo allana el camino hacia la experiencia de sentimientos maravillosos.

En resumen, la comodidad con el cuerpo equivale a una base de seguridad en sí mismo, confianza física que, a su vez, lleva a la sociabilidad y al dominio de habilidades. Por lo tanto, nuestra séptima habilidad básica:

Habilidad básica # 7: Ayúdeles a sus hijos a aceptar su apariencia física y a sentirse a gusto con su cuerpo.

Debo hacer hincapié en que la comodidad con el cuerpo no consiste en ser atractivo según los patrones culturales, es decir en tener una figura de modelo o un físico de perfecta escultura, sino precisamente en estar cómodos. La diferencia entre un niño que se siente a gusto con su cuerpo y el que no, es como entre el día y la noche y tiene poco que ver con la pinta o con el tipo de cuerpo. Sandra, por ejemplo, ha estado un poco pasada de peso desde cuando la conocí al inicio de su vida escolar. Aunque es regordeta, se mueve con gracia, bien sea que esté haciendo piruetas sobre el sofá o bailando por la habitación al ritmo de la última canción de moda. No es inhibida, representa delante de su familia papeles que ha visto en la televisión, y no teme ser el centro de atención. Pasa relativamente poco tiempo vistiéndose o arreglándose, a pesar de ser parte de una gallada que se preocupa bastante por la apariencia.

Comparen a esta niña con Tomás, quien desde los tres años también ha sido un poco regordete; a los siete años, se ha vuelto notoriamente más tímido. Se queja ante su madre de su apariencia y de la manera como le queda la ropa. Parece ponerse bajo el microscopio y mirar su cuerpo con un tercer ojo cada vez más crítico. Aunque su instinto natural es participar, se contiene. Actuar, por ejemplo, le encanta, y canta bien, pero no quería estar en la obra teatral del colegio en diciembre. No va tras nada que pueda convertirlo en el centro de atención porque, dice, "me veo raro".

Aunque Sandra y Tomás tienen estilos corporales similares, los distancian sus diferentes percepciones. A Sandra la aceptan sus compañeros porque ella se acepta a sí misma, mientras que Tomás está cada vez más solo. Me entristece ver en mi consultorio cada vez más niños como Tomás; no tienen trastornos de la alimentación y seguramente nunca desarrollarán problemas extremos con la comida o con sus cuerpos. Pero estos niños a lo mejor estén abocados a una lucha de toda la vida para sentirse a gusto consigo mismos. Si miramos a nuestro alrededor, no es difícil ver por qué.

Amenazas esenciales: por qué la incomodidad con el cuerpo es tan frecuente

Por doquiera que uno mire, se encuentran amenazas a la comodidad con el cuerpo. Consideremos estas grandes dificultades:

Los mensajes de la cultura de los medios empiezan a bombardear a los niños desde cuando tienen dos o tres años. Los medios y los juguetes les dicen a los niños, "Sean bonitos y apuestos, delgados y fuertes". Todos los héroes y las heroínas de Disney —Mulán, Pocahontas y John Smith, la Bella Durmiente y su Príncipe—, todos son "hermosos". Incluso la Bestia, en la escena final de La Bella y la Bestia, se convierte en un hombre guapo. O miremos a Barbie y a Ken, a los personajes de la televisión y a la mayoría de los niños que aparecen en los anuncios. Son contadas las ocasiones en que personajes con otras características físicas se vuelven populares, ya que la mayor parte de los personajes en la televisión tiene pinta de modelo.

No se trata solamente de las caras. Barbie, la preferida de las niñas durante décadas, ha hecho que toda una generación de niñas con figura normal se sienta inferior. Es un patrón imposible, como lo descubrió Armando, un adolescente que conozco. Escribió un informe sobre las medidas del cuerpo de Barbie en el que estimaba que si Barbie fuera una persona de verdad tendría una estatura de aproximadamente dos metros, un busto de un metro, y, lo mejor, ¡una cintura de treinta centímetros!

No sorprende, entonces, que un editor de una revista leída por preadolescentes y adolescentes le hubiera dicho a un redactor de *People* que su revista recibe "cartas de chicas que miden un metro con ochenta centímetros y pesan cuarenta y ocho kilos pero quieren ayuda para bajar a cuarenta y cinco". Al repasar el contenido de la revista, al igual que el de otras revistas para mujeres, Jill Zimmerman, una psicóloga que se especializa en asuntos del cuerpo, encontró que el mensaje generalizado es "super delgado quiere decir sexy".

¿Y adivinen qué? Ahora nuestros hijos se enfrentan en sus juguetes a patrones imposibles de imitar. A mi hijo le regalaron recientemente un muñeco de acción de Han Solo (el personaje de la película "La guerra de las galaxias"). El verdadero "Han", de veintidós años, tiene una contextura promedio, mientras que la encarnación más reciente es tan inflada y "viga" (en Hablapop quiere decir musculoso), ¡que podría hacer que Arnold Schwarzenegger le tuviera envidia!

Los padres caen presa de las mismas influencias. No podemos solamente culpar a los medios. Si bien las imágenes de los musculosos dominan, ha habido un incremento real en la obesidad de los niños, lo cual hace que los padres se empiecen a preocupar por sus hijos a edades cada vez más tempranas. Los pediatras esperan que los niños tripliquen su peso y doblen su estatura durante el primer año; libra por libra necesitan dos o tres veces más la cantidad de calorías que un adulto obeso. Sin embargo, en los Estados Unidos la concepción del sobrepeso es tan negativa que los padres y algunos médicos a veces ponen a los bebés en dietas bajas en grasas y sin azúcares. Por ejemplo, en un estudio con mil cuatrocientos padres primerizos, muchos no sabían que los bebés necesitan grasas y colesterol para crecer.

Además, el problema es algo más que una mal orientada preocupación por la salud. Nosotros los padres también hemos sido adoctrinados por el mito de la belleza. Una encuesta realizada en 1994 por la revista *Glamour* encontró que solamente el 19% de las cuatro mil mujeres jóvenes que contestaron reportaron haber tenido madres a quienes les gustaba su cuerpo. Algunos fuimos educados en hogares donde nuestros padres, obsesionados por la apariencia, hacían dieta constantemente. Estas actitudes tienen su modo de pasar de generación en generación y llevan a algunos padres incluso a tener preferencias, a desvivirse por el hijo más atractivo y delgado. Por ende, mucho antes de que nuestros hijos estén expuestos a las influencias exteriores, nosotros les transmitimos sin querer nuestro propio condicionamiento. En un estudio de niños entre los nueve y los once años, ocho de cada diez de los padres (el 82%) reconoció que hacía dieta "de vez en cuando" o "muy a menudo". Casi la mitad de los niños, el 46%, ¡dijo exactamente lo mismo!

Miremos el caso de Diana, la madre de Penélope, quien, al igual que su propia madre, ha pasado muchos de los últimos años como un yoyo tratando de perder cinco kilos. ¿Es de extrañarse, entonces, que Penélope esté obsesionada por su apariencia? Sin darse cuenta, Diana le ha transmitido a Penélope sus dificultades para aceptar su propia apariencia. Cristina, la hija mayor de Diana, de catorce años, se rebeló. Es obsesivamente descuidada y es indiferente a su apariencia. En privado asevera, "Me moriría si acabara como mamá".

Otra madre, Doris, hace ejercicio cada vez que puede. Cuando tuvo una hija, la llevaba al gimnasio y la bebé la esperaba, a un lado, mientras ella hacía ejercicio. A las otras mujeres les parecía muy normal, seguramente porque entendían por qué hacer ejercicio y tener buen tono muscular era tan importante en la vida de Doris. Alicia no pasó por alto el mensaje. A los cinco años ya se mira en el espejo y la consume la noción de tener muñecas y ropa "bonitas", y desde luego, ser bonita ella misma.

Sin querer, los colegios agravan el problema. Los niños no solamente reciben estos mensajes en casa. En algunas aulas, los profesores exhiben análisis o "puntajes" de peso y porcentaje de grasa, los profesores de educación física exhiben las medidas corporales de sus alumnos y "lo mejor" de varios de los niños. Puede que todo esto sea hecho con mucha inocencia, pero también agrava las comparaciones sociales perniciosas y solamente reafirma los mensajes culturales: para las niñas, mientras más delgadas, mejor, y para los niños, mientras más grandes, mejor.

Hemos escuchado incontables historias de víctimas, típicamente niñas adolescentes que padecen de anorexia o bulimia. Una mujer de veintitrés años, Marya Hornbacher, quien relató su lucha en el libro *Wasted* (Acabada), reconoce que a los cinco años ya presumía ante una amiga diciendo, "Estoy a dieta". Pero las víctimas evidentes de esta patología son solamente la punta del iceberg. Nos corresponde darle una larga y cuidadosa mirada a la manera como esta obsesión afecta al niño promedio, niño o niña, y cómo puede impedir el desarrollo de la esencia interior de un niño. Nosotros los padres, por ende, debemos adquirir las habilidades que protegerán a nuestros hijos; somos nosotros quienes debemos enseñarles a respetar, aceptar y administrar sus cuerpos.

Habilidades de los padres: cómo fomentar la comodidad con el cuerpo

A los niños sí se les puede ayudar a estar cómodos con su cuerpo. Pero la mayoría de ellos no puede desarrollar la comodidad con el cuerpo sin la influencia de los padres. Las habilidades a continuación están divididas en dos secciones. La primera tiene que ver con aprender a estar atentos, de mirada y oído, a una obsesión por el cuerpo que su hijo pueda estar exhibiendo, y recomienda los pasos para disminuirla. La segunda ofrece pasos concretos que se pueden dar en casa para hacer menos probable que el niño se empiece a preocupar demasiado por su apariencia y que evitarán que las actitudes de los padres lo afecten. Cubrimos un rango amplio de áreas diversas: los patrones de alimentación, la forma de comprar la ropa, el ejercicio. Puede parecer abrumador. Pero recuerde que el cuerpo de su hijo lo acompaña a todas partes; está constantemente moviéndolo, mirándolo, tocándolo, absorbiendo los nutrientes que necesita para mantenerlo y vistiéndolo. De hecho, más que cualquier otro constructor de esencia en este libro, la comodidad con el cuerpo repercute en casi todos los aspectos del funcionamiento de su hijo.

Mire y escuche: aprender a detectar los problemas

He hecho énfasis en que para cada constructor de esencia en este libro el primer paso siempre es reconocer quién es su hijo. Esto puede ser delicado cuan-

¿SE SIENTE MI HIJO
[IN]CÓMODO CON SU CUERPO?

No todos los niños expresan verbalmente sus preocupaciones acerca de la apariencia. A continuación algunos indicios:

• Se muestra más cohibido y tímido a medida que crece. Esto es especialmente evidente cuando el temperamento natural es extrovertido. Si cada vez está más solitario, esto puede indicar una preocupación relacionada con su comodidad con el cuerpo.

• Se compara constantemente con otros niños y se preocupa por partes de su cuerpo o por aspectos de su apariencia que a usted le parecen promedio. Está especialmente ansiosa por imitar a las chicas guapas de la clase, sus atributos físicos, su forma de vestir y su comportamiento.

• Su niño desarrolla la "postura de esconderse": inclinada hacia adelante, la cabeza gacha. Puede que no sea muy extremo, tan solo una ligera indicación de que se está comportando un poco como la tortuga, tratando de esconderse en su caparazón.

• Su hija rara vez se siente a gusto en las fotografías familiares. No se deleita y divierte delante de la cámara; más bien aparece rígida.

• A su hijo no le gusta notarse dentro de un grupo. Se mantiene por los costados, le rehuye al centro del escenario y prefiere camuflarse entre el grupo.

do se trata de la comodidad con el cuerpo, primero, porque los niños no siempre verbalizan estos problemas; en segundo lugar, porque nadan en el mismo mar cultural, así que es a menudo más difícil para nosotros reconocer estos asuntos. No obstante, ayudarle a su hijo a sentir comodidad con el cuerpo requiere prestar atención. Recuerde: incluso si su hijo no se queja de su apariencia, puede estar empezando a preocuparse por ésta. Así que esté atento a las señales no verbales y a los comportamientos que indican que está pidiendo ayuda de manera indirecta (ver el recuadro anterior).

Si su hijo sí se queja en voz alta de estar insatisfecho con su cuerpo, escuche atentamente. Por "escuche" no quiero decir solamente a los detalles del relato de un rato de juego compartido o sobre el día en el colegio. Lo que es importante en este caso es estar atentos a la obsesión por la apariencia. Por "obsesión" quiero decir ideas persistentes que simplemente no desaparecen, una preocupación con la imagen del cuerpo, o con la apariencia, que interfiere con la vida diaria. Los pasos siguientes son semejantes a los que propongo en el capítulo 4 cuando hablo sobre ayudarles a los niños a encontrar pensamientos para contrarrestar los automensajes negativos.

Reconozca la diferencia entre pensar en algo y estar obsesionado con algo. El comportamiento obsesivo-compulsivo y los trastornos alimenticios son relativamente recientes en el campo de la salud mental; apenas el decenio anterior empezamos a entender un poco estos problemas en adultos. Ahora entendemos que son parte de un proceso de reiteración, es decir, la persona afligida no puede dejar de pensar en el asunto. Los niños son iguales en este sentido. Para agravar el problema, rumiar sobre el cuerpo es un problema social y culturalmente reforzado. Así que es especialmente difícil para los padres darse cuenta de cuándo un niño tiene una preocupación normal con el cuerpo, una atención fuera de lo corriente, o una obsesión. En cualquier caso, sin embargo, las investigaciones y los tratamientos pueden ser aplicados tanto a niños que pasan algún tiempo pensando en el cuerpo como a aquellos que se obsesionan.

El recuadro siguiente resume las diferencias entre un pensamiento y una obsesión.

Contemplemos dos ejemplos: Olivia, de raza negra, regresó a casa del preescolar molesta por causa de su pelo ensortijado. "Quiero que sea como el de Diana," decía llorando. Su madre le explicó que las personas tienen cabello, piel, narices y ojos diferentes. Unos instantes después, Olivia estaba concentrada en su juego de ensamblar. Durante las semanas que siguieron, madre e hija

UN PENSAMIENTO	UNA OBSESIÓN
• Es fluido, cambia con el tiempo a medida que el niño pasa a tener otras preocupaciones e intereses.	• Es repetitiva y rígida: es un asunto que el niño rara vez parece "olvidar" o del cual rara vez se aburre.
• Afecta el estado de ánimo del niño al comienzo pero no permanentemente.	• Produce un efecto negativo constante, tristeza, enfado, y desprecio de sí mismo.
• Sí está a menudo basado en la realidad: la niña está efectivamente un poco pasada de peso o sí tiene de verdad un cabello difícil de manejar.	• Parece desligada, incluso opuesta a lo que realmente es el niño.
• No hace que el niño se cierre a los aportes y sugerencias exteriores.	• Hace que para el niño sea imposible aceptar consejo. Tiene una respuesta para toda sugerencia.
• Puede cambiarse cuando el niño hace algo para que la situación sea diferente.	• No cesa necesariamente aunque el niño haga algo al respecto.
• Tiene como resultado que ustedes se sientan útiles porque sus sugerencias logran un cambio.	• Hace que ustedes se sientan frustrados y resentidos.

sostuvieron varias charlas sobre las diferencias físicas y se hizo evidente que Olivia continuaba pensando en su pelo. Pero la emoción que ella exhibía, su manera de estar afectada, pasó del enojo a la curiosidad. Pudo sostener con mamá varias conversaciones sobre su pelo, sin cerrarse a la información nueva y sin sentirse constantemente mal consigo misma.

En contraste, Álvaro era un niño guapo, popular con sus compañeros, pero a quien de alguna manera se le metió en la cabeza que era "demasiado delgado". Se mostraba a menudo triste por el asunto y se sentía mal consigo mismo. Aunque su trabajo escolar y sus amistades estaban bien, Álvaro traía reiterativamente a colación su flacura y rara vez parecía cansarse de hablar sobre el tema. Sus padres no podían ni siquiera hablar con él sobre el supuesto problema sin escuchar una letanía de justificaciones y "sí-peros". De hecho, nada de lo que hacían o decían parecía lograr un cambio; cuando surgía el tema, Álvaro tenía una respuesta para todo lo que sus padres sugerían. Por ejemplo, cuando mamá y papá le recomendaron que comiera un poco más o que hiciera un poco más de ejercicio, les contestó, "Sé que no funcionará". Una mañana en que papá le pidió a Álvaro que saliera a correr con él, el niño contestó, "Sé que no podré darte el paso". La vida continuó, pero la obsesión persistió silenciosamente en el trasfondo.

Obviamente, cuando un niño sencillamente piensa en un problema con su cuerpo, es más fácil manejarlo. Se puede hablar y él escucha. Sin embargo, cuando se preocupa, hay que tener en cuenta que va a ser mucho más difícil que sea receptivo.

No pelee contra el tema. Haga lo que haga, lo importante cuando oye reiteradamente sobre un asunto de apariencia es no discutir. Hablar inteligentemente para que el niño abandone su preocupación es una batalla destinada a perderse y no le ayudará a su hijo.

NIÑO: Mamá, mis piernas son gordas.
MAMÁ: No, tus piernas no son gordas.
NIÑO: Sí, siempre me parece que se ven grandes.
MAMÁ: Eres lindo, mi amor, a mí me parece que tus piernas son perfectas.
NIÑO: No, no están bien.

En lugar de tratar de cambiar al niño de parecer, exprese su obsesión de una manera que valide sus sentimientos. Puede decirle, "Ya veo que te sientes mal, me parece escuchar que estás hablando de tu preocupación preferida" u "Otra vez andas en lo tuyo. Debe ser un asunto difícil". Dígalo de cualquier forma que se ajuste al estilo familiar, sin sonar como un terapeuta. La meta es sencillamente que el niño tome conciencia de lo que está haciendo. Sin juicios, déjele saber que anda otra vez en lo mismo.

Ofrezca retroalimentación amable pero sincera. Los padres a menudo se confunden en este punto. Piensan que es importante aceptar a los niños por lo que son, pero al mismo tiempo, cuando se trata de algo tan delicado como la imagen del cuerpo, temen ser sinceros. Sin embargo, como lo indicaba en el capítulo 4, las investigaciones de Martin Seligman versan sobre la manera como el pensamiento de los niños se relaciona con el comportamiento. Su trabajo pone de presente la importancia de la retroalimentación sin arandelas. Esto nos cuesta mucho a la mayoría porque queremos desesperadamente que los niños se sientan mejor y pensamos que la respuesta ideal son las aseveraciones positivas. Pero endulzar las situaciones no sirve para nada.

Por ejemplo Esteban, de cinco años, estaba molesto porque los niños en la escuela se reían de sus orejas. Su madre le respondió diciendo, "No pasa nada con tus orejas y, además, yo te quiero de todos modos". El problema es que las orejas de Esteban sí son notorias y él lo sabe. Lo único que oyó fue la mentira bien intencionada de su madre; se desconectó después de esa parte, demasiado enojado para oír que ella lo quería de todos modos. Si mamá hubiera continuado negando sus sentimientos, con el tiempo Esteban habría aprendido a hacer caso omiso totalmente de las opiniones de ella. Además, en este escenario hipotético no hay forma de que los dos encuentren una solución constructiva.

Le sugerí a la madre de Esteban que fuera, en cambio, suavemente sincera, "Sí, tus orejas sí son un poco más grandes que las de tus compañeros y [¡gulp!] sí son un poco protuberantes". Eso por lo menos le podía permitir a Esteban sentir que no estaba loco. Más importante aún, desde ahí confiaría en su madre y continuaría abierto a sus sugerencias.

También es importante responder con emoción. Algunos padres piensan que es mejor no alentar la preocupación en el niño, por temor a volverla más "real". Pero si uno lo piensa bien, nada es peor a que alguien exprese preocupación y que quien lo escucha no reaccione. Así que, indique que usted "capta" el problema y sea sincero acerca del tema: "Seguramente te hace sentir mal" o "Lo siento, es verdaderamente difícil".

"Desempaque" la obsesión. No se contente con pronunciamientos extensos y vagos como, "Odio como me veo". Una queja tan general es demasiado grande para manejarla constructivamente. Divida la idea mayor en partes menores haciéndole al niño preguntas que le ayuden a producir los detalles y, por lo tanto, a manejarlos mejor: "¿Cuándo y dónde piensas esto?" Pídale que sea concreto, "Muéstrame exactamente lo que no te gusta de tus piernas" de manera que especifique un poco el sentimiento. Hablar de manera concreta hace con frecuencia que el niño se sienta menos avergonzado y paralizado.

No asuma. Asegúrese de que entiende lo que el niño quiere decir. Si dice que odia su nariz, trate de discernir si es porque es demasiado grande, porque no le gusta la forma o por otra razón que a usted ni siquiera se le había ocurrido. Para aclarar y para indicar que está escuchando, repita lo que el niño dice: "De modo que me estás diciendo que crees que tu nariz tiene una protuberancia peculiar en el medio?"

Hacer preguntas también sirve a veces para identificar el problema real. Por ejemplo cuando Tatiana, de ocho años, se quejó de su "pompis" su mamá le hizo una serie de preguntas: "¿Qué es exactamente lo que no te gusta? ¿Con quién te estás comparando? ¿El de quién admiras?" Cuando Tatiana mencionó a Juana, su compañera, mamá le preguntó, "¿Qué es lo que hace Juana para que su pompis luzca mejor? ¿Se viste de manera diferente?"

Tatiana contestó entonces algo inesperado: "Pues Juana le cae bien a todo el mundo. Es amiga de Bárbara y las dos son muy buenas en gimnasia". Según resultó ser, el problema de Tatiana no era tan solo su "pompis" sino sus percepciones acerca de su destreza atlética, lo cual era algo que mamá le podía ayudar a mejorar.

Claro que hay ocasiones en las que es importante apoyar al niño que quiere cambiar algo de su cuerpo, pero trate de enfocar lo que el cuerpo hace, más bien que su apariencia. Hable en términos de cualidades tales como la fuerza, la agilidad, la flexibilidad y la velocidad. Cada vez más, incluso los adultos expertos, como administradores de gimnasios y clubes de salud, están empezando a hacer más énfasis en el estado físico que en el peso.

Revalore la obsesión. Como lo discutía en el capítulo 1, "revalorar" es una manera de presentar el mismo problema bajo una luz diferente. Ésta es una técnica que utilizan los terapeutas familiares y los hipnoterapeutas, y los padres también la pueden emplear. Un camino es el de reubicar el problema, como lo hizo la madre de Tatiana. Al hacer que la queja de Tatiana fuera interpersonal, "¿Con quién te estás comparando?", y concreta, "¿Qué es lo que hace Juana para que su pompis luzca mejor?", mamá hizo que el problema fuera más manejable y modificable. Ya no era algo enorme y sin esperanzas de solución; más bien era algo con lo cual Tatiana podía trabajar.

Otra clase de "replanteamiento" consiste en cambiar una descripción hiriente por una forma más benigna. De hecho, muchos padres hacen esto por intuición, percibiendo lo que los investigadores han empezado a documentar: el lenguaje influye sobre la percepción que los niños tienen de su cuerpo. Sin poner en duda directamente los sentimientos del niño, uno puede reemplazar por otras palabras cotidianas que son mucho menos destructivas. Por ejemplo, si el niño piensa que es demasiado "grande" o "gordo", se le puede llamar "macizo" o "musculoso". Uno que se queja de ser "flaco" o "huesudo" puede encontrar una perspectiva nueva en el rótulo "esbelto" o "ágil". Además de utilizar diferentes adjetivos, recuerde que es bueno hablar sobre lo que es capaz de hacer en la vida real ese cuerpo que el niño percibe negativamente. Replantee, pero base siempre su nueva descripción en las dotes reales del niño. Por ejemplo, si el niño es alto, a lo mejor usted puede mencionar, como quien no quiere la cosa, que ser alto es sumamente útil en los deportes, para alcanzar las cosas en la repisa donde nadie más alcanza y para ver por encima de la multitud. El niño de baja estatura puede ser flexible y por lo tanto bueno para el baile, la gimnasia o la lucha. Los niños delgados pueden ser más ágiles.

Tome medidas realistas. Si el niño está pegado de una obsesión, dar los pasos que propongo a continuación le presenta la oportunidad de comunicarse con él. El objetivo, sin embargo, debe ser sugerir alguna acción concreta y realista. Por ejemplo, en el caso de Esteban, su madre se consiguió un consejero de adolescentes; trajo a un niño tierno y amable que vivía en la misma cuadra. Al oír sobre el dilema de Esteban con sus "orejas grandes", el niño propuso de inmediato una maravillosa solución: "¿Por qué no simplemente te dejas crecer un poco el pelo, Esteban? De ese modo la gente ni las verá". Esta acción simple y realista cambió drásticamente la experiencia de Esteban.

También ilustra dos puntos importantes: en primer lugar, disimular es a menudo una gran solución a lo que se perciben como problemas de apariencia física. Por ejemplo ciertos estilos, colores y diseños pueden ocultar kilos de más u otras diferencias corporales que a lo mejor hagan sentir incómodo al niño. Elena, una niña regordeta que empezó a llevar ropa más suelta y colores menos vivos, se sentía un poco más a gusto en la escuela. Niños mayores escogidos con sumo cuidado pueden también ser maravillosos consultores porque entienden la crueldad de otros niños y muchos de ellos han "pasado por eso" hace relativamente poco. Tienen mayores probabilidades que nosotros de encontrar una solución que funcione.

Incluso si piensa que la queja del niño es totalmente irracional, cuando la desempaca de la manera que sugerí anteriormente, invariablemente encontrará algún aspecto menor sobre el cual el niño ha basado sus sentimientos. Si uno puede descomponer su aflicción en trozos más pequeños de verdad, casi siempre descubre algo qué hacer. Por ejemplo, ¿recuerdan a Penélope, a quien conocimos al comienzo de este capítulo? Estaba acongojada por sus piernas, pero su mamá no le encontraba nada de malo al cuerpo de su hija. Sin embargo, no

HAGAN UN VIAJE POR EL CUERPO

Pregúntele a cualquier adulto que conozca, incluido usted mismo, si disfruta mirándose al espejo. Muchos de nosotros no lo disfrutamos porque nos obsesionamos con diversas partes del cuerpo. Ayúdele a su hijo a desarrollar imágenes más positivas haciendo un pequeño viaje por el cuerpo en su compañía. Párense juntos delante del espejo y recórranlo lentamente con la mirada, de la cabeza hasta los pies. A medida que hacen su recorrido...

- Cada uno se demorará en silencio en las características que le gustan y tomará nota mental de las que no son sus preferidas.
- Intercambie en voz alta lo que se le ocurre en relación con sus partes preferidas y menos preferidas.
- Ayúdele a notar las características buenas que a lo mejor no tuvo en cuenta, como una maravillosa sonrisa o una bonita piel.
- Hable con una buena disposición sobre las características propias que no le gustan y anime al niño a que haga lo propio.

Este ejercicio debe hacerse para fortalecer la comodidad con el cuerpo, cuando la negatividad no esté en su punto más álgido.

discutió con ella cuando se quejó de sus "muslotes". Por el contrario, la dejó utilizar faldas más largas y medias oscuras.

A Francisco, un niño que es delgado pero no en extremo, le parecía que se veía "débil" y por esa razón trataba de esconder su físico. A su madre le parecía que las camisas grandes que utilizaba se le veían mal. Estaba especialmente molesta porque incluso en la playa, con un calor terrible, Francisco rehusaba quitarse la camisa. Pero en lugar de combatir contra Francisco, ella abandonó su necesidad de que él se viera de tal o cual manera. Entendió que cuando

Francisco tenía que ponerse una camiseta ajustada o, peor aún, cuando tenía que andar por ahí sin camisa, se sentía mal.

Con todas las quejas acerca de la imagen física, bien sea que parezcan irracionales o estén basadas en hechos, es importante darse cuenta de si el niño continúa absorto en el tema. Si permitirle llevar la ropa que le ayuda a esconder el supuesto problema no sirve y parece estar cada vez más obsesionado, es buena idea llevar al niño a un consejero que se especialice en asuntos del cuerpo.

Qué más se puede hacer en casa para promover la comodidad con el cuerpo

Como lo mencionaba antes, puesto que a los padres también nos afecta la preocupación cultural por la apariencia, tenemos la tendencia a comunicársela a nuestros hijos sin darnos cuenta. Por lo tanto, debemos también fijarnos en cómo nos sentimos acerca de nuestro cuerpo y en lo que hacemos en casa. Las siguientes habilidades para padres pueden ser de ayuda.

Elogie a los niños por su inteligencia, sus capacidades y su competencia social, tanto como por su apariencia física. Un artículo que escribí para *McCall's*, "Looks Matter" (La pinta importa), tocó una fibra en mucha gente. Una de las claves en la cual hice énfasis fue la de mantener a raya los comentarios que se les hacen a los niños. Préstele atención a una variedad de interacciones. Por ejemplo, cuente cuántas veces dice, "te ves muy bien", un comentario que antes se reservaba a las niñas, pero que ahora cada vez más se les hace a los niños. Compare entonces con la cantidad de veces que le hace un cumplido a una buena observación del niño o a cómo es de imaginativo cuando juega a las fantasías.

Si no puede mantener un registro mental de sus patrones, haga anotaciones para aumentar su claridad. Empiece cuando el niño tiene tres o cuatro años. Evite decir repetidamente cosas como, "Es tan lindo". Lo que aprende de estos comentarios es que ustedes valoran la pinta sobre cualidades de mayor substancia, lo cual no hará nada en favor del fortalecimiento de su esencia.

Asocie la comida con nutrición, cariño y momentos agradables. Nosotros, padres ocupados, comemos a menudo de prisa. Una encuesta reciente revela que solamente la mitad de los adolescentes come regularmente con sus padres. Peor aún, el 66% de los norteamericanos cena en la noche viendo televisión. Dejando de lado por un momento el hecho de que comer distraída o apuradamente no sirve mucho para promover la conversación o la unión familiar, también hace difícil que los niños verdaderamente se sintonicen consigo mismos o que asocien el comer con aspectos positivos. Cuando los niños se empacan la comida sin darse cuenta, no afinan sus papilas gustativas y no saben cuándo están llenos.

Tal vez no puedan comer juntos todas las noches, pero por lo menos apague la televisión durante la cena y trate de crear un ambiente relajado a las horas de las comidas (ver el siguiente recuadro). Evite las batallas en torno a la comida; nunca obligue al niño a comer. Planee también las comidas con los niños y hable sobre qué alimentos son nutritivos. Para ampliar su gama de gustos, expóngalo a diferentes clases de alimentos: cocine con él y, cuando esté en edad, déle la oportunidad de preparar algunas de las comidas para toda la familia. Hable sobre combinaciones deliciosas de comida, incluso acerca de la presentación. Converse sobre la química de los alimentos, cómo se combinan las texturas y los sabores, cómo diferentes maneras de preparar los alimentos producen efectos y sabores diversos. Utilice el arte de cocinar para reforzar otras habilidades, como seguir indicaciones, respetar la secuencia y hacer cálculos (de cantidades).

Tener una relación sana con los alimentos también nutrirá la esencia interior del niño. La comida, al fin y al cabo, es sinónimo de la nutrición que se asocia al cariño, y no simplemente una colección de vitaminas y nutrientes que impulsan el cuerpo. Infortunadamente, los trastornos alimenticios le han dado un mal nombre a la comida y algunos padres eluden deliberadamente actividades que tengan relación con los alimentos. Pero conozco a muchos adultos que se deleitan con su amor por la comida, para quienes cocinar es una terapia y que utilizan los alimentos de una manera muy sana para reconfortarse y para animarse cuando la vida se pone dura. Y conozco niños que tienen contactos perdurables con sus padres alrededor de la comida. Carmenza, madre divorciada con dos hijos de veinte y pico, convertía religiosamente la hora de comer en un gran gusto para sus hijos cuando éstos estaban creciendo. Les contaba cómo se inventaba diferentes platos y los animaba a cocinar con ella. Ahora ambos son adultos que se convirtieron en excelentes cocineros que llaman regularmente a casa a pedir recetas. Pero lo más importante es que, puesto que la comida ha constituido un hilo de continuidad y amor en esa familia, ambos muchachos han crecido con actitudes muy sanas en relación con la comida.

Empiece pronto a educar al niño respecto a su cuerpo. A nosotros los padres a veces nos cuesta conversar sobre sexualidad. Sin embargo, todos los niños tienen sentimientos e intereses sexuales, independientemente de cómo nos parezca a nosotros. ¡No es que les metamos ideas en la cabeza! Y lo principal es que no hablar de sexualidad va en contra de la comodidad con el cuerpo. No se sorprenda cuando el niño exhiba comportamientos eróticos, cuando se toca, cuando demuestra interés por el cuerpo de otra persona, incluso algo de juego sexual es normal. En un estudio reciente llevado a cabo por el doctor William Friedrich en la Clínica Mayo, los investigadores les pidieron a las madres que observaran en sus hijos comportamientos sexuales comunes. Más del 60% de los niños entre los dos y los cinco años y casi el 43% de las niñas se tocaban, aproximadamente el 26% de ambos géneros trataban de mirar a alguien desnudo o desvistiéndose y el 42% trataba de tocar los senos de la madre o de otras mujeres. Predeciblemente, estos comportamientos sexuales visibles disminuyeron después de los cinco años, cuando los niños se vuelven más discretos y recatados. En todo caso, los investigadores concluyeron que esos son apenas unos cuantos ejemplos de la curiosidad normal.

UNA DOCENA DE IDEAS PARA DISFRUTAR MÁS LAS COMIDAS

A continuación, una serie de sugerencias extraídas de estudios recientes y de padres veteranos cuyos hijos tienen actitudes sanas en relación con la comida.

1. Ayúdele al niño a comer sentándose al lado de él y no al frente, para evitar una posición intensa y observadora.

2. Ofrézcales a los niños remilgados selecciones sorprendentes, como pizza para el desayuno; cereal para la cena.

3. Prefiera los refrigerios sanos: frutas y verduras; trate de servirlas por lo menos dos horas antes del almuerzo o la cena.

4. Ofrezca una selección con media docena de posibilidades saludables.

5. Sirva comidas poco conocidas o preparadas de maneras diferentes; si el niño las rechaza, espere uno o dos meses antes de presentárselas de nuevo.

6. Conozca el ritmo del niño para comer; algunos pican, otros devoran. Modere las comidas estableciendo límites de tiempo.

7. No haga mucho énfasis en el uso adecuado de los cubiertos, especialmente con los más pequeños; no justifica la pelea.

8. Sirva porciones pequeñas. Los niños pueden entonces pedir más.

9. Hágales el juego a peculiaridades razonables como, "No me gusta que se junten las arvejas y el puré de papa".

10. Una vez a la semana haga una cena "especial" o una comida en torno a un tema. Una madre estableció "la noche de los chanchos" en la que todos tenían permiso de comer sin cubiertos.

11. No convierta las horas de comer en momento para reconvenir, sermonear o hacer crítica constructiva.

12. Cene en familia tan a menudo como pueda sin perder la paciencia.

Cada familia tiene su propio código de privacidad y la tranquilidad con la cual los padres abordan los temas sobre sexualidad varía. Es importante establecer sus propios valores en este aspecto. Si usted se siente incómodo con la sexualidad, tome medidas para sentirse más a gusto. Lea libros; pregúnteles a otros padres cómo manejan preguntas por el estilo de, "¿Por qué el pene se agranda?" La psicóloga Anne Bernstein, autora de *Flight of the Stork,* (El vuelo de la cigüeña), también propone jugar a desempeñar papeles con un adulto, turnándose para formular y responder diferentes preguntas. De hecho, si usted hace que estas conversaciones parezcan rutinarias, su niño no solamente se sentirá más a gusto con los cambios de su cuerpo, sino que acudirá a usted con sus preguntas y con sus problemas en la medida en que éstos surjan.

En la medida de lo posible, evite las batallas en casa sobre la apariencia del niño. Muchas veces, las obsesiones de los niños con su apariencia tienen sus raíces en la batalla incesante en casa sobre la correcta combinación de la ropa y la utilización de los atuendos adecuados y de prendas que luzcan bien. Todos le adjudican a mamá la responsabilidad por la apariencia del niño, así que la preocupación, e incluso tensión, de algunas es comprensible. No obstante, hacer comentarios cotidianos como, "Déjame arreglarte un poco el pelo", "Esos pantalones no te salen con la camisa" o "No puedes salir así", transmiten un mensaje poderoso acerca de sus propias inseguridades.

Déles importancia a los comentarios despectivos sobre el cuerpo y no los permita en su casa. Los niños pueden decirse cosas crueles, pero casi ninguna arde tanto como lo que dicen sobre la apariencia física. Si dos hermanos están jugando juntos o si su hijo está con un amigo, y uno de ellos le dice al otro "gordiflón", "cuatro ojos" o "miniatura", tómelo en serio. Trátelo como trataría un comentario de prejuicio racial. En nuestra cultura consciente de la apariencia, ese tipo de palabras puede realmente hacerle daño a la esencia de un niño.

Si su hijo recibe uno de estos ataques, explore el dolor que siente. Pregúntele, "¿Cómo te sentiste cuando Nicolás te dijo 'cuatro ojos'?" No tema, como lo hacen muchos padres, reiterar las palabras hirientes, y observe de cerca la reacción de su hijo. Recuerde que incluso si un niño es de contextura o apariencia promedio, cuando un hermano o amigo lo llama "feo", "gordo" o "anoréxico" (una provocación muy frecuente hoy en día), él se siente así y siente el dolor del insulto. Si un niño en particular ha estado haciendo ataques repetidos, entonces usted como padre debe actuar, hablándoles a los otros padres, a una persona del colegio o a cualquiera que tenga contacto con los niños.

Haga que sus hijos se vistan de manera linda y no "a la moda" por el mayor tiempo posible. En la última década ha habido un auge de ropa de marca para niños. Los anuncios de las revistas dedicados a la ropa infantil presentan niños que parecen modelos escapados de casa, adultos miniatura luciendo la última versión de la moda. Tanto los niños como los padres caen en lo que describo en el capítulo 5 como "la tiranía de la moda". De hecho, muchos padres eligen las marcas costosas que imitan esas imágenes de revista. Algunos especiales de moda también representan a los niños en poses que los hacen ver como pseudoadultos; las niñas tienen una mirada estilo "ven acércate" y los niños exhiben un aire macho. Infortunadamente, el "niño apurado" de David Elkind es también ahora un niño con nociones de moda y un niño que se asoma a la sexualidad adulta.

Mantenga el control de lo que compran los niños. Debemos tratar de mantener a nuestros hijos alejados de la moda. Una manera de no acabar en batallas con ellos es empezar temprano, desde los dos o tres años, a darles opciones limitadas. En otras palabras, escoja en el almacén dos camisas que le parezcan soportables y permítale al niño decidir cuál se lleva. Esto le dará una sensación de independencia y, a la vez, regulará su apariencia.

Establezca cuánto está dispuesto a gastar y hágale caer en la cuenta de que con su presupuesto puede comprar tres pares de *jeans* más baratos o un par

CÓMO EDUCAR HIJOS SEXUALMENTE SANOS

Un niño sexualmente sano es el que ha aprendido lo suficiente en casa para no tener que depender ni de los amigos ni de los medios para informarse. A continuación los puntos que la mayoría de los expertos sugieren que se tengan en cuenta:

• Haga que las conversaciones sobre sexualidad sean una parte normal de las charlas familiares y empiece temprano; los niños entre los cuatro y los seis años ya están empezando a desarrollar una noción de sexualidad y curiosidad sobre asuntos de género, aunque algunos empezarán a hacer preguntas antes.

• Llame las partes del cuerpo por sus nombres correctos. Es mejor decir "vagina" y "pene" que "partes privadas".

• Escuche atentamente para saber qué es lo que realmente está preguntando el niño y luego conteste tan solo lo que ha preguntado. Siempre es mejor distribuir la información en varias mini conversaciones.

• Enséñele a distinguir entre una caricia buena y una caricia mala, y hágale saber que tiene derecho a decir que no cuando haya un acercamiento que no quiere y que puede pedir ayuda cuando no sea capaz de decir no.

• No caiga en estereotipos de género, los cuales limitan a los niños y pueden dañar su desarrollo emocional. Recuerde que todo, desde el tono de voz que emplean hasta el tipo de juguetes que compran tiene la capacidad de dar forma a las actitudes de los niños.

• No reaccione negativamente ante juegos que atraviesan la barrera del género: un niño que quiere ponerse el maquillaje de mamá o la niña que quiere orinar "como papá"; la mayoría lo olvida al crecer.

• Establezca límites sin avergonzar: "Sé que quieres quitarte la ropa ya pero quiero que tengas puestos tus pantalones cortos si vas a estar fuera de la casa".

• A cualquiera que sea la edad en que su hijo tome conciencia de los aspectos sexuales e insista en el recato, permítaselo. Y si la conciencia sexual de ustedes así lo pide, exijan respeto a su recato.

costoso. Puede que el niño escoja el más costoso pero eso sucederá solamente una vez. Gabriela, por ejemplo, se gastó toda la mesada para ropa en un solo atuendo de marca. Al cabo de uno o dos días, cuando todos los niños empezaron a reírse de ella porque nunca se ponía nada más, dando a entender, entre otras cosas, que seguramente nunca se bañaba porque al parecer nunca se cambiaba de ropa... Gabriela aprendió una lección de la manera más dura.

Es infinitamente más fácil ponerle límite al gasto en ropa si se hace la compra una vez cada estación. Dígale a su hijo, "Vamos a tratar de comprar todo lo que podamos para esta temporada escolar (o para el verano)". Cuando estén de compras, tómense el tiempo para enseñarle algunas claves para comprar bien; por ejemplo, hágale caer en la cuenta del significado y las diferencias de precio, marca, telas, durabilidad, y carácter práctico. Todos estos son conceptos que se pueden enseñar y mientras más pronto empiece, más pronto se convertirá el niño en un comprador experimentado: más interesado en la calidad que en la moda.

No es solamente importante limitar el gasto sino insistir en que los niños aporten parte de su dinero para la compra. En un almacén de cadena oí a una niña decir, "Pero, mamá, es tan caro que no lo quiero". Escandalizado con tal sensatez en una preadolescente, le dije algo a su madre, quien me reveló el secreto familiar: su hija tenía que pagar parte de la compra de ropa con su

---

CUIDEN *SU PROPIO* COCIENTE DE LA MODA

A menudo deseamos inconscientemente que nuestros hijos sean como nosotros, o vivimos a través de ellos, esperando que sean lo que hubiéramos querido ser. Así que ¡ojo! Si ustedes son maniquís de moda o unos "íbamos a ser", o incluso si simplemente están desesperados porque su hijo se adapte a la norma (a lo mejor porque ustedes mismos no encajaban) tal vez sin querer estén ejerciendo una presión sutil para que su hijo esté "a la moda".

propia mesada. Empiece más o menos al comienzo de la primaria, punto en el cual el niño puede desarrollar una mayor conciencia en cuanto al manejo del dinero y de las decisiones que toma sobre su mesada. Esta clase de responsabilidad anima a los niños a tomar decisiones más cautelosas y, en última instancia, más sabias.

Incluya el ejercicio moderado como parte natural de su vida familiar. El *Surgeon's General Report* de 1996 hacía énfasis en que una vida sedentaria es malsana para cualquier edad. Por otro lado, también sabemos que excedernos en ejercicio puede llevar a lesiones o, si se lleva al extremo, puede indicar un trastorno relacionado con la alimentación o con la imagen que la persona tiene de sí misma. En algún lugar entre los extremos está la clave de la felicidad y de la salud, la nuestra y la de nuestros hijos. El informe, que recomienda por lo menos media hora de ejercicio moderado todos los días, concluía que una disciplina así aumenta el amor propio, combate la soledad, reduce la ansiedad y la depresión, lleva a tener mejores relaciones interpersonales y mejora la percepción que la persona tiene de su cuerpo. En otro estudio con doscientas mujeres, el 87% decía que el ejercicio mejoraba la manera como se sentían en relación con su cuerpo. En particular, las que nunca habían hecho ejercicio cuando niñas se daban cuenta por primera vez de que sus cuerpos eran valiosos por lo que podían hacer. El mismo fenómeno les sucede a los niños: mientras más utilizan su cuerpo y se dan cuenta de que con la práctica, el esfuerzo y la moderación, pueden volverse más rápidos, fuertes y hábiles, menos propensos estarán a concentrarse solamente en la apariencia.

El problema es que muchos de nuestros niños son sedentarios. Según los datos del *Surgeon's General Report,* el 50% de los jóvenes entre los doce y los veintiún años no realiza ninguna actividad vigorosa de manera regular. Las mujeres son todavía menos activas que los hombres. Las matrículas en la escuela secundaria para clases diarias de educación física disminuyó de un 42% en 1991, a un 25% en 1995. Y un estudio particularmente alarmante encontró que el 40% de los niños en edades de los cinco a los ocho años presentaba por lo menos un factor de riesgo de enfermedad cardiovascular: todo, desde niveles altos de colesterol y tensión arterial alta, hasta exceso de peso. En contraste, los niños que hacen ejercicio regularmente tienen menos problemas crónicos de salud, son capaces de estar a la altura de las exigencias diarias de actividad física, muestran mejores resultados en pruebas de desempeño físico y tienen una imagen propia más sólida, así como más seguridad en sí mismos. De modo que comience desde cuando están pequeños. La mejor manera de que su hijo empiece a moverse es darle buen ejemplo. Invite al niño a jugar, correr, caminar, patinar, bailar, montar en bicicleta, saltar lazo, trepar o nadar.

No olvide concentrarse en los aspectos positivos del ejercicio, como la participación familiar y la diversión. Evite la disciplina y la reglamentación, haga del ejercicio algo que se disfruta y no una tarea o un estadio donde los niños sienten que deben demostrar excelencia. E, igualmente importante, ayúdele al niño a establecer, según sus gustos, talentos y estilo de cuerpo, qué clase de ejercicio le va bien. A medida que los niños crecen y se involucran en deportes específicos o en actividades recreativas, ayúdeles a ponerse metas realistas de corto y largo plazo. Por ejemplo, si tiene un niño que ha sido sedentario, empiece haciendo unos minutos de estiramiento para ir ganando agilidad. Luego camine con él diez minutos o salga a jugar a la pelota unos minutos. Una meta de más largo plazo puede ser que trate de alcanzar a tocarse los dedos del pie y mejorar su resistencia para poder hacer media hora de deporte.

Sea un modelo de actitudes no obsesivas. Mediante este empleo irónico de la palabra "modelo", obviamente no quiero decir posar para un especial de moda. La verdad es que lo que decimos de paso tiene una repercusión extraordinaria sobre nuestros hijos. Selma, una mujer que trabaja conmigo, recuerda que su madre siempre la llamaba a su habitación antes de las fiestas o reuniones familiares para preguntarle: "¿Cómo me veo?, ¿Estás segura de que me veo bien?" Estas preguntas, fruto de la inseguridad, dejaron en Selma una fuerte impresión y, como resultado, la hicieron desarrollar una mayor preocupación por su apariencia.

EJERCICIO SALUDABLE

Su hijo está probablemente haciendo ejercicio por las razones correctas, y seguramente tendrá perseverancia con el plan si...

- Hace ejercicio por la salud, no para tener un cuerpo "mejor".
- No es criticado, sermoneado ni avergonzado por un adulto o hermano mayor.
- Elige un ejercicio o deporte que verdaderamente disfruta, en lugar de algo que los otros niños están haciendo o que ustedes quieren que haga.
- Entiende el efecto que tienen sobre su cuerpo las diversas clases de ejercicio: levantar pesas fortalece los músculos, correr mejora la resistencia cardiovascular.
- Establece metas realistas basadas en su cuerpo y en lo que puede hacer.
- Modifica a menudo las metas de manera que reflejen su desempeño cada vez mejor.
- No se desanima si un día su desempeño es pobre o si no está alcanzando una meta lo suficientemente rápido.
- Se le elogia por intentar y por mejorar, en lugar de elogiarlo por el logro de una meta en particular.
- Aprende a premiarse él mismo después de hacer ejercicio con un refrigerio saludable o con un baño caliente.
- Entiende que el ejercicio no es una tarea, ni un castigo ni un mal necesario, sino una alegría que puede durar toda la vida.

Otro padre, Alberto, estaba confundido sobre la razón por la cual su hijo Diego, de seis años, un "niño niño", parecía obsesionado con verse bien. Le ayudé a Alberto a tomar conciencia de su propio comportamiento. Se daba golpes de pecho constantemente por el crecimiento de su panza y por el retroceso de su cabello y hacía anotaciones despectivas. "¿No cree que todo eso

QUE SE PIERDAN ESTOS COMENTARIOS

No deje escapar los siguientes...

• Comentarios acerca de su hijo. Una cosa es tratar de ayudarle al niño a verse bien o a llevar ropa que le sienta bien, pero evite comentarios como, "Mete el estómago" o "Ponte ropa oscura para verte más delgada". Este tipo de observaciones claramente refuerzan la incomodidad con el cuerpo.

• Los comentarios sobre otros. El día de los abuelos, a la abuela de María le fue presentada la rectora del colegio. Después ella le susurró a su nieta de diez años: "Esa mujer está bien gorda. Tiene que estar mal para estar tan pasada de peso". María, que verdaderamente quería a su rectora, quedó totalmente confundida.

• Comentarios sobre usted mismo. A lo mejor usted toma sus propios comentarios despectivos con buen humor, pero el niño no puede. Incluso comentarios distraídos pueden dejar huella. Una madre dice, "No soporto mis muslos". Un padre se queja, "Tengo que hacer algo con esta panza". Antes de que los padres se den cuenta, ya los niños estarán también preocupados por su cuerpo.

• Comparaciones de usted con otras personas. Incluso si no van dirigidos al niño, los comentarios aparentemente intrascendentes tienen sus repercusiones: "¿Puedes creer cómo está Julia? No ha ganado un kilo en veinte años. Yo he subido tanto de peso que me veo diez años mayor que ella".

impresiona a Diego?", le pregunté. Cuando Alberto comprendió el asunto, empezó a contener sus comentarios delante del niño, y aprendió a reservarse para sí sus preocupaciones con el cuerpo. Adicionalmente, Alberto asumió la responsabilidad por su actitud diciéndole a su hijo, "Me he estado preocupando por esta panza, pero debería hacer ejercicio en lugar de quejarme". Por fortuna, Diego estaba aún lo suficientemente joven y se le pudo empujar suavemente para que dejara su naciente obsesión con la pinta.

Pregúntese: ¿Qué dice usted generalmente cuando se mira al espejo, cuando se sube a la pesa o cuando se prueba un vestido de baño o está pensando ir a la playa? Si usted está descontento con su apariencia, es injusto y potencialmente dañino verbalizar su preocupación delante del niño. Sabemos por nuestra experiencia clínica que cuando un hipocondriaco habla constantemente de su salud delante de los niños pequeños, el comportamiento pasa a la generación siguiente. Lo mismo se aplica a las preocupaciones sobre la apariencia. Los niños acaban con preocupaciones semejantes o con versiones más modernas, ¡como perforarse diversas partes del cuerpo!

Sin embargo, si usted sí tiene de hecho una obsesión, es importante ser sincero y reconocer la verdad ante el niño. Por ejemplo Lisa, de seis años, y quien tiene el pelo oscuro, le dijo a su madre: "No me gusta mi pelo. Quiero ser rubia". Su madre contestó: "Eso lo entiendo. Hay tantas niñas en la televisión que son rubias. Es algo que a mi también me ha molestado desde que tenía tu edad. Y últimamente a lo mejor me has oído hablar de teñirme todas estas canas. Quizás he hablado demasiado sobre el tema. La verdad es que, independientemente del color de mi pelo, seré la misma persona por dentro".

Metas para niños: querer su cuerpo, quererse a sí mismos

Durante el tiempo que estuve escribiendo este libro, le describía a Leah, mi hija de once años, los varios atributos esenciales. No tuvo dificultad para entender o para estar de acuerdo con la importancia de ayudarles a los niños a desarrollar pasión, talento en las relaciones o cualquiera de las demás habilidades básicas. Pero cuando dije, "Comodidad con el cuerpo", su reacción inmediata fue: "Ah sí claro, como si eso fuera posible". Habla, estoy seguro, a nombre de muchos de sus compañeros. Los niños hoy en día saben que casi todo el mundo tiene un cierto grado de incomodidad con su cuerpo y la idea de que uno pueda dominar o superar esos sentimientos resulta inconcebible. Y, hasta cierto punto, están en lo correcto: los niños son tan vulnerables que no pueden desarrollar las habilidades que promueven la comodidad con el cuerpo sin nuestro aporte y sin que comprendamos que se trata de un proceso constante, una batalla no solamente contra la cultura sino, como lo indicaba antes, contra nuestras propias dificultades al respecto. Por esa razón, a las siguientes las llamo metas para niños, pues no son tanto habilidades sino actitudes que requieren de padres que se comuniquen con regularidad. Muchas de ellas tienen que ver con la aceptación del cuerpo y con cierta suspicacia de consumidores, pero los niños no pueden lograr estas metas sin contar por lo menos con nuestro aporte indirecto.

Confiar en su cuerpo

En ningún campo es más importante que el niño confíe en sus corazonadas e instintos que cuando se trata de saber lo que su cuerpo necesita. Los niños que hacen dieta o tienen fobias a los alimentos son a menudo los que no han aprendido a confiar en sus cuerpos o que van por ahí con la cabeza llena de información tergiversada. Los niños aprenden a confiar en su criterio cuando les permitimos pensar por sí mismos. Anime al niño a ver que las sensaciones de hambre, sed, fatiga, calor y frío, son maneras como nuestros cuerpos "nos hablan".

Durante todo el espectro de la infancia, el apetito del niño va y viene. Comen más, por ejemplo, antes de una racha de crecimiento. Cuando los padres critican a los niños porque comen demasiado o los obligan a comer cuando no tienen hambre, les enseñan a no confiar en sí mismos. Por el contrario, cuando los padres prestan atención a lo que los niños dicen acerca de la comida, sus gustos y disgustos, su ritmo para comer, el alcance de su apetito, entonces los niños aprenden a confiar en sus propios criterios y gustos. Como lo explicaba en el capítulo 1, los niños, incluso los bebés, pueden regularse a sí mismos, es decir, nos darán un informe completo de lo que está pasando en sus cuerpos... si los dejamos.

Los niños también pueden recibir de los padres, y a veces del colegio, mensajes errados acerca de la alimentación. Los nutricionistas repetidamente señalan que no existe lo que pueda llamarse "mala" comida. Cualquier comida puede ser "buena", es el exceso el que es malo. Arme a sus hijos con información sobre la buena nutrición y ayúdeles a llevar una dieta verdaderamente equilibrada. Los niños, especialmente las niñas, tendrán más probabilidades de resistirse a modas en el comer y a dietas peligrosas si saben cómo la comida realmente afecta su cuerpo.

Vestirse para ellos mismos

Confiar en su cuerpo también afecta la ropa que los niños eligen. Por lo tanto, cuando vaya de compras con su hijo, haga énfasis por igual en la comodidad, así como en el estilo, el material y la forma como se siente la ropa en el cuerpo. "Queremos comprarte ropa que te haga sentir bien", le dijo el padre a Álvaro cuando solamente tenía cuatro años. Era intenso-sensible por naturaleza y se quejaba de que ciertos materiales le daban "escozor" así que sus padres le ayudaron a encontrar materiales cómodos. Lo que comenzó como función de su temperamento floreció hasta ser una habilidad fortalecedora de su esencia. Alvaro, ahora de nueve años, ha desarrollado un estilo propio; sabe lo que le gusta y lo que no le gusta. Y parece bastante ajeno a modas o a lo último en *jeans* de marca.

Para un niño requiere valor vestirse como quiere en lugar de seguir a la manada. He observado, sin embargo, que detrás de cada niño con una "pinta" propia hay un padre que elogió regularmente su individualidad. Le pregunté a Catalina, una niña de quinto año y la única que no había optado por el atuendo de rapero con pantalones anchos y enormes, "Cuéntame, ¿Cómo es que te vistes de manera tan original? Eres diferente a la mayoría de los otros niños, pero pareces estar muy cómoda de todos modos". Me contestó enseguida: "Yo como que tenía mis ideas propias de qué ponerme y mis padres casi siempre decían que no había problema".

Algunos niños, como Javier, prefieren ciertos colores. Por cualquier razón, se enamoró de una camiseta roja cuando tenía dos años y lloraba si su madre trataba de ponerle cualquier otra cosa. En lugar de agobiarlo con la respuesta de ella "¿Cómo puedes querer ponerte lo mismo todos los días?", su madre le hizo el juego a su gusto ¡y simplemente le compró cuatro de las mismas! A medida que fue creciendo, a Javier se le pasó su obsesión con el rojo y el lugar fue ocupado por una creciente confianza en su gusto esencial.

A los cinco años, Mariana era muy exigente en las combinaciones de colores; favorecía claramente ciertas combinaciones. Por ejemplo, nunca llevaba pantalones cafés con algo diferente a una camisa de rayas azules. Sus padres no estaban necesariamente de acuerdo con su gusto, pero no se enfrascaban en batallas. Por el contrario, le llevaban la idea, lo cual seguramente aumentó las probabilidades de que Mariana se convirtiera en una niña segura de su capacidad de escoger ropa que le quede bien.

Escoger de manera independiente

Oigo tan a menudo que los niños preguntan en los almacenes, "¿Cuál te gusta más a ti, mami?" Los padres generalmente contestan diciéndole de inmediato al niño qué hacer. Pero los niños deben aprender lentamente a escoger con independencia. A continuación cómo hacerlo.

Ayúdele al niño a ejercitar su criterio. Explíquele este principio: "El color y el gusto vienen desde dentro de ti. Yo no te puedo decir qué va a ser más cómodo para tu cuerpo ni qué se verá mejor a través de tus ojos". En cada nueva expedición de compras, anime al niño a ejercer esta nueva "habilidad". Permítale escoger, sin ayuda, por lo menos una pinta no muy costosa. El hecho de "apropiarse" de sus adquisiciones en lugar de depender de usted lo convertirá en mejor consumidor.

Obviamente, los niños pasan por etapas de confusión en cuanto a la ropa o se empeñan en una cierta adquisición en particular, digamos un atuendo para una fiesta. A veces debemos ayudar más. Pero la mayoría de las veces, dentro de nuestro presupuesto, estimulemos a los niños para que adquieran lo que les guste. Además de ir de compras, utilice también otras oportunidades. Por ejemplo, cuando Laura y Sara, en edad preescolar, estaban jugando a disfrazarse, Laura le preguntó a su mamá, "¿Cuál de los dos atuendos se ve mejor?" Evitando hablar como terapeuta, mamá invirtió los papeles: "¿Cuál te gusta a ti, Laura?"

Aunque a veces queremos imponer nuestro gusto, es importante ayudarles a los niños con estos asuntos sin ser demasiado impositivos. De otro modo no aprenderán nunca a tomar sus propias decisiones, no solamente acerca de la comida y la ropa, sino también acerca de lo que pueden hacer con sus cuerpos. Por ejemplo, su hijo a lo mejor quiere probar un deporte para el cual a usted no le parece que tenga mucha habilidad natural. A menos que sea peligroso, permítale probar, a lo mejor lo sorprende. O si su hijo desarrolla de repente el gusto por los alimentos muy condimentados que ha probado en casa de un amigo, por qué no aprender entre todos a preparar un nuevo plato.

Sin embargo, si ve que su hijo está a punto de elegir algo poco práctico o insensato, intervenga sutilmente de una manera que por lo menos valide en parte la forma de pensar del niño. Por ejemplo, la noche anterior a su primer día de jardín infantil, Mateo estaba alistando la ropa con su mamá. Quería llevar puesto un saco grueso que su abuela le había comprado. Sin querer desanimarlo de escoger su propia ropa de diario, le dijo, "Qué buena idea para dentro de unos meses cuando esté haciendo frío. Te ves muy bien en ese color y sé que te sientes bien con él. ¿Qué tal si para mañana escogemos una camisa o un saco que no sea tan abrigado?"

Enseñarle al niño a ser crítico de la información que recibe

Puede ayudarle al niño a percibir los medios como foros de opiniones diversas en lugar de permitir que las imágenes poco realistas influyan excesivamente sobre él. Siéntese con su hijo y enséñele a ser un espectador más crítico. Por ejemplo, hágale ver cómo las personas de gran tamaño son representadas de una manera negativa y hable sobre las asociaciones que hacemos con la talla y la forma. Para ese fin, la psicóloga Mary Baures fundó Boycott Anorexic Marketing (Boicot al mercadeo anoréxico), un grupo que tiene en la mira a las compañías que utilizan modelos extremadamente delgadas para pregonar sus mercancías. La doctora Baures recomienda a los padres que animen a sus hijos a hacer diferentes clases de preguntas cuando ven imágenes imposibles (e indeseables) de imitar. En lugar de preguntarse "¿qué pasa conmigo?", necesitamos que pregunten "¿Qué pasa con este anuncio (o con este programa de televisión, o con esta imagen en el cine)?"

Ayúdele al niño a darse cuenta de que no todo lo que ve en televisión es verdadero. Algunos colegios progresistas están empezando a diseñar programas en torno a estos temas, por ejemplo invitando a modelos adolescentes a que les muestren fotografías de antes y después y a que hablen sobre lo que hacen; también invitan artistas del maquillaje y personas conocedoras de los efectos especiales para explicar cómo "falsifican" un cabello abundante y cómo utilizan varios trucos de maquillaje para transformar a las personas.

Es consolador saber que estos programas no están solamente orientados a niñas. Los modelos masculinos hablan de cuántas horas de gimnasio se requieren para desarrollar cuerpos llenos de masa muscular. Y para estos niños, a menudo pequeños e impresionables, que escuchan a estos tipos, es un alivio darse cuenta de que lograr lo que ellos tienen requiere de la dedicación excluyente y comprometida que a la mayoría de jóvenes les resulta poco atractiva. Esos maravillosos cuerpos no son símbolos de verdadera masculinidad.

Estas lecciones transforman las opiniones de los niños sobre lo que ven.

Tras participar en uno de estos programas en su escuela, Erica respondió rápidamente cuando su hermano Fernando exclamó, "¡Uy, qué cuerpote!" en respuesta a uno de los figurines que aparecen en el programa de televisión Baywatch. La respuesta de esta suspicaz niña de once años a su hermano de cinco fue, "Olvídalo, Fernando, ¡ésas no son de verdad!"

Si la escuela de su hijo no ofrece esas dosis de realidad, hágalo usted mismo. Busque en la biblioteca libros sobre modelaje y sobre efectos especiales. Anime a sus hijos a hablar con las personas que están en el negocio de la belleza para conocer los secretos internos. Y cuando lea revistas, mire televisión o vaya al cine con el niño, utilice el momento como trampolín para el debate: "¿Crees que la mayoría de las niñas o los niños lucen de verdad así?" Procure que los niños empiecen a hablar de lo que realmente importa. "¿Algún niño en tu clase de verdad se ve así?"

Preste siempre oídos atentos a lo que los niños dicen acerca de los personajes de la televisión. Al igual que muchos otros hábitos negativos, las obsesiones sobre la apariencia son más fáciles de prevenir que de curar.

Desarrollar una pasión

Aunque he dedicado todo un capítulo a la pasión, vale mencionarlo también aquí. La manera indirecta más importante de ayudarle a un niño a desarrollar comodidad con el cuerpo es que tenga un interés ajeno a lo físico, que desaloje las preocupaciones sobre la apariencia. La emoción, el compromiso y la dicha de tener un interés perdurable en la vida real es mucho más llamativo que las últimas modas y tendencias. Además, como lo explicaba, la pasión es una constructora del amor propio. Cuando el niño se siente bien por dentro, su exterior es menos importante. Y con frecuencia son los niños que se sienten bien consigo mismos quienes también lucen mejor. No es que sean necesariamente muy guapos según los estándares de los medios de comunicación, sino que su amor propio comunica salud.

Recuerde que la comodidad con el cuerpo está ligada prácticamente a todo en nuestra vida diaria. Dadas las presiones sociales con las que vivimos, es un reto grande promover exitosamente esta característica esencial. Pero bien vale la pena el esfuerzo. ¡Qué gran regalo es para un niño sentirse bien en su cuerpo!

CAPÍTULO 8

CAUTELA

*Habilidad básica # 8: Anime a sus hijos a pensar antes de actuar
y a sopesar el impacto de sus actuaciones sobre sí mismos y sobre los demás.*

Un ambiente de caos: "¡Mira, mami, sin manos!"

Comienza muy inocentemente. Un niño de tres años que camina al lado de su cochecito quiere cruzar solo la calle por primera vez. Una niña de cuatro años le propone a su amiga que le hagan una broma a una tercera niña: "Escondámosle a María el osito que más le gusta". Un niño de seis años que acaba de aprender a montar en bicicleta grita: "¡Mira mamá, sin manos!" a medida que se aleja en zigzag calle abajo.

En mi trabajo con colegios y familias, me encuentro constantemente con situaciones en las cuales los niños deben aprender a tener cautela en circunstancias cotidianas. Tristemente, muchos niños carecen de esta fortaleza esencial. El niño de tres años se suelta de la mano de su madre y sale disparado hacia la calle. Por suerte, no hay autos. Las dos niñas de cuatro años esconden el osito de María debajo de la cama y la niña se deshace en llanto al no poder encontrarlo. Por fortuna, una de las madres interviene, tranquilizando a María y reprendiendo a las otras dos. El niño de seis años está tan ocupado exhibiendo su bicicleta que pierde el equilibrio. Por fortuna, sólo se lesionan su ego y una rodilla.

A lo largo de la vida, todos los niños tienen que enfrentar situaciones que se presentan por primera vez y que requieren de juicio y premeditación. Y no nos engañemos. Todos hablamos de querer que nuestros hijos tengan éxito en la escuela y de que sean seres humanos buenos y tolerantes. Pero en lo más profundo de nuestro corazón lo que más queremos es que estén siempre lejos del peligro. Esta preocupación nos acecha como padres. ¿Se mantendrán seguros nuestros hijos y tendrán el buen sentido de evadir los múltiples peligros que la vida pone en su camino? De hecho, si un niño pequeño no aprende a tener cautela, cuando sea mayor esos sucesos no tan graves de la vida diaria pueden tornarse dramáticos o convertirse, a veces, en circunstancias gravemente peligrosas. He aquí algunas de las historias que a menudo llegan hasta nuestros diarios locales:

• Como parte de su celebración, un grupo de estudiantes recién graduados de secundaria se dirigió a un profundo abismo sobre un arroyo donde se retaron a saltar. Uno de los niños, que inicialmente se resistió porque le pareció demasiado peligroso, se rompió la columna.
• Una niña de doce años asistió a una fiesta "sin padres" y, como parte de la demostración de hasta qué punto estaba "a la moda", se tomó diez tragos de vodka y terminó en urgencias sometida a un lavado estomacal.
• Un grupo de muchachos en los suburbios acorraló a una niña minusválida y la violó. Más tarde, algunos de ellos sostuvieron que la presión de estar en el grupo les impidió detener la violencia o alejarse.

Lo admito, las historias anteriores son incidentes dramáticos y trágicos. Pero están arraigados en la misma falta de cautela que otros sucesos más mundanos: existe una incapacidad para reflexionar sobre lo que está bien y lo que está mal, lo que es seguro y lo que es peligroso. De hecho, los últimos años han visto un llamativo aumento de problemas relacionados con la cautela. La experimentación con drogas y la ingestión alocada de licor, tras disminuir durante una década, ha demostrado desde 1991 un aumento de dos dígitos cada año. Kevin Dwyer, presidente electo de la National Association of School Psychologists [Asociación nacional de psicólogos escolares], ha observado un aumento en los problemas de disciplina y las perturbaciones en la clase. También los terapeutas dicen estar recibiendo pacientes cada vez más jóvenes con problemas que han pasado de ser neurosis propias, como el miedo o la ansiedad, a ser trastornos del comportamiento y la conducta que se caracterizan por un criterio deficiente, por la impulsividad y por la imitación de comportamientos peligrosos: en resumen, por la falta de cautela. En efecto, la trágica e incomprensible incidencia de asesinatos en escuelas secundarias, cuatro en tan solo 1998, son indicadores de un problema de grandes dimensiones relacionado con la impulsividad.

Al mismo tiempo, la cultura de los medios condiciona a los niños y los anima a reaccionar sin pensar. Cuando el niño llega a los veinte años, habrá visto u oído trescientos sesenta mil anuncios de televisión de treinta segundos cada uno. Como lo hemos expuesto a lo largo de este libro, estos comerciales regularmente les aconsejan a los niños, "Simplemente hazlo" (*"Just do it"*), "Obedece a tu sed" (*"Obey your thirst"*), "No consideres a nadie" (*"Consider no one"*) y "Actúa ya" (*"Act now"*), y otros mensajes que hacen énfasis en la acción inmediata y en un mínimo de reflexión. No por casualidad, el final de los noventa le dio la bienvenida a un personaje como la doctora Laura Schlessinger con su libro *How could you do that?* (¿Cómo pudiste hacer eso?) que resume el rampante problema de la falta de escrúpulos que les permite a las personas justificar cualquier acción. Pregúntenles a los adolescentes más jóvenes, de los trece a los quince años, cuál es su ética, y contestan, "Bien, si alguien te trata bien, pues se merece que lo trates bien a cambio. Si lo que yo hago no le hace daño a nadie, pues entonces está bien". Según estos adolescentes, no existen los absolutos.

Como lo afirmaba en el capítulo 6, nos hemos convertido en una nación "desenfocada", víctimas del trastorno de déficit de atención en términos culturales. Agregaría que también estamos sufriendo de la impulsividad cultural y estamos viendo las repercusiones en nuestros niños. Todo va hoy en día con rapidez y se exhorta a los niños a moverse de esta manera. No se convierten necesariamente en "hiperactivos", en impulsivos crónicos que están constantemente en movimiento o que carecen siempre de criterio. Sin embargo, el ambiente de caos afecta a todos los niños, coartando no solamente su capacidad de concentrarse y prestar atención, sino de reflexionar, evaluar y manejar asuntos de mayor trascendencia.

Aunque la cautela aparece hacia el final de este libro, es obvio que este constructor de esencia es vital en el mundo de hoy cada vez más peligroso. Desde luego que si ustedes fomentan las siete características constructoras de esencia que hemos visto hasta ahora, el niño desarrollará indirectamente más cautela. A la vez, gracias a nuevos estudios sobre el tema, también sabemos más sobre la forma como la cautela funciona concretamente, cómo piensan los niños y cómo abordan las situaciones nuevas. Las investigaciones recientes comprueban sin lugar a dudas que existen estrategias específicas que podemos enseñar, incluso a los niños más pequeños, para ayudarles a desarrollar cautela. Más aún, esta habilidad esencial ocupa un lugar destacado en las listas de los padres que conozco, quienes se preocupan cada vez más de que los niños estén creciendo en un mundo donde la tentación y el peligro parecen acechar tras cada esquina. Por lo tanto, necesitamos darle una mirada a lo que implica la cautela y proporcionarles a nuestros hijos la clase de valores y de habilidades de raciocinio que los puedan proteger.

Por qué es importante la cautela

La cautela literalmente protege la esencia física, mental y espiritual del niño. Le proporciona la capacidad para pensar y hacer planes, y para tener en cuenta las consecuencias que su obrar tiene sobre sí mismo y sobre los demás; es decir, le proporciona la capacidad de tener empatía.

La cautela implica aplazar la satisfacción. Ser cauteloso significa controlar el impulso de "hacerlo ya". También capacita al niño para concebir soluciones alternas, lo cual, como sabemos por experiencia, no son capaces de hacer los niños temerarios. De hecho, una evaluación realizada en 1994 de setenta estudios que les hacían seguimiento a niños desde el preescolar hasta la adolescencia, confirma lo siguiente: el hallazgo más consistente fue que un extremo grado de impulsividad, es decir, la falta de cautela, predecía la delincuencia en la adolescencia.

La cautela se necesita para el manejo de situaciones que se presentan por primera vez. La cautela, como yo la defino, se relaciona concretamente con la manera como los niños reaccionan ante situaciones potencialmente dañinas o peligrosas que se les presentan por primera vez, y sobre cómo las manejan. Éstas incluyen sucesos ordinarios y cotidianos así como dilemas más extremos y difíciles. Es cierto que los niños deben ejercer la cautela una y otra vez, pero acá me refiero especialmente a experiencias desconocidas e iniciales que son momentos-eventos de carácter formativo. Una situación de primera vez, incómoda o peligrosa, posiblemente no se vuelva más fácil en ocasiones subsecuentes. Pero la manera como el niño enfoca por primera vez la situación, y cómo la maneja, tiende a establecer el tono hacia el futuro.

Por ende, la cautela es vital para la esencia interior del niño. Desde los primeros años, uno sabe que no puede acompañar al niño en todos los casos o ayudarle a manejar todas las "primeras veces" que deba superar. Uno no estará allí para cada riesgo que se le pide que corra. De hecho, algunas situaciones nuevas ni siquiera se pueden anticipar. Sin embargo, si al niño se le ha enseñado a tener cautela, estará a salvo porque permanecerá intacto física y psicológicamente. La cautela también preserva la individualidad del niño porque le da la capacidad de desafiar un impulso del grupo y de todos modos continuar con sus compañeros.

Más importante aún, cuando los niños desarrollan esta habilidad, tienden a acercarse a otros niños que exhiben un criterio semejante. Uno puede ver esto en cualquier situación en la que se congregan los niños. Por ejemplo, desde la guardería, la manera como se toman riesgos y la impulsividad son características de organización alrededor de las cuales se agrupan los compañeros. En cada aula, aunque los profesores admiten que hay zonas grises, tienden a identificar a los niños como los que hacen parte del "grupo de los 'locos' " o del "grupo de los tranquilos".

Unos son más cautelosos que otros. ¿Qué hace que algunos sean más cautelosos que otros? Tenemos de hecho unas respuestas sorprendentes. En el último decenio, con el aumento de trastornos relacionados con la cautela, la "impulsividad" y la "hiperactividad" han sido condiciones ampliamente estudiadas. Ahora tenemos documentación que sugiere que los niños nacen con diferentes grados de cautela natural. La manera como el niño aborda una situación nueva, un fenómeno que el investigador William Carrey llama "reacción inicial", es, al igual que el temperamento, la concentración o el nivel de actividad, cuestión de interconexión interna.

Parece ser que hay ciertos niños que poseen una buena dosis de recelo. Miran cuidadosamente las situaciones y no se mueven hasta cuando sienten seguridad. Algunos de estos niños son prevenidos en extremo. Esta perspectiva excesivamente cautelosa lleva con frecuencia a los niños a terapias, porque necesitan aprender a saltar a la vida, en lugar de permanecer en la periferia.

En el otro extremo, veo un igual número de niños que parecen predispuestos a la temeridad. Sus padres invariablemente reportan que han sido así desde cuando eran bebés. Se les conoce por "estar en todo" cuando empiezan a caminar, saltan de lugares altos, corren riesgos permanentemente y demuestran poco criterio. Estos niños se accidentan, se meten en problemas con los profesores y en situaciones peligrosas con los compañeros. Lo he observado en un sinnúmero de jardines infantiles. En uno, una banda de niños de tres y medio y cuatro años que se llamaban a sí mismos "los piratas" se deleitaba tomando rehenes y aterrorizando a sus compañeros. En otro, los niños más inquietos imitaban las actitudes y movimientos de intérpretes de rap. Incluso a estas edades tempranas, la agresividad y la frustración están muy cerca de la superficie y tienden a aflorar de maneras muy peligrosas.

Naturalmente, los niños de ambos extremos están en peligro. Cuando abordan una situación nueva, necesitan premeditación y una dosis saludable de buen criterio, aunque no tanto que termine paralizándolos. Pero la verdad es que todos los niños, incluso los de la zona intermedia, necesitan desarrollar buen juicio. Debemos dotarlos con cautela especialmente porque son tantos los niños que hoy en día deben enfrentarse solos y cada vez más pequeños, a situaciones nuevas. Por lo tanto, nuestra octava habilidad básica.

Habilidad básica # 8: Anime a sus hijos a pensar antes de actuar y a sopesar el impacto de sus acciones sobre sí mismos y sobre los demás.

Sea cual sea la predisposición básica de su hijo, no se preocupe: la cautela se puede enseñar. Nosotros los padres nos podemos armar de conocimientos e información y, a la vez, presentarles a nuestros hijos las herramientas para encarar estos retos diarios y constantes. Infortunadamente, el ambiente de caos estará trabajando contra nosotros.

Amenazas esenciales: mensajes contradictorios de la segunda familia

En los Estados Unidos, la impulsividad se ha convertido en un extendido estado mental ampliamente reforzado por la cultura y no debería sorprendernos que sea la segunda familia la que trae el mensaje a nuestros hogares y lo instala allí. Desde cuando son prácticamente bebés, los niños ven caricaturas en las cuales la gente salta rutinariamente de precipicios y se embarca temerariamente en otras atrevidas hazañas. Son muchos los programas de televisión y las películas en que los niños observan soluciones de conflictos basadas en la fantasía, totalmente desligadas de la vida real: los personajes hacen juicios precipitados o producen soluciones mágicas. Sin embargo, existen realmente dos lados de la historia: la segunda familia y nosotros.

La segunda familia promueve la impulsividad cultural. En la última década han desaparecido los juguetes y juegos que exigen pensar o que requieren aplazar la gratificación y han sido reemplazados por productos que no fomentan el criterio sino los reflejos. Gary Cross, profesor de historia, presenta en *Kid's Stuff* (Cosas de niños) un análisis de esta metamorfosis y dice que ya desde los ochenta "el juego estaba divorciado de las limitaciones de los padres y de su mundo real". Señala que los juguetes que antes preparaban a los niños para la vida o que por lo menos estaban arraigados en el pasado (vaqueros) o en el presente (la exploración espacial), ahora hacen énfasis sobre "criaturas irreales, como dinosaurios armados de rayos láser".

Ampliando la descripción de esta evolución, Cross escribe: "El juego pre-escolar, anteriormente los bloques, los juguetes de halar y los ositos, ahora presenta versiones infantiles del juego de moda y de acción. Los juguetes educativos han sido gradualmente marginados. Incluso los juguetes tradicionales de ensamblar y armar se han visto desplazados de las estanterías por objetos fantásticos".

Claro que los juguetes fantásticos no son intrínsecamente perjudiciales para el buen criterio y la capacidad de resolver conflictos, pero tienden a distanciar a los niños de la realidad de su vida. Una figura de acción puede tener un arsenal de opciones en situaciones difíciles y permitirle al niño crear el argumento de la historia, pero cuando se trata de ocasiones en las que se debe utilizar el criterio en la vida real, el niño debe poder hacer uso de sus propios recursos internos.

Si a esta mezcla se le adiciona la tecnología, uno se percata de cómo este escape de la realidad puede ser todavía más perjudicial. Cuando el niño promedio termina la escuela elemental ha visto ocho mil asesinatos en televisión, y cuando llega a los dieciocho años ha visto doscientos mil actos violentos. Los productores de televisión tienden a contraargumentar diciendo que estas cifras son un mero "contabilizar violencia" y que hacer estas sumas de asesinatos, golpizas y otros actos perversos carece de significado. Sin embargo, investigadores de la Universidad de California en Santa Barbara que realizaron recientemente un estudio nacional sobre la violencia en los medios sostienen que lo importante no es el número de acciones violentas. Su conclusión es que uno de los mayores problemas de la violencia que aparece en la televisión es que en el 40% del tiempo nada le sucede a quien comete los actos violentos. Claramente, éste es un mensaje equivocado para los niños impulsivos.

O simplemente observe a su hijo con un juego de vídeo de los que se llevan en la mano, o sentado frente al computador. Como lo explicaba en el capítulo 1, los investigadores apenas están empezando a explorar el efecto de los juegos de vídeo sobre las mentes y el comportamiento de los niños. Sin embargo ya sospechamos que estos juegos excitan a los niños, especialmente a aquellos que tienen una tendencia violenta. De hecho, estos juguetes modernos son prácticamente modelos de impulsividad: premian la velocidad y los reflejos rápidos y, en el proceso, fortalecen la parte puramente reactiva del cerebro del niño, en lugar de fortalecer su criterio o su capacidad de reflexión.

Si me retiro el uniforme de clínico e investigador, yo, al igual que otros padres, he sido testigo de primera mano de la manera como los juegos de vídeo desestabilizan a los niños. En mi propio hogar no existe ninguna duda de que cuando juegan Supernintendo o Génesis, mi hija y mi hijo empiezan quizá como amantísimos compinches, pero al cabo de media hora ya están peleando.

¿Puedo yo comprobar que este tipo de transformación es causada por los juegos de vídeo? No, pero lo veo suceder repetidamente, con los hijos de mis amigos y con mis propios hijos y es ciertamente lo que me cuentan otros padres. Tan solo hace poco, en una maravillosa fiesta que podría haber salido de algún libro de cuentos, observé este fenómeno de nuevo. Puesto que no era una fiesta alrededor de un tema específico ni una fiesta dirigida a los niños, éstos, aunque estaban algo aburridos, se estaban llevando bien. Entonces uno de ellos desempacó su nuevo "64" y dijo, "¡Juguemos Nintendo!" De repente, la manada empezó a comportarse como caballos a la salida de la carrera, alborotados e impacientes por arrancar. Y al cabo de quince minutos empezaron a discutir y a retarse. ¿Se trataba de una coincidencia? No lo creo.

En los grupos de compañeros, el pensamiento temerario es el rey. De hecho, cuando observo el nivel de impulsividad de la segunda familia, recuerdo la descripción que Mary Bowen, destacada terapeuta, hace de la familia disfuncional como una "masa de ego indiferenciado". Es un término complejo para lo que es realmente una idea muy simple. En estas familias, observaba Bowen, uno ve alta reactividad y "contagio", es decir, sentimientos que se transmiten peligrosa y rápidamente, al igual que escasez de reglas claras y un bajo grado de empatía. Los integrantes de este tipo de familias tienden a ser intolerantes con los extraños y demuestran escasa paciencia y comprensión frente a las personas que no pertenecen a la tribu.

¿Qué tan diferente es eso de la segunda familia, especialmente a medida que los niños van creciendo, con su mentalidad de manada, su distintiva actitud de "sencillamente hazlo" y su falta de preocupación por los demás? En un grupo de adolescentes, por ejemplo, cuando un miembro poderoso reacciona, es difícil para los otros no imitarlo. O si un niño está en desacuerdo con el parecer general, los otros miembros se muestran tremendamente enojados. Las diferencias de opinión son vistas como amenazas. Es como si quien disiente se convirtiera de repente en el enemigo.

Pero he aquí un punto importante, que puede sonar extraño dado que durante los últimos siete capítulos de este libro he emitido advertencias repetidas sobre la segunda familia. Aunque el comportamiento de grupo y las emociones de la cultura de los medios trabajan en contra de la cautela, en ciertos aspectos la segunda familia también tiene un número de recursos que apoyan esta habilidad esencial. Esto me lleva a una sorprendente amenaza: nosotros mismos.

Los padres abdicamos y nadie les está diciendo a los niños qué está "bien" y qué está "mal". Recordemos lo que discutíamos en el capítulo sobre el respeto, acerca de cuánto más necesitan hablar entre sí los padres y los niños, pero no lo hacen. Infortunadamente, estamos ocupados y nuestros mundos son muy ajetreados y los niños viven en su propio mundo. Ciertamente, no hablamos de las cosas difíciles sobre las cuales, debo admitir, la segunda familia sí habla. De hecho, los medios por lo menos ponen sobre el tapete comportamientos peligrosos y moralmente cuestionables ¡mucho más a menudo de lo que los padres lo hacemos! Como resultado, ésa es la principal forma como los niños de hoy en día están recibiendo su información sobre las situaciones de riesgo que se presentan por primera vez. Programas infantiles como Plaza Sésamo hablan sobre el momento de entrar a una nueva escuela, la primera vez que se cruza la calle, las visitas a lugares nuevos. En nuestros múltiples programas para el horario después de la escuela y en comedias de situación, los niños se ven expuestos a un catálogo de experiencias iniciales que surgen a raíz de la amistad, las citas, el sexo y otros asuntos sociales, al igual que las drogas, los trastornos alimenticios y el divorcio. El problema es que, en nombre del buen drama, la parte de mayor impacto en estas historias se le dedica con frecuencia a representar como algo tentador los comportamientos que entrañan peligro. Apenas en los últimos minutos el personaje toma posesión de sí mismo y se da cuenta de que su comportamiento es peligroso; sólo al final encuentra maneras alternas de manejar una determinada situación.

Ciertos anuncios de salud pública, en particular la campaña que apoya Partnership for a Drug-Free America (Asociación en pro de unos Estados Unidos libres de drogas), exhortan a los padres a hacer uso de su turno: es decir a comenzar a hablar, en casa, sobre las drogas y otros peligros. La infortunada verdad es que tienen toda la razón, a los padres todavía les cuesta hablar con los hijos de estas cosas. Como lo reconocía una madre en un taller, "Quiero hablarle a mi hija sobre cómo manejar esa primera fiesta en que se supone que las parejas hagan algo, pero me siento incómoda". Otra dijo, "No quiero que mi hijo piense que no confío en él". Y otra, "No quiero ser yo quien le dé ideas". ¿Qué está pasando?

Hemos perdido nuestra voz de padres. Hace unas décadas, la mayoría de los padres sencillamente les decían a sus hijos qué tenían permitido hacer y qué no, y eso era todo. Los padres rara vez hablaban de estos asuntos o explicaban cómo se suponía que sus hijos dieran la medida de esas expectativas. Entonces, el péndulo se fue completamente hacia el otro lado. Trabajé recientemente con una pareja en un artículo para una revista. La "historia" era sobre cómo hacer que los niños se acostaran a dormir. La rutina de la noche normalmente les tomaba a los padres entre dos y tres horas, razón por la cual seguramente se presentaron como voluntarios para el artículo. El asunto principal, según resultó ser, no era la hora de dormir sino la infinita tolerancia de la pareja con su precoz hija de tres años. En respuesta a su temperamento más bien intenso-agresivo, mamá y papá le permitían interminables negociaciones para irse a dormir. El padre me explicaba su tolerancia con este raciocinio: "Quiero que mi hija crezca con una forma de pensar propia y capaz de decir lo que piensa por sí misma".

Esta filosofía bien intencionada, cuando es llevada al extremo, es conocida como "relativismo moral" o "ética situacional". Sostiene que no existen absolutos en el bien o el mal; cada opción está determinada por el momento con base en la situación individual de cada uno. En los últimos decenios, esta postura es cada vez más popular entre los padres que creen que no deben imponer sus valores sobre sus hijos. De manera interesante, nuestro sistema educativo adopta una postura semejante. En muchas escuelas encontrarán programas bajo la categoría de "formación de valores", que les enseñan a los niños cómo enfrentarse a situaciones nuevas haciendo uso de una manera prudente de pensar. Sin embargo, algunos de estos programas tienden a armar a los niños con habilidades para resolver conflictos sin haberles también dado un contenido real, es decir los valores. Como lo que corrientemente se asume hoy en día es que está "mal" enseñar absolutos o imponer creencias, muchos de estos programas no se comprometen con axiomas concretos sobre el bien y el mal.

El problema con una filosofía así de la educación es que deja a los niños a la deriva. Estudio tras estudio nos dice con claridad y a gritos el mismo mensaje. El Instituto Johnson de Minneapolis, que basó su estudio en miles de niños, encontró que en todas las edades, éstos "necesitan una guía clara, reglas absolutas acerca del comportamiento impulsivo, como beber alcohol o utilizar drogas". También en el estudio JAMA (ver la pg. 66), los investigadores encontraron que las expectativas claras protegen a los niños de riesgos, como las drogas, la iniciación sexual precoz y la imitación impulsiva. La ausencia de un sentido del bien y del mal absolutos en nuestros adolescentes indica que esta guía es justamente lo que hace falta en nuestra cultura impulsiva. Los niños de todas las edades necesitan una voz fuerte de los padres que les proporcione anclaje.

Les ayudamos a los niños a tener un anclaje al hacerles entrega de la sabiduría casera y de consejos de cortesía común: no está bien quitarles los juguetes a los demás, no está bien decirse secretos, está mal herir los sentimientos de otro niño, no es sensato seguir siempre la manada. En las familias que he conocido y con las cuales he trabajado a lo largo de los años, los niños que mejor han resistido las presiones son aquellos que han guardado en su mente una voz clara desde cuando estaban pequeños. Esta voz habla más fuerte y con más sentido de urgencia que todas las fuerzas que en el momento entran en competencia: sus compañeros, la influencia de las dinámicas de grupo, las tentaciones varias de la cultura masiva. Lo que oyen, desde luego, es la voz de los padres.

De hecho, los niños describen estas cosas diciendo algo por el estilo de: "Me iba a apandillar contra ese niño, pero como que oía a mamá decirme, 'Eso no está bien'". En una época, la voz de los padres hacía eco por toda la comunidad; las creencias de los padres eran reforzadas por otros adultos y por la iglesia o la sinagoga local, el centro comunitario, incluso la tienda, donde los niños eran conocidos y donde se les cuidaba. En ausencia de vecindarios que antes eran redes de seguridad, la voz de los padres puede ahora ser incluso más importante. Por lo tanto, independientemente de cuán incómodos nos haga sentir o de lo desconcertante que pueda parecernos tocar ciertos temas, necesitamos ayudarles a nuestros hijos a desarrollar la cautela.

Habilidades de los padres: cómo fomentar la cautela

Según lo demuestran numerosos estudios, los niños que no corren peligro aprenden que sus padres están allí no solamente para sostenerlos sino para proveerlos con una serie de creencias y opiniones que puedan utilizar como puntos de referencia. Las siguientes habilidades de los padres le ayudarán a cultivar con sus hijos la clase de relación que permite comunicar sus creencias a la vez que hablan sobre situaciones peligrosas y experiencias iniciales antes de que se presenten. Les ayudarán a usted y a sus hijos a resolver juntos los problemas, a hablar de situaciones antes de que ocurran y, cuando sea necesario, a sentir las consecuencias que le ayudarán a no ser insensato si se le presenta en el futuro una situación parecida.

Descubra el canal de la "imaginación" que mejor se acomode a su hijo. Para desarrollar la cautela, el niño necesita poder anticiparse, ver con antelación. No obstante, fiel al tema de este libro, le aconsejo que estudie la forma como su hijo piensa. Descubra el canal por el cual procesa la información y por el cual su ojo mental "ve" mejor. Algunos niños pueden entender mejor una imagen emotiva, otros una imagen visual o verbal. Haga el tipo de preguntas a las cuales su hijo respondería con mayor facilidad. Por ejemplo, digamos que su hijo va a estar por primera vez en determinada situación y que no lo tendrá a usted para que le ayude.

- *Cuando un niño accede mejor a las imágenes emocionales.* Antes de que Pedro, de cuatro años, se reuniera a jugar con un nuevo amigo, su madre le preguntaba, "¿Cómo crees que te vas a sentir si tienes que compartir todos tus juguetes?"
- *Cuando un niño accede mejor a las imágenes visualmente.* La mejor amiga de Clara celebraba con una fiesta su décimo cumpleaños, un evento mixto y uno de los primeros en que Clara estaría sin la supervisión de sus padres. Unos días antes de la fiesta, su madre le preguntó, "¿Puedes visualizar lo que los niños estarán haciendo en la fiesta, a lo mejor jugando a darse besos?"
- *Cuando un niño accede mejor a las imágenes verbalmente.* La última noche de las vacaciones de invierno de Enrique, de ocho años, su madre recordó el problema que había tenido con David, un compañero, antes de las vacaciones. David había armado una gallada que pretendía irse en contra de un niño y Enrique insistió en que realmente no quería participar. Así que mamá le preguntó a su hijo, "¿Crees que tendrás problemas todavía con David?" Cuando Enrique dijo, "Sí", ella le preguntó, "¿Puedes imaginarte qué te dirá él para hacer que te unas a ellos contra el niño nuevo? ¿Qué podrías contestarle?"

Ayúdele a su hijo a desarrollar un idioma de opciones. Al investigar las habilidades de los niños para resolver problemas, la terapeuta cognitiva Myrna B. Shure, autora de *Raising a Thinking Child* (Cómo formar niños pensantes), encontró que la mayoría de niños en edad preescolar solamente podían producir una o dos maneras de atacar un problema; algunos ni siquiera entendían el concepto de "diferente". Encontró, sin embargo, que entre otras técnicas, los juegos de palabras que hacen énfasis en la diferencia y en las alternativas eran extremadamente efectivos. No solamente mejoraban la capacidad de los niños para resolver problemas, sino que demostraban una disminución en el comportamiento destructivo. Shure utiliza seis pares de palabras para estimular la capacidad de un niño pequeño para reflexionar y resolver problemas:

- Es/no es: "¿Es una buena idea jugar a esto, o no es una buena idea?"
- Y/o: "¿Deberíamos ir de compras y a donde la abuela, o deberíamos ir al parque a jugar?"
- Algunos/todos: "¿Puedes comerte algo de la avena que hay en la olla, o puedes comértela toda?"
- Antes/después: "¿Quieres tu leche con galletas antes, o después del baño?"
- Ahora/más tarde: "¿Leemos ya este cuento, o lo guardamos para más tarde?"
- Igual/diferente: "¿Quieres llevar la camisa del mismo color de la mía, o la de diferente color?"

Las investigaciones de Shure indican que si uno empieza a utilizar estos pares de palabras cuando los niños están pequeños (desde los tres o cuatro años) y los acostumbran a pensar en opciones y diferencias en un nivel verbal, les ayudará a ser más hábiles en la solución de problemas.

Los niños (y los adultos) necesitan un lenguaje que les ayude a entender conceptualmente los dilemas que encaran. Mediante este "idioma de las opciones", como lo llamo, los niños pueden practicar la toma de decisiones. Y, como lo comprueban investigaciones y estudios de Shure basados en otras técnicas cognitivas y de comportamiento, tienen entonces menos probabilidades de meterse en el tipo de problemas que surgen cuando el niño no ha analizado bien una situación.

Por ejemplo Teresa pudo ayudarle a Guillermo, de cuatro años, a escoger si quería agradecer un regalo de cumpleaños mediante una nota escrita o mediante una llamada telefónica. Rosa, de cinco años, siempre tenía dificultades para vestirse en la mañana, hasta que Nicolás, su padre, le empezó a dar la víspera la opción de llevar vestido o pantalones; esto hizo que la mañana siguiente fluyera sin tropiezos y le ayudó a Rosa a entender la diferencia. Finalmente, el turbulento y desorganizado César, de nueve años, se mostró más inclinado hacia la idea de ordenar su cuarto cuando sus padres le dijeron, "¿Quieres hacerlo de una vez, o después de la cena?"

Dígales explícitamente a los niños lo que cree que está mal. Preparar a los niños para encarar el mundo, para estar seguros en él y para analizar las situaciones nuevas es prácticamente imposible sin hacerles saber lo que usted piensa que está bien y está mal. Como lo demuestran tanto el estudio JAMA como el del Instituto Johnson, cuando los padres saben con claridad en qué creen, los hijos tienen mejor criterio y menores probabilidades de exhibir comportamientos de alto riesgo. En otras palabras, cuando los padres dicen explícitamente, "No quiero que tú... robes, bebas alcohol, te beses en la primera cita, etcétera", los niños resultan más a menudo absteniéndose de hacer estas cosas o por lo menos esperando más tiempo para hacerlas. De hecho, lo que es más perturbador acerca de la encuesta de Rockport, Illinois, no es el hecho de que esos adolescentes se hayan construido una moral propia, sino que lo hicieron sin referencia a ningún adulto; al parecer en su mundo no existe la voz de los padres.

Hacía énfasis antes en este mismo capítulo en que los padres necesitamos abordar asuntos morales, no evadirlos. El pequeño debe saber que su madre no aprueba que golpee para conseguir un juguete. El niño de nueve años en un paseo de grupo a un museo que se comporta de manera grosera hacia el guía o el preadolescente a quien le ofrecen su primer cigarrillo de marihuana, ambos necesitan saber que sus padres no están de acuerdo.

Es fácil para los padres renunciar a este papel, especialmente cuando tantos otros están haciendo precisamente lo mismo. Recientemente, por ejemplo, mi amigo Víctor me relataba un incidente en su comunidad suburbana que, yo sé, es típico en todas partes del país. Teresa, su hija de diez años y un grupo de amigas entre los nueve y los once, querían que las llevaran al centro comercial para pasar allí solas la tarde por primera vez.

Los padres, cumplidores del deber, se reunieron y lo conversaron. "Todos estábamos como pisando cáscaras de huevo en torno al tema, diciendo cosas como, 'Supongo que no hay peligro', '¿Qué tanto daño puede hacer una hora?' y 'A lo mejor les enseña independencia'. Todo el tiempo estábamos de hecho considerándolo y permitiendo que los niños nos lo exigieran. De repente, una de las madres dijo en voz bien alta, 'Yo no creo que esto esté bien. ¡Niños de esta edad no deberían andar solos por un centro comercial!' Esto nos hizo quedar mal a los demás, pero sabíamos que tenía razón".

La historia de Víctor es un ejemplo de cómo los padres pueden patinar y patinar en asuntos importantes. No se lo proponen; ciertamente no son "ma-

---

PAUTAS PARA LA PRIMERA VEZ

En cualquier situación nueva, y casi todas las otras veces cuando un niño se enfrenta a un dilema, se aplican las mismas pautas.

1. Cuando hable del asunto utilice siempre el canal de aprendizaje preferido del niño.
2. No critique ni sermonee.
3. Valide los sentimientos del niño.
4. Vuelva a exponer su convicción.
5. Sea concreto, de manera que puedan encontrar juntos una solución.

los" padres ni "malas" madres. De hecho, muchas madres y padres temen "oprimir" a sus hijos con la claridad de sus convicciones. Pero como lo confirman las últimas investigaciones, los niños que se empapan de las convicciones de sus padres no se sienten ni agobiados ni confundidos por éstas.

Discuta las soluciones a las situaciones nuevas antes de que se presenten. No quiero decir con "discutir" que echen un sermón o que simplemente digan, "Está mal". También necesitan exponer sus creencias y, adicionalmente, hacer preguntas que le ayuden al niño a pensar.

Por ejemplo Lidia, de cuatro años, quien ha demostrado en otras situaciones tener conciencia de sus emociones y de las de los demás, tiene un compromiso de juego con Juan, un amigo nuevo. La madre de Lidia, Elena, se había dado cuenta de que su hija era a veces dominante en el juego. Así que utilizó una maniobra preventiva, hablándole de lo que tal vez sucedería antes de que de hecho sucediera:

MAMÁ: ¿Puedes imaginarte lo que harías si Juan quisiera jugar su juego?

LIDIA: No juego.

MAMÁ: Sé que es difícil, pero creo que es importante jugar por turnos. ¿Cómo crees que se sentirá Juan si no puede jugar sino tu juego?

LIDIA: Se enojaría.

MAMÁ: Creo que tienes razón. ¿Se te ocurre algo más que podrías hacer?

LIDIA: Jugar una vez como él quiere... y luego sería mi turno.

Como lo demuestran las pautas anteriores, el proceso es semejante incluso con un niño mayor; sólo cambian los asuntos. Por ejemplo cuando Ana, una niña de doce años muy observadora, iba a asistir a su primera fiesta "de grandes", la siguiente fue la charla que sostuvo su madre con ella antes del evento:

MAMÁ: ¿Puedes visualizar lo que harías si los niños empezaran a fumar?

ANA: A lo mejor querré probar.

MAMÁ: (En lugar de patinar) Entiendo. Pero no quiero que fumes.

ANA: Ay, Mamá... ¿Una fumadita? Eso no tiene nada.

MAMÁ: No, ni siquiera eso. Creo que es peligroso y malo fumar. ¿Se te ocurre alguna otra solución?

ANA: Bien, podría estarme con los amigos que yo sé que no intentarían fumar. O simplemente podríamos decir que no tenemos permiso.

Después, analice los eventos. Desde luego que no existe garantía de que las cosas marcharán como ustedes quieren. Así que es muy importante poder hablar sobre lo que sucedió en el evento. Pero, atención: casi todos los niños, independientemente de su temperamento, me dicen que cuando sus padres tratan de extraerles información acerca de la fiesta o el rato de juego, el tono cuenta. Es realmente difícil para los niños organizar y entender sus sentimientos, y cuando los padres gritan, presionan, cuestionan con vehemencia, se ponen histéricos o sermonean, sin darse cuenta les están enseñando a los niños a abstenerse de hablar de sus experiencias difíciles.

Hablar después sobre las situaciones de primera vez sirve para ampliar el pensamiento del niño. Le pueden ayudar a aprender el idioma de procesar y entender haciéndole preguntas cómo:

- ¿Y qué si hubieras...?
- ¿Crees que en cambio podrías haber...?
- ¿No crees que tal vez...?

Esto le permite al niño pensar sobre otras opciones de una manera no combativa. Le permite producir las alternativas, como hizo Benjamín, de cinco años, cuando se preguntaba en voz alta con su madre cómo se había metido en problemas en el patio de recreo en su jardín infantil. Como es de orientación visual, Benjamín se acordó de la escena y dijo, "Yo habría podido ir a donde la profesora antes de partirle el juguete a Gabriela". Nuevamente, este proceso es semejante con niños mayores. Magdalena, de once años y muy precoz en lo verbal, evaluaba el siguiente incidente: un grupo de amigos se robó unas cajetillas de chicle de un almacén y fueron apresados. Cuando lo pensó, Magdalena se dio cuenta de que: "A lo mejor yo podría haberme alejado. E incluso si mis amigos se hubieran enojado, no habrían dicho nada tan malo".

Formule las preguntas de manera que promuevan la reflexión. Cuando los niños no ejercen la cautela o el criterio, los padres tienden a formular preguntas retóricas como, "¿No te dije que no está bien golpear a alguien?" o "¿Por qué hiciste eso si sabías que me iba a enojar?" Este tipo de preguntas no solamente conduce a peleas, sino que estas preguntas son también prácticamente imposibles de contestar. El niño que exhibe un comportamiento irreflexivo o imprudente generalmente no conoce la razón. (¡Así como nosotros los adultos no sabemos por qué hacemos las cosas que hacemos!) Y lo que es más, estas preguntas ofrecen poco en pro de aumentar la reflexión.

En contraste, formularle preguntas que pueda contestar le sirve al niño para reflexionar y afinar su criterio, incluso si apenas está contemplando una acción. Como lo expresaba anteriormente, el trabajo que han hecho Shure y otros investigadores en el área cognitiva comprueba que este enfoque fomenta el pensamiento. Por ejemplo, si usted observa que su hija de cinco años está a punto de salir sin abrigo cuando afuera hiela, pregúntele (de manera no crítica), "¿Qué crees que sucederá si no llevas puesto tu abrigo hoy?" Incluso si esto funciona, no espere que ella diga, "Ah, mil gracias por recordarme". Pero recuerde que los niños desde los tres y cuatro años son capaces de hacer este tipo de reflexiones y, de hecho, ése es el mejor momento para empezar a practicar con los niños. Si su pregunta logra que el niño se quede quieto un minuto y observa un destello de reconocimiento en sus ojos, eso significa que su computador mental está seguramente en movimiento. Sabe que por lo menos ha logrado que piense sobre el tema en cuestión.

Utilice la experiencia para enseñar a pensar. Digamos que después de meditar un rato, su hija de cinco años decide medírsele al frío sin el abrigo. Considérelo como una expedición. Puede decir, "Bien, sal y miras cómo se siente el aire. Luego dime si está haciendo demasiado frío para estar afuera sin abrigo". Seguramente, el primer golpe de aire helado la hará regresar a la casa y habrá tenido la experiencia de pensar sobre un problema y resolverlo sola. Obviamente, si el niño quiere saber cómo se siente el fuego o decide encaramarse al techo, ¡no le permitan ese experimento! Sin embargo, cuando las consecuencias no son graves, casi siempre es buena idea permitir que sea la experiencia quien enseñe. Esto anima a los niños a resolver los problemas por sí mismos.

Muchos expertos están de acuerdo en que, con la excepción de situaciones peligrosas, no podemos escudar a los niños de las experiencias negativas. Como lo anota Mary Leonhardt, autora de *Parents Who Love Reading, Kids Who Don't* (Padres a los que les encanta leer, niños a los que no), "Manejar problemas menores le da [al niño] la confianza en sí mismo y el amor propio para ser más adelante en la vida un adulto que actúa bien". Jerome Kagan, investigador en asuntos de infancia, postula una opinión semejante. Al fin y al cabo, la parte reflexiva del cerebro del niño es un "músculo" que debe poner en uso y condicionar. Por lo tanto, correr riesgos moderados es saludable, tanto en lo físico como en cuanto a nuevos retos mentales.

Por ejemplo, cuando Patricia, de seis años, se peleó con su amiga, en lugar de apresurarse a ofrecer una solución, su madre, Victoria, le preguntó, "¿Qué crees que serviría para hacer las paces con Sally?" Sin dirigirla, ni decirle qué hacer, mamá escuchó la solución de Patricia, que era la de esperar y no hacer nada. A pesar de la gran tentación, Victoria no dirigió a su hija para que hiciera algo más; quería que Patricia experimentara si su propia idea resultaría en una solución satisfactoria al problema o no. Según resultó, Patricia tenía razón; cuando se vieron nuevamente en el colegio, Sally se había olvidado del malentendido. Si Victoria hubiera saltado a aconsejar, habría limitado en gran medida el aprendizaje de Patricia a partir de la experiencia.

LO QUE LOS NIÑOS DICEN SOBRE LAS REGLAS

En privado, los niños son muy francos sobre la necesidad que tienen de reglas y consecuencias. Casi cada uno de los ciento cincuenta niños que entrevisté, en todas las edades, estuvo de acuerdo en que se sienten más seguros cuando sus padres son claros en cuanto a las reglas. A continuación una muestra de sus respuestas:

"Alguien debería cuidarme".

—Un niño de cuatro años.

"Definitivamente no quiero que mis padres negocien demasiado conmigo".

—Una niña de ocho años.

"Me siento mejor cuando mis padres me dicen qué quieren que haga".

—Una niña de siete años.

"Me gusta la señorita Urrea porque los niños no pueden ser mandones".

—Una niña de cinco años.

"Es una buena profesora. Todos tienen que levantar la mano".

—Un niño de seis años.

"No me gusta esa casa; no hay nadie encargado".

—Un niño de diez años

"Necesitamos consecuencias o si no siempre vamos a hacer lo que se nos da la gana".

—El comentario más frecuente por parte de niños que comienzan la adolescencia.

Generen consecuencias que animen la cautela. Cuando los niños no se "percatan" de que una idea es mala, equivocada o peligrosa, los padres deben recordarles que hay consecuencias. No podemos simplemente permitir que los niños se traten a sí mismos o a los demás de mala manera, que corran riesgos innecesarios o que vayan en contra de las creencias de los padres. Crear consecuencias le ayudará al niño a saber cuál es la postura de los padres, lo cual es especialmente importante en torno a las cosas que suceden por primera vez.

Las consecuencias trazan las fronteras exteriores de nuestros valores y creencias y, como tal, generan seguridad. En esencia, ustedes le están diciendo a su hijo, "Esto es lo que espero de ti y si traspasas esa línea, este es el precio que pagarás". Las consecuencias son la red de seguridad del niño. Según me dijo David, de trece años, acerca de sus padres: "Me gustaría tanto que tuvieran algunas reglas en la casa porque sin reglas hay mucho caos. Demasiado caos. Por eso necesitamos reglas". Durante años, los niños en tratamiento han hecho pronunciamientos semejantes, pero recientemente recibí exactamente la misma retroalimentación de un muestreo de ciento cincuenta niños "normales", desde jardín infantil hasta sexto grado, a quienes les pregunté, "¿Qué hacen sus padres que los hace sentir bien?"

La consecuencia (el castigo) siempre debería estar asociada al incidente en cuestión y orientada hacia la enseñanza de sus valores básicos. Por ejemplo, podría ser tan simple como decirle a un niño de tres años y medio que se acaba de caer, "Yo sé que todos los niños estaban subiendo a la parte más alta, pero tú no habías subido allí nunca y no me pediste permiso. Así que no volverás a subir hasta que hayamos practicado".

O suponga que un preadolescente desobedece una hora de llegar a casa: "Se suponía que llegararías a casa a las cinco. Cuando te digo que estés en casa a cierta hora, eso es lo que espero que hagas. Ahora no puedes ir al centro comercial en dos semanas".

Puesto que para los padres crear consecuencias parece ser una proposición tan complicada, permítame resumir ciertos puntos:

- Sea breve.
- Vaya al grano.
- No adicione de paso sermones sobre otras transgresiones.
- No critique ni emita juicios sobre el carácter.
- Trabaje con consecuencias que se puedan hacer cumplir y que están ligadas al comportamiento con el cual se incumplió la norma.

Ayúdeles a los niños a desarrollar un umbral de aburrimiento más alto. Una de las maneras indirectas como los padres pueden ayudar a moderar la aparentemente insaciable sed de excitación que tienen los niños es sencillamente la de ayudarles a aprender a manejar el aburrimiento.

- Haga énfasis en los proyectos a largo plazo que pueden prolongarse y que no sean instantáneamente gratificantes. Por ejemplo, en lugar de que el niño trabaje en un solo dibujo, sugiérale que, con el tiempo, haga un libro de dibujos o emprenda un proyecto de arte que requiera investigación, la participación de otros y que le tome más tiempo ejecutar.
- Exija que asista y atienda a los servicios en la iglesia o la sinagoga, a reuniones de adultos o cualquier situación donde los niños no sean el centro. Estar quieto y en contemplación requiere práctica; esta habilidad se desarrolla al ampliarse la capacidad del niño para no aburrirse.
- No le permita al niño interrumpir sin cesar. De hecho, preste atención a las ocasiones en que lo hace. Por ejemplo, muchos niños interrumpen la conversación de los adultos durante las propagandas de televisión. Faltando la estimulación electrónica, les parece que usted debería dejar de hablar y prestarles atención a ellos, de inmediato.
- No planee una actividad tras otra. Como anotaba en el capítulo 4, sin darnos cuenta nosotros mismos reforzamos el punto anterior yendo de acá para allá con tal de mantener a los niños ocupados. Los niños no necesitan estar en constante estimulación. Lo que también necesitan aprender es cómo manejar el tiempo sosegado.
- Limite la cantidad de tiempo que el niño se involucra en tecnología irreflexiva (juegos de computador, televisión, audífonos), de manera que no defina la diversión únicamente en términos de esas actividades movidas por el impulso. Además, no tiene que estar reemplazando los juegos viejos por las ofertas cada vez más estimulantes.

Establezcan "rituales de repaso" como parte de su rutina familiar. Con nuestros horarios agitados y los de los hijos, no siempre podemos esperar a que los momentos tranquilos se den por sí solos. La vida está tan llena de actividades, que es mejor programar el tiempo en que se les ayuda a los niños a examinar sus acciones. He aprendido de las familias en mis talleres que hay muchas formas de separar rutinariamente un tiempo en el que los miembros de la familia puedan evaluar los incidentes que sucedieron durante el día. De esa forma, los niños aprenden a expresar sus emociones en la medida en que se presentan y así los sentimientos negativos se disipan. El "cómo" y "cuándo" de su ritual de repaso puede ser muy diferente de los de otras familias. No obstante, hay una serie de variables por considerar:

• Debe ser un momento relajado, es decir, asociado con algo placentero. En casa de los Domínguez, la cena es extremadamente reposada, es un rato natural para hablar. Sin embargo, para los Giraldo, la misma cena es un momento de extrema presión, todos están apenas llegando a casa y tanto los niños como los padres están de mal humor. Los mejores momentos, naturalmente, son aquellos en que el niño tiene mayores probabilidades de ser receptivo.

• Puede ser uno a uno con cada niño por aparte o en el contexto de toda la familia, como en reuniones habituales. Cuál escojan depende de la dinámica particular de la familia y cuánto tiempo dejan disponible sus compromisos colectivos. Además, esto puede cambiar en la medida en que los niños crecen. Ciertamente, sería agradable pensar que todos pudiéramos reunirnos todas las noches frente a la chimenea, pero eso a menudo no funciona, a lo mejor porque dos de los hermanos están de rivales o a lo mejor porque el problema pendiente es de carácter privado. En ese caso, y en otros, la única manera de lograr que el niño reflexione y evalúe una situación es uno a uno.

• Un ritual de evaluación no debería ser el momento para traer a colación las transgresiones pasadas. Incluso si el tema que se está discutiendo les recuerda algo semejante que ha estado ocurriendo, no lo traigan a colación. Por ejemplo, si el niño empieza a hablar de un alegato que tuvo en la escuela con un compañero y que acabó en pelea, no es el momento de hablar de otras peleas o de recordarle una tarea olvidada.

Recuerden que el objeto del ritual de repaso es encarar asuntos a medida que se presentan. Eventualmente, el niño adquirirá el hábito de hacer ese repaso mental de su comportamiento, un distintivo del niño que ha aprendido cautela.

Habilidades de los niños: cómo enseñarles el PARE

Las habilidades que el niño necesita para desarrollar la cautela entran en conflicto con nuestro clima de caos y con la ética de la segunda familia, es decir con la exigencia de que nos ajustemos a la norma, al amor por lo inmediato, a la falta de reflexión y a la desconsideración con los sentimientos y las necesidades de los demás.

Cómo se utiliza el PARE

Puesto que los niños en este ambiente viven a la carrera, me pareció necesario crear una herramienta simple y de fácil acceso. Ésta se llama "PARE" y quiere decir:

Permanecer quieto
Analizar
Reparar o fijarse
Entrar en acción

La fortaleza de este enfoque es que el niño lo puede hacer solo y en el momento. Además le ayuda al niño a ver que la cautela, al igual que cualquier otra habilidad, requiere de práctica y puede ser dominada con el tiempo.

Permanecer quieto invita al niño a hacer una pausa, a detenerse. Le dice que se tome un momento antes de actuar. A cualquiera le cuesta pensar cuando está en movimiento. ¿Por qué, entonces, diríamos que el ejercicio "despeja" la mente? Y si alguna vez han observado a un niño corriendo o en algún otro tipo de acción física, sabrán lo difícil que es lograr que escuche, mucho menos que reflexione. Los profesores entienden esto y cuando quieren que los estudiantes escuchen, aplauden o soplan un silbato, dando a entender que es hora de "parar" de moverse. Los niños sencillamente no pueden pensar cuando están en movimiento.

Esto fue lo que le expliqué a Celia, la madre de Oscar quien me trajo a su altamente activo niño de siete años porque a menudo parecía "estar a mil" y salirse de control. Inevitablemente, hacía algún daño o le pegaba a otro niño. Para parar este ciclo, le sugerí a Celia que tratara de que se quedara quieto antes de intentar hablar con él o darle indicaciones. En la siguiente ocasión, cuando Oscar se empezó a sobreexitar, ella literalmente lo detuvo poniéndole las manos suave pero firmemente sobre los hombros. Celia logró que su hijo pensara en lo que estaba haciendo solamente cuando el momentum físico de Oscar se vio interrumpido.

Analizar hace que el niño reflexione y trate de predecir las consecuencias. Enséñele al niño a formularse a sí mismo preguntas como:

- "¿Está mal hecho esto?"
- "¿Me puede meter en problemas?"
- "¿Cómo se sentirán otros niños?"
- "¿Es seguro?"
- "¿Qué me puede suceder?"

Hasta un niño de cuatro años puede empezar a cuestionarse de esta forma. Por ejemplo, Adán era el único niño en su grupo de juego. Cuando el grupo quedó sin la supervisión de la profesora, las niñas le pidieron que se bajara los pantalones. Al principio, les hizo caso. Era la respuesta natural en un niño de su edad. Cuando Adán les contó a sus padres, no se enojaron demasiado. A instancias mías, mamá y papá trataron de ayudarle a pensar y a hacerse preguntas como las que expuse antes. Puesto que Adán era tan pequeño, también necesitaban reforzar su voz de padres recordándole claramente, "Las niñas hicieron muy mal al pedirte que te bajaras los pantalones. Algunas cosas deben ser siempre privadas". Adán necesitaba poder llevar a todas partes a sus padres interiores. Cuando las niñas propusieron nuevamente el mismo juego, Adán pudo detenerse y decir, "No, no tengo permiso. No quiero jugar".

Reparar (observar) inspira la empatía y anima al niño a tener en cuenta lo que otros están sintiendo. Cuando Lía, de tres años y medio, mira a otro niño a la cara, está empezando a preguntarse "¿Qué siente él?" Al mismo tiempo, también se pone en contacto con sus propios sentimientos, como quien dice con sus "entrañas". La capacidad de observación de algunos niños es naturalmente alta, pero otros no perciben automáticamente los peligros potenciales. Carolyn Zahn-Wexler, investigadora del National Institute of Mental Health (Instituto nacional para la salud mental), y quien ha estudiado la empatía en los bebés y niños menores, confirma: "Algunos niños parecen haber nacido con más empatía que otros".

De cualquier modo, los niños pueden fortalecer su intuición; a lo largo de este libro he hablado de la importancia de enseñarles a hacer caso de sus "corazonadas". Pero también debo hacer énfasis de nuevo en que necesitan de nuestra ayuda. Con cuánta frecuencia oímos que los niños y los adultos dicen, "Pensé que era mala idea, pero no presté atención a mis instintos". Los niños que son buenos observadores no solamente confían en lo que ven, sino que pueden identificar problemas o peligros venideros. ¿Qué deberían estar observando?

- Las expresiones faciales.
- El tono de voz.
- Las emociones del otro niño.
- El lenguaje corporal del otro niño.

Por ejemplo, Gregorio, de ocho años, que estaba jugando a la lucha amistosa con su primo, observó que las cosas se iban a deteriorar cuando la expresión de Gustavo cambió. "Se veía furioso y malo", le dijo a su madre. "Sabía que me iba a golpear".

Incluso Isabel, de cuatro años, aprendió a observar a las personas de su ambiente. Después de que su mamá la había entrenado para permanecer quieta físicamente y para reparar en lo que estaban haciendo sus compañeros y su profesora, Isabel informó, "Mamá, me di cuenta de que la señorita Gómez estaba furiosa porque los niños estaban haciendo mucho ruido. Me senté... ¡Para que no me regañara a mí!"

Entrar en acción les recuerda a los niños que todos los días, en casi cualquier momento, tienen que optar por algo. Las primeras tres letras de PARE hacen que el niño disminuya la marcha y lo llevan a pensar y a reparar. La "E" lo lleva a adoptar una postura.

La "E" (entrar en acción) es importante también porque las situaciones son como tiburones, se mueven todo el tiempo. Los niños necesitan entender que son responsables de lo que deciden hacer. Si no aprenden este concepto tan importante de las elecciones que hacen, se convertirán en empedernidos fabricantes de excusas, que desconocen sus decisiones y entregan a borbotones justificaciones y mentiras:

- "Mi amiga me hizo hacerlo".
- "No lo pude evitar".
- "Fue idea de mi hermana".
- "Lo hizo mi mano".

El punto es que, incluso si el niño elige hacer algo peligroso o malo, no se trata de argumentar con él sobre quién tuvo la culpa. Tiene que aprender a aceptar que él lo hizo, él actuó. Más aún, la edad prácticamente no viene al caso. Las investigaciones sobre desarrollo cognitivo demuestran que incluso con un niño que acaba de empezar a hablar y no parece entender del todo, es bueno ayudarle a que empiece a pensar sobre sus opciones. Para hacer esto recuerde:

- Espere a que esté tranquilo. Uno no puede lograr que un niño acepte su responsabilidad si está sobreexcitado, si se siente terrible o si está demasiado a la defensiva.
- Haga preguntas para ayudarle al niño a identificar su responsabilidad. Son semejantes a las preguntas que sugerí para ayudarle al niño a entender lo que sucedió, pero le recuerdan concretamente que hubo un momento en que él efectivamente decidió hacer lo que hizo:

"¿Cuándo decidiste hacerlo?"
"¿Qué te hizo seguir a los otros?"
"¿En qué momento pensaste en decir que no?"
"¿Y qué tal si hubieras recordado que no estaba bien?"

La meta es encontrar un rato de tranquilidad para hacer énfasis en el hecho de que el niño es responsable de sus acciones. Los niños deben darse cuenta de que toman decisiones en cada momento del día; no todo el tiempo los arrastra la corriente.

Le recuerdo una vez más: trate de no sermonear o ser demasiado vehemente; deje las cosas quietas. Sin embargo, está bien dar la impresión de que el niño está en problemas por haber violado la ética de sus padres. Simplemente asegúrese de exponer el valor con brevedad; genere una consecuencia asociada a lo que sucedió; y luego, después de que los sentimientos estén más reposados, traten juntos de entender. Recuerde que el aspecto importante de esta estrategia es que se trata de la acción de su hijo y no de la de usted. Con el tiempo, enseñar cautela les ayuda a los niños a interiorizar la voz de los padres y, en última instancia, a distinguir por sí mismos entre el bien y el mal.

CAPÍTULO 9

INTELIGENCIA DE EQUIPO

Habilidad básica # 9: Inspire a sus hijos a desarrollar su capacidad de ser parte de un equipo sin perder la individualidad.

"Yo", versus "nosotros": mantener el equilibrio

Muchos hoy en día estamos conscientes de un cambio radical en nuestra cultura: ser jugador de equipo compite ahora arduamente con la tradición, antaño honrada, de lograr las cosas individualmente. Desde los setenta, existe un reconocimiento cada vez mayor de que somos parte de un gran todo mayor: la familia, la corporación, la comunidad y, desde luego, la aldea global. Pero a pesar de esta tendencia, la eterna búsqueda de la originalidad no ha desaparecido. Parafraseando el informe que apareció en *The New York Times* el 22 de febrero de 1998, la tensión entre la colaboración de grupo y el individualismo más recalcitrante no va a desaparecer.

La oposición entre estos dos mensajes culturales predominantes: "Eres el número uno" y "Sé un buen jugador de equipo", naturalmente afecta a nuestros hijos tanto como nos afecta a nosotros. La pregunta entonces es, ¿cómo les ayudamos a los niños a aprender a ser parte del todo mayor y, a la vez, a no perder su originalidad? La respuesta es ayudarles a desarrollar lo que yo llamo "inteligencia de equipo".

Enseñarles a los niños a lograr el equilibrio entre el "yo" y el "nosotros" es claramente para los padres uno de los retos más difíciles de nuestro tiempo. Veo evidencia de esta tensión en los niños de todas las edades, quienes me llegan con problemas que pueden ser descritos como problemas de la inteligencia de equipo.

- Ivonne, de cuatro años, se queja ante su madre: "Lili y Cecilia siempre juegan juntas a imaginarse cosas, pero nunca me preguntan a mí. Yo también tengo buenas ideas, mami".
- Pedro, de seis, en su primer año en una escuela progresista, donde casi todas las tareas son un trabajo en equipo, tiene dificultades porque si los proyectos no se hacen a su gusto, se enfurece y deben cambiarlo de grupo.
- Carla, de nueve, llega a casa llorando después del entrenamiento de fútbol porque la capitana del equipo la acusa de no colaborar. En realidad, no responde bien a los métodos de enseñanza de la entrenadora.
- Tomás, de siete, recibe a menudo un regaño por perturbar la clase cuando otros niños están hablando y no es bienvenido en los grupos de trabajo ni en los equipos.
- Esteban, de diez, hace enojar a sus amigos porque siempre que juegan "estira" las reglas para que éstas se adapten a sus opiniones sobre justicia.

Los padres de estos niños están preocupados por ellos, al igual que sus profesores, quienes en los últimos diez años cada vez remiten más a estos niños a orientadores y consejeros. Ha surgido recientemente una nueva industria casera a medida que los profesionales han empezado a percibir el potencial de lucro que tiene la terapia de grupo para niños con problemas de socialización. En una ciudad grande, un consejero que colgó un aviso modesto hace un año ya tiene seis grupos a la semana cuya meta es la de ayudarles a los niños a aprender a trabajar juntos sin dejar de ser ellos mismos. Y ésa es tan solo la punta del iceberg. Predigo que vamos a ver un tremendo aumento en este tipo de grupos y una conciencia cada vez mayor de la importancia de la inteligencia de equipo.

Dada la manera como nuestras vidas sociales y nuestras escuelas están organizadas, no sorprende que el reto de equilibrar el yo con el grupo haya empezado a aparecer a edades más tempranas. El informe de 1991 del U.S.

Bureau of the Census [Agencia de censos de los Estados Unidos], anotaba que más de la mitad de los niños de cuatro años y el 27% de los niños de tres años estaban matriculados en programas educacionales antes del jardín infantil. En 1965, solamente el 16% de los niños de cuatro años y el 5% de los de tres años estaban matriculados. Y el U.S. Department of Education [Departamento de educación de Estados Unidos], anota que las matrículas de niños entre los tres y cinco años en instituciones anteriores a la primaria se ha casi duplicado entre 1970 y 1994.

Los profesores y los padres invitan a estos pequeños a colaborar y a cooperar, a ser parte "del equipo" en el instante en que empiezan a socializar. Bien sea que estén en el recreo o participando en un juego en clase, el principio orientador es tener conciencia de grupo. Incluso desde antes de que empiece el colegio, hay en todas las áreas de la vida del niño un gran énfasis en el trabajo en equipo.

La educación progresiva se ha sumado al énfasis que se hace de trabajar en grupo. El movimiento de "aprendizaje cooperativo", como se le llama, ha recibido buena prensa. Una encuesta de más de ochenta estudios concluyó: "Los niños que aprenden cooperativamente aprenden mejor, se sienten mejor consigo mismos y se entienden mejor entre sí".

El viejo modelo educativo, hileras rectas de sillas con niños que trabajan de manera aislada, está desapareciendo rápidamente. El aprendizaje por experiencia, popular en guarderías y preescolares, involucra a los niños en proyectos de grupo. En muchas escuelas elementales en todas partes del país, los profesores emplean un concepto llamado "enseñanza por núcleos". Reunidos alrededor de una mesa, los estudiantes colaboran en todo, desde la ortografía hasta los dibujos de dinosaurios.

Aunque he estado utilizando la palabra "equipo" en su sentido más amplio, el número de equipos tradicionales también ha estallado. En el pasado, las escuelas elementales y secundarias típicas tenían, tal vez, media docena de equipos altamente visibles. Ser integrante de uno de ellos era una marca que expresaba un modo especial de ser, y la noción misma de "miembro del equipo" estaba asociada con un grupo élite. Hoy en día todo esto empieza temprano; es común ver equipos que desde el preescolar continúan hasta el grado octavo y luego hasta finales de la escolaridad. Hay equipos de niñas y de niños, y algunos mixtos (matemáticas, arte, computadores, ajedrez, debate, incluso "el equipo de las animadoras", es decir equipos que animan a otros equipos).

De hecho, en entrevistas a los rectores de colegios en todas partes del país, éstos me hacen repetidamente notar que el número de equipos ha aumentado drásticamente. Lo informan con una mezcla de orgullo y preocupación. Están contentos de que los niños sean participativos y activos; al mismo tiempo, los educadores se preocupan de que algunos niños puedan perder su sentido de la individualidad. Mi propia experiencia me lleva a compartir la opinión de los rectores. He visto la dificultad que los niños tienen para equilibrar la colaboración con la fe en sí mismos, y la confianza en sus propias creencias con la capacidad de adoptar posturas contrarias a las del grupo.

No hay duda de que nuestros hijos necesitan de inteligencia de equipo cuando salen a este mundo. Ahora damos por sentadas frases como "administración de grupo", "comunicación global" y "diversidad cultural", que ni siquiera se utilizaban cuando éramos niños hace unos decenios. Para el año 2050, el 75% de la fuerza laboral incluirá personas de color, según Derek y Darlene Hopson, coautores de *Raising de Rainbow Generation*, (Educando a la generación arco iris). Por esta razón, el 40% de las corporaciones estadounidenses ya tiene alguna clase de entrenamiento en la diversidad. En resumen, el trabajador de hoy en día, bien sea en una cadena de ensamblaje o en la oficina de los directores, tiene que tener mente independiente y saber jugar en equipo.

Su hijo encara una realidad semejante. La inteligencia de equipo le ayudará en sus años de escolaridad y lo preparará para ser un ciudadano de la aldea global del mañana.

Por qué es importante la inteligencia de equipo

Además de preparar a los niños para desempeñarse en esta cultura que cambia con tanta rapidez, la inteligencia de equipo protege la individualidad del niño, su esencia. Por una parte, este constructor de esencia fortalece el sentido de sí mismo que tiene el niño. Por otro lado, puesto que la inteligencia de equipo tiene que ver con aprender a mantener la individualidad a la vez que se es integrante de un equipo, también proporciona un antídoto a la mentalidad de manada de la segunda familia. Los niños que poseen inteligencia de equipo pueden hacer a un lado sus necesidades egoístas inmediatas por el bien del grupo y de los beneficios a largo plazo.

La inteligencia de equipo fortalece la empatía. La inteligencia de equipo incrementa la capacidad de empatía. A medida que el niño empieza a jugar con otros niños y a medida que se le pide cada vez más que se maneje en ambientes de grupo, necesita poder sintonizarse con los demás al igual que consigo mismo. Y debe aprender a permanecer fiel a sus convicciones al tiempo que reconoce los sentimientos de los otros.

Las investigaciones indican que los niños son capaces de responder con empatía a otros niños desde muy pequeños. Por ejemplo, la investigadora Carolyn Zahn-Wexler informa que dentro del primer año de vida, un bebé es capaz de distinguir su propio llanto del de otro niño o adulto. Y algunos niños de un año son capaces de intentar consolar a un adulto que manifiesta haberse hecho daño. Las investigaciones con hermanos confirman estos hallazgos. Judy Dunn, experta en desarrollo infantil y quien trabaja con la Universidad del Estado de Pensilvania, ha llevado a cabo numerosos estudios con hermanos. Ella anota que mucho antes de los tres años los niños son "hábiles para leer los sentimientos y planes de los hermanos y responder a éstos". Una revisión de los estudios con hermanos muestra que algunos niños, incluso desde los cuatro meses, pueden desarrollar empatía con un niño mayor; de los diez a los doce meses, muchos bebés de hecho extrañan a los hermanos ausentes y demuestran alegría a su regreso.

Sin embargo, el temor de un niño al ridículo o a la crítica puede coartar su tendencia natural a ser sensible y a apoyar. Que un niño sea capaz de mantener su empatía de cara a la presión del grupo y actuar según su mejor instinto es un verdadero indicio de inteligencia de equipo y un punto clave en el desarrollo. Por ejemplo, Leonardo, de tres años y medio, notó la expresión de angustia de una niña y fue capaz de abstenerse y de mantenerse alejado del grupo que la estaba mortificando. Y en una escuela pública, cuando Laura, de cinco años, se dio cuenta de que algunos niños se estaban escondiendo y notó la expresión de preocupación de la profesora, fue lo suficientemente valiente para dar el paso que correspondía.

Que Leonardo fuera capaz de decirles a sus compinches, "Va a llorar... creo que deberíamos parar porque no está bien", significa que tiene la capacidad de sostenerse en su idea de lo que está mal o bien de cara a la presión de los compañeros. Que Laura no se preocupara de que los otros niños se enfurecieran o de que le dijeran acusetas era un logro igualmente importante. En ambos casos, los niños demostraron inteligencia de equipo, un incremento en la noción de lo social y una conciencia en aumento.

La inteligencia de equipo también empuja a los niños a tener más empatía frente a las diferencias. Se vuelven más observadores, dándose cuenta de que algunos niños corren o aprenden más rápido que otros, y de que los niños de diferentes procedencias culturales pueden tener actitudes diferentes. Se dan cuenta de que su propia visión del mundo no es necesariamente la única perspectiva; también hay que considerar otras ideas. Por ejemplo, trabajar lado a lado con estudiantes de origen asiático ha inspirado a otros estudiantes a enfocar el trabajo escolar con una actitud diferente. Los asiáticos típicamente estudian más y parecen tener un umbral más alto para el aburrimiento.

La inteligencia de equipo propicia la solución de conflictos. No sorprende que la inteligencia de equipo lleve al desarrollo de una mejor capacidad para resolver conflictos. Cuando Nicolás hace un trabajo con otros niños de su núcleo sobre el bosque húmedo, aunque produce ideas propias, debe cooperar y negociar. Debe saber cuándo hablar, cuándo escuchar, cuándo estar a cargo y cuándo tomar segundo lugar y darle a otro la oportunidad de llevar las riendas.

Finalmente, la familia misma es una especie de equipo. Los niños que tienen inteligencia de equipo saben que sus necesidades no son las únicas que hay que satisfacer; saben que a veces tienen que trabajar en favor del bien general. Que exista empatía en casa engendra armonía y colaboración. Los niños hacen extensiva esa noción a otras plazas y al futuro. Saber cómo crear buenas cadenas de apoyo en un vecindario puede llegar a salvar vidas en un mundo adulto carente de sistemas menores de relación entre parientes o carente de vida de barrio. Los padres de niños con inteligencia de equipo dicen que sus hijos...

- Saben cómo seguir reglas que tienen sentido y cómo cuestionar las que no lo tienen.
- Saben cómo pedir lo que necesitan y participar en un esfuerzo colectivo.
- Saben cómo resolver un conflicto antes de que alcance proporciones de crisis.
- Saben cómo negociar en pro de sí mismos sin ser despiadados o crueles.

Por todas estas razones, esta habilidad básica es obviamente vital para la esencia interior del niño.

Habilidad básica # 9: Inspire a sus hijos a desarrollar su capacidad de ser parte de un equipo sin perder su individualidad.

Sin embargo, debido a los mensajes contradictorios de la cultura, no siempre es fácil para los adultos —padres y profesores— tener un equilibrio crítico y, menos aún, ayudar a que nuestros hijos lo conquisten y lo mantengan.

Amenazas esenciales: por qué pasamos por alto la inteligencia de equipo

Aunque los colegios cada vez hacen más énfasis en la participación en grupo, este constructor de esencia es ampliamente descuidado. Ni las instituciones de salud mental ni los padres parecen darse cuenta del valor de la inteligencia de equipo. Una de las razones por las que esto sucede es el enfoque cultural persistente sobre el "yo". Como sociedad, pagamos caro por "encontrarnos a nosotros mismos" y por "escapar a la codependencia", pero ha habido escasa o nula preocupación por ayudarles a las personas a entenderse entre sí. Incluso más al punto, no se ha enfocado la necesidad de desarrollar un equilibrio sano entre el "yo" y el "nosotros".

Los padres y la cultura actual hacen énfasis en el "yo". Debido a que recibimos indicaciones de nuestra sociedad centrada en el yo y a la racha de libros de autoayuda que dan claves sobre cómo lograr la autonomía, los padres procedemos a fomentar el "yo" de los niños. Nos esforzamos para asegurarnos de que el niño sepa que es "especial", pero no nos damos cuenta de que ese comportamiento de adoración puede afectar su participación en las actividades colectivas. Además, la mayoría de los padres luchan en sus propias vidas por mantener un fuerte sentido de su yo dentro del poderoso influjo del grupo. Y puesto que caminamos sobre la misma cuerda floja que nuestros hijos, a lo mejor no tenemos en cuenta el impacto de la dinámica de grupo, es decir de las fuerzas y energías predecibles que se desarrollan entre los miembros durante el tiempo que dura el grupo. Por ende, los padres se encuentran a menudo perplejos por los problemas de grupo; no siempre entendemos la complejidad y la importancia de la inteligencia de equipo y, comprensiblemente, nos cuesta mucho enseñársela a nuestros hijos.

Esto deposita a los niños en el ojo mismo del huracán de la segunda familia, que envía mensajes contradictorios. Por un lado, la segunda familia insiste en las reglas de grupo, en ser parte de la gallada y en dejar a los adultos por fuera. Por otro, hace un énfasis poderoso en el yo, promoviendo la mentalidad "sé tu mismo" a cualquier costo. Consecuentemente, es increíblemente difícil para los niños hoy en día encontrar un equilibrio entre el yo y los demás.

Esta tendencia es evidente en niños de todas las edades, anota Paul Krouner, director de Camp Schodak, un campamento de verano cerca de Albany, Nueva York. Krouner, cuya familia ha estado en el negocio de los campamentos durante generaciones, ha observado una "clara tendencia" durante los últimos treinta años: "Ahora los niños parecen ser halados en dos direcciones diferentes. Intelectualmente, entienden la importancia de trabajar en un equipo, en un grupo que está por encima de ellos. Emocionalmente, sin embargo, a muchos de los niños parece resultarles cada vez más difícil no estar en el centro y dejar de lado sus necesidades inmediatas".

Todos conocemos niños que tienen que ser jefes y nunca están contentos con ser parte de la tribu y, por ende, tienen dificultades para cooperar en la búsqueda de una meta común. Esta actitud es terriblemente corrosiva para la esencia interior del niño. A estos niños los consume la envidia y les resultan amenazadores los talentos de los demás. No pueden descansar en sus laureles o sentirse jamás satisfechos de sus propios logros. Desarrollan una especie de mentalidad "del espectáculo": "Mi valor se mide por la calidad de mi última presentación". Temen que el éxito de otro dé al traste con sus propias posibilidades de excelencia; consecuentemente, siempre están listos para la caída. Con el tiempo, un niño así se encuentra típicamente con un triste destino: otros niños dejan de querer incluirlo.

La segunda familia significa "nosotros" contra "ellos". Veo también a niños que están atascados en el otro extremo, en el modo "nosotros". Es interesante anotar que esto anteriormente era percibido como "cosa de niñas" — la noción de que uno debe cederle parte de uno mismo al grupo o perder la voz, según lo expresara la psicóloga Carol Gilligan al describir este fenómeno cultural. Hoy, sin embargo, lo observo en muchas de las niñas y de los niños que me buscan por causa de problemas de equipo. Dada la nerdofobia y la tiranía de la moda, los niños hoy en día también corren el riesgo de desdoblarse con tal de ajustarse a los estándares del grupo. Ellos también estudian en la televisión lo que está "in", están inmersos en la cultura de lo que esté de moda y desconocen partes de sí mismos con tal de estar a tono con el grupo.

Esta esclavización por parte del "nosotros" se ha ido colando desde el nivel adolescente y preadolescente hacia los niños pequeños de ambos géneros. En una visita reciente a un almacén de ropa, esperaba a mi hija que se encontraba probándose unos *bluejeans*. Una vendedora en un centro comercial me contaba que en los últimos años, niños cada vez más pequeños llegan a comprar con la meta específica de vestirse para ser parte de la gallada "in". Incluso niñas de primero y segundo grados parecían tener un sentido de lo que estaba de moda. En otro almacén, el administrador me dijo: "Solían ser los adolescentes quienes querían tener la pinta apropiada para pertenecer. Ahora nos llegan niños de tres y cuatro años que tienen que tener cierta marca de ropa, para ser exactamente como todos los demás". De hecho, hay investigaciones que han demostrado que niños desde los dieciocho meses son capaces de reconocer las marcas. Esto no debería escandalizar a padres de niños pequeños, como los míos, que andan a menudo por ahí tarareando las melodías insignia de McDonald's o de Burger King.

¿Es de extrañar, entonces, que ya para jardín infantil o primer año de escolaridad, a estos mismos niños tan conscientes de las marcas les cueste dificultad ser asertivos en un grupo?

De hecho, muchos de ellos ya están buscando ayuda, haciendo anotaciones acerca de sus compañeros de equipo por el estilo de:

- "Siempre me están mandando".
- "Si no hago lo que quieren, me dicen que no van a ser mis amigos".
- "¿Por qué son todos tan malos?"
- "No tuve oportunidad de que hiciéramos mis ideas".
- "Siempre les toca primero a los mismos niños".

Algunos de estos niños quieren salirse del maremágnum; otros toleran que los presionen porque están desesperados por ser parte del equipo. En la transacción, pierden el "yo"; pierden su ser interior.

En contraste, un niño que posee inteligencia de equipo, un niño que sabe cómo ser parte del equipo sin perderse él mismo, evidencia un equilibrio saludable entre el "yo" y el "nosotros". A veces es asertivo y pone en primer lugar su persona y su criterio; a veces permite que sus necesidades y opiniones sean secundarias a las del grupo. No es cuestión de seguir o liderar; es cuestión de hacerle honor a la esencia interior y aún así ser un jugador cooperativo que aporta una contribución individual al todo mayor. Ayudarle al niño a lograr esta clase de equilibrio es un regalo que lo beneficiará toda la vida.

Habilidades de los padres: cómo fomentar la inteligencia de equipo

En mis innumerables visitas a las escuelas elementales, he visto, y lo confirman los profesores, que cuando los niños terminan jardín infantil, se hace evidente que algunos han empezado a desarrollar inteligencia de equipo. Son capaces de cooperar y, a la vez, sostener su individualidad. Sin embargo, ese equilibrio no se da naturalmente en nuestra cultura. Los niños necesitan que los orientemos.

Como lo expresaba con anterioridad, los padres no hemos tenido mucho entrenamiento en inteligencia de equipo. No estamos familiarizados con la dinámica de grupo que les genera confusos dilemas a nuestros hijos. La participación en cualquier clase de equipo deportivo, académico o social, requiere que el niño interactúe con un conglomerado de actitudes y sentimientos diversos que constituyen la "personalidad" de cada grupo. A menudo, los retos y conflictos que surgen tienen poco que ver con el niño como individuo y más con el grupo como un todo. No obstante, tenemos que ayudarle a aferrarse al "yo" en medio de este poderoso "nosotros".

Antes de que pueda ayudarle al niño a desarrollar inteligencia de equipo, sin embargo, debe primero educarse en dinámica de grupo y aprender sobre las maneras como el individuo asimila y como se convierte en parte de la entidad mayor. Para ese efecto, me remito a los hallazgos del Instituto Tavistock en Inglaterra, inspirado por los escritos del psicólogo Wilfred Bion. En los últimos decenios, clínicos e investigadores en el campo de la psicología organizacional, informados por Bion, han estudiado cómo se comportan las personas en grupos.

El trabajo de Bion da luces acerca de por qué, sin las habilidades apropiadas para trabajar en equipo, una persona puede fácilmente perderse dentro de un grupo. La teoría Tavistock ha sido aplicada a situaciones de la vida real más que todo en el último decenio, típicamente en el mundo de las corporaciones, para entender el cómo de los grandes grupos. ¿Por qué no habrían también de beneficiarse las familias de estas herramientas?

Más adelante, en la primera sección de habilidades de los padres, ofrezco lo que nuestra profesión ya ha aprendido de la psicología organizacional y cómo pienso que podemos aplicarlo a nuestros hijos. Al comprender mejor la manera como funcionan los equipos, pueden efectivamente ayudarle al niño a aprender a nadar en las corrientes peligrosas del comportamiento de grupo. En la segunda sección, explico mi técnica AAPP (en la página 310), la cual es una síntesis del enfoque cognitivo y de comportamiento (es decir cambiar el pensamiento para cambiar el comportamiento), y el aspecto de la psicología organizacional que se refiere a la dinámica de grupo. Poner en práctica el sistema AAPP los pondrá en capacidad de lograr resultados similares a los que consiguen los consejeros que dirigen "grupos de socialización con los compañeros" y les ayudará a preparar al niño para ser un participante del equipo capaz de manejar con éxito los problemas que éste genera.

La anatomía del grupo: lo que el niño puede esperar

Bion y los psicólogos organizacionales que vinieron después de él nos han enseñado que la manera como las personas piensan y actúan en un grupo está determinada por ciertas características predecibles. Hasta ahora, la mayoría de los padres, e incluso algunos profesores, no han sido preparados para este complejo fenómeno. A lo mejor noten que un niño tiene dificultades para penetrar en un grupo, que a otro lo están haciendo a un lado, que otro es líder y que otro sí entra en el equipo pero a lo mejor lo hace ciegamente. Se dan cuenta de que para algunos niños ser parte del grupo hace difícil equilibrar el "yo" con el "nosotros", pero no saben por qué. De hecho, todos estos dilemas son comprensibles cuando uno logra ver cómo funcionan los grupos.

Las siguientes diez leyes fundamentales serán de ayuda. Cada una está presentada con las implicaciones que tienen para su hijo y con sugerencias de lo que usted como padre puede hacer. Algunas no les gustarán; de hecho, a lo mejor ni siquiera crean que algunas de ellas son ciertas. Pero decenios en investigación las sustentan. Bien sea que se trate de un club escolar, de un equipo de ajedrez o de baloncesto, de una organización religiosa o de un montón de niños que van en la misma ruta de bus al colegio, esto es lo que pueden esperar de un grupo, una palabra que utilizo como sinónimo de "equipo".

Ley # 1: *Los grupos tienden a no dejar entrar a los nuevos.* Incluso si hay un líder adulto, como un entrenador, e inclusive si se trata de niños muy pequeños, cada grupo es un organismo al que no le gusta absorber otros organismos.
Implicación: *Al comienzo el niño será un extraño.* Bien sea que esté a punto de entrar a un grupo para jugar o a un nuevo club, o que esté a punto de asistir a un colegio nuevo, seguramente tendrá que esforzarse para lograr pertenecer. Es posible que incluso lo excluyan activamente. Infortunadamente, los niños y nosotros, los padres, tendemos a ver esta circunstancia como un reflejo del individuo cuando, de hecho, es una función natural de la dinámica de grupo.
Qué hacer: *No se ponga furioso; tome cartas en el asunto.* La mamá de Julio pidió permiso en el trabajo y se tomó un día para ir al zoológico con el grupo de la guardería. Observó de primera mano quiénes podían ser los amigos de Julio y decidió tratar de conocer a los padres.

Ley # 2: *Un grupo tiene tácitamente una personalidad.* Prácticamente en todos los grupos se desarrolla un carácter distintivo, una sensibilidad propia. Combina a menudo la historia del grupo, sus conflictos por resolver, sus triunfos colectivos y sus fracasos, sus sentimientos inexpresados y hasta rumores sin fundamento.

Implicación. *La historia del grupo, su pasado y su reputación actual pueden causarle problemas al niño.* A veces los niños tratan de unirse ciegamente a un grupo con falsas expectativas de aceptación o perciben el comportamiento de los miembros como una reacción personal en lugar de ser simplemente parte de lo que el grupo es.

Qué hacer: *Antes de que el niño se inscriba en un grupo, trate de entender su personalidad tácita.* Conocer la historia de un grupo y su carácter hace posible evitar que el niño caiga en trampas. Puesto que Natalia tuvo que cambiarse de vecindario a mitad de año y enviar a Gabriel a un jardín infantil nuevo, puso especial empeño en averiguar (hablando con padres y profesores) todo lo posible acerca de lo que sucedía en la primera mitad del año escolar, quién era el líder de la clase, qué tipo de subgrupos se habían formado, quién peleaba con quién y cuáles padres eran los que más participaban.

Ley # 3: *Todos los grupos tienen reglas rígidas, aunque tácitas.* Las reglas del grupo no pueden alterarse con facilidad, son superiores a cualquiera de los niños.

Implicación: *El niño que no reconoce y no sigue las reglas no puede estar en el grupo.* Esto es frecuentemente difícil de aceptar para los padres; nuestros hijos nos parecen únicos. Pero usted no puede simplemente modificar las reglas de un grupo para que beneficien o se adapten mejor a su hijo.

Qué hacer: *Ayúdele al niño a vivir dentro de las reglas razonables del grupo.* Darío, quien cursaba cuarto año, tenía la tendencia a apresurarse al autobús escolar y apropiarse de uno de los puestos más preciados en la parte de atrás. Al enterarse de que algunos niños de sexto año lo habían estado molestando, los padres de Darío descubrieron que una de las "reglas" tácitas de esos años era que los niños mayores se sentaban en la parte de atrás del autobús. Le explicaron a su hijo que no venía al caso si la regla era justa o no; era simplemente una regla que debía respetar.

Ley # 4: *Las reacciones del grupo pueden ser irracionales.* Cuando un integrante no se ajusta a las reglas, el grupo puede responder muy poderosamente, y a veces lo hace de manera irracional. Estas respuestas pueden ser expresadas por otro niño o incluso por el adulto a cargo, pero hablan por todo el grupo.

Implicación: *No se vuelvan irracionales como reacción.* He visto a algunos padres enfrascarse en terribles luchas de poder con ciertos grupos, pensando que a lo mejor así pueden ganar a favor del niño, pero es un error y sólo sirve para empeorarle la situación. Si usted reta la sabiduría del grupo, usted y el niño eventualmente perderán o serán aislados.

Qué hacer: *De cara al conflicto entre el niño y un grupo, mantenga una actitud razonable.* Ana, la madre de Sebastián, estaba furiosa con toda razón por el hecho de que los compañeros molestaran a su hijo, que era más bien tímido. Cuando me contó lo que estaba sucediendo, le dije que debía intervenir si las cosas no mejoraban en un par de semanas. Entretanto, hice énfasis en que Ana debía dejar de perder la calma. Incluso cuando Sebastián le informaba un incidente que ponía de presente la insensibilidad, tenía que abstenerse de hacer comentarios por el estilo de que los otros niños deberían ser más considerados. Aunque es importante que los padres protejan al niño, en este caso era más productivo que mamá apuntalara a su hijo mediante la estrategia de escucharlo cuidadosamente, en lugar de reaccionar con demasiada intensidad. Después de una semana, madre e hijo vieron claramente que el problema de Sebastián era con el líder y no con todo el grupo. Sebastián dejó de intentar acercarse al chico más popular y, en cambio, simplemente optó por pasar el rato con los otros. Gradualmente, la tensión disminuyó a medida que fue encajando en la "rosca".

Ley # 5: *Los grupos son ferozmente jerárquicos.* Aunque pueden cambiar con el tiempo, siempre hay una escalera de poder.

Implicación: *Los niños populares, atractivos y decorados con todo el oropel de moda* *de la cultura masiva generalmente eclipsan a los demás.* Esta jerarquía se escapa de nuestro control. No se sienta insultado en representación de su hijo, ni enojado por que no esté en la cúspide.

Qué hacer: *Ayúdele a su hijo a descubrir su propio nivel en la escalera jerárquica.* Empiece haciendo contactos con niños que ocupan los escalones más bajos o intermedios, como hicieron los padres de Elsa cuando ingresó al jardín infantil. Conocieron a los padres, reunieron a los niños a jugar y a comer, y no trataron de involucrar a Elsa con los niños más populares. Con el tiempo, y por sí sola, Elsa se convirtió en una de las niñas más seguras y más buscadas del grupo.

Ley # 6: *Los grupos van tras el líder más carismático, que a menudo es el más problemático.* En algunas corporaciones, los más astutos y verbosos suben a la cima. Ciertos líderes muy inestables se toman el poder en algunos países. En los grupos de niños, a menudo mandan los que están a la moda y que son, a veces, los niños más superficiales y banales.

Implicación: *Cuestionar la sabiduría de seguir líderes de este estilo es una postura que lleva las de perder.* Bien sea que el niño tenga tres años o trece, evite criticar directamente al líder. Su observación a lo mejor no haga mella y más bien lo distancie del niño. A los niños inicialmente les atrae este poder y deben aprender a manejarlo. Es parte intrínseca de la dinámica de grupo.

Qué hacer: *Deje que el niño aprenda por experiencia propia a distinguir entre los líderes que valen la pena y los que no.* Roberto, de ocho años, no quería escuchar el sentido sermón de sus padres en que trataban de persuadirlo de alejarse de Mateo, el matón de la clase, quien, ellos temían, eventualmente lo iba a meter en problemas. Dejaron sabiamente de presionar y empezaron a escuchar, preguntándole detalles y permitiéndole a Roberto escuchar su propia experiencia. Con el tiempo, empezó a hacer anotaciones sobre lo "mandón" y "malo" que era Mateo con los otros niños. Se dio cuenta de que podía ser el siguiente en la lista de asaltos de Mateo y eventualmente empezó a acercarse a otros niños mejor dispuestos.

Ley # 7: *Se supone que la información de los grupos sea privada, pero nunca lo es.* Desde el comienzo los niños aprenden que no se supone que les cuenten a los mayores lo que sucede entre ellos, pero casi siempre uno de los niños se delata.

Implicación: *La información importante se filtra.* Por lo tanto, es vital mantener ojos y oídos abiertos. Mientras más información tenga un padre, mejor podrá orientar a su hijo.

Qué hacer: *Hágase amigo de otros padres de integrantes del grupo.* Cuando Margarita quería enterarse de las "partes sustanciosas" de lo que estaba sucediendo en la red de amigos de su hija de cuarto grado, hacía uso de la red de padres. Llamaba a Lina, una madre que hacía de ayudante voluntaria durante la hora de almuerzo. Lina era una fuente particularmente ilustrada puesto que podía oír las conversaciones de los niños. Como resultado, sin tener que tratar de extraerle información a su hija, Margarita se enteró del primer juego de "penitencias" en una fiesta de cumpleaños.

Ley # 8: *Los grupos castigan a los revolucionarios.* Los grupos son básicamente conservadores y pueden ser inmisericordes en el castigo a los miembros que tratan de suplantar al líder o de pronunciarse sobre la insatisfacción de los integrantes.

Implicación: *No es fácil para el niño mantener su individualidad sin enfrascarse en una lucha de poder.* Si el niño reta al líder o está fuera de sintonía con el grupo, incluso si usted interfiere, otros miembros del grupo se resistirán. Lo más probable es que todos se ciñan al carácter del grupo y apoyen al líder establecido.

Qué hacer: *Demuéstrele al niño que ser fiel a sí mismo no tiene que incluir criticar a los que son diferentes.* En otras palabras, propicie una actitud de vive y deja vivir. Aunque Fernanda estaba tan fastidiada como sus gemelas, Juana y Paula, por el permanente requisito del grupo de que sus integrantes se vistieran con ropa de diseñadores, tuvo cuidado de no propiciar en sus hijas una rebelión frontal. "Guíense por su gusto", les aconsejó, "pero traten de no criticar a los que no lo hacen". En particular, les aconsejó a las niñas a no desafiar abiertamente a Beatriz, poseedora en la clase del monopolio del buen gusto, ni a Rafaela, su segunda a bordo. Al concentrarse en los valores de sus hijas (y en los suyos) y al animar su sentido original del gusto, Fernanda les ayudó a las niñas a encajar sin perder su identidad.

Ley # 9: *Los grupos casi siempre necesitan un chivo expiatorio.* Casi en cualquier momento en la vida de un grupo, alguien está "caído", a alguien le están "cayendo". La razón de esto es que como la agresividad no puede ir dirigida contra el líder, se dirige hacia los integrantes más débiles del grupo, que tienen menos probabilidades de devolver el ataque.

Implicación: *Los padres deben siempre estar atentos a estos actos contra el chivo expiatorio.* La mayoría de nosotros puede recordar problemas de esta clase desde la propia infancia, y a menudo es doloroso pensar que nuestros hijos también tengan que vivirlo. Pero su hijo no puede darse el lujo de que ustedes se comporten como avestruces. Con el problema del chivo expiatorio, el momentum se acumula, el proceso cobra vida propia y es muy difícil detenerlo.

Qué hacer: *Déle al niño la oportunidad de defenderse solo y luego intervenga si es necesario.* Desde la primera infancia hasta la mitad de la adolescencia, usted debe ser abogado de sus hijos, independientemente de lo que éstos digan. Cuando varios niños empezaron a reírse del tartamudeo de Jaime, de cinco años, Berta, su madre, primero sugirió estrategias para aminorar el problema, como hacer caso omiso de los comentarios, retirarse o contarle a la profesora. Al cabo de unas semanas, a partir de la tristeza permanente y las lágrimas de Jaime, entendió que él no podía manejar la situación por sí solo, así que fue al colegio. De manera firme pero cortés, Berta le insistió a la profesora que los niños que estaban ofendiendo debían experimentar alguna consecuencia por su crueldad. Se rehusó a aceptar frases de cajón como "responsabilidad compartida" y "los niños son niños". Al final, su perseverancia logró la atención de la rectora, lo cual casi siempre sucede. A los niños que se burlaban de Jaime se les dijo que no tenían que ser amigos de Jaime, pero que sus insultos ya no serían tolerados. Después de que al jefe de la banda lo suspendieron medio día y los tres niños tuvieron que quedarse más tiempo en el colegio durante una semana, las burlas cesaron. He utilizado esta metodología "no hacer nada pero intervenir si es necesario" con niños de todas las edades hasta el noveno grado.

Ley # 10: *Los individuos no pueden negociar con grupos.* Las "ideas" que emanan de un grupo son tan poderosas que la personalidad del grupo tiende a ahogar las voces de miembros individuales.

Implicación: *Los niños se meten en problemas cuando se enfrentan a un grupo.* No hay forma de que un niño, ni siquiera uno de los padres, pueda negociar con el grupo como un todo. Por ende, cuando el niño se enfrenta a un problema de grupo, la única manera de comunicarse es con uno de los miembros.

Qué hacer: *Divida el grupo en sus partes más pequeñas: en individuos.* Anime a su hijo a buscar al niño más razonable del grupo o a otro adulto que le pueda ayudar. Enriqueta, una de dos niñas de sexto grado que pertenecen a un club de ajedrez que se reúne en el colegio después de clase, regresó a casa quejándose porque ninguno de los niños quería jugar con ella. Incluso el consejero voluntario del club parecía favorecer a los niños. "Es como si yo ni siquiera estuviera allí", le dijo a Boris, su padre y gran jugador de ajedrez. Boris sospechaba que el padre que hacía de consejero era el que estaba dándole el tono al club. Sin embargo, en lugar de hacer acusaciones se ofreció a ir a unas cuantas reuniones a ayudar. Con su padre a la mano, Enriqueta se sintió un poco más valiente y decidió pedirle a uno de los niños más amistosos que jugara una partida con ella. Eso rompió el hielo y derrumbó también el tabú que existía hasta entonces. Enriqueta estaba feliz de que otros niños empezaran a aceptarla como un miembro en plena propiedad.

• • •

A los padres de niños de todas las edades puede quedarles difícil creer que los axiomas organizacionales anteriores sean ciertos en las vidas de sus hijos. Con cuánta frecuencia decimos o escuchamos decir que "los niños son tan crueles". La verdad es que, a veces, algunos niños son crueles individualmente; con mucha frecuencia, sin embargo, lo que uno está observando son comportamientos de grupo y los niños están inconscientemente representando cada uno de los preceptos anteriores. No obstante, una vez que esté armado de esa certeza, puede dar pasos concretos para ayudarle al niño a evitar la humillación y la tristeza que acompaña tan a menudo los problemas de equipo.

Utilice la estrategia AAPP

Es casi siempre extremadamente difícil para un niño discernir sus propios sentimientos, más aún lo que está realmente sucediendo en un grupo y cómo su participación afecta el todo mayor. Tendrá que ayudarle.

De hecho, los grupos pueden ser un criadero de distorsiones cognitivas individuales, rachas de pensamiento ilógico. Un niño plagado de ideas de este estilo no puede ver claramente y es incapaz por lo tanto hasta de pensar en cambiar una mala situación. Sin embargo, las distorsiones cognitivas asociadas con problemas de equipo son definitivamente diferentes. Debido al poder del grupo, siempre hay por lo menos una gota de realidad en los peores temores del niño como individuo sobre sus relaciones con los otros niños. Sí, en efecto es difícil entrar, sí se están haciendo juicios, sí hay presión para adaptarse, para dar la medida, para ganar.

Los niños necesitan que se les valide. Necesitan entender que el grupo tiene una personalidad y un comportamiento muy propio y que no es simplemente problema del nuevo. El niño no es capaz de hacer esto solo. Requiere ayuda para desarrollar habilidades de grupo y afinar su capacidad de concebir soluciones que le permitan encajar, o tener la fortaleza para no ser parte de un grupo. Todo esto es parte del fomento de la inteligencia de grupo.

Con ese fin, desarrollé una técnica de cuatro pasos para manejar los equipos, que está representada por las letras AAPP:

Atienda
Abogue
Participe
Persevere

AAPP EN POCAS PALABRAS

AAPP puede guiar para ayudarle al niño a integrarse al grupo o equipo sin ceder parte de su esencia interior. El plan de ataque consta de cuatro partes, cada una de las cuales está descrita en mayor detalle después de este recuadro.

A*tienda* para descubrir el grano de verdad en la distorsión cognitiva del niño.

A*bogue* haciéndole al niño preguntas concretas y concibiendo estrategias pequeñas y fáciles de implementar y que el niño pueda utilizar.

P*articipe* tomando conciencia de las actividades de grupo del niño, permaneciendo involucrado y observando la dinámica de grupo en su hogar y el papel que usted desempeña dentro de ésta.

P*ersevere* no permitiéndose cansarse de las demandas de la participación de su hijo en equipos.

Implementar la técnica AAPP y tener un conocimiento activo de las leyes del grupo es la habilidad básica que los padres necesitan para ayudarle al niño a mantener un sentido de sí mismo en medio de la dinámica de grupo. He aplicado esta estrategia, y he entrenado a los padres para que la utilicen, con casi todos los niños que me buscan porque tienen problemas de equipo.

Atienda. Mantenga el oído sintonizado específicamente a las consecuencias de la presión de grupo. Los sentimientos que afloran cuando los niños encaran problemas de equipo son con frecuencia de vergüenza e inseguridad, problemas que atacan directamente a la esencia interior del niño. Por ejemplo, Ivonne, a quien conocieron al comienzo de este capítulo, se sentía avergonzada por no ser incluida. Pedro pensaba que su contribución no estaba a la altura de la de los otros niños y se preocupaba de que lo juzgaran. Carla se sentía humillada cuando la capitana del equipo le gritaba. Tomás se avergonzaba de que lo señalaran en público. Todos estos son problemas relacionados con las tensiones entre el "yo" y el "nosotros" que crea la dinámica de grupo. En el preescolar, Ivonne chocó con la tendencia natural de la "rosca" a excluir a otros. Esteban quería evadir las reglas. Y Carla era seguramente algo revolucionaria.

La manera como usted le atienda y escuche puede también cohibir o animar al niño que se está sintiendo mal consigo mismo, así que préstele atención cuidadosa a su tono de voz al hacer las preguntas. Conserve una voz amable y firme y que no sea crítica. Sea paciente. Puede que le tome un tiempo expresar lo que sucede, digamos por ejemplo que lo excluyeron de un juego, así que no lo arrincone; es posible que necesite hablar sin mirarlo. Y trate de no ser invasor ni presionarlo para que cuente su versión más rápido. Es importante respetar su ritmo y simplemente ir a su paso. (Para ayudarle al niño a hablar, relea en el capítulo 3 la sección sobre las estrategias concretas según los diversos estilos de expresividad).

Finalmente, tenga en mente esta frase: "Antes de abogar hay que validar". Recuerde que incluso si el pensamiento del niño está algo distorsionado, emergerá algún grano de verdad. Por ejemplo, si dice, "creen que soy raro", a lo mejor hay algo en la manera como el niño se presenta que lo convierte en blanco fácil. No haga caso omiso de estos aspectos en el nombre de protegerlo. Valide en cambio y trate de hacerle preguntas concretas como: "A lo mejor tienes razón. ¿Por qué crees que opinan eso de ti?"

Abogue. Cuando se trata de asuntos de equipo, a menudo no es suficiente que los padres sean simplemente oyentes amables. A lo mejor hay que abogar por el niño y producir juntos acciones pequeñas y realistas que el niño pueda emprender para aminorar la impotencia que sienten todos. Nuevamente, las preguntas concretas que descomponen el problema en partes pequeñas, fáciles de poner en práctica, les ayudarán a todos a sentirse menos abrumados.

Incluso si usted es capaz de escuchar con cuidado, de todos modos puede ser duro ayudarle al niño si las dificultades que tiene son duplicados de incidentes que sucedieron durante la infancia de uno de los padres: parlamentos que se olvidaron en la obra de teatro, goles que se fallaron, canastas que no se hicieron. Todos tenemos recuerdos de exclusiones o de vergüenzas sociales agudamente dolorosas. ¿Quién no se ha ido de narices por lo menos una, si no varias veces, contra las leyes de la dinámica de grupo, cuando no encajábamos o competíamos con el líder? Diana, por ejemplo, vino hace poco a mi consulta a hablarme de su hijo José. En el primer año tenía enormes dificultades para encajar y seguir unas reglas que parecían presentar abrumadoras exigencias comparadas con las que había tenido en el jardín infantil. Mientras Diana hablaba de un incidente que había dejado muy afligido a José, se sintió tan emocionada que no me sorprendí cuando dejó escapar, "Eso fue exactamente lo que me sucedió a mi en el primer año".

Para la mayoría, esos sentimientos dolorosos quedan congelados en el tiempo, lo cual hace muy difícil separar nuestras experiencias de las de nuestros hijos. Asumimos que conocemos las experiencias de nuestros hijos cuando, de hecho, a lo mejor estamos proyectando nuestros sentimientos en ellos. En ese caso, no podrá verdaderamente oír al niño y mucho menos abogar adecuadamente en su favor. Por ende, no salte al ruedo de inmediato; siéntese con sus propios sentimientos y disciérnalos antes de producir el plan de acción.

Participe. En la medida de lo posible, los padres deberían estar al tanto de cómo participa el niño y por lo tanto estar en capacidad de observar personalmente su papel dentro del grupo. Puede que en algunos casos la participación de los padres sea obligatoria. Con el creciente número de jardines infantiles cooperativos, por ejemplo, a los padres se les exige que participen en calidad de asistentes del profesor. La enseñanza por núcleos, que también va en aumento en todo el país, requiere que haya un segundo adulto en la clase. Y como por estos días tantos colegios están escasos de personal, es posible que los padres sean invitados a participar como profesores o entrenadores. La conclusión es que la escuela ya no es un lugar solamente para niños. La participación de los padres es la nueva ola del futuro.

En cualquier caso, su participación es un valor agregado. Le ayudará al niño a pensar con mayor claridad y lo capacitará para ver a través de la dinámica de grupo. Sus observaciones les ayudarán a todos a entender:

- su papel como parte del grupo;
- cómo interactúa con otros;
- qué tan bien es capaz de aferrarse a sus propias ideas de cara a la presión de los compañeros;
- la personalidad general del grupo y su ética;
- cómo el grupo trata a otros miembros;
- cómo el grupo maneja a los que no pertenecen;
- el liderazgo del grupo (el capitán del equipo así como la autoridad adulta), en acción.

Su participación también puede hacer sentir al niño realmente como si fuera parte del equipo. Las llamadas mamás del fútbol (y papás) les ayudan a sus niños a pertenecer al grupo mediante la estrategia de llevar y traer, aparecer en los entrenamientos, proveer el refrigerio, hacer paseos y abrir sus casas a la socialización. Esto es particularmente cierto con los niños mayores que tienen problemas para hacer amigos. Cuando Gabriel, de trece años, comenzó a tener problemas para formar relaciones estables dentro de su equipo, su padre le anunció que habría perros calientes para todos en su casa después del próximo juego. Tener a los compañeros de equipo en su territorio le dio a Gabriel cierta ventaja y lo hizo sentir más seguro. Además, papá pudo observar mejor la dinámica de grupo y se convirtió por lo tanto en un escucha más conocedor cuando Gabriel le hablaba de tratar de hacer amigos.

Una palabra de advertencia: no se involucre con miras a manipular el estatus del niño o a ganar favor con el líder. La meta de su participación debe ser simplemente la de ayudarle al niño a organizarse en el nuevo grupo pero conservando su originalidad. La madre de Erica, por ejemplo, invitaba a los niños a comer pizza después de muchos de los partidos locales. Fue bueno para la niña hacer algo que se sintiera como "propio" respecto al equipo y, a la vez, generó recuerdos compartidos con el equipo fuera del campo de juego. Igualmente, el papá de Mateo invitó a los compañeros de fútbol de su hijo a una fiesta de final de temporada y la madre de Claudia ofreció la sala de su casa para que el grupo de arte de su hija pudiera trabajar después del colegio.

La "P" debería también recordarle observar su participación en casa. La familia es un laboratorio para la interacción de grupo. Influye en el estilo del niño con sus compañeros, como lo explicaba en el capítulo 5, y determina en gran medida cómo el niño equilibrará el "yo" con el "nosotros". Cada vez que participa en un proyecto de grupo, sea un equipo o un conglomerado de amigos, no puede menos que replicar el comportamiento de la familia, que es su primer equipo. Por ende, si el niño tiene problemas, préstele atención a lo que está sucediendo en casa. ¿Cómo maneja en casa las interrupciones y exigencias del niño? ¿Cómo responde usted cuando infringe las reglas? El tipo de colaboración y trabajo en equipo que usted requiere puede aumentar o disminuir la inteligencia en equipo del niño.

Por ejemplo, Eduardo, de once años, pasaba como una tromba por encima de los demás; siempre tenía que ser el primero. Si un compañero estaba hablando, Eduardo interrumpía a menudo con un chiste. No podía conservar sus amistades, porque todos lo veían como un "mandón". Percibido como un quebrantador consuetudinario de normas, Eduardo era aislado de cada uno de los equipos cotidianos de su vida: proyectos, tareas escolares, grupos de aficionados y hasta de la gallada del autobús del colegio.

Al conversar conmigo, los padres de Eduardo se dieron cuenta de que dejaban de hablar cada vez que el niño tenía algo para decir, incluso en la mitad de una conversación importante. Se le permitía interrumpir a su hermana o terminar las historias que la hermana menor había empezado a contar. Siempre tenía que probar un juguete o un aparato primero y nunca quería compartir. Cuando se le reprendía, casi siempre contestaba mal. Aunque la impertinencia de Eduardo era ofensiva, sus padres estaban orgullosos de su capacidad verbal para el debate. Claramente, Eduardo, quien era cada vez más egocéntrico, no estaba desarrollando inteligencia de equipo.

Durante las dos semanas siguientes a nuestra reunión, los padres de Eduardo cambiaron de comportamiento y le informaron: "Vamos a enseñarte a ser más consciente de los sentimientos de los demás". Dejaron de ceder ante todas sus interrupciones y exigencias. Y no le aceptaban que le robara atención a su hermana. En suma, le ayudaron a Eduardo a ver que su comportamiento en casa estaba afectando el comportamiento en el colegio. "Siempre te·vas a ver excluido si no tratas de entender lo que está sucediendo".

Un par de meses después, Eduardo era mucho menos mandón y no interrumpía las conversaciones de los otros niños. Estaba empezando a comprender que las reglas no se aplicaban simplemente para los otros niños. Y de esta nueva personalidad surgió una amistad casual en el autobús. Un día, Eduardo se sentó sin la conmoción habitual y simplemente empezó a conversar con otro niño. Cuando hablaron de una afición compartida, las tarjetas de béisbol, Eduardo contuvo su incontenible afán de robarle la atención al otro niño. Debido a la participación tras bambalinas de sus padres, finalmente consiguió un amigo de verdad. Con el tiempo, un amigo se convirtió en un pequeño grupo y Eduardo, que empezaba a desarrollar inteligencia de equipo, pudo convertirse en uno más de los muchachos.

Persevere. Que el niño participe en deportes de equipo o tenga una pasión intensa, como la actuación, puede ser una carga para los padres. Los niños tal vez permanezcan con el mismo grupo seis o más años y por lo tanto la perseverancia de los padres puede ser el mayor reto de todos. Dada nuestra escasez de tiempo, las obligaciones que nos halan en direcciones opuestas (el trabajo, otros niños, nuestros propios intereses), incluso la fatiga o el aburrimiento (¿han visto alguna vez a un grupo de niños de cinco años tratar de jugar al béisbol?), ¡no es tarea fácil simplemente acompañarlos!

Para hacer más difícil la perseverancia, es posible que haya otros niños en el grupo, o a lo mejor uno en particular, que a usted simplemente no le gusta. Y, sin embargo, tiene que ver a estos niños semana tras semana y tenerlos en su casa. No hay mucho que se pueda hacer al respecto; uno no escoge quién acaba en el equipo o en el club de los hijos. Por lo tanto, trate de percibir a través de

PROBLEMAS DE EQUIPO:
¿QUÉ ESTÁ HACIENDO EN CASA?

Los padres de niños a los que les cuesta ser parte de un grupo deben preguntarse si están animando o tolerando de alguna manera este comportamiento en casa. Pregúntese...

- ¿Le cedemos el centro del escenario siempre que lo exige?
- ¿Le permitimos interrumpir las conversaciones de los adultos?
- ¿Estamos pendientes de cada una de sus palabras?
- ¿Es el hijo o la hija "preferida"?
- ¿Hacemos más flexibles las reglas para favorecerlo?
- ¿Le permitimos reinar sobre sus hermanos?
- ¿Lo excluimos sutilmente?

los ojos de su hijo a los niños a los que le cuesta trabajo aceptar. Por ejemplo, el niño que a ustedes les parece burdo, o malencarado o arrogante, puede ser el mejor jugador del equipo. Y recuerde esa ley fundamental: los miembros del grupo se sienten a menudo cautivados por líderes que a los padres no les gustan. Recuerde: debe criticar con vehemencia a otro niño solamente en el caso de que éste ponga a su hijo en peligro o si su comportamiento es moralmente objetable.

Es cierto, todo esto puede ser agotador. He conocido padres que estaban a punto de tirar la toalla después de uno de esos días en que en la mañana hicieron de ayudantes en la clase del niño más pequeño y por la tarde estuvieron de choferes del entrenamiento del mayor. Una solución es la de escoger. Como lo explicaba en el capítulo 4, más no es mejor para el niño, y ciertamente no es mejor para usted. Consecuentemente, cuando usted revisa la variedad infinita de opciones que tiene el niño, siga las pasiones de éste. Y conozca sus limitaciones; cuando se sienta agobiado, no se ofrezca como voluntario para otro proyecto de clase u otro trabajo de equipo.

Es cierto que siempre parecen ser los mismos papás y mamás los que acaban de voluntarios en todo. Padres bien dispuestos comprometen tiempo para ésta y aquella actividad y antes de darse cuenta se están ahogando. Así que estén atentos al sobrepeso que amenace con hundirlos. Aunque hago énfasis en la importancia de la participación, a veces, para sobrevivir, es absolutamente necesario decir no.

Habilidades de los niños: cómo hacerles frente a los problemas de equipo

Las siguientes habilidades de los niños casi siempre requieren, en un comienzo, de asistencia o intervención de los padres. Una vez que le ayuden al niño a atacar el problema de frente, será capaz de encarar solo los problemas futuros. La idea es hacerle tomar conciencia de los obstáculos y ayudarle a aprovechar su fortaleza interior para saltar por encima de ellos. En el proceso, mantendrá un yo fuerte y bien delimitado a la vez que hace más sólida su inteligencia de equipo.

Cómo pertenecer sin dejar de ser

Puesto que los grupos son inicialmente rechazadores, y no acogedores, los niños nuevos están en desventaja desde el comienzo. Esto no es generalmente problema una vez que el niño ya está en un equipo, pero sí puede serlo el simple hecho de lograr que participe en primer lugar. El fracaso en este aspecto podría afectar negativamente la imagen de su esencia interior.

Jorge, por ejemplo, un niño de nueve años de contextura grande, cuya cara regordeta le hacía ser blanco de burlas, se sentía desplazado porque los papeles para la obra de teatro que se presentaba mensualmente les eran concedidos a otros niños. Sintiéndose inferior y avergonzado, Jorge empezó a portarse mal en el colegio, irritando a la profesora, cayéndose de la silla, siendo cruel con otros niños. Finalmente dijo "ya no quiero ir más al colegio".

Antes de que las cosas se salieran de control, animé a los padres a probar con él el sistema AAPP. Es decir, atendieron de la manera como expuse anteriormente, para superar quejas vagas ("el colegio es horrible") y respuestas monosilábicas a sus preguntas acerca del origen de su angustia. Finalmente, oyeron una distorsión cognitiva específica: "Nunca me escogen para la obra porque soy demasiado feo, simplemente no tengo la pinta para ser actor". De allí pasó a: "Nunca me van a escoger para nada y nunca voy a tener amigos".

Jorge no estaba del todo equivocado en cuanto a que su apariencia contaba. Al fin y al cabo, no era el tipo apropiado para hacer un papel principal. Pero armados con este conocimiento específico sobre su angustia, sus padres pudieron ayudarle a que revalorara su manera de pensar y luego pudieron abogar efectivamente por él.

"¿Quieres hablar con el señor Ocampo, o quieres que lo hagamos nosotros?" Él quería que se hicieran ambas cosas así que fueron a donde el profesor todos juntos. Por suerte, el señor Ocampo era compasivo y fue increíblemente sincero. Le ayudó a Jorge a entender el carácter y las reglas de este grupo en particular.

"Es cierto, Jorge, en la actuación la apariencia cuenta", le dijo el señor Ocampo. "Pero si hicieras algo para estar en mejor forma, eso podría ayudarte". El señor Ocampo dijo esto de una manera tan gentil que Jorge decidió por primera vez en su vida tratar de hacer un esfuerzo físico. Empezó a comer menos comida chatarra y a jugar al fútbol con los otros compañeros. En unas semanas empezó a sentirse y a verse más fuerte.

¿Se volvió Jorge milagrosamente delgado? No, esas son fantasías de Hollywood y de especiales de televisión. Lo importante, sin embargo, fue que pudo escapar de su círculo vicioso de derrota y empezó a desarrollar inteligencia de equipo. Se empezó a sentir más cómodo para buscar a los profesores y pedirles ayuda y comenzó a entender contra qué se enfrentaba. Al aceptar una sugerencia pequeña y razonable, y al comprobar los resultados, se sintió motivado a emprender otros esfuerzos. Esto le permitió darse cuenta de que podía ayudarse a sí mismo. No es sorprendente, entonces, que a medida que Jorge adquirió mayor seguridad y se hizo cada vez más consciente de sus habilidades esenciales, fue escogido para representar varios papeles menores especialmente apropiados para su personalidad. Ser parte regular del elenco, de hecho de un "equipo" de actuación, fue un punto culminante en su año escolar. Y a lo largo de estas luchas y conquistas, Jorge siguió siendo Jorge.

Ser asertivo, sin ser mandón y sin dejarse mandar

A algunos niños les cuesta trabajo hacerse respetar, especialmente cuando la personalidad del grupo se compone de jugadores agresivos y entrenadores dominantes. Estos niños tienden a evadir la participación en equipos porque la presión los hace sentir fatal. De hecho, la falta de asertividad en un niño que tiene problemas de equipo es una de las principales razones por las cuales los padres me buscan. El reto es ayudarle al niño a entender dos asuntos importantes: uno, qué es lo que tiene el grupo que lo hace temer (a lo mejor él no está en sintonía con el carácter del grupo o quizás el grupo está activamente excluyéndolo); y dos, qué es lo que él puede tratar de cambiar de manera realista. Sea cual fuere la razón de la dificultad, los padres no pueden dejar que un niño, de cualquier edad, intente resolver solo el problema por más de unas semanas. Sentirse derrotado es potencialmente dañino para la esencia interior de un niño. Con demasiada rapidez los niños pueden quedar marginados. Aunque es imposible para los padres cambiar la personalidad básica de un grupo, deben sin embargo ayudarle al niño a encontrar una manera de hacerse parte del equipo o de vivir en paz por fuera de éste.

Mariana, de ocho años, y quien participaba en un proyecto escolar de grupo, debía supuestamente inventar algo que cambiara la vida en el segundo milenio. Pero el proceso estaba cambiándole la vida a Mariana, para mal. Los otros niños la mandaban y la relegaban a un papel muy secundario. No solamente Mariana no derivaba ninguna satisfacción del proyecto, sino que estaba cada vez más descorazonada. Al atenderle cuidadosamente, mamá y papá identificaron una preocupación concreta: "Los otros niños me odian porque creen que soy tonta".

El primer paso fue ayudarle a Mariana a ver que aunque el grupo sí era cerrado, la reacción de los otros niños no tenía que ver solamente con ella. Habían sido compañeros desde el jardín infantil y estaban excluyendo a alguien a quien percibían como nuevo. El simple hecho de hacerle tomar conciencia de la dinámica de grupo, y específicamente de su papel en él, mejoró su inteligencia de equipo. El siguiente paso fue el de ayudarle a Mariana a buscar una manera razonable de cambiar ella misma. En otras palabras, ¿qué podría hacer ella de modo diferente de cara al grupo?

Los padres de Mariana le recordaron que si todo el grupo parecía abrumador, pensara en términos de miembros individuales. Entonces Mariana se dio cuenta de que podía contar con una de las niñas más amistosas. "¿Quieres venir a jugar a mi casa este fin de semana?" le preguntó de manera directa. La niña le contestó, "Claro". Si en principio tenía ganas de jugar con Mariana, no viene al caso. Lo que sí era importante, no obstante, era que Mariana había hecho algo en lugar de permitir pasivamente que su pensamiento negativo la llevara a marginarse. Adicionalmente, aprendió sobre los beneficios de dividir un grupo en unidades más manejables eligiendo interactuar con uno de los individuos. Esa acción concreta la hizo sentir bien de inmediato. Otras amistades se fueron presentando fácilmente como resultado de sentirse más segura.

Cómo establecer un vínculo entre el yo y el grupo

Como un grupo puede representar un intimidante conglomerado de personalidades diferentes, algunos niños necesitan tener por lo menos un amigo dentro del grupo. Si no pueden hacer pareja con alguno, el equipo se siente demasiado impersonal y demasiado difícil de manejar. Por ejemplo, la mayoría del trabajo escolar se hacía por grupos y Pedro, de seis años, se sentía verdaderamente angustiado de no poder encontrar un amigo en la clase. Le dijo a su madre,

"Mami, yo no les caigo bien. No tengo nadie con quien hablar y me siento muy solo". Pedro era inusualmente elocuente, pero habla por muchos niños que empiezan a portarse mal o que se salen de equipos. Necesitan un compinche para sentir que pertenecen.

Pedro, desde luego, había reconocido un grano de verdad: muchos de los niños efectivamente habían estado juntos desde el preescolar y éste era su primer año. Su madre atendió cuidadosamente para descubrir tanto la dinámica del grupo como la contribución de Pedro a la situación. Gradualmente, mamá se dio cuenta de que Pedro tendía a abordar a los otros niños del grupo de maneras que prácticamente le garantizaban el rechazo. Los ponía a menudo contra la pared preguntándoles, "¿De verdad quieres jugar conmigo?" O, peor aún, le pedía a un niño que jugara a su juego cuando el otro ya estaba involucrado en otra actividad del grupo. Pedro, percibiendo la exclusividad del grupo, estaba tratando de meterse a la fuerza y lo estaba haciendo de la manera equivocada. Necesitaba aprender cómo participar en actividades de manera que no retara al grupo y no violara las reglas.

La madre de Pedro le ayudó a practicar unas frases de entrada más adecuadas. "En lugar de preguntar algo", le dijo, "di lo que quieres directamente como 'Juguemos juntos con la pelota'. Si quieres invitar a un niño a nuestra casa, dile claramente, 'Mamá dice que puedes venir a jugar mañana si tu quieres'". Orientó a Pedro también en algunos asuntos sociales, lo cual le ayudó a mejorar su inteligencia de equipo: "No les interrumpas a los otros niños en medio del juego porque les costará trabajo decir que sí. Búscalos de a uno porque así es más fácil". Mamá también se reunió con el profesor de Pedro y le pidió su ayuda. "Usted es realmente mis ojos y mis oídos cuando Pedro está en el colegio", le dijo al señor Gaviria. "Me sirven su experiencia y su conocimiento". El profesor prometió observar lo que sucedía en clase y en el patio de recreo. El señor Gaviria también le ayudó a Pedro sentándolo con niños con quienes él sentía que había un potencial para la amistad.

Cómo ser un buen competidor y al mismo tiempo dar "lo mejor de sí"

Algunos niños evitan las actividades de grupo, cualquiera que sean, desde las matemáticas, el béisbol o el debate, no porque tengan miedo sino porque sienten que hay un conflicto en competir con los amigos y, posiblemente, robarles atención. Por ejemplo a Rita, de once años, me la enviaron su entrenador y sus padres porque, a pesar de que era una buena atleta, quería salirse del equipo de fútbol. Mientras más le decían que era una gran jugadora y cuánto la necesitaban, más excusas producía para dejar de asistir a los entrenamientos o para sentarse en la banca. Nadie sabía por qué.

Utilizando la técnica AAPP con Rita, traté de atender para descubrir sus preocupaciones específicas y le pregunté, "¿Qué sucede durante el juego?" Rita describió la expresión en las caras de algunos de sus amigos cuando metía un gol. "Creo que se enojan conmigo", confesó Rita, "y me siento mal porque me gusta ganar". Igualmente angustiosa era su catastrófica conclusión: "Si me la paso metiendo tantos goles, nadie querrá ser mi amigo". Rita tenía que entender que aunque su desempeño sobresaliente sí podía producir algo de envidia, realmente no tenía ni idea qué pensaba cada jugador en particular o cómo se comportarían en adelante.

Para que Rita no tuviera que manejar a todo el grupo como un solo ente, le propuse que se enfocara específicamente en una amiga, "la que más te importe". Rita decidió hablar con Sara, quien había sido su amiga mucho antes de que ambas entraran al equipo. También pensó que sería buena idea preguntar lo que quería decir la expresión de su amiga en lugar de asumir lo peor.

Rita finalmente reunió el coraje para preguntar, de forma simple y directa, "Sara, ¿te da rabia conmigo cuando meto un gol?" Sin pensarlo dos veces, Sara contestó, "Sí, ojalá yo pudiera ser así de buena. Pero no importa, porque tu eres mi amiga". Rita dio un suspiro de alivio. Las dos niñas entonces desarrollaron una señas secretas que le ayudaron a Rita a permanecer en contacto con Sara durante el juego. Un dedo significaba, "Acércate, necesito ayuda", dos, "Cúbreme, voy por la bola". Eran ya buenas amigas para empezar y se unieron todavía más. Más importante aún, Rita ya no sintió que tenía que dejar de lado su talento para poder conservar sus amistades.

Cómo vivir con las decepciones propias y con las de la familia

Algunos niños tienen un temor tan descomunal a decepcionar al equipo, que preferirían abandonarlo antes que ser parte del esfuerzo. Temen desempeñarse mal y ser responsables del mal resultado del equipo. Los niños necesitan aceptar que a veces se desempeñarán de manera menos que óptima y que en algún momento es normal defraudarse a sí mismos e incluso preocuparse de que sus compañeros también se sientan decepcionados por él. Si no desarrollan ese conocimiento y esa aceptación, el fantasma de la decepción, especialmente el de defraudar a sus compañeros, puede paralizarlos.

Alejandro, por ejemplo, estaba en un colegio donde, desde el jardín infantil, cada núcleo tenía equipos para diferentes proyectos. Cuando se trataba de conformar un equipo de matemáticas, Alejandro no quería participar. Cada vez que el profesor anunciaba un "resolvámoslo juntos", Alejandro montaba una gran función. Finalmente su madre le preguntó, "¿Qué te pasa?" Atendió cuidadosamente y aunque se dio cuenta de que Alejandro estaba en general ansioso por sus dificultades en matemáticas, eventualmente descubrió su temor concreto: "Si mi equipo pierde, será mi culpa y todos los niños me odiarán para siempre".

En el panorama general, la percepción de Alejandro era precisa: las matemáticas eran efectivamente una de las materias en las que Alejandro era menos fuerte, sus errores en efecto incidirían en el puntaje general del equipo. Algunos de los competidores más furibundos sí se enojaban cuando alguien daba una respuesta equivocada. Más aún, uno de los integrantes de su equipo era un competidor recalcitrante que podía ser verdaderamente desagradable con los que se equivocaban. Pero también había algo de distorsión cognitiva en el panorama, pues se estaba permitiendo que la reacción de un niño definiera la de todo el grupo. La madre de Alejandro trató de ayudarle a cambiar de manera de pensar mostrándole que el resto de los muchachos lo seguía eligiendo para el equipo. Esto le permitió a Alejandro ver que nadie lo "odiaba" y que ni siquiera el tirano del grupo podía estar enojado para siempre. Algo aliviado, a Alejandro le empezó a ir mejor, aunque las matemáticas nunca fueron su fuerte.

Sus padres también abogaron por él. Buscaron a la profesora, le explicaron lo que sucedía y le pidieron a la señorita Sánchez que participara. "Es claro que el equipo de Alejandro no va a recibir la medalla debido a su desempeño, pero ¿podría quizás hablarles a los niños de otras contribuciones que él hace?" La señorita Sánchez nunca había realmente enfocado los sentimientos de un niño individual que tenía la responsabilidad por el desempeño general de un grupo. Pero después de que hubo varios "resolvámoslo juntos" más exitosos, le dijo a Alejandro, "Sé que tu equipo quedó de tercero, pero me encantó la manera como perseveraron".

Entonces, tras este pequeño reconocimiento, sucedió algo sorprendente: al día siguiente Alejandro se unió al club de refuerzo escolar. Se ofreció de voluntario para ayudarle a un niño más pequeño, no en matemáticas sino en escritura. Durante las semanas siguientes, sus fallas en matemáticas le parecían cada vez menos importantes. Y con bastante frecuencia, regresaba del colegio con espíritu animoso, sintiéndose mejor consigo mismo de lo que se había sentido desde el comienzo del cuarto año.

De hecho, puesto que hacen énfasis en el equilibrio entre el "yo" y el "nosotros", todas las habilidades que les ayudan a los niños a adquirir inteligencia de equipo también los hacen sentir mejor consigo mismos. Este tipo de dominio puede significar una diferencia real en cómo el niño se procura un lugar en la clase, en el campo de juego y en los clubes de actividades después del colegio, sin mencionar más adelante en la vida.

CAPÍTULO 10

GRATITUD

Habilidad básica # 10: Espere que sus hijos sean agradecidos y, de esa forma, cultive su fe y su espiritualidad.

Atrapados en la corriente

Víctor y su esposa, Eva, a quienes conocí en uno de los talleres, me contaron una historia acerca de una salida reciente a un parque de diversiones con otra pareja y sus hijos. Su historia les suena conocida a muchas familias. Los cuatro adultos y los cinco niños, entre los cuatro y los doce años, dedicaron un día completo a las diversiones, los juegos y los refrigerios. Los niños estaban encantados, mientras que los adultos sufrían el dolor de nuca que les dejaban los "autos chocones" y continuaban el recorrido sobre adoloridos pies. Cada pareja había gastado más de cien dólares, pero nadie se quejó porque se trataba, al fin y al cabo, de diversión sana en familia a la usanza de antes.

Sin embargo, de camino al estacionamiento, las familias se encontraron con un almacén de artículos típicos estratégicamente ubicado, y Teresa, la hija de diez años de Víctor, lo puso contra la pared. Quería una camiseta igual a la que su amigo Mario había comprado a la entrada. Eva dijo que no y Teresa entró en frenesí. "No es justo", gritó. "¿Y por qué a Mario sí le compraron una y a mí no?" Y luego soltó la frase que les produjo un síncope a Víctor y a Eva: "¡Ustedes nunca hacen nada por mí!"

Estoy relatando este incidente porque refleja una realidad cotidiana. Los padres que se parecen a Eva y Víctor, que les dan a sus hijos con agrado, no siempre se dan cuenta de la forma como los afecta la falta de aprecio por parte de los hijos. Con el tiempo, el resentimiento de los padres se acumula hasta que finalmente explota. En estos momentos intensos, los padres no podemos comprender la idea de que fuera del entorno de la vida familiar una tendencia completamente diferente y más consoladora se está sintiendo. Es difícil para nosotros creer que algo remotamente parecido a la gratitud exista entre nuestros jóvenes.

La revolución del cariño y el compartir

La verdad es que la actitud egocéntrica que vemos en algunos de los niños es contrarrestada lentamente por un cambio cultural que Robert Wuthnow, el sociólogo de Princeton, denomina una "revolución silenciosa". La observa en el creciente número de grupos que van desde los que son promovidos por organizaciones religiosas, hasta los programas de doce pasos, abarcando reuniones menos formales de gente corriente con preocupaciones diarias, jardineros, inversionistas y padres del vecindario, para nombrar apenas unos pocos.

En todos estos grupos los hilos comunes son el apoyo y la información, y éstos van formando un nuevo tejido en la vida de los Estados Unidos, un estilo que considera la empatía y la generosidad como los más altos valores. El encuestador George Gallup Jr lo caracteriza como el movimiento "del cariño y el compartir", y anota que el 40% de los estadounidenses ya es miembro de alguno de estos grupos; un 7% adicional tiene interés en participar en ellos; y el 15% ha participado antes en alguno. Los regalos caritativos y el espíritu voluntario también son más comunes que nunca. En nuestros hogares, el 63% de la población da las gracias antes de comer, comparado con el 43% en 1947. De hecho, a pesar de los titulares en sentido contrario, a dondequiera que miramos vemos que el cariño y el compartir están a flor de piel.

¿Están recibiendo el mensaje nuestros hijos? Algunos sí, aunque las cifras son difíciles de establecer. Ciertamente yo veo cada vez más padres tratando de impartirles a los momentos familiares un significado apartado del materialismo. Por ejemplo, en el día de Acción de gracias y en Navidad, algunos papás y mamás llevan a sus hijos a ayudar en servicios voluntarios de alimento y refugio, con miras a dar ejemplo de la virtud de dar. Sorprendentemente, los adolescentes de hoy están más involucrados que nunca en hacer el bien; dedican tanto su tiempo como su dinero a grupos de caridad. Y la participación está gradualmente aumentando en dos venerables instituciones para niños dedicadas al servicio: los niños y niñas guías, o *Scouts,* ambos de los cuales habían visto una drástica disminución en número de integrantes a lo largo de los sesenta y los setenta.

Sin embargo, no se equivoquen: se trata de una metamorfosis lenta y a menudo invisible. Una cosa es recuperar las tradiciones o matricular a nuestros hijos en los *Scouts,* y otra cosa es cambiar la tónica del dar y recibir cotidiano entre padres e hijos. De hecho, al asomarnos a los hogares de los demás o al observar lo que sucede en nuestras familias, se encuentra a menudo escasa evidencia de que el movimiento del cariño y el compartir esté en operación. Como lo indica un estudio reciente de la organización *Public Agenda* [Agenda pública], con base en Nueva York, el 44% de los padres que tienen niños entre los cinco y los doce años cree que sus hijos son "malcriados".

El problema es que estamos atrapados en un paradigma movedizo, por un lado nos centramos en los niños y por otro están el cariño y el compartir. De cierta forma es semejante al dilema yo versus nosotros que describía en el capítulo anterior, excepto que en este caso estamos hablando sobre los niños como individuos versus el bien común. Aunque a los padres nos gustaría creer que estamos uniéndonos al movimiento de la sociedad en una dirección más esperanzadora, nuestros hijos parecen estar orientados "hacia sí mismos". Estamos impacientes, queremos que ellos entiendan cuánto hacemos por ellos y cuán poco parece importarles. Al mismo tiempo, tenemos miedo de hacer sentir culpables a nuestros hijos.

La verdad es que hoy el mundo de los niños no está orientado a lograr que éstos reconozcan razones de gratitud y los padres, sin darnos cuenta, alimentamos ese estilo. Los niños no entrarán a formar parte del movimiento del cariño y el compartir a menos que los guiemos en esa dirección y les ayudemos a desarrollar la característica esencial que llamo "gratitud".

Por qué es importante la gratitud

Los niños no son egoístas por naturaleza. De hecho, como lo indicaba en el capítulo 9, las investigaciones más recientes indican que incluso los bebés son capaces de sentir empatía. Más aún, estudio tras estudio pone de presente la importancia de desarrollar una mayor empatía entre los seres humanos, especialmente entre padres e hijos. Esta serie de hallazgos es tan nueva que no ha llegado aún a la corriente principal de lo que se escribe sobre psicología. Sin embargo, un pequeño reducto de clínicos ha empezado a comprender la noción revolucionaria de que la crianza no tiene que ser ni centrada en el niño ni autoritaria, hasta ahora los dos polos de la teoría de la crianza. De hecho, ser buenos padres requiere lo que los psicólogos denominan "mutualidad", una relación en la cual no solamente estén los padres en sintonía con las necesidades del niño sino en la cual se espera que el niño tenga una consideración basada en la empatía hacia los padres. Ésta es, de hecho, la fuente de la gratitud.

Un niño que exhibe empatía se siente más completo. En contraste, el niño que no siente ni empatía ni gratitud es egocéntrico, poco delicado y está desconectado de los demás, especialmente de sus padres. Ciertamente, si el amor hace girar el mundo del niño, la gratitud lo mantiene íntegro de varias maneras importantes.

La gratitud pone en orden el universo familiar. Ptolomeo, el científico griego del siglo II, ubicaba la tierra en el centro del universo. Mil quinientos años después, Copérnico redibujó el mapa astronómico y representó correctamente a la Tierra como un satélite y no como el centro del universo. Así debería ser para cada uno de los que componemos la constelación familiar.

Los niños que poseen esta característica esencial de la gratitud comprenden que no son el centro del mundo, que la vida no gira alrededor de lo que ellos son ni de lo que ellos quieren. Esto fue reconocido años atrás por el eminente pediatra D.W. Winnicott, cuyo trabajo ilustra indirectamente (y debo agregar que sin la suficiente atribución) el de prácticamente todos los expertos en crianza. Winnicott exponía la teoría de que un niño alcanza cierto nivel de salud mental cuando puede entender a sus padres como seres humanos de tres dimensiones.

La gratitud crea una conexión más duradera entre padres e hijos, al igual que con otros adultos. El niño que aprecia los regalos de sus padres, bien sean las pertenencias materiales así como "regalos" más efímeros como el tiempo y la atención, entiende el significado y la importancia de dar. Da a cambio y expresa las gracias cuando recibe.

La gratitud es el primer paso para ayudarle al niño a cultivar su ser espiritual. La gratitud les ayuda a los niños a ver que son parte de un todo mayor y que en el orden natural de las cosas uno da y recibe. Todas las religiones principales, toda escuela de espiritualidad, enseña que debemos estar agradecidos con un ser compasivo e intangible, bien sea que se le defina como un Dios tradicional o como otro "Ser superior". El niño necesita esta conexión. Con ella, las decepciones y las pérdidas son mucho más tolerables porque existe un sentido de que hay en operación un plan de mayor envergadura, uno al que no solamente el niño sino todos debemos responder.

La gratitud reduce la necesidad que el niño tiene de consumir. Si los niños están agradecidos por lo que tienen, es menos probable que sientan la necesidad de tener más "cosas". Se sienten completos y por lo tanto menos impulsados a presionarnos a comprar, comprar, comprar. Aunque es posible que el niño todavía ambicione los oropeles de la infancia — los juguetes, la ropa, los artefactos de la cultura de los medios — tener gratitud le ayudará también a encontrar satisfacción en el logro y en las buenas obras.

En resumen, la gratitud engendra satisfacción con la vida, un sentido de espiritualidad, una vinculación con un Ser superior y el sentimiento de que es importante reconocer los sacrificios que los padres y otros han hecho. La gratitud es obligatoria; es una clave para educar hijos con una esencia interior sólida. Pero es uno de los requisitos de la buena crianza que más se descuida. Sencillamente parecemos no darnos cuenta de lo vital que es. La gratitud funciona como una goma que sostiene unidas a las familias. Es un bálsamo refrescante para los niños en el viaje lleno de sobresaltos por el camino de la vida. La gratitud es nuestra esperanza en una cultura de excesos. Por ende nuestra última habilidad básica:

> *Habilidad básica # 10:* Espere que sus hijos sean agradecidos y, de esta forma, cultive su fe y su espiritualidad.

La gratitud les inculca a los niños un respeto básico, un sentimiento de maravilla por la manera como funciona el universo. Ningún niño puede darse el lujo de carecer de ésta. ¿Quién no querría educar a un niño que se percata de que el mundo no está en deuda con él y de que es parte de una comunidad más grande en la vida? Ésta es la insignia del niño que tiene una esencia interior segura.

Tristemente, no percibo evidencias de este tipo de sentimientos en muchos de los niños que conozco, y los padres están preocupados. Por eso Víctor y Eva estaban preocupados por Teresa: su descontento, de cara a todo lo que recibía, indicaba desconsideración y falta de profundidad. Lo que Víctor y Eva y otros padres no tienen en cuenta es que hay mucho que pueden hacer para cambiar la ingratitud de sus hijos, pero primero tienen que entender las causas.

Amenazas esenciales: lo que atenta contra la gratitud

Claramente, la actitud yo, yo, y yo es, en parte, un asunto de la segunda familia. Ciertamente, no está muy de moda ser agradecido. Como lo he señalado innumerables veces a lo largo de este libro, la cultura de los medios promueve un mensaje que alimenta la codicia de los niños: "Soy el número uno. Son mis sentimientos los que cuentan". Inclusive palabras cotidianas de cortesía como "Por favor" y "Gracias" están a menudo ausentes de los vocabularios de los niños; muchos de ellos hoy en día se sienten entera y totalmente con el derecho de obtenerlo todo. Teresa no sintió ni pizca de vergüenza de exigir y gemir delante de los otros niños; es un comportamiento conocido en la segunda familia. En contraste, pocos niños permitirían que sus amigos los oyeran expresándole su aprecio a un adulto: "Uy, señorita Suárez, estoy muy contento por todo el tiempo que me dedica", o a un compañero, "Gracias Camilo, eres un buen amigo".

Si bien la gratitud genera una conexión con el mundo adulto que es contraria a la segunda familia, no podemos culpar del "yoísmo" únicamente a la segunda familia. Otras fuerzas de la cultura en general influyen sobre las actitudes de nuestros hijos y agravan nuestra propia renuencia a esperar gratitud.

Los niños no ven la relación causa-efecto entre el trabajo y la adquisición de bienes. Cuando era niño, solía ir a trabajar con mi padre, a ayudarle en el pequeño almacén de zapatos que tenía la familia. Me daba cuenta cuántas veces subía y bajaba las escaleras para alcanzar pares de zapatos y cuántos pares había que probarle a un cliente antes de que estuviera satisfecho. Y a veces tras lo que parecía una eternidad de esfuerzo, el cliente se marchaba sin comprar nada. En resumen, me daba cuenta lo difícil que era para mi padre ganar el dinero. Como resultado, tenía cierto aprecio por la comida sobre la mesa y el techo sobre mi cabeza y más aún por mis patines.

Hoy los niños no tienen oportunidad de ver, y en muchos casos ni siquiera de comprender, los esfuerzos de sus padres. Esto sucede en parte, porque casi el 70% de los trabajadores proveen servicios en lugar de fabricar concretamente un producto. Aunque los trabajadores que laboran desde casa ahora comprenden entre el 25 y el 30% de la fuerza laboral (más, si uno tiene únicamente en cuenta a los padres y madres que trabajan), típicamente realizan labores de consultoría u otros servicios abstractos que son difíciles de imaginar para el niño y mucho más difíciles de compartir. Por ende, los padres que trabajan en casa quizás estén allí físicamente, pero los niños con frecuencia no entienden qué hacen éstos más de lo que entendería un niño cuyos padres hacen turnos de doce horas fuera de casa.

La gratitud ha adquirido un mal nombre. Los padres tememos que la gratitud esté un tanto demasiado cerca de la culpa. Durante decenios, el campo de la salud mental ha hecho énfasis en la noción de que es malo para la gente sentirse culpable. En la psicocultura de hoy, la gratitud tiene a menudo el mismo sentido que palabras como "deuda", "humildad", incluso "dependencia".

Más aún, los últimos veinte años, animados por el culto a la superación personal, han visto un tremendo aumento en la actitud de víctima. Algunos participantes en programas de doce pasos y en grupos de liberación, parecen valorar la queja por encima de la gratitud. Esto es una ironía y llama la atención por cuanto muchos de estos programas de hecho promueven el aprecio por las bendiciones que uno tiene y la gratitud hacia un Ser supremo. Especialmente en los grupos dedicados a "niños adultos", la retórica está con frecuencia empapada de la culpa. Algunos miembros, que también son padres, pasan mucha parte del tiempo hablando de lo que sus padres dejaron de hacer, en lugar de lo que sí hicieron, y de cómo fueron heridos cuando niños, en lugar de hablar de lo que recibieron.

En los últimos años hemos empezado a ver que la corriente del cariño y el compartir ha absorbido un poco el afluente quejumbroso. En la medida en que nos damos cuenta de que culpar no le ayuda a nadie, más de nosotros estamos poniendo en entredicho la postura de víctima. De todos modos, el clima de hoy en día es tal que estamos un poco recelosos de inducir ese temido sentimiento (la culpa) en nuestros niños. Ni siquiera esperamos las gracias de nuestros hijos. Esto me lleva a nuestra tercera, y más importante, amenaza.

Los padres les dan a los niños cada vez que pueden pero rara vez esperan que les agradezcan. No queriendo aplastar el amor propio de sus hijos, la mayoría de los padres hoy en día no solamente se exceden en elogios, sino que permiten que su propia amabilidad pase inadvertida. Eso se debe a que muchos de nosotros creemos que la ecuación de la crianza está totalmente cargada hacia el lado del niño. Son nuestros hijos, sencillamente se merecen lo que les damos. Incluso si el niño no es exigente, nunca sentimos que le damos lo suficiente. En Navidad, por ejemplo, según la psicóloga Marylin Bradford, el niño promedio en edad preescolar pide 3.4 juguetes pero recibe (gracias a nosotros) 11.6 juguetes. Unos damos para demostrar amor, otros para tranquilizar nuestra incomodidad interior por estar ausentes tanto tiempo.

Cualquiera que sean las razones de fondo, hoy en día llenamos más a nuestros hijos de pertenencias materiales que nunca antes: en los Estados Unidos, el gasto en juguetes, por ejemplo, se ha incrementado en 260%, de $6.7 billones de dólares en 1980 a $ 17.5 billones de dólares en 1995. Sin embargo, casi nunca esperamos que los niños expresen gratitud o reconozcan lo que reciben. Sí claro, a lo mejor ustedes le piden a su hijo de cuatro años que "dé las gracias" cuando le entregan un cono. ¿Pero no creen que es a menudo una petición algo desgastada? ¿Realmente piensan en el significado de la cortesía, qué tan importante es para el niño desarrollar una gratitud sincera?

Y esto es válido no solamente para las cosas que les compramos a los niños; también se hace extensivo a nuestro tiempo. Como lo indicaba en el capítulo 2, invertimos, de hecho, más tiempo que nunca en actividades y ambientes dirigidos a los niños. Pensamos que nuestro trabajo consiste en sacrificarnos, en saltar matones. A veces estos sentimientos se ven incrementados si nuestros padres nos hicieron sentir culpables acerca de todo lo que hacían.

Doris, por ejemplo, una de las mamás de los entrenamientos que asiste religiosamente a todos los partidos de su hijo, me reconoció que sus padres eran maestros en el arte de hacerla sentir culpable. Como resultado, Doris quería ser diferente con sus hijos. Quería que ellos tuvieran la experiencia de amor incondicional y de eterno fluir. Su meta era dar sin esperar nada a cambio.

Ahora bien, no estoy abogando por que dejemos de ser generosos con nuestros hijos, sino que les pidamos que sientan gratitud por lo que les damos, bien sea que nuestros regalos sean materiales o esfuerzos menos tangibles de tiempo y atención. Estoy sugiriendo que pongamos la gratitud en nuestra lista de habilidades para fomentar; tenemos que exigir aprecio por parte de nuestros hijos. En el proceso, también debemos evaluar nuestro vocabulario, redefinir palabras como "aprecio", "humildad" y "deuda". La verdad es, si nosotros no enseñamos gratitud, nuestros hijos no la van a aprender en ningún otro lugar.

Habilidades de los padres: cómo fomentar la gratitud

Para mí es un escándalo que en los miles de talleres que he conducido, la mayoría de los padres reconoce que no espera gratitud. Algunos, como Doris, tuvieron padres que los hicieron sentir culpables por todo lo que hacían; otros, influenciados en parte por unas dudosas conclusiones extraídas de la literatura sobre desarrollo infantil, piensan que se supone que los niños sean egocéntricos. Las madres y los padres se reconocen derrotados y asumen que la gratitud no debería ni enseñarse ni esperarse. Esperan que algún día, cuando los niños sean padres, apreciarán todo lo que se hizo por ellos. Hay otra forma. Como lo explicaba antes, la psicología está comenzando a aceptar el carácter mutuo de una relación. Igualmente, la crianza debe pasar de estar centrada en el niño hacia una enfoque verdaderamente mutuo y recíproco entre padres e hijos, y del cual la gratitud sea un subproducto natural. Con ese fin, he reunido unas habilidades de los padres que le permitirán cambiar su propia perspectiva y, a su vez, servirán para fomentar la gratitud en sus hijos. Están divididas en dos secciones, la primera le recuerda que debe esperar gratitud; la segunda lo anima a propiciar en la familia un ambiente donde se cultive la cultura del aprecio.

Esperar gratitud... sin culpa

A continuación algunas directrices que le ayudarán a distinguir entre la gratitud y la culpa. Recuerde que usted tiene el derecho de esperar que su hijo aprecie todo lo que hace y da.

En qué consiste la gratitud sana. Lo reconozco, esta importante habilidad luce diferente en cada niño y a distintas edades, Y al igual que con los otros nueve constructores de esencia de este libro, es importante para usted tener en cuenta el temperamento del niño (ver el capítulo 1) y su estilo de expresividad (capítulo 3). Sin embargo, puesto que a muchos padres les es difícil identificar la gratitud, se me ocurrió que sería una buena idea mostrarle la diferencia entre lo que le aporta al niño una gratitud sana y constructora de esencia, versus padecer los "dames" o, lo contrario, sentirse culpable (ver cuadro página siguiente).

La gratitud no es nunca opcional y uno debe siempre fomentarla en el niño, independientemente de su temperamento innato o de su estilo de expresividad. En otras palabras...

- Incluso si es del tipo intenso-agresivo y tiene la tendencia a agarrar las cosas, debe aprender a hacer una pausa para dar las gracias.
- Incluso si es reservado-dependiente y "demasiado tímido" para decirle "gracias" al conductor del autobús, debe trabajar hacia la meta de ser considerado con los demás.
- Incluso si el niño es intenso-sensible y detesta el saco que la tía Matilde le tejió porque pica demasiado, ésa no es excusa para no darle las gracias.
- Incluso si su hijo es un niño tranquilo-equilibrado que anda de afán porque va para un partido y no tiene tiempo de echar una mano, debe aprender a equilibrar sus necesidades con las de la familia.

Por lo tanto:

Enseñe desde temprano.
Sugiera cosas concretas que el niño puede decir o hacer si a él se le ha olvidado.
Pida reconocimiento.
Haga notar gestos de amabilidad, en sus hijos y en los demás.
Reconozca cuando es normal que el niño no sienta gratitud.

A continuación una explicación más detallada de cada elemento:

EL NIÑO QUE SIENTE UNA SANA GRATITUD...

- No teme pedir ayuda o favores.
- Comparte con hermanos y con otros niños.
- No se avergüenza de expresar aprecio por los demás.
- Se da cuenta de que la cortesía cotidiana es agradable y correcta.
- Es recíproco dando regalos y con otros gestos de amabilidad.
- Siente como una bendición las cosas buenas que le suceden y está dispuesto a aguantar y probar de nuevo cuando le suceden cosas malas.
- Tiene un sentido de fe en un panorama más amplio y ve a Dios o a un Ser superior como una fuerza de amor que vela por él.

EL NIÑO QUE TIENE LOS "DAMES"...

- No dice por favor y no da las gracias, a pesar de que los adultos le recuerdan constantemente que eso es lo cortés.
- No parece darse cuenta cuando ustedes han hecho un esfuerzo especial, ni parece sentirse bien por ello.
- Nada es suficiente; de hecho, cuando dan mucho, esto parece estimular más enojo, más disgusto.
- Le cuesta trabajo compartir aunque sus padres le den casi todo lo que quiere.
- Hace pataleta o se retira hecho una furia cuando no consigue lo que pide.
- No tiene conexión con Dios o un Ser superior, ni con nada de mayores dimensiones que él mismo.

EL NIÑO QUE SE SIENTE CULPABLE...

- No es capaz de decir no a los padres ni a ninguna otra figura adulta de autoridad, o a un niño dominante.
- Dice palabras de aprecio pero no las siente.
- No le gusta pedir nada por el precio que paga.
- Le cuesta establecer límites; si alguien le da algo, siente que lo poseen.
- Se da por vencido con facilidad.
- Concibe a Dios como un Ser superior castigador que lo mantiene a raya.

Enseñe temprano. Incluso antes de los tres años, los niños pueden expresar cortesías básicas, pero ustedes deben echar a rodar la bola promoviendo activamente la consideración. Por ejemplo, cuando su niño que aún no habla extiende los brazos para pedir una galleta o un juguete, ofrézcale no solamente la galleta sino un vocabulario de cortesía. Puede sonar pasado de moda, pero dígale, "Dí 'por favor' y te la alcanzo". Y luego agregue, "Ahora di 'gracias' ". A medida que los niños se van haciendo mayores, anímelos a ser considerados y a ser recíprocos con las amabilidades de los demás, por ejemplo recordando los cumpleaños de los otros. Sugiérale que haga regalos para otros también, haciendo énfasis en la idea de que hacer sentir bien a otros nos hace sentir bien a nosotros mismos. Incluso si el niño se está acercando a la preadolescencia, edad en la que las buenas maneras y la cortesía no están de moda, manténgase en su política. Constituya la gratitud en un valor familiar. Hágale saber claramente a su hijo: "En esta casa pensamos que se debe ser cortés y respetuoso hacia los demás".

Recuerde también que son los detalles los que cuentan. A lo mejor esperamos el agradecimiento de los niños por asuntos "gordos", como regalos, fiestas y vacaciones, pero tenemos la tendencia a hacer caso omiso de los intercambios diarios que tienen que ver con la amabilidad y que merecen las gracias. Observo con frecuencia cómo detalles amables se dan por descontados. Por ejemplo, la pequeña Sofía estaba acostada en el suelo viendo televisión. Cuando Olga, su madre, le pasó el tetero, los ojos de la niña jamás se desviaron del televisor y su mirada no se movió un ápice. Ni siquiera levantó la mirada, mucho menos dijo, "Gracias". Y mamá simplemente se alejó, sin prestarle la menor atención al intercambio.

Sugiera cosas concretas que el niño puede decir o hacer si a él se le ha olvidado. ¿Qué podría hacer Olga de manera diferente? Cuando le está entregando el tetero a la niña podría llamar la atención de Sofía hacia el gesto: "Ten, corazón, aquí tienes tu tetero. ¿Cómo dices?" Naturalmente, es mejor empezar a dar estas pistas desde temprano y ser consistentes en el asunto. Cuando el niño que aún no habla derrama la leche, usted puede incluso decir las palabras por el niño: "¡Ay, mami, lo siento!" Cuando empiece a hablar, seguramente ya expresará sentimientos de este estilo verbalmente. Cuando el niño de tres años recibe un regalo, asegúrese de que le da las gracias a quien se lo dio, bien sea en persona o por teléfono. Y cuando el niño de cinco años se queja en frente de la tía Matilde de su nuevo saco, llévelo a un lado y explíquele, "La tía Matilde no sabía que el saco te iba a picar. No queremos herir sus sentimientos así que algo amable que podrías decir es 'gracias' ". Sugiera con sutileza al comienzo pero sea insistente si es necesario con un niño más obstinado.

Incluso sugerir después de que ha pasado una situación puede hacer un impacto. Si el niño ha sido grosero o directamente desconsiderado, repase y corrija el comportamiento. Por ejemplo, cuando Lucía, de tres años, golpeó a Beatriz, su compañera, su madre no se limitó a detenerla sino que le dijo, "Lucía, eso le hace daño a Beatriz". Luego dirigió de inmediato su atención a Beatriz, "¿Estás bien, linda?" y se disculpó, "Siento tanto que Lucía te haya golpeado". Lucía simplemente observó cómo Beatriz recibía toda la atención de su madre. La competencia puede ser una buena motivación para aprender: cuando algo parecido volvió a suceder, Lucía, quien había "captado" todos los indicios indirectos, dijo inmediatamente, "lo siento". En el caso de niños mayores pueden ser más directos. Cuando Samuel, de ocho años, interrumpía sin cesar a su madre durante la cena, se dirigió a él diciéndole, "Sabes, Samuel, a mí me hiere los sentimientos que no te des cuenta que estoy hablando con tu padre. Lo que yo tengo para decir también es importante. Te agradecería que esperaras tu turno".

Pida reconocimiento. Si los esfuerzos del niño merecen elogio, igualmente lo merecen por lo menos algunos de los de los padres. Acostumbre al niño a agradecerle cosas pequeñas, como llevarlo a algún lado, ayudarle con las tareas, hacer la comida. Desde luego que también debe esperar reconocimiento cuando hace algo muy por encima del deber. Por ejemplo cuando Adriana, de siete años, incumplió la promesa de limpiar la jaula del hámster, Clara, su madre, acabó haciéndolo. Sin embargo a Adriana no se le ocurrió pensar que le debía dar las gracias.

Pero esto no es culpa de Adriana. La gratitud está sujeta a que nosotros les ayudemos a los niños a tomar conciencia de que estos pequeños gestos merecen un agradecimiento. Le sugerí a Clara que pidiera sutilmente reconocimiento recordándole a Adriana su acuerdo inicial: "Adriana, me ha tocado hacer todo el trabajo sucio con el hámster. Recuerda lo que prometiste". Entonces debería preguntarle, "¿Qué podemos hacer para que sea más fácil para mí y más probable que tú cumplas tu promesa la próxima vez?" Y, la semana siguiente, cuando a Adriana se le olvide limpiar la jaula del hámster, mamá debe recordarle su compromiso nuevamente y sin temor.

Es bien difícil para la mayoría de los padres aprender a pedir reconocimiento. Pero lo crean o no, a veces los padres sin querer desanimamos la gratitud haciendo poco caso del esfuerzo genuino del niño por dar las gracias. El niño dice, "Gracias" y contestamos "de nada". Regina, una madre a quien escuché hablándole a Diana, su hija de diez años, cuando miraban un partido de fútbol, parecía entender esto instintivamente. Era claro que habían estado discutiendo y de repente Diana dijo, "Mamá, yo me doy cuenta de todo lo que haces por mí. De verdad lo siento". ¡Diana estaba de hecho reconociendo que su madre tenía sentimientos! Algunas madres a lo mejor habrían dicho, "Qué tontería", o "No te preocupes", o "Lo hago con mucho gusto". Pero esta sagaz madre no desanimó la gratitud de su hija; antes bien la alentó diciendo "Gracias. Para mi es muy importante que lo sepas y que me lo puedas decir".

Haga notar gestos de amabilidad, tanto en el niño como en los demás. Elogie al niño cuando es cortés con usted: "¡Qué niño más bien educado!", o cuando hace algo por otra persona: "Me encantó de ti que compartiste tus gomitas con Alejandro". Y asegúrese de hacer notar cuando alguien más también es amable: "Fue muy amable del señor Calderón ayudarnos a subir al auto las herramientas que compramos".

Recordemos la vieja campaña que preguntaba, "¿Han abrazado a su hijo hoy?". Es una buena guía también para medir casos de generosidad y consideración. Adquiera el hábito de preguntarse por lo menos una vez al día, "¿Le he hecho caer hoy en la cuenta de por lo menos un gesto amable?" Los momentos hermosos suceden a diario en nuestros hogares y fuera de ellos. Si no los vemos es porque hemos dejado de prestar atención. Y si ha pasado más de un día en que no hemos notado gestos amables, ha pasado demasiado tiempo.

Reconozca cuándo es normal que el niño no sienta gratitud. Recuerde que independientemente de lo que usted haga, probablemente no reciba gratitud por parte del niño en las siguientes circunstancias:

- *Las épocas de tensión,* como un traslado de ciudad u otras circunstancias de trastorno familiar (divorcio, desempleo) pueden ser la causa de que el niño se muestre mal agradecido. Pueden ser muchas las razones de esto (ira, temor, tristeza) pero lo importante es saber que la expectativa de gratitud debe ser aplazada. Por ejemplo, la familia Mesa me llamó cuando se trasladó a otra ciudad con sus hijos de cuatro y dos años, Eduardo y María. A Javier, el padre, lo habían trasladado de repente. Tan pronto llegaron, Constanza, la mamá, se había puesto a la tarea de encontrar para ella un trabajo de medio tiempo y, desde luego, en la de encontrar una buena guardería para los niños. Todo encajaba pero lo que motivaba la llamada era el comportamiento de Eduardo, el niño mayor, hacia la persona que lo cuidaba. Era retraído y a veces francamente desagradable. Les expliqué que en medio de todos los cambios que había experimentado Eduardo en tan corto tiempo, no podían esperar que su hijo de cuatro años aceptara, mucho menos que fuera cortés, con la nueva persona que lo cuidaba. Debía, en cambio, enfocar sus esfuerzos hacia ayudarle a recuperar un nuevo sentido de seguridad en su medio ambiente. Entre otras cosas, Constanza le mostró a la niñera cómo consolar a Eduardo, a jugar lo que más le gustaba, a hacer emparedados de queso derretido como a él le gustaban. En unas semanas, Eduardo empezó a encariñarse con la niñera. Un día, inclusive le dio las gracias por esos maravillosos emparedados que eran "casi como los de mami".
- *Cuando el niño siente que no es apreciado,* tal vez tenga dificultad para expresar su aprecio por los demás. Libia, por ejemplo, estaba haciendo un gran esfuerzo para encajar entre sus compañeros de tercer año. Continua-

ban excluyéndola y tratándola mal y empezó a imitar en casa su actitud. Se volvió grosera, exigente, quejumbrosa y totalmente mal agradecida hasta que papá descubrió la fuente de su angustia con el método AAPP.

• *Durante las transiciones y los cambios físicos.* La gratitud puede estar en su punto más bajo, por ejemplo, durante una racha de crecimiento o en medio del aprendizaje para controlar esfínteres. Cuando los niños están empezando a dominar cualquier clase de punto clave del desarrollo, parecen agotar todas sus reservas. Las investigaciones confirman que la "desorganización interna" (fisiológica, química, o biológica) ocasiona en los niños una regresión. Cuando hay una vulnerabilidad interior manifiesta, es difícil para un niño reconocer los esfuerzos de los demás, y todavía más difícil expresar gratitud. ¡En ese aspecto son iguales a cualquier adulto!

Cuando el niño está en una de estas fases, no se dé por vencido del todo. De todos modos es buena idea esperar gratitud, pero simplemente recuerde que a lo mejor tenga que hacerlo en un nivel menor de exigencia. Carolina, madre de seis hijos que hoy en día son adultos, tenía una de las filosofías más sabias que he oído hasta ahora. "En lugar de pelear por mantener el mismo nivel de cortesía y gratitud", explicaba, "siempre les daba un margen de tiempo cuando pasaban por una época difícil".

Luego Carolina me contó lo que para ella era más importante: "Pero siempre les recordaba a los niños que estaba haciendo una excepción, las expectativas menos exigentes nunca se convertían en la norma". Por ejemplo, cuando Andrea, una de sus hijas, tuvo una pena de amor, Carolina no le exigió que estuviera totalmente en sintonía con sus padres y hermanos. Abordó el tema directamente, lo cual era una buena idea pues le informaba a Andrea cuál era exactamente la situación. "Sé que estás pasando por una época difícil", le dijo Carolina. "Me doy cuenta lo preocupada que estás, pero de todos modos no está bien que cuentes con que tus hermanos hagan todos los trabajos de casa. Por ahora está bien, todos pasamos por momentos difíciles y los otros ayudamos en esas épocas. Pero en unos días, espero que las cosas regresen a la nor-

RESENTIMIENTO INTERIOR:
SEÑAS EN LOS PADRES

Cuando el niño es mal agradecido, algo sucede dentro de usted, pero la mayoría de los padres estamos tan condicionados a no esperar sentimientos de gratitud ni de aprecio que con frecuencia pulimos esos sentimientos de dolor y decepción en nuestro interior. Si alguna de las siguientes señas les suena conocida, puede ser hora de reformular las expectativas.

• Después de un día de celebración para el niño, se siente decepcionado porque no está seguro si disfrutó la experiencia o si siquiera le importó.

• Su cumpleaños u otras ocasiones importantes para el adulto transcurren con poco bombo o absolutamente sin ninguna mención.

• Siente cada vez mayor resentimiento por sentirse usted muy generoso... y muy falto de aprecio.

• Percibe a su hijo como "egoísta", "perezoso", y "mal agradecido" o debe recordarle con frecuencia, "hay que dar para recibir".

• Le parece que el niño no tiene siquiera idea de lo que quiere decir "agradecimiento".

• Empieza a notar con cuánta frecuencia pide favores y con cuán poca frecuencia se ofrece para ayudarle.

malidad". El punto es que, incluso en las épocas en que los hijos de Carolina no podían exhibir gratitud, no se les permitía pensar que estos comportamientos egocéntricos o desconsiderados eran aceptables como norma.

Cómo crear un ambiente de gratitud

Las siguientes habilidades de los padres ayudarán a generar en casa el ambiente necesario para que la gratitud sea una parte integral de su vida en familia:

Dé un buen ejemplo. El paso más significativo que usted puede dar para fomentar la gratitud en el niño es dar buen ejemplo. Esto, más que casi cualquier otra cosa, les inculca a los niños el deseo de ser corteses, respetuosos y agradecidos. Empieza cuando el niño es apenas un bebé y usted expresa verbalmente sus necesidades. Aunque se dé cuenta de que no entiende ni una palabra, de todos modos le dice, "Debes tener tanta hambre, mi amor". Cuando empieza a caminar y se cae, lo consuela con abrazos e incluso con sabiduría popular que le queda un poco grande. Y cuando usted se hace un "ayayay", le pide que le dé "un besito para que sane". Aunque la verdadera comprensión no se ha desarrollado, estas reacciones naturales sientan las bases para que sea luego consciente de los sentimientos de los demás. En resumen, está fortaleciendo su capacidad de sentir empatía.

Además, no subestime la importancia de ser usted cortés y de expresar gratitud a lo largo del día. El niño absorbe valores cuando usted le dice, "Muchas gracias", a la persona que atiende en el restaurante o al hombre que recauda el peaje o cuando usted da de su tiempo para ayudarle a alguien que lo necesita. Cada uno de estos actos le envía un mensaje importante al niño.

En palabras de Isaac, padre de dos niños, "Lo que cuenta es lo que los niños nos ven hacer a nosotros". Desde cuando los niños nacieron, las cenas del viernes y la asistencia a la Sinagoga los sábados por la mañana han sido importantes. "El veinte por ciento del tiempo", reconoce, "no tengo ganas de ir el sábado por la mañana. Estoy rendido de la semana y lo que quiero es quedarme en casa. Pero no lo hago". Por la misma razón, la pareja decidió no salir nunca los viernes en la noche. "Muy a menudo hay buena música en los clubes locales, pero sabíamos que sencillamente no les podíamos pedir a los niños que estuvieran en casa para la cena de los viernes si nosotros no estábamos dispuestos a quedarnos".

Compartan creencias con sus hijos. Ciertamente, cada vez más la gente está regresando a profesar la religión de su infancia y uniéndose a comunidades espirituales nuevas que eligieron como adultos. Esto no sorprende cuando se tiene en cuenta que el 94% de los estadounidenses cree en Dios o en un Espíritu universal, o que el 60% de los grupos de "el cariño y el compartir" que citaba George Gallup Jr., están relacionados con la iglesia o con otras comunidades de fe. De hecho, más del 40% de los estadounidense asiste a un servicio semanal; la participación en iglesias hoy en día está casi a la par con las estadísticas recopiladas en los años treinta. Las investigaciones de Robert Wuthnow muestran también que incluso fuera de las religiones organizadas hay grupos de orientación espiritual "que retan y consuelan a los integrantes; que le ayudan a la gente en su recorrido por la fe; y que los animan a ser sinceros y abiertos entre sí".

La espiritualidad y la gratitud van de la mano. Ser parte de una comunidad así no solamente proporciona apoyo, sino que altera la perspectiva: los entes individuales son percibidos como pequeñas tuercas en el mayor engranaje de la humanidad. ¿Pero, y si los niños se quejan de que es "aburrido"?

La respuesta de Isaac es: "Uno asiste y asiste con ellos. A mi me sorprende la cantidad de padres que nos dicen, cuando se enteran de que vamos al servicio religioso todas las semanas, 'Nosotros no seríamos capaces de pedirles a los niños que hicieran eso' ".

Isaac tiene razón. Si uno forma parte de una comunidad espiritual y esa comunidad refleja los valores y creencias de los padres, exponga al niño a esa comunidad. Empiece desde cuando está pequeño. Haga que la asistencia sea una parte normal, incluso agradable, de la vida familiar. A lo mejor su hijo de tres años no se quede quieto, pero puede hacer pausas o entregárselo a otro niño mayor, ¡que seguramente necesita una excusa para dar una caminada! En palabras de Isaac, "Nuestros hijos lo han estado haciendo durante mucho tiempo. Simplemente no les damos a escoger".

Alberto, también padre, me cuenta que él y Liliana, su esposa, no son rígidos en cuanto al servicio dominical, "Hemos optado por ceder en ciertas tradiciones del domingo. Por ejemplo, los acompañamos a sus partidos de béisbol, siempre y cuando no entre en conflicto con la asistencia a la iglesia más de un par de domingos seguidos. Alberto y Liliana saben que habrá muchas otras discusiones y decisiones a medida que los niños, ahora de once y ocho años, entren a la adolescencia. Pero los valores de su familia y su comunidad religiosa ya están firmemente establecidos.

Incorpore la gratitud a sus rituales familiares. Haga de la gratitud una parte integral de sus rituales diarios y de las tradiciones para ocasiones especiales. Dé las gracias por los alimentos o establezca cualquier otro ritual de agradecimiento a la hora de las comidas. Haga una reunión familiar en la que todos se turnen para decirle a otro una cosa que aprecie en esa persona, bien sea algo que hizo o una cualidad. Pueden participar niños hasta de dos o tres años. Si no quieren hacer esto en un contexto formal, simplemente hagan que

---

CÓMO ENCONTRAR
UNA COMUNIDAD ESPIRITUAL

Como lo indican las cifras, más y más padres están frecuentando lugares de culto. De hecho, encontrar acogida y apoyo en una comunidad que profesa una fe es central para la esencia interior de una familia. Si está buscando un hogar espiritual, a continuación algunos puntos para tener en mente:

- Comience cuando el niño está pequeño.
- Encuentre un lugar donde usted se sienta bien con los principios, es cuestión de gusto individual.
- Pruebe primero los servicios y las actividades en familia.
- Convierta la asistencia en un ritual familiar.
- Hable con otras familias para participar en rituales posteriores al servicio, como almorzar juntos en familia los domingos, por ejemplo.
- Haga amistad con un pequeño grupo de familias dentro de la comunidad espiritual. Esto genera una sensación de seguridad y les proporciona a sus hijos amistades con una orientación semejante.

la gratitud sea parte de sus cenas del domingo. Si los niños oran, anímelos a que le den gracias a Dios por todo lo que tienen y que le pidan a Dios bendiciones para todas las personas que ellos aman y aprecian.

Cuando los niños dan regalos, ayúdeles a entender la razón: un regalo material es una manera de decir, "Te aprecio". En los cumpleaños, brinde por sus huéspedes. En el cumpleaños del niño, recuérdele, "Te compré esta muñeca porque te quiero y doy gracias de que seas mi hijo".

Cumpla promesas. Apreciar a otro ser humano incluye estar ahí para esa persona, cumplir promesas. Manuela, madre soltera de Catalina y Oscar, de seis y cuatro años, me contaba que cumplir promesas es un valor importante en su familia. "Si les digo a los niños que les voy a comprar una película y no la tienen en el primer almacén a donde voy, busco en otro. Si no la encuentro, por lo menos los niños saben que lo intenté". Aunque sus hijos están bastante pequeños, Manuela ya ha visto su retribución: sus hijos cumplen lo que prometen. Recientemente, sin preguntarle a su madre, Catalina habló cuando no debía y le prometió a Marcela, su compañera, que la invitaría a casa después de la escuela. Según resultó, Manuela había hecho otros planes, así que no era posible. "Catalina se sintió mal por no poder cumplir una promesa", recuerda Manuela, "así que le regaló a Marcela uno de sus animales de peluche, uno que ella sabía que a Marcela le gustaba".

Haga visible lo invisible. El niño de preescolar o de elemental cuyos padres invierten semanas en planear su fiesta de cumpleaños —contratar el payaso, comprar y empacar sorpresas, hacer la torta, pensar el menú, decorar el lugar—, generalmente no tienen idea de todo lo que trabajaron para hacer realidad la fiesta. Díganle que participe en el proceso, que ayude.

También es importante permitirle al niño participar en los asuntos de familia de los cuales nos encargamos rutinariamente. Por eso son importantes los trabajos que se les delegan, pues se dan cuenta de cómo se hacen las cosas. Por ejemplo, cada cierto tiempo, asumiendo que poseen un automóvil, pueden contarles a los niños, "Saben, acabo de llevar el automóvil a reparar. Silverio se demoró casi dos horas de arduo trabajo para descubrir por qué hacía ese horrible ruido". Esto les ayuda a los niños a darse cuenta de que las cosas no se arreglan sin que alguien lo haga. Y, lo que es más, puede decirles, "¿No les parece que debemos estar muy agradecidos por su trabajo?" Al fin y al cabo, el auto le sirve a todo el mundo en la familia.

Esto es especialmente importante en los hogares donde solamente uno de los padres devenga, generalmente papá, quien trabaja fuera de casa. Los niños no asocian sus distantes esfuerzos en el trabajo con su modo de vida. En efecto, los padres con frecuencia vienen a verme y se lamentan del hecho de que sus hijos no entienden cuánto contribuyen ellos a la familia. Cuando les preguntan a los niños, "¿Quién crees que gana el dinero para la familia?", los pequeños casi siempre contestan, "¡Mami!" Eso sucede porque la mayor parte de lo que mami hace en casa es visible.

Piensen hacia adelante. Los padres se ven en situaciones como las de Víctor y Eva en el parque de diversiones porque no se adelantan a ellas ni les explican a los niños. Al oír esta historia, por ejemplo, le sugerí a Víctor que la próxima vez que él y Eva fueran a hacer una expedición semejante, le dijeran a Teresa, "¿Cómo crees que nos vamos a sentir si no nos agradeces?" o, "¿Qué crees que sucederá si decimos que no a algo que quieres?" De hecho, Víctor puso a prueba este sistema cuando salieron nuevamente en familia y el panorama cambió: no hubo pataletas, Teresa se mostró más agradecida y demostró conciencia de que había un límite al gasto.

Desde luego que si el niño es preadolescente o mayor y usted ya ha pasado años cediendo a sus exigencias, los viejos hábitos tanto en él como en usted serán más difíciles de cambiar. Tenga paciencia. Si usted cambia, es decir espera que sea agradecido, incluso un niño exigente puede ser transformado en un niño más agradecido.

Celebre los cumpleaños y las fiestas con miras a fomentar la gratitud. Aunque no recuerda bien en qué año fue la fiesta, Luisa, ahora en los cuarenta, sí recuerda la fotografía de cumpleaños en que está rodeada de tantos regalos, que su personita de cinco años casi no se ve. Sus hijos, se lamenta Luisa, reciben incluso más regalos en su cumpleaños y esto le preocupa. "¿Qué pasó con las épocas en que se honraba el significado de estos eventos?", se pregunta ella. De hecho, como lo mencionaba al comienzo de este capítulo, muchas familias están empezando a ver los peligros de este tipo de excesos y sí los están combatiendo. Algunos limitan los regalos de Navidad y otras ocasiones a uno por niño, o establecen otros sistemas de moderar el exceso.

"Tuvimos que acostumbrar poco a poco a los niños a un solo regalo, pero ese regalo significa mucho más", le decía una madre a un reportero de televisión unos días después de Navidad. "Realmente le hace pensar a uno en cómo es el individuo y en lo que verdaderamente le gusta, en lugar de andar corriendo por todas partes, lista en mano, comprándole a todo el mundo regalos sin significado", dijo Estela, quien había ensayado este año por primera vez el sistema amigo secreto con su familia. Otras familias depositan debajo del árbol regalos menos tangibles: la promesa de divertirse o una oferta de ayudar con un proyecto. Aun otros hacen una donación a obras de caridad en nombre de esa persona para conmemorar una ocasión especial.

En honor del bar mitzvah (el ritual judío que marca la entrada a la edad adulta) de uno de sus hijos, algunos padres están interpretando literalmente la palabra mitzvah, que quiere decir "bendición". Y, en lugar de hacer una gran fiesta, les piden a los niños que escojan una buena obra para hacer y que inviten a sus amigos y amigas a que participen. Piense en nuevas formas de celebrar en familia. Y recoja las ideas de los niños también. A lo mejor lo sorprenden: los niños son capaces de gran sensatez y generosidad... si las fomentamos en ellos.

Habilidades de los niños: cómo lograr que hacer el bien esté de moda

Al igual que con todos los constructores de esencia de este libro, el niño lo necesita a usted para desarrollar estas habilidades. Ayúdele a empezar temprano y con el tiempo manejará las situaciones solo.

Descubra el canal de expresión que mejor se acomoda

Para dar las gracias, algunos niños prefieren hacer un dibujo o escribir una tarjeta. Miguel, de cuatro años, es demasiado tímido para usar bien las palabras, pero sus padres lo han animado a hacer dibujos o a recortar figuras para las personas a quienes quiere agradecer. Desde luego que si el niño se siente más cómodo con la expresión verbal, debería adquirir el hábito de llamar. La clave es practicar la expresión de la gratitud utilizando los canales que parezcan más naturales. De esta manera será más genuina la expresión de esos sentimientos, tanto para en el niño como para quien la recibe.

Cómo aprender que compartir y dar a cambio son parte de la vida

Necesitamos ayudarles a los niños a ver que dar no es un deber sino una parte intrínseca del ser humano. La vida no es sólo recibir, recibir y recibir. De nuevo, veo señales alentadoras de que hay un cambio: en edades cada vez más tempranas, los colegios están haciendo un nuevo énfasis en la importancia de compartir, de apreciar lo que se tiene y no simplemente de pensar qué más se puede recibir hacia el futuro.

Piedad tiene ahora con sus hijos, Mercedes y Daniel, de siete y nueve años, un sistema que creo establece una gran diferencia, y lleva un paso más allá la idea de compartir. Cuando Daniel apenas caminaba, en lugar de hacer énfasis en que era "un buen niño" porque compartía, hacía énfasis en lo bien que esto hacía sentir al otro niño. "Mira, Daniel, hiciste sonreír a Mercedes cuando le diste el juguete. Está muy agradecida contigo". Puede que las palabras no hayan significado mucho para el niño de tres años, pero hoy en día tanto Daniel como su hermana son niños extremadamente inclinados a dar. No me cabe duda de que esto se debe al sutil condicionamiento de su madre. Hacer sentir bien a los demás los hace sentir bien a ellos.

Cómo sentir que dar a cambio está de moda

La muerte de la Princesa Diana en 1997 hizo cristalizar una esperanzadora tendencia que empezó hace unos años. Donar a obras de caridad empieza a ocupar un lugar central en la conciencia pública, y no solamente para los adultos. Escuché recientemente hablar de un maravilloso grupo llamado "*Kids Care Clubs*" (El club de niños que dan), que empezó cuando unos niños y sus padres notaron que la casa de una buena mujer entrada en años estaba deteriorada y se les ocurrió que sería una buena idea ayudarle a arreglarla. La noticia se regó y "algunos niños" se convirtió en todo un grupo de niños y niñas que se entusiasmaron tanto con el trabajo que arreglaron por completo la casa de la señora. Se sintieron tan bien con lo que habían hecho que empezaron a buscar a otros que necesitaran ayuda. Un gesto amable se convirtió en la creación de un *Kids Care Club* local y eso, a su vez, llevó a Deborah Spaide a escribir el libro, *Teaching Your Kids to Care* (Cómo enseñarles a sus hijos a ser compasivos). El club original se ha convertido en una organización nacional con cientos de capítulos.

Existen otros indicios esperanzadores, incluso en la segunda familia, de que los niños están considerando la idea de dar. En un episodio reciente de *Sabrina, the Teenage Witch* (Sabrina, la bruja adolescente), a la gallada le pidieron que ayudara en un hogar de ancianos. Al comienzo, los populares niños pensaron que quedarían fuera de onda, pero cuando vieron cuánta alegría generaban, decidieron que era quizás un poco menos nerd de lo que pen-saban.

He visto esto también en la vida real. Algunos colegios tienen un ritual de "amigo secreto" en Navidad con el cual se espera que de manera anónima, cada niño le regale algo a otro o tenga un gesto amable con él. Al comienzo, a los niños les parece esto un poco "idiota", pero cuando empiezan a ver la alegría que producen en los demás, cambian de actitud. Debemos darles a los niños estas oportunidades, especialmente en los cumpleaños y en las celebraciones importantes, cuando típicamente son premiados con toneladas de regalos y de atención a cambio de los cuales no se les pide nada.

Cómo adquirir "músculos" espirituales

Es importante para los niños verse como parte de un todo mayor. Cada religión organizada o comunidad espiritual, a su manera, les ayuda a los niños a entender que no son los primeros, que hay algo superior a ellos. Creer en Dios, ser parte de una religión organizada, o simplemente tener una práctica espiritual de cualquier orden, les ayuda a los niños a sentirse como parte de la familia de la humanidad. Dentro del templo los niños se sienten menos solos. Cuando algo malo le sucede a la familia, hay otros allí para ofrecer consuelo y ayuda. Ven, por ejemplo, que cuando uno de los padres es operado, los miembros de la congregación lo visitan, hacen las comidas, invitan a los niños a sus casas. Y, como lo exponía en el capítulo 2, estas comunidades les permiten a los niños codearse con personas de todas las edades.

Hacer sacrificios

Como un antídoto a la satisfacción instantánea, debemos ayudarles a los niños a aprender el significado del sacrificio y a verlo como una acción positiva y afirmativa. Como dice el Talmud, "Usted salva una vida, usted salva el mundo". Muchos padres les piden a sus hijos que les regalen a niños necesitados los juguetes y la ropa que ya no les sirve. Pues bien, ¿y qué tal pedirle al niño que regale algo nuevo o algo que todavía le gusta? Éste puede ser un concepto escandaloso incluso para un niño pequeño hoy en día, pero si ustedes se atreven a cambiar este postulado, quizás observen maravillosos resultados.

LAS BASES DE LA ESPIRITUALIDAD

Pertenecer a una comunidad espiritual les ayuda a los niños a aprender sus bases espirituales:

• Actividades. Los niños aprenden a entender qué es la empatía y la caridad, "haciendo algo". Bien sea que envuelvan regalos de Navidad o pinten huevos de pascua para niños pobres o ayuden en un servicio de comida voluntaria, estas actividades concretas revitalizan la gratitud de una manera profunda.

• Creencias. A través de las creencias los niños aprenden un vocabulario para expresar ciertos sentimientos que no hay en el mundo secular: bendito, santo, sagrado. Las creencias colectivas de una congregación sostienen al niño y lo hacen sentir seguro.

• Comunidad. En todo el sentido de la palabra, la espiritualidad y la religión proporcionan "comunidad". Los niños se deleitan en estos contactos y los absorben; sirven para hacer más sólida la esencia interior del niño.

Leonor estaba aterrada cuando David, su nieto de cinco años, recibió más de treinta regalos en una Navidad de parte de la extensa familia. "David, por qué no los miramos", le dijo, "y decides con cuáles de verdad vas a jugar". Desde luego que para David era difícil prescindir de sus regalos, pero al día siguiente cuando él y su abuela llegaron a un albergue cercano con cinco o seis regalos, alguien los saludó y aceptó agradecidamente los regalos: aceptó su sacrificio. La respuesta cálida y efusiva de quien los recibió fue un regalo que David no estaba acostumbrado a recibir y dejó una honda huella.

El sacrificio puede también significar ir contra la manada, adoptar una postura sobre lo que uno valora y sobre lo que es más importante en la vida. Los Levi, Aarón, Herta, y sus dos hijos Samuel y Ruth, hacían parte de una reducida minoría de familias tradicionales judías en una ciudad del estado de Massachusetts. Un año, Halloween caía un viernes, el día en que ellos tenían la costumbre de encender las velas del Sabat y de cenar en familia; la idea de "quiero dulces para mí" no encajaba propiamente. "Les hicimos saber que si querían unirse a sus amigos, podían salir, pero que realmente no nos sentíamos cómodos de que lo hicieran", relata Aarón.

Los niños, muchachos corrientes con muchos amigos, decidieron por sí mismos no salir. En cambio, invitaron a otra familia de la sinagoga a la cena del viernes y se sentaron después, adultos y niños juntos, a leer historias de miedo de la tradición judía. No fue la primera vez que mezclaron culturas o que encontraron un punto medio. Pero lo importante es que no participar en Halloween fue para los niños Levi un sacrificio con sentido que sin duda los hizo sentir satisfechos de sí mismos.

En el proceso de hacer entrevistas para este libro, he hablado con jóvenes de otras familias religiosas que reconocen que resienten haberse perdido algunos eventos dedicados a los niños; muchos inclusive han recibido burlas por ser "santurrones". Pero en el análisis final, sintieron que no se habían perdido de tanto comparado con lo que habían ganado. En la familia Penagos, por ejemplo, los cuatro niños tenían entre uno y siete años cuando los conocí. Sus padres, Esteban y Josefina, habían sido siempre fieles asistentes a la iglesia. Cada domingo iban todos al servicio y luego almorzaban juntos en un lugar especial. A menos que alguien de la familia estuviera enfermo, nada se interponía entre esta familia y su ritual de domingo. A medida que los niños crecieron, surgieron los conflictos clásicos entre las obligaciones familiares y los amigos, las fiestas de cumpleaños y los ocasionales partidos de fútbol. Pero en esta mañana particular de la semana, a los niños siempre se les instaba a que eligieran la iglesia por encima de los planes con los compañeros y la diversión en familia por encima de diversión con los amigos. Por decir lo menos, éste ha sido un enorme sacrificio para ellos.

Le pedí a Luisa, la mayor, ahora de quince, que fuera la vocera de los niños Penagos. También estaba especialmente interesado en su reacción a la tradición estricta de los domingos que tenía su familia, porque ella ya había pasado por los años más difíciles, entre los doce y los quince, cuando los niños quieren empezar a separarse de los eventos familiares.

"Me he perdido de mucho. A veces a mí no me gustaba ir a la iglesia... pero me siento llena por dentro", me dijo, señalándose el corazón. "Creo en Dios. Creo en mi familia. Y creo en mis padres: hacen lo que dicen que van a hacer. Y, ¿sabe qué? no he perdido ni un amigo en el camino".

Pienso que la aseveración de Luisa, "me siento llena por dentro" resume el propósito y el anhelo de este libro. He visto crecer a Luisa y he observado cómo pasó de ser una niña larguirucha a ser una aplomada mujer joven. Es una ciudadana cabal, y no solamente porque haga sacrificios en aras de la espiritualidad. Luisa posee muchas de las características de las que he hablado en estas páginas. Es "buena" en todo el sentido de la palabra, porque tiene un núcleo seguro, una esencia substancial. Sabe cómo escoger y se siente segura de sí misma en el mundo. La expresión que Luisa utilizó es la de una niña sana, rebosante de confianza, decisión y felicidad. Eso sería precisamente lo que me gustaría que todos los niños experimentaran. Y sé que ése es también el deseo de los padres.

AGRADECIMIENTOS

Durante más de dos décadas he visto en mi práctica clínica a personas que pasan por la vida sin reconocerse a sí mismas, de manera explícita, ni una sola vez. Esto es especialmente cierto para la mayoría de padres modestos que he conocido y cuya principal preocupación es la de hacer honor a su responsabilidad frente a los demás. Mi esposa, Stacey, y yo, no somos diferentes. Nuestra vida está esencialmente dedicada a criar a nuestros hijos, Leah y Sammy, de la mejor manera posible. Rara vez hacemos una pausa lo suficientemente larga para reconocer nuestro esfuerzo.

Este libro trata sobre el arte de cultivar la esencia interior del niño, una tarea que no puede hacerse si las madres y los padres dan completamente por sentadas sus buenas intenciones. Si no nos sentimos orgullosos de nosotros mismos, nuestros hijos encontrarán más difícil sentirse orgullosos de los esfuerzos que hacen por convertirse en seres humanos buenos y fuertes.

Así que, antes de seguir adelante de la manera acostumbrada, voy a invertir por completo la tradición educativa y literaria: Me gustaría primero agradecerme a mí mismo.

Específicamente, el contenido de *Buenos padres, mejores hijos*, representa veinticinco años de estar cerca de los pacientes, incluso cuando sentía que los casos se salían de mi competencia; muchas veces me preocupaba tanto como las mismas familias. Pero siempre intentaba no defraudarlos, aun mientras aprendía de mis errores.

Ha sido igualmente importante, aunque menos evidente, el constante esfuerzo que hice para no abandonar a mis hijos, ni siquiera de manera sutil, mientras escribía este libro. Casi todos sabemos cómo es de implacable la lucha por terminar asuntos de trabajo sin que los niños paguen un precio terrible. Perder esa batalla en un proyecto sobre crianza es ciertamente un fracaso muy hipócrita: decirles a los demás cómo vivir mejor con sus familias mientras que generamos caos en la propia.

Al igual que la mayoría, no siempre gané; hubo, de hecho, algunos fines de semana durante los cuales mi capacidad de concentración se vio dividida sin esperanza. Pero no sucedió con frecuencia y estoy orgulloso de ello.

Me gustaría también poner de presente una de las razones de fondo por las cuales he tenido tanto éxito con los niños. Yo fui un niño difícil. Cuando digo esto, quiero decir obstinado, irritable y demasiado, pero demasiado, temeroso. Muchos de sus hijos tampoco son fáciles. Precisamente porque he tenido tanta experiencia de primera mano, es casi imposible para mí asumir una actitud de juez ante las experiencias que comparten padres e hijos. Creo que mi vulnerabilidad se nota. Conozco lo que es dudar de mí mismo y preocuparme y, a pesar de todo, sigo luchando, lo mismo que usted.

• • •

Habiendo dicho esto, quiero hacerle un reconocimiento a quien me dio la inspiración y gran parte del enfoque del libro sobre el fortalecimiento de la esencia interior. Stacey, mi esposa, mira a nuestros hijos y tiene la misteriosa habilidad de ver lo mejor de ellos. Al observarla durante todos estos años he llegado a entender cuán transformador puede ser ese amor de mirada diáfana. Y, hasta ahora, Leah y Sammy son niños decentes que se tratan básicamente bien a sí mismos y a los demás. Amar a alguien cuya misma esencia personifica lo que uno cree que es bueno es de enorme ayuda. Gracias, Stacey.

He visto la misma cualidad en algunos de mis viejos amigos, especialmente en Robert Gaines, psicólogo clínico y compinche durante casi treinta años. Varias veces durante el proceso de escritura, Robbie me ayudó con generosidad. Esto fue especialmente cierto cuando tuvimos que escoger un colegio para mi hijo menor, Sammy. Por sus esfuerzos, le estaré eternamente agradecido.

Nancy Ruben y Peter Selwyn también estuvieron conmigo cuando los necesité. La mayoría de los escritores que conozco pasan por impredecibles rachas de analfabetismo. Peter y Nancy siempre estaban disponibles, exactamente de la forma como se los pedía, cuando me sentía bloqueado. Eso es lo que todos necesitamos, amigos que respondan con respeto y generosidad.

• • •

Ahora, en cuanto al libro mismo y a mi coautora, Melinda Blau: Melinda, si aún no lo saben, es una escritora supremamente talentosa. Pero tras diez años de colaboración, es para mí mucho más que una periodista con talento. La relación de trabajo que tenemos es asombrosamente fluida. Se mueve sin esfuerzo de una sociedad creativa a una relación de amistad que involucra a la familia.

Con Melinda me siento como una de esas dichosas figuras del deporte lo suficientemente afortunada para decir, "No puedo creer que me gano la vida haciendo algo que me gusta tanto". Ésa es la sensación que produce trabajar con Melinda.

Quiero agradecerle ahora a mi asistente, Sue Marantz, por todas las veces que dejé de hacerlo antes. Tiene más resistencia y determinación de la que ella misma reconoce. Además, para manejarme tuvo que aprender un lenguaje totalmente diferente. En esta época de impresión computarizada perfecta, todavía me las arreglo para convertir una página limpia en el código casi indescifrable de una civilización antigua.

Además, desde luego, está Laura Yorke, "la tigresa" de editora con la que cuento. Es una persona intelectualmente intensa pero sinceramente tierna. Buenos escritores, tomen nota. Si tienen la suerte de dar con Laura, habrán encontrado una de las personas más inteligentes y vitales que quedan en el campo de la publicación de libros. Como una arqueóloga talentosa, identifica de inmediato el material valioso enterrado entre los escombros de los primeros días de un libro. Además de lo cual, Laura ejerce un poder de metamorfosis sobre el frenético proceso de negociación que de manera eufemística llamamos "llevar el libro a edición", y lo transforma frecuentemente en una experiencia divertida.

Una palabra también para Lara Asher, editora asistente. Su inteligente alegría puede ser el oro verdadero de Golden Books Family Entertainment. Ha manejado con respeto y elegancia los detalles menores que inevitablemente llevan un libro al éxito o al fracaso.

Por último, Harriet Lerner, visionaria y práctica, quien apareció mágicamente un día desde lo profundo del corazón del país. A pesar de que el éxito de *The Mother Dance* se la estaba comiendo viva, nos echó una mano durante las etapas finales del manuscrito. Harriet sabe qué es importante. Y sabe especialmente cómo comunicarlo, de manera clara y sencilla.

• • •

Un libro de este alcance lleva años en proceso antes de que se escriba la primera palabra. Por el camino, hubo varias personas que pusieron su sello particular sobre mí y sobre el proceso. El enfoque "sin rodeos" y "lleguemos a un acuerdo" de Barbara Lowenstein y Eileen Cope, mis agentes literarios, le da equilibrio a mi afinada ineptitud en asuntos de negocios y mercado. Gracias también a Peter Guzzardi y a Isabel Geffner. Desde muy temprano en el proceso su valor me dio la fortaleza necesaria para presentar esta idea.

Están, además, aquellas personas que sin saberlo construyeron una base sólida y profunda, incluso para algo tan intangible como lo es un proceso creativo. Los atributos esenciales de cada capítulo en *Buenos padres, mejores hijos*, me fueron enseñados por mis amigos de toda la vida: Martin David, Steven Goldstein, Marc Gordon, Martin Haber, Ron Heller, Martin Rock y Kenneth Wolpin. ¿Cuántos hombres hoy en día se toman la molestia de mantener las amistades de infancia, mucho menos de desarrollar una red de apoyo que, de hecho, se hace más fuerte con el paso de los años?

Finalmente, tal vez todas las personas que trabajan en profesiones orientadas a la ayuda llevan oculta en algún lugar, incluso durante la más impersonal de las audiencias, la presencia de unos padres que están vivos o el poderoso fantasma de uno de ellos. Los míos fallecieron hace muchos años. Pero, ¡caray, mi padre y mi madre se habrían sentido muy orgullosos de este logro! En las descripciones francas de la vida familiar que encontrarán en estas páginas, mis padres también se habrían visto reflejados: seres imperfectos luchando siempre por mantener intacta su bondad esencial.

Como copos de nieve que se deslizan y se cruzan de cerca en el viento invernal, mis hijos y mis padres nunca se tocaron. Pero cuando miro a Leah y a

Sammy, el pasado y el presente convergen. En sus caras jóvenes y luminosas veo la misma esperanza que mis padres debieron ver en la mía.

Este libro es un reconocimiento a esa promesa implícita entre padres e hijos. Es una promesa de hacer las cosas lo mejor posible, de esforzarnos hasta que simplemente ya no queden fuerzas. Para que, un día, nuestros hijos hayan aprendido cómo ser fieles a sus esperanzas y cómo hacer realidad sus propios sueños.

—Dr. Ron Taffel
Nueva York

No tengo palabras —triste destino para un escritor— para intentar describir el grado de colaboración que tengo con Ron Taffel. Nos completamos las frases antes de que el otro las termine, nos reímos con gusto de los chistes del otro y compartimos los altibajos, de nuestras vidas. Somos más que colaboradores y más que amigos y nuestros libros son, verdaderamente, obras de amor. Que su esposa, Stacey, me permita referirme a mí misma en son de broma como a su "segunda esposa", que Leah y yo compartamos el gusto por ciertos programas de televisión y que conversemos extensamente sobre sus argumentos, que incluso Sammy esté aprendiendo quién soy, ha servido sólo para enriquecer el vínculo que hay entre Ron y yo. Me siento bendecida por tenerlos a todos en mi vida.

Me siento igualmente agradecida de poder trabajar una vez más con Laura Yorke. Ya es suficiente con que sea una editora tan buena y que piense con tanta claridad, pero también se ha convertido en una amiga. Su asistente, Lara Asher, es inteligente, entusiasta y eficiente, un gran aporte al equipo de Laura. Y siempre me siento agradecida de tener a Barbara Lowenstein y a Eileen Cope de mi lado dándome baños de realidad, agudo consejo y mucha diversión.

Finalmente, quiero agradecerles a mis hijos, Jennifer y Jeremy, quienes me llenan de orgullo. Sin ellos, seguramente no tendría ni el discernimiento ni la compasión que tengo en asuntos de crianza. Ahora tienen veintinueve y veintiséis años y ya no necesitan mi atención diaria, pero siempre tienen mi afecto y mi aprecio, especialmente cuando escuchan mi voz distraída por el teléfono y se dan cuenta en el instante: mamá tiene que entregar un trabajo. A ambos les debo, por este libro, varias tandas de *brownies*.

—Melinda Blau
Northampton, Massachusetts